ひとりで学ぶ刑法

Do it Yourself!
Exercise of Criminal Law

安田 拓人・島田聡一郎・和田 俊憲

有斐閣
yuhikaku

はしがき

　本書は，講義を聴きながら自らの教科書で刑法を一通り勉強したものの刑法がまだよく理解できない，あるいは，理解できたつもりなのに事例問題には歯が立たないという皆さんに向けられた副読本であり，これを読んだ読者の皆さんが最終的には刑法の事例問題をしっかりとした理解に基づいて解答できるレベルに到達するためのお手伝いをすることを目指している。

　本書は，先行する好評書『ひとりで学ぶ民法』の例に倣って，3つのステージからなっている。第1ステージは，抽象的で難解だとされる刑法の基本的な概念を自分なりの言葉で正しく理解して頂くこと，第2ステージは，基本的な概念に関する理解を具体的な事例に適用できるようにすること，第3ステージは，複数の争点が複雑に絡んだ本格的な事例問題にも対応できるようにすることを，それぞれ目標としており，読者の皆さんが段階を追って実力を伸ばしていけるよう構成されている。

　とくに第1ステージでは，共著者3人のこれまでの研究・教育の成果すべてを投入し，幾つかの新機軸を打ち出している。まず，体系論・構造論といった大枠の問題については，一定の犯罪成立要件を体系上どこに位置づけるかという，いわば「引き出しへの収納法の違い」にとどまる，理論的にも学習上も有益とは言えない争いに読者の皆さんがはまり込まないよう，そこで何が本当に問題とされているのかを明確に提示するよう努めている。また，相当性，占有のように同じ文言が使われていても問題領域ごとに異なる内容をもつものを意識的に串刺しにして比較検討したり，抽象的事実の錯誤と不能犯や文書偽造と詐欺のように教科書では別の箇所で扱われているものの関連づけて把握しておいた方が理解が深まるであろう内容をパッケージにして考察したりすることで，それぞれの問題の本質をより明確に浮かび上がらせようと試みている。これらは本書の大きな特徴をなすものである。さらに，本書では，全体を通じて，一般的な教科書等には字数の制約などもあってあまり書かれていないが，それが分かると刑法の理解が正しく深まるであろうポイントについても丁寧な説明を心がけ，ひとりでこれだけを読んで刑法の理解がどんどん深まるような書物に

なることを目指している。

　本書のステージは、ワーグナーのオペラ「ニュルンベルクのマイスタージンガー」に素材を求め、歌手の見習いから独り立ちした歌い手を経て、歌を自由自在に操ることのできるマイスターへとステップアップするように、皆さんに刑法の実力を伸ばしていって頂きたいとの願いを込めている（島田聡一郎「初版はしがき」島田＝小林憲太郎『事例から刑法を考える』〔有斐閣、第3版、2014〕v頁以下も参照）。表紙絵は、このオペラが初演された、ドイツ・ミュンヘンにあるバイエルン国立歌劇場をモチーフにしたものである。ミュンヘンは高校時代にすでに同地に交換留学に行かれ、在外研究先としても迷わずミュンヘン大学を選ばれた島田さんの第2の故郷であり、ワーグナーのオペラは島田さんがこよなく愛されたものであった。

　私どもの敬愛する島田さんは、俊英の誉れ高く、その天性を羨望されながら、若くして不慮の事故によりお亡くなりになってしまった。この企画でも強力な牽引役を果たされていた島田さんは、お亡くなりになる直前の2013年3月25日の編集会議までに全てのほぼ完成した原稿を書き上げられていた。残された2人は島田さんがおられなくなった喪失感で茫然自失の状態に陥り、この企画の中止も真剣に検討されたが、最高水準の論文を次々と発表されるのと同時に、学生の教育にも大変な情熱を傾けておられた島田さんの想いが詰まった原稿をこのままお蔵入りさせるのはあまりに惜しまれることから、ご遺族の後押しも頂戴して、島田さんの担当部分については残された2人が分担して文章表現上の最小限の補正を行い、刊行の運びに至ったものである。「焦らずよいものにしようよ」との島田さんのお言葉にあまりに甘えてしまい、ここまでお待たせしてしまったことには申し訳ない気持ちで一杯である。ここは島田さんに宣言して頂こう、「Fanget an!（始めよ）」と。

　本書の最初の編集会議から刊行までには実に5年が経過している。遅々として進まない、島田さん以外の2人の仕事を温かく見守り、行き届いた編集作業を行って頂いた、有斐閣書籍編集第一部の小林久恵さん、鈴木淳也さん（この間のお2人の慶事への私たち3人の祝意表明として和田俊憲「演習」法学教室383号〔2012〕168頁以下参照）、応援に駆けつけ、ねじを巻いて頂いた藤本依子さんには、心からのお礼とともにお詫びを申し上げたい。また、島田さんのご担当部

はしがき

分につき，御自ら校正の労をおとり下さった，島田さんの御尊父・島田太郎先生にも，心よりお礼申し上げたい。

　万感の思いをもって世に送り出す本書が読者の皆さんの刑法学習のよき伴侶となることを願ってやまない。

　2015年9月

執筆者を代表して　安田拓人

執筆者紹介

安田拓人(やすだたくと)

1993 年	京都大学法学部卒業
1997 年	京都大学大学院法学研究科博士後期課程中退
同　年	金沢大学助教授
2001 年	大阪大学助教授
2007 年	大阪大学准教授
2008 年～	京都大学教授

島田聡一郎(しまだそういちろう)

1996 年	東京大学法学部卒業
同　年	東京大学助手
1999 年	立教大学専任講師
2001 年	立教大学助教授
2004 年	上智大学助教授
2007 年	上智大学准教授
2010 年	上智大学教授
2012 年～2013 年	早稲田大学教授

和田俊憲(わだとしのり)

1998 年	東京大学法学部卒業
同　年	東京大学助手
2001 年	北海道大学助教授
2006 年	慶應義塾大学助教授
2007 年	慶應義塾大学准教授
2013 年～	慶應義塾大学教授

目　次

はしがき　i

Stage 1　Schüler

No.1　犯罪論体系　3
No.2　行為無価値と結果無価値　15
No.3　相　当　性　29
No.4　継続犯か状態犯か　36
No.5　「正　犯」　47
No.6　共犯の因果性　59
No.7　罪　　数　72
No.8　過失犯の検討方法　85
No.9　予見可能性　99
No.10　故意と錯誤　106
No.11　方法の錯誤と抽象的事実の錯誤　120
No.12　抽象的事実の錯誤と不能犯　134
No.13　文書偽造罪　142
No.14　財産犯の保護法益　152
No.15　詐欺罪における「財産的損害」　164
No.16　占　　有　176
No.17　暴行罪・傷害罪における暴行　193
No.18　脅　　迫　203
No.19　不　作　為　犯　216

No.20 正当防衛と緊急避難　　228

Stage 2　Sänger

No.1　Xは，高校生当時，成績が……　　241
No.2　Xは，夜間，人気のない……　　253
No.3　Xは，路上で肩が触れた……　　267
No.4　Xは，スーパーで……　　281
No.5　Xは，九州に一人旅をし……　　290
No.6　Xは，バカラ賭博にはまって……　　298
No.7　Xは，自己所有の土地をAに……　　309
No.8　Xは，Yの自宅に放火し……　　321
No.9　Xは，かねてより好意を……　　337
No.10　大槌郵便局事件最高裁判決は……　　345
No.11　Xは，上司に嫌気がさし……　　355

Stage 3　Meister

No.1　367　　　*No.2*　376　　　*No.3*　388

あとがき　　401

目　次

事項索引　403
判例索引　407

Column　処断刑の形成　141
Exercise　何の罪に問われるか　227

執筆分担

安田拓人　*Stage 1*：*No.2*, *No.9〜10*, *No.14*, *No.19〜20*
　　　　　Stage 2：*No.3〜6*　*Stage 3*：*No.3*
島田聡一郎　*Stage 1*：*No.1*, *No.3*, *No.5〜8*, *No.12*, *No.16*
　　　　　Stage 2：*No.1〜2*, *No.7*　*Stage 3*：*No.1*
和田俊憲　*Stage 1*：*No.4*, *No.11*, *No.13*, *No.15*, *No.17〜18*
　　　　　Stage 2：*No.2*, *No.8〜11*　*Stage 3*：*No.2*
　　　　　Column, *Exercise*

凡　例

1　法令・判例の記載

　刑法については，原則として条文番号のみを引用し，その他の法令については，引用箇所で法令名またはその略称を示しています．カタカナ書きの条文・判決文については，ひらがな書きにし，濁点と句読点を補って引用しました．

2　文献略語

(1)　判例集

刑　録	大審院刑事判決録
刑　集	大審院刑事判例集，最高裁判所刑事判例集
民　集	最高裁判所民事判例集
高刑集	高等裁判所刑事判例集
高民集	高等裁判所民事判例集
裁　特	高等裁判所刑事判決特報
下刑集	下級裁判所刑事裁判例集
刑　月	刑事裁判月報
東高刑時報	東京高等裁判所判決時報　刑事
高検速報	高等裁判所刑事裁判速報集
判　時	判例時報
判　タ	判例タイムズ
LEX/DB	TKC法律情報データベース文献番号

(2)　書籍・雑誌

井田・理論構造	井田良『刑法総論の理論構造』(成文堂，2005)
井田・総論	井田良『講義刑法学・総論』(有斐閣，2008)
井田・各論	井田良『刑法各論』(弘文堂，第2版，2013)
今井ほか・総論	今井猛嘉＝小林憲太郎＝島田聡一郎＝橋爪隆『刑法総論』(有斐閣，LEGAL QUEST，第2版，2012)

目　次

事項索引　　403
判例索引　　407

Column　処断刑の形成　　141
Exercise　何の罪に問われるか　　227

執筆分担

安田拓人　Stage 1 : No.2, No.9〜10, No.14, No.19〜20
　　　　　Stage 2 : No.3〜6　　Stage 3 : No.3
島田聡一郎　Stage 1 : No.1, No.3, No.5〜8, No.12, No.16
　　　　　Stage 2 : No.1〜2, No.7　　Stage 3 : No.1
和田俊憲　Stage 1 : No.4, No.11, No.13, No.15, No.17〜18
　　　　　Stage 2 : No.2, No.8〜11　　Stage 3 : No.2
　　　　　Column, Exercise

凡　例

1　法令・判例の記載

　刑法については，原則として条文番号のみを引用し，その他の法令については，引用箇所で法令名またはその略称を示しています。カタカナ書きの条文・判決文については，ひらがな書きにし，濁点と句読点を補って引用しました。

2　文献略語

(1)　判例集

刑　録	大審院刑事判決録
刑　集	大審院刑事判例集，最高裁判所刑事判例集
民　集	最高裁判所民事判例集
高刑集	高等裁判所刑事判例集
高民集	高等裁判所民事判例集
裁　特	高等裁判所刑事判決特報
下刑集	下級裁判所刑事裁判例集
刑　月	刑事裁判月報
東高刑時報	東京高等裁判所判決時報　刑事
高検速報	高等裁判所刑事裁判速報集
判　時	判例時報
判　タ	判例タイムズ
LEX/DB	TKC法律情報データベース文献番号

(2)　書籍・雑誌

井田・理論構造	井田良『刑法総論の理論構造』（成文堂，2005）
井田・総論	井田良『講義刑法学・総論』（有斐閣，2008）
井田・各論	井田良『刑法各論』（弘文堂，第2版，2013）
今井ほか・総論	今井猛嘉＝小林憲太郎＝島田聡一郎＝橋爪隆『刑法総論』（有斐閣，LEGAL QUEST，第2版，2012）

凡　例

今井ほか・各論	今井猛嘉＝小林憲太郎＝島田聡一郎＝橋爪隆『刑法各論』（有斐閣，LEGAL QUEST，第2版，2013）
大塚・総論	大塚仁『刑法概説（総論）』（有斐閣，第4版，2008）
大塚・各論	大塚仁『刑法概説（各論）』（有斐閣，第3版増補版，2005）
大谷・総論	大谷實『刑法講義総論』（成文堂，新装第4版，2012）
大谷・各論	大谷實『刑法講義各論』（成文堂，新装第4版補訂版，2015）
佐伯・楽しみ方	佐伯仁志『刑法総論の考え方・楽しみ方』（有斐閣，2013）
中森・各論	中森喜彦『刑法各論』（有斐閣，第4版，2015）
西田・総論	西田典之『刑法総論』（弘文堂，第2版，2010）
西田・各論	西田典之『刑法各論』（弘文堂，第6版，2012）
林・総論	林幹人『刑法総論』（東京大学出版会，第2版，2008）
林・各論	林幹人『刑法各論』（東京大学出版会，第2版，2007）
福田・総論	福田平『全訂刑法総論』（有斐閣，第5版，2011）
前田・総論	前田雅英『刑法総論講義』（東京大学出版会，第6版，2015）
前田・各論	前田雅英『刑法各論講義』（東京大学出版会，第6版，2015）
松宮・総論	松宮孝明『刑法総論講義』（成文堂，第4版，2009）
山口・総論	山口厚『刑法総論』（有斐閣，第2版，2007）
山口・各論	山口厚『刑法各論』（有斐閣，第2版，2010）
山口・基本判例（総）	山口厚『基本判例に学ぶ刑法総論』（成文堂，2010）
山口・新判例	山口厚『新判例から見た刑法』（有斐閣，第3版，2015）

法　教	法学教室
争　点	西田典之＝山口厚＝佐伯仁志編『刑法の争点』（有斐閣，2007）
最判解（平〇）	平成〇年度最高裁判所判例解説
平成〇年度重判解	平成〇年度重要判例解説（ジュリスト臨時増刊）
百　選	芝原邦爾＝西田典之＝山口厚編『刑法判例百選Ⅰ・Ⅱ』（有斐閣，第5版，2003）
	西田典之＝山口厚＝佐伯仁志編『刑法判例百選Ⅰ・Ⅱ』（有斐閣，第6版，2008）

＊版は引用箇所に記しています。

3　折込付録

　本書の巻末に折込付録として「体系対応一覧」を添付しています。
　本書を読みながら概説書や体系書を参照される際，または学習の進度に合わせた問題を探す際などにご活用ください。

本書のコピー，スキャン，デジタル化等の無断複製は著作権法上での例外を除き禁じられています。本書を代行業者等の第三者に依頼してスキャンやデジタル化することは，たとえ個人や家庭内での利用でも著作権法違反です。

Stage 1

Schüler

No.1　犯罪論体系

　「犯罪は①構成要件に該当する②違法かつ③有責な④行為」だといわれる。これらの4つの概念は，論者によって異なる意味で用いられているが，なぜそのような相違が生まれるのか，またそうした相違にどのような意味があるかを考えよ。まず，自分の教科書におけるそれぞれの概念の意義を理解したうえで，他の（紹介されている）学説と，どのような点が異なるのかを考えること。その際，「行為無（反）価値論，結果無（反）価値論」という対概念との関係についても意識せよ。

Hint

　ある行為の可罰性が認められるために必要とされる要件には見解によって大きな違いはないといってもよいが，それを①・②・③のどの引出しに入れるかは特にその見解が依拠する違法論の内容によって影響を受ける。行為無価値論と結果無価値論とでは，どこが違い，その結果，引出しへの収納法がどのように変わるのかを考えてみよう。

解 説

I　はじめに

1　初学者が，刑法の教科書をはじめから読んでいると，このあたりから，わかりにくくなってくるのではないだろうか？　わかりにくいと感じる理由は，おそらく(1)聞き慣れない概念が，一気に出てくる，(2)しかもそれぞれの概念相互の関係がわかりにくい，(3)教科書によって，それぞれの概念の定義が異なるが，そうした差異にどのような意味があるかがわかりにくい，といったところだろう。

ここでは，これらの問題について，できるだけかみ砕いた説明を加えたいと思う。それから，犯罪論体系と関連して，**結果無価値**（あるいは結果反価値），**行為無価値**（行為反価値）という概念が用いられ，しかも，しばしば，それは，刑法総論の最も重要な対立点であるかのように語られる。学生の間では，結果無価値の学説と，行為無価値の学説をつなぎあわせてはいけない，といった噂が，時にその内容を理解せずに喧伝されていることも少なくないようである。

確かに，1960年代から1990年代頃までは，この点は，犯罪論に対する基本的な態度決定を示すものとして，非常に大きな意味があった。比喩的にいえば，それは「踏み絵」であり，その点を明示しなければ総論の議論はできない，といった感じであった。

しかし，現在では，この点はなお残る一部の対立点を除けばそれほど意味をもたないし，そうした対立点もどんどん減少している（私が，講義で，この対概念を使うのは，そうした残った対立点においてのみである。なお，それらが具体的に何かについては後述する）。

2　さて，そうしたことをふまえて，この問題を分析してみたい。まず，①については，おおまかにいえば，**構成要件**というのは，「条文の解釈から導かれる，それが満たされれば，特別な事情がない限り処罰される，犯罪の型」ということである。つまり，殺人罪であれば，「人を殺すこと」，窃盗罪であれば，

Stage 1 No.1 犯罪論体系

「他人の物を自分の物にするつもりで，他人から物を奪うこと」である。

　確かに，人を殺しても，処罰されない場合はある。たとえば，(a)誰かに殺されそうになったので，やむをえず相手を殺した場合（**正当防衛**），あるいは，(b)重篤な精神病で，相手は人間ではあるが悪魔につかれているから殺さなければいけないと，本当に思い込んで相手を殺した場合（**心神喪失**）がそれである。しかし，この例をみればわかるように，これはごく例外的な場合である。たいていの場合は，人を殺しながら無罪になることはない。だから，「人を殺す」というのは，1つの「型」といえるのである。

　このことは，199条に書いてある。「人を殺した者は……」と。ただし，誤解しないでほしいのだが，こうした「原則として処罰されるべき事態」は，条文に書かれたことと同じではない。たとえば，235条をみてほしい。そこには，「他人の財物を窃取した者は」とされている。しかし，たとえば，嫌がらせのために，他人のバイクを盗んで破壊した場合には，この罪にはならないというのが判例・多数説である。それは，261条の器物損壊罪にすぎないとされているのである（この結論に反対する学説も存在する）。

　確かに，他人の物を壊すことは，悪いことではある。しかし，泥棒が，犯罪の代表格であり，極めて頻発するのに対し（ちなみに，日本のみならず，欧米の多くの国でも，犯罪として警察に届けられた件数〔犯罪認知件数という〕の6～7割は窃盗である），物を壊すのは，そうではない。人が犯しやすい罪を抑止するためには，より重い刑罰が必要である。それゆえ，刑法は，物を単に壊すのではなく「自分の物にしようとする場合」に限って，より重く処罰している（そして，先のバイクの例は，こうした場合ではない。この点の説明としては**不法領得の意思がない**，という言い方がなされるが，これについては各論の教科書を確認してほしい）。これは，条文に明示されてはいないが，条文の「解釈」によって導かれる犯罪の原則的成立要件であり，こうした要素も「構成要件」に含まれる（**書かれざる構成要件要素**という）。

　構成要件という概念については，ここまでは共通了解である。どのような考え方の人も，そのように理解しておこう。

3　さて，先にみた正当防衛，心神喪失だから，無罪とされるという結論は，

「そうかもしれない」と思いながら，どこか違和感を覚えなかっただろうか。「前者は，確かに当然だけれど，後者の場合，被害者は悪くないのに……」と。

その直感は正しい。実は，刑法学においても，その2つは区別されている。平たくいえば，それは，(a)は「悪いことではない」(②)が(「正当」防衛)，(b)は，「悪いことではあるけれど，その人を責められない（その人には避けられないことだったのだ）」(③)というのである。刑法学の用語では，②を「違法性がない」，③を「有責性がない」(悪いことではあるのだけれど，その人の責任ではない）という。

そして，思考経済上の理由から，まず，①構成要件（これにあたれば，特殊な事情がない限り処罰される）にあたるか，を検討し，その後，違法性が否定（阻却）される特別な事情（②）の有無，責任が否定（阻却）される特別な事情（③）の有無をチェックして，それらが備わっていなければ，それは「犯罪」と評価される，これが多数説の判断枠組である（細かいことになるが，稀に，犯罪と評価される行為の中でも，処罰されない場合がある〔処罰阻却事由と呼ばれる〕。これは理論的には犯罪なのだが，それらを処罰することには，それを上回るデメリットがある，という政治的あるいは刑事政策的理由に基づいて設けられた規定である〔たとえば，通説によれば，244条1項は，家庭の自治を尊重するために認められた処罰阻却事由である〕）。

4 ここまでも，ほぼ共通了解である（実は，1か所だけ，見解の相違にかかわる部分を若干ぼかしているが……すぐ後述する）。だから，ここまでの部分でよくわからない部分があれば，もう一度読み返し，さらには，教科書の該当箇所をもう一度読み直してほしい。結果無価値，行為無価値という対立は，ここまでの話には基本的に影響しない。

II　体系によって異なる概念の収納法
——誤想防衛を素材として故意の収納法を考える——

1 こうした，構成要件に該当する違法・有責な行為，という定義をめぐっては，いくつかの点について議論があり，それはまだ解決していない。もっと

も，そういわれたからといって，それほど恐れることはない。多くの場合，それらは，比喩的にいえば，引出しの中身ではなく，収納場所の違いにすぎないからである。中に入っている服が同じであれば，どこに入れるかは「わかりやすさ，便利さ」といった程度の話ではないか。とはいえ，引出しの中身にかかわる，つまり実質的な結論にかかわる見解の相違もないではない。多くの本では，これらが区別されずに（読者が当然わかるものとして）論じられているが，以下では，これらの区別に留意しながら，学説における相違点をみてゆこう。

2 まず，「行為」を，先にみた構成要件該当性に先立って判断すべきか，それとも，構成要件該当性の中で「行為」があったかを問題とすべきか，という議論がある。背景にはいろいろな議論があったのだが，現在ではもう，典型的な「整理の仕方」の問題になっている。

行為を独立して判断する見解からは，「行為」（この内容についても，いろいろな議論がある。いつかは勉強するのもおもしろいが，少なくとも，この本を読むレベルでは，深入りしないほうがよい）でない，たとえば，睡眠中の身体運動（それによって，たとえば，人にけがをさせてしまった場合を考えよ）などの人の意思に基づかない身体運動は，これにあたらない，とするのが一般的だが，「行為」を構成要件該当性を判断する前に検討して，それにあたらなければ無罪としても，構成要件に該当する行為にあたるか（たとえば，人を過失で傷つけた「行為」といえるか）という形で判断して無罪としても，大差はない。

3 (1) 位置づけが難しいのは，故意・過失である。ここまではいわなかったが，刑法では，条文に特別の規定がない限り，故意に（平たくいえば，わざと）行われた行為しか処罰されない（38条1項）。たとえば，窃盗罪が成立するためには，他人の物の占有を奪うことを認識していなければならず（それゆえ，間違って他人の傘を持ってくることは，窃盗罪ではない），殺人罪が成立するためには，自分の行為によって人を殺すだろうと予見していたことが必要なのである（それゆえ，酒酔いのため，ブレーキをかけ損なって人を殺すことは殺人罪ではなく，過失運転致死罪〔自動車運転致死傷5条〕あるいは，状況によっては，危険運転致死罪・準危険運転致死罪〔自動車運転致死傷2条1項・3条1項〕になるだけである）。

他方，38条1項ただし書によれば，故意がない行為でも明文の規定があれば処罰されうる。世の中には不可抗力の事故もあるが，そのような場合まで，処罰するのは適切でないだろう。注意しても事故を避けられなかった場合に，それにもかかわらず処罰するのは，いわばスケープゴートにするにすぎず，不正義だからである。このような観点から，38条1項ただし書の場合であっても「過失」がない行為は処罰されない，という点には一致がある。

　(2)　では，これらの要件は，先にみた犯罪論のどこに位置づけられるか，また，そうした位置づけに，実質的にどのような意味があるのだろうか。

　この点を考えるにあたっては，一見同じ結論が，全く違う前提から導かれている場合があることに注意してほしい。

　学生からは，しばしば，先にみた故意・過失について，① 構成要件に属するとする（構成要件的故意・過失を認める）説と，② そうでない説との違いは何か，という質問を受ける。しかし，これはそもそも問題の立て方自体が正確でない。というのは，①に属する学説の中には，全く違う2つの説が存在しており，しかも，その1つと②との違いは，まさに「入れる引出しの違い」にすぎないからである。

　(3)　もう少し詳しく説明しよう。先ほど，犯罪の成否を判断するにあたっては，まず，個別の条文解釈から導かれた構成要件に該当するかを検討する，といった。そして，刑法は，社会にとって何らかの意味で有害である行為を処罰しているから，構成要件は，「原則として悪いこと」を示している（特別理由なく，人を殺せば，悪いことではある）。これを，「**構成要件は違法類型**（あるいは不法類型。私はこちらのほうが適切だと思うが，その理由は，今わかる必要はない）」だという。

　ここまでは少なくとも一致がある。議論があるのは，さらに構成要件が，原則として「悪いことをしたことについて，その人を責められるか」という点まで示すものか（構成要件は**責任類型**〔あるいは有責類型〕でもあるのか），という点である。構成要件要素の中には，その人の来歴等にかかわるもの（たとえば，常習性〔186条〕）もあるため，これを肯定する見解と，個人への責任非難（悪いことをしたことについて非難できるかということ）は，やはり個別にみないといけないとして，この点を否定する見解とが対立している。

(4) そのうえで問題としなければならないのは、故意・過失が、あくまで行為者個人への責任非難にかかわる要素なのか、それとも、世の中にとっての害悪の有無・程度を示す要素なのか、という点である。

どういうことか。先ほど、不可抗力の事故は過失がない、といった。では、そのような事故は社会にとって「悪いこと」というべきなのだろうか？　こういってもわかりにくいかもしれないので、1つ例を挙げよう。

> Xは自動車を制限時速を守って運転していた。Xは前方の信号が青だったので、左側から来るYのバイクは赤信号で停車すると思い、進行したところ、酒に酔っていて信号に気づかなかったYが予想外にも速度を落とさず進行してきた。Xは急ブレーキを踏んだが間に合わず、Yのバイクと衝突し、転倒したYは死亡した。

このXは、無過失であり、処罰されることはない。しかし、それはどうしてなのだろうか？　1つの考え方は、Xは悪いことをしたが、それは仕方がなかった、と答える。つまり、Xの行為は違法だが責任がない、というのである。この見解は、故意でも、過失でも、人を死なせたことの悪さは同じであり、あとは主観的事情に応じて、どの程度重く非難されるべきかが変わるだけだと考える。殺人犯人も、先のXも、人を死なせた以上、悪いことをしたという点では同じである。しかし、その人に対する非難の有無・程度は全然違うから、処罰の可否・程度が違うのだ、と。

もう1つの考え方は、この場合のXは、そもそも「悪いことをしていない」と考える。「悪いこと」か否かは、結果だけで考えるべきではなく、それがどのような行為態様でなされたか、さらにはその際の行為者がどのような心理状態であったか、といった事情をも加味して判断されるべきだ、という考え方に基づく。そのように考えれば、確かに、人を死なせたとはいえ、不可抗力であれば、そもそも悪いこととはいえない、それは自然力や動物による被害と同じだ、ということになる。そして、故意による行為と、過失による行為も、「社会に及ぼす悪さ」が類型的に違うから、それは、「故意の殺人行為」、「過失致死行為」といった形で、別々の構成要件とされているというべきだ、というのである。

気づかれただろうか。現在では、この点こそが、結果無価値論と行為無価値論

との最大の差異といってよい。一言でいえば,「故意・過失は責任要素なのか,それとも違法要素なのか」ということである。前者が結果無価値論,後者が行為無価値論と呼ばれる。無価値,という言葉は,ドイツ語(unwert)からの訳語だが,誤解を招きやすい(意味としては,むしろ「悪い」に近い)。要するに,「(構成要件をも含めた)違法性判断において,(基本的に)結果の悪さに重点を置くのか(結果無価値論),それともそれに至る経緯,行為者の主観等の悪さを重視するのか(行為無価値論)」という立場の相違なのである。

(5) ここまでみたうえで,話を戻そう。(3)でみた,構成要件を違法類型と考える説からは,故意・過失を違法要素と考える限りにおいて(つまり,違法類型説＋行為無価値論),故意・過失は構成要件要素となるのに対し,違法類型説と結果無価値論とを組み合わせれば,故意・過失は,構成要件要素ではない(責任のレベルで,殺人と過失致死,無過失での人の殺害とが区別される)ことになる。他方,構成要件を違法・責任類型と考えるのであれば,行為無価値論はもちろん,結果無価値論を採用したとしても,故意・過失は構成要件要素となる。

A 違法類型説＋行為無価値論→故意・過失は構成要件要素
B 違法類型説＋結果無価値論→構成要件要素ではない
　　　　　　　　　　　　　（責任の段階ではじめて問題となる）
C 違法・責任類型説＋行為無価値論→構成要件要素
D 違法・責任類型説＋結果無価値論→構成要件要素

(6) ところで,故意にというのは「知りながら」という意味であるが,知るべき対象は何なのだろうか。

基本的には,まず,それは,当該犯罪の客観的な成立要件である(例外もあるが,現時点ではまだ知らなくてよい)。たとえば,殺人罪であれば自己の行為によって人を殺すことを,窃盗罪であれば他人の物を盗むことを,それぞれ認識している必要がある(認容という言葉を付け加える人もいるが,その相違については,Stage 1 No. 10〔Ⅳ〕の安田教授の解説を参照していただきたい)。

また,過失についても,当該構成要件に該当する事実について気づく可能性が必要である(たとえば,過失致死であれば,注意すれば人を殺すことに気づいたであろうといえなければならない)。

では，次の事例は，どのように考えるべきだろうか。

> 甲は，ある家の窓が開いており，そこで乙が丙に，日本刀で今にも斬りつけようとしているのを見た。甲は，丙を救うため，とっさに側にあったこぶし大の石を乙めがけて投げつけた。石は乙の頭に命中し，乙は負傷した。しかし，実は，乙・丙は劇団員で，立ち回りの稽古をしていたところであり，日本刀に見えたのはただの竹光であった。

この事例で，甲は，確かに，乙を傷つけるという事実を認識している。そうすると甲は傷害罪で処罰される，ということになるのだろうか？ そのような考え方も，確かに存在する。構成要件的故意を認める **A** の立場を前提としたうえで，実際に正当防衛でないのに，正当防衛だと誤解したことは，自分の行為に対する法律的評価を誤っただけ（違法性の錯誤）であり，ある行為が実際には法律で規制されているにもかかわらず，そうでないと誤解していた場合（たとえば，外国人が日本では大麻の自己使用は許されていると誤解していた場合）と同様であり，故意に影響しない（せいぜい誤信がやむをえない場合に無罪とするだけである），とする（**厳格責任説**と呼ばれる見解がこうしたものである）。

しかし，多くの学説は，この場合の甲を，単なる怒りから人に石をぶつけてけがをさせた場合（典型的な傷害罪である）と同様に評価するのはおかしい，と考える。乙がいわれもなくけがをさせられた事実は変わらないが，甲はせいぜい軽率なだけであって，故意があったとまではいえない，というのである。

そのような結論を **B** から導くのは，容易である。「この場合，人にけがをさせていることから構成要件にはあたる。正当防衛ではないが，正当防衛にあたる状況があると思っていたので，行為者が認識している事実は，適法な事実であり，故意がない」，というのである（甲が不注意だったとすれば，過失致傷罪となる）。

また，**D** からもそれほど難しいことではない。この立場からは，人を故意に傷つけることも，人を過失で傷つけることも，「人を傷つける」という点で，同じように悪い行為であり，あとはそれがその人の心理にどの程度反映されているかによって罪の重さが変わる（故意では，わかっている分，注意すれば気づいたであろう過失よりも重い）。それゆえ，この事案でも，構成要件のレベルでは，

傷害の故意があるが（人を傷つけることはわかっている），正当防衛の状況を認識している以上，責任要素としての故意が欠ける，と構成できる（このような立場からは，構成要件的故意は，故意犯の成立を一応推定させるものにすぎない，といわれる）。

Cの立場からは，故意・過失は，確かに不法（悪いこと）にも影響するが，同時に責任の要素でもあるとしたうえで，Dと同様に，構成要件のレベルでは，傷害罪だが，責任のレベルでは過失犯にすぎない，と説明する。

これに対しAの立場からは，説明がやや困難である。というのも，この立場は，故意と過失は構成要件のレベルで，「どのように悪い行為か」という段階でのみ考えることを前提としているからである（それゆえ，先にみたように，この場合には傷害罪が成立するという説〔厳格責任説〕もある）。そこでこの立場を前提としたうえで，過失犯の成立を認めるべきだとする説の1つは，実は，違法性阻却事由がないという事実も，構成要件の一部を構成し，それゆえその存在を認識していた場合には故意がないという説明をする（**消極的構成要件要素の理論**と呼ばれる）。つまり，傷害罪の客観的構成要件は，単に「人を傷害する」行為ではなく，「（正当防衛などの）違法性を阻却する理由がないのに人を傷害する行為」であり，主観的構成要件としても「違法性を阻却する理由がないのに人を傷害する」ことの認識が必要だ，というのである（そのほかにもこうした場合に行為の悪さはないとして違法性を否定する見解もあるがここでは省略する）。

頭が疲れてきたかもしれないから，整理しよう（A～Dは先にみたものに対応する）。

A	→傷害罪成立（A-1）
	→消極的構成要件の理論→傷害罪の（構成要件的）故意否定（A-2）
B	→傷害罪の故意否定
C	→傷害罪の構成要件的故意は肯定．しかし責任故意を否定
D	→傷害罪の構成要件的故意は肯定．しかし責任故意を否定

Ⅲ 結果無価値論・対・行為無価値論という対立軸の意義

1 さて、このように、故意をどのように位置づけるかというのは、1つの重要な対立点だが、結論をみれば、**A**の一部の立場を除くと、結論はあまり変わらないことがわかっただろう。これをもう少し一般化した形でいえば、**行為無価値論でなければ（あるいは結果無価値論でなければ）導けない（あるいは導きにくい）結論はあるのだが、結果無価値論か行為無価値論かが決まっただけでは、直ちに結論は導けない**、ということである。

実は、行為無価値と結果無価値との対立といわれている他の論点も、このようなものであることが多い。たとえば、不能犯における客観的危険説と具体的危険説の対立、相当因果関係あるいは客観的帰属を肯定するための内容（判断基底論）、等がそれである。それゆえ、これから教科書を読むときは、この対立軸を意識はしながらも、それだけで議論が決まるとは思わないでほしい。

2 もっとも、この対立枠組を日本に導入した平野龍一の意図は、もう少し別のところにあった。それは、昭和40年代の刑法改正に際して、改正の中心人物であった小野清一郎という人の主張が、刑法と社会倫理との連続性を強調していたのを批判して、刑法の目的は法益の保護につきるとしたことである。

どういうことかというと、戦前から、刑法の目的は、処罰によって国家の秩序を維持すること、あるいは戦後になっても（国家主義的な主張は後退しながらも）、社会の最低限の倫理を維持すること、といった主張がなされていた。そして、昭和49（1974）年に公表された改正刑法草案においても、そのような傾向がみられた。また、昭和50年代の判例にも、法益の保護と離れた動機、目的、手段等の反倫理性を理由に処罰を肯定しているとも理解できるものも存在していた（たとえば、最決昭和53・5・31刑集32巻3号457頁〔外務省機密漏えい事件〕）。こうした傾向は行為無価値的である、と批判して、他人の、法によって保護されるべき利益を、その意思に反して侵害した（あるいは危険にさらした）場合に限って、処罰の対象とすべきだと主張したのが平野説であった。

しかし、現在では、この対立は、結果無価値・行為無価値の対立とは別次元

とされている。というのは，有力な行為無価値論者が，刑法の任務は，法益の保護につきるとしたうえで，先にみた判例に反対しているからである（たとえば，井田・理論構造8頁以下）。つまり，現在では，行為無価値論者も，刑法の任務が法益保護にあることは認めたうえで，ただ，それをあくまで「法益保護に関し，一般的にみて合理性のあるルール」（たとえば，故意行為のほうが，過失行為よりも，一般的にみれば，法益に対する脅威だから，重く処罰される）を守らせることを通じて行おうとしているにすぎないのである。

今回は，刑法総論全体にかかわる議論だったのでやや難しかったかもしれないが，刑法総論を一通り勉強した後，この項目をもう1度読み返してほしい。

〔島田聡一郎〕

 ## *No.2* 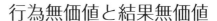 行為無価値と結果無価値

　Xの罪責を，それぞれのバリエーションにおける結論の違いが何によってもたらされているかを意識しながら検討しなさい。

(1)　朝寝坊して講義に遅れそうになった法学部生Xは，
　a)　歩道上を，前方をよく確認しないで自転車を全力でこいでいたところ，
　　①　おばあさんAにぶつかり，大けがをさせてしまった。
　　②　女子高生Bがうまくよけてくれたため，無事大学に到着した。
　b)　歩道上を人が歩いているのを認識しながら，ぶつかったらぶつかったで仕方がないと考えながら，自転車を全力でこいでいたところ，おばあさんAにぶつかり，大けがをさせてしまった。
　c)　前方を十分確認しながら自転車をこいでいたが，不用意に前を横切ろうとした会社員Cに衝突し，けがをさせてしまった。

(2)　大学に着いたところで，雨が突然降り出したため，Xは，自転車置き場に駐輪されていたDの自転車に結びつけられていた傘を，
　d)　近くのコンビニに傘を買いに行く間だけ借りるつもりで，
　e)　そのまま持ち帰るつもりで，
差して歩き始めたところ，戻ってきたDに呼び止められた。

(3)　Dに何度も詫びてようやく許してもらったXは，部長を務めるボクシング部に出かけ，
　f)　実力が同程度のEにスパーリングを申し込み，規格品であるプロテクターなどの防具を着用し，実戦形式の練習を行い，双方がルールを遵守しての打ち合いを行ったが，

g) 憂さ晴らしのために，初心者のＦでも殴ってすっきりしようと思い，「俺が練習相手になってやる」と申し向け，Ｆが防具を着ける前に，実戦形式での打ち合いを始めたが，

Ｘの右ストレートがＥ／Ｆの左目に命中し，Ｅ／Ｆは左目の視力を実質的に失うに至った。

(4) 出血し腫れ上がったまぶたで座り込んでいたＦが，「呪ってやる」と言いながら近くにあった鉄パイプに手を伸ばしたのを見たＸは，とっさに襲われると思い，Ｆを蹴り倒したが，Ｆは鉄パイプを杖にして立ち上がろうとしただけであった。

Stage 1　No.2　行為無価値と結果無価値

Hint
　これらは，行為無価値を重視する考え方と，結果無価値を重視する考え方で，問題の捉え方や説明の仕方が違ってくる（可能性がある）ものである。刑法は，そもそも，何を望ましくないこととして，どのような仕方で禁圧しようとしているのか。

解 説

I 結果発生の防止と行為の禁圧

1 Xは，設問(1) a)では，前方不注意の状態で，たくさんの歩行者がいる歩道上を，自転車を全力でこいでいるが，これは危なくて仕方のない有害な行為である。刑法は，こうした有害な行為は困ったものだとして止めさせようとする禁止規範であり，その違反を処罰しているのだと考えるのが，行為無価値論である。権利や自由はさまざまな原因により侵害されうるが，刑法は，そのうち人の行為による場合をターゲットとし，人の意思決定に働きかけて行為を統制することにより，他者の権利や自由が侵害されることを防止しようとする行為規範なのだという考え方が，行為無価値論の基礎には確実に存在しているのである（なお，「無価値」とは，ドイツ語の unwert の訳であるが，これは価値がゼロという意味ではなく，価値に反しているというネガティブに捉えられるマイナスの状態を表したものである。そこで，このことをより的確に表現するために無価値ではなく「反価値」という人も少なくないが，このことさえわかっていればどちらの表現によっても差し支えないであろう）。

2 では六法で刑法209条（・211条後段）をみて，(1) a)②の場合がこれにあてはまるかを確認してみよう。そうすると，この場合には，「傷害」という結果を発生させていないので，（重）過失致傷罪が成立することはないことがわかるだろう。これに対し，(1) a)①の場合には，おばあさんにけがをさせているので，同罪が成立する。刑法は，こうした法益を侵害する結果が生じることは困ったものだから，そしてその理由でのみ違法だとの評価を下しているのだと考えるのが，**結果無価値論**である（もとよりここでいう「結果」には法益侵害の危険も含まれるから，未遂犯処罰規定などがあれば結果無価値論からも未遂犯の処罰は認められるし，危険犯においては危険が生じたことが結果と捉えられることになる）。

これに対し，行為無価値論を徹底する人（行為無価値一元論）は，Xのやっていることは同じく危険なのに，①に転ぶか②に転ぶかという偶然によって処罰

されるかが決まるのはおかしいではないかと考える。行為無価値論の人は，刑法は行為規範として人の行動に働きかけることはできても，偶然に影響を与えることはできないのであり，「結果を発生させかねないそんな危険な運転はやめろ」というように，行為を禁止することしかできないのだ，と考えていくのである。

しかし，そうはいっても，刑法は，過失犯の場合あるいは故意犯でも器物損壊罪などの場合には，結果が発生した場合しか処罰していないし，故意の重い犯罪（たとえば殺人罪）でも，犯罪が既遂になったか未遂で終わったかによって，やはり悪さが格段に違うことも否定できない。そこで，行為無価値論を徹底する見解（行為無価値一元論）は，結果を処罰条件と位置づけることにより，このことに対応しようとするが，これでは，処罰されるかどうか（あるいは重く処罰されるかどうか）が犯罪の不法内容と無関係に決まってしまうことを正面から認めることになるので，こうした見解は完全な少数説にとどまっている。

そこで，現在では，結果無価値を，違法性を基礎づける，絶対になければならない要素として考慮する見解が多数を占めている（二元的行為無価値論）。結果の発生は偶然ではないかという疑問は確かにありうるが，およそ支配不可能な偶然の結果であればすでに因果関係が否定されてしまうため，ここで問題となるのは，結果が起きてもおかしくない状況なのにたまたま偶然が重なって起きなかったという偶然性だけであるから，そんなに大きな問題はないのだともいえよう。

3　もっとも，皆さんの中には，二元的行為無価値論といっても，結果無価値を行為無価値で限定するのだという考え方と，行為無価値をあくまで中心におく考え方では，やはり違うのではないかとの疑問を抱かれる方もいるかもしれないが，これらは犯罪統制の仕方をどう考えるのかという点から大きく捉えれば，ニュアンスの違いにとどまる。つまり，前者の伝統的な見解は，結果無価値が行為無価値に起因するものでなければならないとしたうえで，行為無価値を社会的相当性の有無により判断することでもって，「社会的に相当な行為の許容」による行動統制が不法の有無にとって決定的であることを説明してきたといえよう（こうした見解からは，違法性阻却事由はどれも「行為の社会的相当性」

という1個のもののパターンの違いでしかないことになる）。

　他方，行為無価値を中心におき行為の統制による一般予防を意識的に前面に押し出す見解からは，結果が行為無価値を構成する許されない危険の相当な実現として発生したときに，行為無価値性が事後的に確証され，そのことが応報的制裁の発動を促すことになるといった説明が与えられている。ここでは，行為無価値の部分については刑法の行為規範性を重視して一般予防論による説明を行う一方で，結果無価値の部分については制裁規範の発動要件としての位置づけがなされていることになろう。しかし，結果無価値が行為無価値に起因するものでなければならないこと，無価値な行為禁圧を通じた法益の保護（結果無価値の発生の防止）を行おうとしていることにおいては，伝統的な見解と同じなのである。

　4　こうして，行為無価値論といわれる見解も結果無価値を不可欠のものと考えるので，行為無価値論と結果無価値論の対立は，それぞれを徹底した立場をイメージしたときほどには結論の違いをもたらさないことには注意が必要である。
　もっとも，行為無価値論か結果無価値論かによって，やはり違いは当然に生じる。それは，島田教授が明快に説明されたような（Stage 1 No. 1），概念の収納法の違いだけにすぎないような場合ももちろんあるが，それぞれの見解による「悪さの捉え方」の違いは，やはり押さえておいたほうがよいと思われるので，これを以下でみておこう。

II　行為者がどう思っているかで悪さは変わるか？

　1　古典的な体系をとる人は，「違法は客観・責任は主観」というスローガンを大切にしている。違法性は，人の行為として表に現れたこと，それによって発生させられた結果といった，客観的な（外部的な）事情についての判断であり，行為者がどう思っているかといった，主観的な（内心的な）事情についての判断は，責任の問題だというのである。

　2　では，行為者がどう思っているかで違法性に違いが出てくることはない

のだろうか。設問の(2)では、Dの傘を無断で差して歩き出したという客観的な事実はd)でもe)でも変わらないが、d)では近くのコンビニに行ってせいぜい 10～15 分後には戻しておくつもりなのに、e)ではずっと返さないで使い続けるつもりなので、主観面には大きな違いがある。

　窃盗罪が成立するには、不法領得の意思が必要だとされるが、ここではそのうちの権利者排除意思が問題である。権利者排除意思というのは、要するに、処罰が必要なくらい権利者の権利を侵害しようとする意思で、一時使用のつもりであれば認められないものである。d)の場合には、ちょっと借りるだけのつもりなので、権利者排除意思は否定される可能性がある。

　窃盗罪は、相手が持っている状態からこちらが持っている状態に移した時点で既遂に達し終了するから、その後どれだけ権利者の権利を侵害するかは、客観面としては考慮できず、それを先取りするために、「……**するつもりでの行為**」だということで、**悪さを主観面で加算し**(これが**主観的違法要素**と呼ばれるものである)、もって処罰されるだけの悪さが認められるのだと考えるのである。こうしたものとしては、ほかに、偽造罪の「行使の目的」などがある。

3　結果無価値論の人は、もともと、「客観的」に発生した事態を困ったものだと「評価」するのが違法性の判断だと考えている。人によっては、大雨の後の崖崩れで人が死んだのでも、殺人犯に殺されたのでも、人の命が奪われたことは間違いないとして、違法だという評価を下すが、これは「違法に振る舞う自然」を認めるもので変ではないか（電柱にぶつかって電柱に怒っている酔っ払いと同じレベルのことをいっているのではないか）、刑法の規制対象は犬でも自然現象でもなく、あくまで人の行為だけなのではないのかという疑問が向けられている。いずれにせよ、結果無価値論の人にとっては、こうした主観的違法要素の存在は、なるべく認めたくない「不都合な真実」なので、目的犯の目的のような例外的な場合だけにとどめようとしている（いっさい認めない潔癖な見解もあるが、さすがに結論に無理が生じるため、ほとんど支持されていない）。言い換えれば、現在主張されている結果無価値論の多くは、「違法は客観」だとする見解ではなく、「**違法性判断から主観的な事情をできるだけ排除したい**」と考えるものなのである。

4 これに対し，行為無価値論は，行為の悪さを評価するものであるが，行為は人の意思によって支えられている（行為は客観と主観の複合体である）のだから，この立場からはそれを行う人がどういうつもりでやったのかによって行為の悪さが変わってくるのは当然だということになる。

設問の(1)a)では過失，b)では故意がそれぞれ認められるが，c)では無過失であるから，この場合には，Xはそもそも違法な行為をしていないことになる。また，故意で行ったb)の場合は，過失で行ったa)の場合より重い違法性があるものと判断される。

5 では，どういうつもりでやったのかによって，なぜ行為の悪さが変わってくるのか。故意犯の違法性の重さを客観的な危険性で説明しようとする見解は，**因果を意識的にコントロールしている故意犯のほうが過失犯より危険性が高い**のだといった説明を行う。結果無価値論の論者は，客観的な危険性は故意だろうが過失だろうが同じだと考える（最近では，このことを前提として，故意はあくまで責任要素だが，行為を行う意思〔行為意思〕は故意犯・過失犯に共通する違法要素だとする見解も有力になっている。たとえば，引き金を引こうとする意思は，人に弾丸が命中すると認識していようがいまいが，そのことによって弾丸が飛び出る以上，法益侵害の危険性に影響するが，危険性に影響するのはそこまでであり，故意か過失かはその点には影響しないとするのである）。しかし，後から振り返ってみれば，当該1回の結果は同じだからそうだともいえようが，行為の時点でみれば，当ててやろうと狙いを定めている場合には当然当たる確率は上昇するはずだから，そうした確率の上昇を捉えて，故意犯の危険性を論証することは不可能ではないであろう。Ⅳでみるような違法性をどの時点で捉えるかという対立軸は，実はこの議論にも影響しているのである。

これに対し，主観的な悪さで説明しようとする見解は，**法規範ないし法益に真正面から敵対する心的態度がよくない**といった説明を行っている。もっとも，この見解による場合には，結果無価値論との違いは，収納法の違いだけだとみることもできる。行為無価値論の論者が，これを主観面での行為無価値（心情無価値）の大きさだと整理するのに対し，結果無価値論の論者は，これを非難されるべき心情の悪質さだと整理するということだからである。しかし，この

違いは，過失の認められない行為を違法だと評価するかなど，概念の収納法の違いにとどまらない，犯罪の捉え方の違いとなって現れていることは十分に押さえておきたいところである。

Ⅲ　行為の悪さ・結果の悪さと正当化

1　行為無価値論と結果無価値論の対立は，リーガルモラリズム的な考え方と他害原理を重視する考え方の対立と関連づけられる場合もある。島田教授がいわれるように，結果無価値論が戦後有力になったのは，日本国憲法の価値秩序を前提とすれば，一定の価値観を法的に強制することとなりかねない，行為無価値＝社会倫理秩序違反と考える見解へのアンチテーゼとして脚光を集めたからだという理由も大きいであろう。もっとも，欧米諸国では，特に性犯罪について，キリスト教的なモラルを体現したような規定（獣姦，同性愛など）をターゲットとして，処罰を基礎づける不法そのものにつきこうした議論がなされていたのに対し，わが国ではもともと性犯罪の処罰が限定的だったこともあって，処罰を基礎づける不法そのものをめぐっての議論は多くなく，**違法性阻却事由の判断枠組がその主戦場**になっている。

2　確かに，行為無価値（＝行為の悪さ）を重視する見解の中には，インモラルな行為，邪な考えによる行為だからという理由で正当化を否定（＝処罰を肯定）しているのではないかとの批判を招きかねないものもあり，判例についてもそのような批判を招いているものがある。

たとえば，最決昭和55・11・13刑集34巻6号396頁は，保険金詐取目的で追突事故を偽装したという同意傷害の事案につき，承諾の存在だけではなく，承諾を得た動機，目的，身体傷害の手段，方法，損傷の部位，程度などを総合的に判断して傷害罪の成否を判断すべきだとし，保険金詐欺目的で承諾を得て追突事故を起こした被告人につき傷害罪の違法性は否定されないものとしている。

また，最決昭和53・5・31刑集32巻3号457頁は，外務省の女性事務官と肉体関係をもった直後に秘密文書を持ち出させたという国家公務員法の秘密漏

示のそそのかしの事案につき，取材方法「の手段・方法が一般の刑罰法令に触れないものであっても，取材対象者の個人としての人格の尊厳を著しく蹂躙する等法秩序全体の精神に照らし社会通念上是認することのできない態様のものである場合にも，正当な取材活動の範囲を逸脱し違法性を帯びる」とし，取材活動としての違法性阻却を認めなかったのである。

同意については，同意があれば保護される法益の存在ないし法益の要保護性が否定され，すでに構成要件該当性が否定されるのではないかという体系的な問題が絡み，対立軸が複雑になるので，以後は特別法違反にかかるものではあるが，この外務省秘密漏えい事件を素材にみていくことにしよう。

3 こうした判例（およびこれを支持する伝統的な行為無価値論）に対し，違法性を基礎づけるのは結果無価値だけだと考える人は，相手方女性の人格の尊厳を蹂躙したからという理由を重視して目的や行為態様がけしからぬものだからといって違法性阻却を否定するのでは，その構成要件で守ろうとした法益（ここでは国家秘密）の侵害と関係ないこと（ここでは女性の尊厳侵害）を理由に処罰することになって問題だと批判している。

もっとも，こうした批判は結論ありきの「ダメ出し」にとどまり，相手方の議論枠組を正しく踏まえてのものではないために，必ずしもかみ合っていない。判例を支持する伝統的な行為無価値論からは，外務省機密漏えい事件の場合には，国家秘密を漏示させたという構成要件的不法が認められることには疑問の余地がない（同意を正当化〔違法性阻却〕事由だと位置づける場合には，傷害を負わせたことによって結果無価値的要素は認められ，構成要件該当性は否定されないので，昭和55年決定についても同様に議論していくことができる）。それゆえ，その禁止が解除される（構成要件該当行為の違法性が否定される）ためには，正当化を認めるだけの根拠がなければならないと考える。つまり，原則的に禁止規範が発動できるだけの事情はすでにあるのだから，ここでは，「違法性の基礎づけ」ではなく，「正当化の否定」が問題なのだと考えているのである。そこで問題は違法性阻却の段階に移行することになる。

4 結果無価値を重視する見解からは，（構成要件に該当した行為の）違法性が

否定されるかの判断に際しては，構成要件的「結果」が正当化されるかが問題となる。この際に，多くの見解は，天秤を持ち出し，左の皿には侵害された利益，右の皿には行為によって実現された利益を載せ，右の皿が下がれば優越的利益が守られたとして，違法性が阻却されるものと考えるのである。

こういう枠組で正当化を考えている立場からは，目的や手段の不当性によって正当化が否定されるということは，左の皿に，社会秩序を乱したとか，邪な考えでやったのだとかいった事情を載せているのだ，それは，構成要件に規定されていない不法内容を処罰していることになっておかしいのだという捉え方になるのであろう（もっとも，結果無価値論だからこうした優越的利益説になるという結びつきは，必然的なものではない。実際にも，正当防衛の正当化に際しては，優越的利益を守ったからだという説明ではなく，それが権利だからだといった説明が，結果無価値論からも有力に主張されていることは理解しておいてよいだろう）。

しかし，伝統的な行為無価値論が問題としているのは，行為無価値（あるいは＋結果無価値も含めた構成要件的不法）が否定されるかであり，具体的には，**追及された目的等に照らして，そうした振舞いに対して，当該社会における合意に基づく是認が得られるかが問題とされているのである。**

判例を批判する結果無価値論の論者は，優越的利益として報道の自由や国民の知る権利のみを挙げ，これを侵害された国家秘密の重要性と比較衡量しようとするが，判例は，取材活動としての正当化が問題となる場合には，もっと厳格な要件が満たされるべきだ考えているのである（もっとも，伝統的な行為無価値論の中には，刑法は，個々の法益の保護を超えて，社会倫理秩序ないし法秩序の維持を究極の目標とするものだとのスタンスが見え隠れしている見解があり，これによれば，いわば「結果」無価値の内容が「社会倫理秩序を揺るがせたこと」になってしまっているのだという見方も十分ありえよう。しかし，このような見解でも，たとえば，抽象的事実の錯誤において，法益の違いを考えずに符合を認める抽象的符合説を主張してはいないのであり，構成要件該当性を基礎づける結果が法益侵害〔ないしその危険〕であるという理解は，十分に共有されているように思われる）。外務省秘密漏えい事件の被告人のように，取材対象者を誘惑して恋愛関係にもち込み，振られたくないという思いを利用して秘密を漏示させたという手段の悪辣さを考えれば，これは到底取材行為として許容される限度を超えているから，**正当な取材としての正**

当化は認められないといったことは，理論的にも決しておかしなことではないように思われる。

　そして，結果無価値論からも，天秤が傾けば（優越的利益が守られれば）なぜ正当化されるのかの答えは，事実レベルにはなく，それを支える社会的合意ないしより上位の法的原則を参照する必要があるはずである（刑法37条の緊急避難であれば，なぜ無関係の他人に自らに振りかかった危難を押しつけることが許されるのかの根拠は，社会連帯とか社会全体としての損害の最小化といった功利主義が参照されることになる）し，正当化事由に利益衡量以外の要件が課せられているのはなぜなのか，といった問題に答えるには，「政策的考慮」「社会全体の利益」といった判断をもち出す必要があるかもしれないのである。

　他方，行為無価値論を重視する中でも，目的の邪さや行為態様のインモラルさといったものを重視する見解は，あまりみられなくなってきている。行為無価値論をとることと，行為の無価値性をどのような基準で判断するかは，別個独立の問題であり，その判断基準を立てるときに，**心情刑法にならないよう，また，社会における多様な価値観の共存を妨げないような考慮を行うこと**は，行為無価値論からも当然に可能なことなのである。そして，行為無価値論は，違法性判断の最終的な決め手となる社会的合意を参照する必要性を，「行為無価値」という引出しの中に適切に位置づけうる点において，優位性をもつものとみることもできよう。

5　伝統的な行為無価値論の枠組から冒頭の設問をみてみると，設問(3) f)の場合には，スポーツの練習の枠内の行為としてなされているから，社会的に是認されるのに対し，g)の場合には，練習はいじめのカムフラージュであり，危険を最小化させるための手段も講じられていないという違いがあり，目的が「憂さ晴らし」であるがゆえに，社会的に是認されないというように説明されることになろう。

　これに対し，結果無価値論から優越的利益を守ったかにより検討しようとすると，f)の場合に正当化を行うことは意外に難しくなる。価値や評価をなるべく考慮外に置こうとするから，スポーツの練習である f)とそうでない g)が同じ扱いになりかねず，これはこれで不当であるから，スポーツ（の練習）とし

て行われていることが、それ自体として社会的有用性をもつことを何らかの形で考慮する必要があることになろう。しかし、これを「利益」として天秤の皿に載せても、「左目失明」という不利益を上回る利益だという説明は苦しいはずである。こうした利益を制度的なものとして説明するなら、それは行為の社会的相当性の判断とほとんど変わらないのではないだろうか。

　他方、行為無価値論の側からも、行為無価値の判断に際し、憂さ晴らし目的の邪さ等を重視する方向だけが唯一のものではないのであり、f)の場合には、スポーツの練習の枠内の行為として、危険を最小化させるための手段を講じたうえでなされているのに対し、g)の場合には、練習はいじめのカムフラージュであり、危険を最小化させるための手段も講じられていないという違いがあり、目的が「憂さ晴らし」であるかどうかを考慮しないでも、そうした違いが当該行為の社会的相当性の有無を分けているのだと考えることもできるのではないだろうか。

Ⅳ　悪さを判断する時点・基準は？

　冒頭の設例(4)の場合には、Xは、Fの攻撃が実際にあったならば正当防衛になるくらいの反撃を行っているが、実際には襲われていない。正当防衛の成立要件のうち、少なくとも急迫不正の侵害があったことは、後から振り返って客観的に判断されるべきだということには、争いはない。この限りで、正当防衛は、結果として、不正の侵害に対して正の利益を守る関係にあったことが、不可欠の前提要件となる。そして、Xが侵害を誤想したことは錯誤の問題として扱われ、多くの見解によれば、(責任レベルでの)故意が否定されることになる。このことは、ほとんどの行為無価値論者からも支持されている。

　これに対し、少数説ながら、Xとしては、正当化されるべき事情を認識して行為に及んでいるのだから行為無価値がなく、違法性が否定されるべきではないかとする見解も主張されている。行為無価値論は、行為者(を含めた一般の人)に行動指針を示すことを重視するが、それには行為の時点で一般人に認識しえた事情を基礎に、やってよいか悪いかを示す必要がある。そこで、一般人からみて、そうした錯誤が避けられないのであれば、行為としては「やってよ

い」ということになり，行為無価値なき結果無価値だけでは違法性は認められないから，不可罰となるというのである。しかし，こうした見解に対しては，「一般人がやってよいと思うことは合法である」という結論を認めることは到底妥当とは思われない，といった強い批判が向けられている。

　行為無価値論者のほとんどは，正当防衛は，やはり不正な侵害を現実に受けた状況で正の側が防衛行為に出るという状況が実際になければならないとしたうえで，その状況で「どこまでの防衛行為に及んでよいか」の判断を，行為の時点で一般人に認識しえた事情を基礎にして，防衛行為に対する行動指針を示すという観点を重視して行うにとどめている。このことを矛盾だとする有力な見解もあるが，不正・対・正の関係が客観的に存在することを前提とするか否かにより，防衛行為として許されるのがどこまでなのかの判断はおのずと変わるのであり，最大限許される防衛行為の指針を正当防衛に固有の利益状況が客観的に存在することを前提として設定することは，必ずしも矛盾ではないのではないだろうか。

　他方，結果無価値論者は，行為としては相当だったが結果的にいきすぎてしまった場合には，正当防衛ではないと考える方向に傾くはずだが，これでは正の側の保護に欠けるため，最近では，手段として最小限度の防衛行為であるかにより判断しようとする方向にある。これは，行為無価値論の目指すところに大きく近づくものだともいえようが，問題は防衛行為が最小限度のものかをどのように判断するかである。防衛行為により惹起された（であろう）結果がより小さい場合があったのではないかということを事後的な目線からチェックするのであれば，多くの事案ではあったということになろうから，やはり正の側の保護に欠ける場合が生じうるであろう。他方で，行為の時点でとりえた選択肢をベースに行為の時点を基準に考えるのならば，行為無価値論者の考えているところとほとんど同じことになろう。

〔安田拓人〕

No.3 相 当 性

 刑法を学んでいると,しばしば「相当」という言葉が登場するが,それは必ずしも同じ意味ではない。以下の概念において,「相当」はどのような意味で用いられているか。

(1) 「相当」因果関係
(2) 社会的「相当」性
(3) 防衛行為の「相当」性

Hint
　それぞれ,犯罪論体系のどこに位置づけられる要件かを確認したうえで,判断の仕方の違いを,具体例を挙げて考えてみよう。

解説

I はじめに

　法律をはじめて学ぶと，似たような概念がたくさん登場する。一度きちんと整理しておけば，間違えることもないのだが，漫然と勉強していると混乱して，本来違う意味の概念を同じような意味で用いてしまうという間違いをおかす。

　刑法，そのうち特に総論では，「相当」という言葉がさまざまな場面で登場する。そして，学生も混乱することが多いようで，たとえば次のような記述を見かけることがある。「違法性の実質が社会的相当性を逸脱した法益侵害だから，防衛行為の相当性は，行為の社会的相当性によって判断される」，「因果関係の相当性は，因果関係の社会的相当性の問題なので，社会通念上相当か否かによって判断される」……もちろん，いずれも誤りであるが，それに気づかれただろうか？　気づかなかった方，なんとなく変だと思っても，それをうまく説明できないと思った方は，ぜひ，以下の記述を読んでいただきたい。

II 日常用語としての「相当」

　まず，「相当」という言葉は，日常用語としても，いくつかの意味がある。ここで問題となる形容詞に限ってみても「①価値や働きなどが，その物事とほぼ等しいこと。それに対応すること。②程度がその物事にふさわしいこと。また，そのさま。③かなりの程度であること。また，そのさま」（大辞泉）。

　上に挙げた例では，②の意味に近いものが多い（ただし，防衛行為の相当性は，①のほうが近い）。しかし，それだからといって，それぞれの意味が同じとなるわけではない。というのは，「その物事にふさわしい」といっても，「その物事」がそれぞれ異なるからである。因果関係としてふさわしい（から既遂になる）ことと，社会的にふさわしい（から無罪となる）ことが，同じであるはずはないだろう。

Ⅲ　相当因果関係にいう「相当」

　一般に，相当因果関係における「相当」の概念は，実行行為と結果との間に「あれなければ，これなし」という条件関係が存在することを前提に，さらに，それを限定する要素として，現実に生じた因果経過が「経験則上予測し得る」（井田・理論構造 55 頁）ことを意味すると理解されている。そして「予測」しうるか否かは，どのような時点で，どのような事情を考慮して判断するかによって異なるから，いわゆる相当因果関係の判断基底論（客観説か，折衷説か〔主観説という学説もあるが，現在では主張者はほとんどいない〕）が議論されることになる。
　ここで，「相当」というのは，結果をその行為のせいだと評価できる，具体的には，**既遂（あるいは過失犯・結果的加重犯）を認めるのがふさわしい**，という意味である。
　この記述を見ればわかると思うのだが，実は，相当因果関係説と客観的帰属論とは，その本質において対立するものではない。どちらも，条件関係が認められる場合であっても，一定の場合には，結果を行為のせいだとすることが構成要件の解釈としてふさわしくない，と考えて，処罰範囲を限定するための議論だからである。もちろん，具体的な考慮要素は異なりうるが，それは客観的帰属論内部でも異なりうる話であり，本質的な相違ではない。
　もっとも，少なくとも従来の相当因果関係説は，そこでの限定の基準，「ふさわしさ」の基準を，因果経過の**経験的通常性**という一元的な基準で説明できると考えていた。考慮要素がそれだけでは不十分だと指摘した点は，客観的帰属論の重要な意義である。
　とはいえ，従来，相当因果関係説を採用していた有力な論者が，ここ数年，次々と客観的帰属論を採用することを明言するに至っている。相当因果関係説にいう「相当」が以上のような意味であり，その意味で，客観的帰属論と通底するものであったからでもあるように思われる（この点に関する日本の議論に多大な影響を与えているドイツでも，相当因果関係説が通説であった時期が日本ほど長くなかった点を除けば，ほぼ同様の現象が起きた。つまり，相当因果関係を行為の一般的

危険性である広義の相当性と，現実に生じた因果経過に対する判断である狭義の相当性に分ける見解が主張され，それをふまえて，危険の創出と実現を要求する客観的帰属論が主張された）。

Ⅳ 社会的「相当」性

次に，社会的「相当」性の概念は，学者の間でも位置づけが定まっておらず，扱いが非常に難しい。そもそも，そのような概念は，「包括的，多義的，直感的であって，到底明確な判断基準となり得ない」などとして用いるべきではないという見解も有力である（西田・総論136頁）。そうした議論はひとまずおいて，この概念を用いる見解の最大公約数をあえていえば，次のようになる。

現在の多数説は，構成要件該当性と違法性とは，表裏の関係に立つと考えている。つまり，構成要件該当性を基礎づける事実と，ちょうど逆の事実が認められれば，またその限りにおいて，違法性が阻却されると考えている。

そのうえで，社会的相当性という概念は，2つの場面で機能する。1つは，① 構成要件該当性を肯定するためには，「社会的相当性を逸脱した法益侵害（あるいはその危険）」がなければならない，という意味で，**処罰を限定する文脈**においてであり（大谷・総論75頁），他方で，② 違法性阻却事由の適用にあたっても，法益侵害（あるいはその危険）を正当化するに足る利益の存在を前提として，その手段に「社会的相当性」が認められる場合，あるいは「法秩序全体の見地から是認できる」限りにおいて，違法性阻却を認めるという，**違法性阻却事由の適用を限定する文脈**においてである（この理解によると①では処罰限定的に機能するが，②では処罰を拡張することとなり一貫していないとして批判するのは，山口・総論173頁）。

①に関しては，たとえば，過失犯において，予見可能性が肯定されたとしても，社会的相当性が認められる行為態様（たとえば，自動車運転者が，他の交通関与者が交通規則を守ることを信頼しながら，自らも交通規則を遵守して運転する行為）の場合には，過失犯の構成要件該当性を満たさない，という議論がなされている（福田・総論128頁以下）。

他方，②に関しては，たとえば，外務省機密漏えい事件（最決昭和53・5・31

刑集32巻3号457頁）において，判例が，「取材対象者の個人としての人格の尊厳を著しく蹂躙する等法秩序全体の精神に照らし社会観念上是認することのできない態様のものである」としているのを，支持する文脈において語られる（大塚・総論412頁）。

では，その具体的内容は何か。この概念は，ドイツから輸入されたものだが，その代表的な主張者であるヴェルツェルは，それを「歴史的に形成された社会生活の秩序の枠内にある」としていた（福田・総論144頁）。しかし，現代のように，絶え間なく技術革新がなされる社会では，何が「歴史的に形成された社会秩序」なのかは，必ずしも明らかでない。そこで，学説においては，**行為の日常性・通常性**のゆえに**健全な社会通念**によって**許容**されうること（大谷・総論242頁）といった基準も示されている。

もちろん，このような意味での相当性，社会通念にとっての「ふさわしさ」が，具体的に何を意味するかについては，議論がありうるが，ここで理解してほしいのは，それが，あくまで行為の時点で，しかも，その態様を当該構成要件において保護されている**法益侵害に対する危険性**とは，ひとまず切り離して，論じられているということである。

なお，学説上異論もあるところではあるが，窃盗罪などの占有侵害罪における自己物取戻し（235条・242条）の事案で，判例は，242条にいう「占有」は，「事実上の支配」であれば，どのようなものでも足りるとしたうえで，「社会通念上」相手方に「受忍を求める限度を超え」たか否かで，違法性の有無を判断している（最決平成元・7・7刑集43巻7号607頁）。このような判例を受けて，学説では，取戻しの必要性と「手段の相当性」を要求する見解が有力に主張されているが（前田・各論152頁），ここにいう相当性も，上にみた判断に近い。

こうした議論と，結果を行為の仕業と評価してよいか，という意味での相当因果関係とが，別次元の議論であることは，明らかであろう。もちろん，相当因果関係説と社会的相当性説とを同時に主張することは矛盾しないが，それは，異なる次元の，矛盾はしないA説，B説を同時に主張しているというにすぎない。

V 防衛行為の相当性

　正当防衛と過剰防衛を限界づける概念，つまり，36条1項にいう「やむを得ずにした行為」は，「防衛行為の相当性」を意味すると考えられている。先にみたように，これを「防衛行為の社会的相当性」と書く答案をしばしば見る。そのような見解が成り立ちえないとはいわないが，少なくとも，現在の判例理論を前提とする限り，不正確である。

　というのは，IVでみたことからもわかるように，社会的相当性とは，法益侵害（と危険）には還元できない要素を意味するはずであるが，正当防衛における「相当性」は，判例によれば，「急迫不正の侵害に対する反撃行為が，自己または他人の権利を防衛する手段として必要最小限度のものであること」を意味し（最判昭和44・12・4刑集23巻12号1573頁。その直後に，「すなわち反撃行為が侵害に対する防衛手段として相当性を有するものであることを意味する」と続けられている），それは，**生じうる法益侵害の結果およびその危険性の程度と，相手方からの加害行為の危険性とを衡量**して判断されると分析されており，その判断手法は，「社会的相当性」のそれとは明らかに異なるからである。そして，そのような行為であれば，「その反撃行為により生じた結果がたまたま侵害されようとした法益より大であっても，その反撃行為が正当防衛行為でなくなるものではない」とされている。

　とはいえ，こうした行為の危険性の衡量によって「相当性」を決するのは，むしろ，正当防衛に特有の話かもしれない。私のみるところ，それは，正当防衛においては，防衛に必要な限度では，相手方の利益に特段の保護を払う必要がなく（悪い奴への反撃にすぎない），他方で，緊急状態で行われた行為について，事後的に生じた結果を理由に処罰するのでは，正当防衛権の行使を萎縮させかねない，という点に求められる。逆に，正当な他人の権利を害する緊急避難においては，被侵害者の利益に一定の配慮が必要であるため，一見すると37条の要件を満たしているように思える場合でも，「避難行為の相当性」が否定される場合がある。たとえば，植物状態のAを殺害して，その臓器をB，C，Dに移植すれば，3名の命が助かり，しかもその臓器移植以外には，彼らの命を

助ける可能性がなかった場合，それでも「相当性」を欠くとして，緊急避難の成立を否定する見解が多数説であるが，そこでいわれている相当性は，むしろ先にみた社会的相当性に近く，少なくとも防衛行為の相当性とは異なる概念であることは間違いない（詳しくは，Stage 1 No.20 を参照されたい）。

One Point Advice

　本項でみたのは，同じ「相当」という語が異なる意味で用いられる場面であった。これに対して，「相当」という用語が使われていなくても，他の場面での「相当」と共通する要素のある判断がなされることもある。たとえば，現在の客観的帰属論者の多くは，行為の時点で一定の危険性が存在していても，それがそれほど高くなく，かつそれが社会において一定程度有用な場合には，そこから結果が生じても処罰しない，という許された危険の法理を認めている（山中敬一『刑法総論』〔成文堂，第2版，2008〕379頁）。これは，いわば社会的相当性説の発想を受け継ぎながら，そこに法益衡量の視点を入れて理論化したものである。

〔島田聡一郎〕

No.4　継続犯か状態犯か

(1) 次の事例a)～c)においてそれぞれ「継続」しているのは，①実行行為，②法益侵害結果の発生，または，③法益が侵害された状態，のいずれであるか分析してみよう。

　a)　XはAに暴行を加えた。Aは傷害を負い，それは日増しに悪化していった。

　b)　XはBの財物を窃取した。それは1年間返還されなかった。

　c)　XはCを部屋に監禁した。その後，Xはその場を立ち去り，Cは3日後に発見・解放された。

(2) 次の事例a)～c)において，監禁罪が成立するかどうか，成立する場合はどのような構成によるべきかを検討し，「監禁罪は継続犯である」といわれることの意味を考えてみよう。

　a)　XはAを部屋に閉じ込め，脱出しないようにドアの前で監視し続けた。

　b)　Xは誤ってBを部屋に閉じ込めた。Xはその後，事態に気づいたが，Bを解放しなかった。

　c)　XはCを部屋に監禁した。その後，Xは事故にあって意識不明状態に陥り，Cは3日後に発見・解放された。

Stage 1　No. 4　継続犯か状態犯か

Hint

　継続犯とは実行行為が継続する犯罪であるといわれてきたが，それはどのような意味だろうか。
　継続犯であるか状態犯であるかによって公訴時効の起算点が変わるといわれる。刑事訴訟法253条1項は「時効は，犯罪行為が終った時から進行する」と規定しているが，そこにいう「犯罪行為」とはどのような意味だろうか。

解説

I　はじめに

　継続犯の具体例を挙げよといわれたら，おそらく誰でもまず監禁罪を思い浮かべるであろう。では，継続犯とは何かと問われたら，どのように答えるだろうか。実行行為が継続する犯罪だろうか。それとも，法益侵害が継続して発生する犯罪だろうか。窃盗罪も法益侵害状態が継続するから継続犯だという人をたまにみかけるが，これは違う。窃盗罪は一般に状態犯の代表として位置づけられている。このような勘違いをするのは，「継続犯」をその用語のみに基づいて把握し，何らかの「継続」する要素がある犯罪をすべて継続犯として理解しようとしてしまうからである（ベートーベンの「月光ソナタ」の第3楽章が情熱的なので「熱情ソナタ」と勘違いするようなものである）。では，状態犯と継続犯，あるいは，「法益侵害状態の継続」と「法益侵害の継続」とは何が違うのであろうか。

　ここでは，ついつい用語の雰囲気のみで何となく把握してしまい，意識的に使うことが必ずしも多くないように思われる「継続犯」について，少々掘り下げてみてみたい。

II　即成犯，状態犯，継続犯の意義

　一般に犯罪は，①即成犯，②状態犯，③継続犯に分類され，①即成犯の例として殺人罪，②状態犯の例として窃盗罪，③継続犯の例として監禁罪が挙げられる。そして，即成犯と状態犯は既遂と同時に犯罪も終了し，その時点から公訴時効が進行するのに対し，継続犯は犯罪が成立してもその時点で終了するとは限らず，犯罪が終了するまでは公訴時効が進行しないとされている。少なくともその意味で犯罪の終了時期を画定することには重要な意義があり，そのこととの関係で，ある犯罪が継続犯とされるか否かは重要な問題とされている（そのほかに共犯の成立可能性なども犯罪の終了時期と関連づけて理解されてきたが，

今日では一般に両者は無関係であるとされている。Stage 1 No. 6 参照)。

しかし，即成犯・状態犯・継続犯のそれぞれの定義の詳細をみると，基本書レベルでも記述が微妙に異なっている。そして，継続犯について適切に分析できるようになるためには，その違いを理解することが重要である。

代表的な基本書には次のように書かれている（西田・総論〔初版〕80頁以下）。

> 「即成犯とは，法益の侵害と共に犯罪が終了するものをいう」
> 「状態犯とは，結果発生とともに犯罪は終了し，あとは法益侵害の状態が続いているものをいう」
> 「継続犯とは，構成要件該当行為が継続しているものをいう」

これに対して，次のように書かれたものもある（山口・総論 47 頁）。

> 「［即成犯は，］法益侵害などの結果発生による犯罪成立と同時に犯罪は終了し，かつ法益は消滅するもの［である］」
> 「［状態犯は，］法益侵害などの結果発生による犯罪成立と同時に犯罪は終了し，その後は法益侵害の状態が残るにすぎないもの［である］」
> 「［継続犯は，］法益侵害などの結果発生により犯罪は成立し，その結果が継続する間犯罪が継続的に成立するもの［である］」

両者の記述を見比べると，即成犯と状態犯に関しては重要な違いはない。即成犯における法益の消滅に言及しているか否かが異なるだけであり，前者の基本書においても，典型例として，殺人罪では人の殺害結果を1回発生させたらもう1回殺すことはできないことが挙げられているから，結局同じことがいわれている。

重要なのは，継続犯の定義の違いである。前者の基本書では行為の継続が，後者の基本書では結果の継続が指摘されている。大まかにいえば，継続犯に対する理解は，構成要件該当行為＝実行行為が継続するものとみる見解と，既遂結果が継続的に発生するものとみる見解とに分かれている。前者を「**実行行為継続タイプ**」，後者を「**結果発生継続タイプ**」と呼ぶことにしよう。

Ⅲ 「実行行為」と「法益侵害」の内容

　ここまでは比較的単純な話である。しかし，実行行為の継続と結果発生の継続とは，一義的に区別できるものではない点に注意が必要であり，その点を意識し出すと（そしてそれは必要なことであると思われるが），話が少々込み入ってくる。

　継続犯の説明には次のようなものもある（井田・総論104頁以下。傍点引用者）。

> 「継続犯は，法益侵害・危険の事態の継続そのものが構成要件の内容となっているものである。継続犯の典型例は監禁罪（220条）であるが，監禁罪においては，監禁の状態が継続している限り，構成要件該当行為（実行行為）が継続している」

　ここでは，結果発生の継続と実行行為の継続とが統合されている。すなわち，法益侵害結果が継続的に発生しているとき，構成要件該当行為・実行行為も継続して存在するものと考えられているようである。「構成要件該当行為」の中に法益侵害結果も包含されているといってもよいかもしれない。あるいは逆に，行為から結果に至る全体が「法益侵害結果」として捉えられているということもできる。身体の動静という裸の事実的行為や，それまで存在していた法益が失われたという裸の事実的結果をそれ自体として問題にするのではなく，結果との関係で意味づけられた行為や，行為と関係づけられた結果を語っているのである。結果も含めて構成要件該当行為が肯定されており，また，行為ではなく自然現象によって法益が害された場合は法益侵害結果とはいわないのである。

　これに対して，前述の結果発生継続タイプは，裸の事実的行為と裸の事実的結果を問題にしている。それは，実行行為継続タイプに対して次のような批判をしている点に現れている。すなわち，行為の継続は擬制にすぎない，行為の効果が継続しているから行為自体が継続しているように誤解しうるにすぎない，というのである。そこで前提とされている「行為」は，裸の事実的行為，意思に基づく身体の動静である。

　両者の違いを具体的に示すと次のようになる。部屋の鍵を閉めて被害者を中

に閉じ込めたという監禁罪の事例でみてみよう。結果発生継続タイプからは，監禁罪の行為は鍵を閉めるという身体の動きに尽き，その後，被害者が場所的移動の自由を害されるという法益侵害結果が発生し続けて，それが随時，当初の鍵を閉める行為に帰属する，という理解になる（図1）。閉じ込めたうえで監視し続けたような場合は監禁罪の行為が継続していることになるが，ここではそのような事案ではないことが前提である。

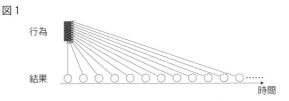

図1

これに対して，実行行為継続タイプからは，監禁罪の構成要件該当行為・実行行為は鍵閉め行為に尽きるのではなく，鍵がかかっているという状態が継続し，被害者の場所的移動の自由が害され続ける限り，監禁罪の構成要件該当行為・実行行為も継続して認められるという理解になる（図2）。閉じ込めた後に立ち去り，監視し続けていなくても，監禁の実行行為は継続していると解するのである。

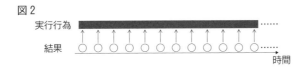

図2

Ⅳ　実は本質的な対立はないこと

　実行行為継続タイプがとられる理由の1つには，次のような思考がありそうである。継続犯は状態犯とは区別されなければならない。しかし，継続犯だけでなく状態犯でも，何らかの継続性があることは否定しがたい。状態犯において継続しているのは法益侵害の状態であるが，これは「結果」に関する要素である。そこで，継続犯においては「結果」ではなく「行為」が継続しているとみるべきである。そうすれば，状態犯と継続犯の概念を明確に区別することが

できる。

これに対して、結果発生継続タイプは、状態犯と継続犯は「結果」に関する要素が継続している点で共通しているが、結果発生の態様に質的な違いがあり、そこに着目すれば両者は区別可能であるとみる。その説明をみてみよう（山口・総論48頁以下）。

> 「継続犯は、法益侵害などの結果が持続する間成立し続けるが、それは構成要件要素である法益侵害などの結果の惹起が（同等の侵害性を備えたものであるため）持続的に肯定され、構成要件該当性が持続的に肯定されるからである。……これに対し、状態犯において犯罪が継続しないのは、法益侵害などの結果の発生により犯罪は成立するが、その後の法益侵害状態の持続は構成要件該当性を肯定しえないものであり、構成要件該当性を持続的に肯定できないからである」

具体的にいえば、継続犯である監禁罪の場合は、構成要件要素である場所的移動の自由の侵害が、刻一刻の侵害が同等の侵害性を備えたものであるため、その侵害と当初の行為との関係において構成要件該当性が持続的に肯定される。これに対して、状態犯である窃盗罪の場合は、占有移転の結果である財物の直接的利用可能性の喪失状態は既遂後も継続するものの、構成要件要素である占有移転は継続しない、すなわち、継続的に占有移転が生ずるわけではないから、既遂後には**継続的な構成要件該当性**は認められず、既遂により犯罪は終了する。

しかし、実行行為継続タイプの見解も、構成要件要素たりうる法益侵害が継続的に発生している場合にのみ、構成要件該当行為が継続していると理解するから（西田・各論275頁以下、井田・総論105頁）、実質的な対立はないと考えられる。「行為」の範囲を限定し、法益侵害結果が継続して発生するのが継続犯である、というか、あるいは、行為の範囲を広げ、法益侵害結果まで含めて「構成要件該当行為・実行行為」と呼んだうえで、構成要件該当行為が継続するのが継続犯である、というか、説明の仕方の違いがあるにすぎないのである。具体的な解釈論において結論の違いが生ずるとしても、それは継続犯の理解が異なるからというよりも、そこで問題となっている犯罪類型ないし具体的事案における法益侵害の態様の理解が異なるからではないかと思われる（*One*

Stage 1　No. 4　継続犯か状態犯か

Point Advice 参照)。

　一般に，継続犯であるか状態犯であるかによって公訴時効の起算点が変わるといわれる。刑訴法253条1項は「時効は，犯罪行為が終った時から進行する」と規定しているが，最決昭和63・2・29刑集42巻2号314頁は，ここにいう「犯罪行為」には刑法各条所定の結果を含むとしている。結果が発生し続ける継続犯であれば，その間「犯罪行為」が継続するから，公訴時効は進行しないことになる。

　なお，このような「行為」や「構成要件該当行為」，「実行行為」の理解の違いは，承継的共犯をめぐる議論とも関係がある。Stage 1 No. 6を参照してその意味を考えてみよう。

V　設問(1)について

　事例a)で問題となる傷害罪は，傷害結果発生の時点で成立し，通常はそれと同時に終了する。その後，Aが傷害を負った状態が継続しても，これは法益侵害の状態が継続しているものである。その意味で傷害罪は状態犯であるとされる。しかし，事例a)でAの傷害が日増しに悪化していった点は，新たな傷害結果，新たな法益侵害の発生である。傷害が悪化するたびに新たな傷害罪が成立し続ける。その意味では，傷害罪も継続犯の構造をとることがあるということになる。

　ここで，傷害罪は事案によって状態犯であることもあれば継続犯であることもある，というのであれば，「状態犯」や「継続犯」という用語を，犯罪類型ではなく，個々の具体的な犯罪行為に対して使っていることになり，その場合は，「状態犯」は犯罪の成立と同時に終了する場合を指すものとして純化できる（前に引用した山口・総論47頁は，そのような理解を前提にしている）。これに対して，「状態犯」や「継続犯」を犯罪類型を単位として用いる場合には，事案の違いを問わず必ず継続犯として現れる犯罪類型だけを継続犯と呼び，傷害罪はそれにはあたらないので状態犯であるとしたうえで，しかし継続犯の性質が現れる場合も含められるように，犯罪の終了という要素を状態犯の定義から取り除く必要がある（そのような理解に基づいて，西田・総論〔第2版〕85頁では，前

に引用した初版とは異なり、「状態犯とは、結果発生とともに既遂に達し」と改められている）。

事例b)は、状態犯の典型とされる窃盗罪の典型的な事例である。XがBの財物を窃取した時点で窃盗罪が成立し、同時に終了する。1年間返還されない間に継続するのは、Bの占有の喪失状態であり、これは占有移転という構成要件要素の結果として生じた状態である。占有の喪失状態自体がXの行為の構成要件該当性を基礎づけるわけではない。

事例c)は、継続犯の典型とされる監禁罪の事例である。Cを部屋に監禁した時点でXに監禁罪が成立する。そして、Cが解放されるまで監禁罪は終了しない。その間継続するのは、実行行為継続タイプの立場からは監禁の構成要件該当行為・実行行為であり、結果発生継続タイプの立場からは監禁の法益侵害結果の発生であると説明される。前者の立場からは、Xがその場にいなくても、構成要件該当結果が発生し続ける限り、監禁行為は継続的に認められることになる。

VI 設問(2)について

事例a)は、実行行為継続タイプの説明によると、Xの監禁の実行行為が継続して認められるので、監禁罪が継続的に成立するということになる。ただし、実行行為が継続して認められるのは、監視し続けているからではなく、Aの場所的移動の自由が侵害され続けているからである。設問(1)の事例c)と比べれば明らかなように、監視し続ける行為は監禁罪が成立し続けるために必要な行為ではない。

結果発生継続タイプからは端的に、Aの場所的移動の自由が侵害され続けていることから監禁罪が継続的に成立することになる。

事例b)では、Xが誤ってBを部屋に閉じ込めた時点では監禁罪は成立しない。故意がないからである。その後Xが事態に気づいた時点で故意が肯定されるが、その時点で直ちに監禁罪が成立するかが問題である。結論としては、Bを解放することについてXに作為可能性や結果回避可能性がないような場合には、監禁罪を認めるべきではない。監禁罪を認めるとしても、処罰対象行

為は，故意が生じた時点での不作為行為である必要がある。

結果発生継続タイプからは，Bの法益侵害結果は誤って閉じ込めた時点から生じているが，それが**帰属されるべき故意行為**は，Xが故意を生じた時点で認められることになるので，作為義務が肯定できる限りでその時点で監禁罪が成立し，以後継続的に監禁罪が成立し続けるという構成になる。

実行行為継続タイプからも同様である。行為が継続するといっても，通常の監禁の事例の場合，当初の監禁行為と場所的移動の自由の侵害結果とを合わせて，構成要件該当行為が継続的に認められるとされているだけであるから，故意や責任が同時存在すべき処罰対象行為は，当初の閉じ込め行為であり，その後の行為は監禁罪を認めるために必ずしも必要ない。しかし，当初故意がなかった場合は，当初の閉じ込め行為は実行行為性を具えないので，その後の行為に実行行為を求める必要が生じる。故意が生じた時点で，責任や作為可能性，結果回避可能性が認められる限りで，その時点からの行為のみが監禁の構成要件該当行為となるのである。

以上のことを前提とすれば，事例c)において，故意のもとに監禁行為を行った後にXが事故にあって意識不明状態に陥り作為可能性および結果回避可能性を失った後も，実行行為継続タイプの説明によって，監禁の構成要件該当行為が認められることの意味は明らかであろう。事例b)で作為可能性・結果回避可能性がない場合に監禁罪が成立しないのとは，前提となる行為の構造が異なるのである。

One Point Advice

応用的な問題をひとつ示しておこう。盗品の保管をそれが盗品だとは知らずに開始した行為者が，その後盗品性を認識するに至った場合，それ以降の保管継続行為に盗品等保管罪が成立するかという問題がある。判例は積極の結論をとっている（最決昭和50・6・12刑集29巻6号365頁）。これは盗品等保管罪を継続犯と理解するものとされているが，どのような意味であろうか。それに批判的な学説は，同罪をどのように性質づけているのであろうか（西田・各論275頁以下参照）。

もうひとつ，今日的な問題も挙げておきたい。近年，インターネット掲示板等への名誉毀損的書込みに関連して，名誉毀損罪は継続犯か状態犯かが議論さ

れている。すなわち，① その書込みを行った行為者に対する被害者の告訴期間の起算点はいつになるかという問題や，② その書込みを削除しないプロバイダーには名誉毀損罪の幇助犯が成立するのか，それとも不作為による名誉毀損罪の正犯が成立するのかといった問題は，名誉毀損罪の実行行為と結果の構造を分析的に理解しないと解決できないとされるのである。① については刑訴法の解釈問題も絡んで少々難しいが，どのような解決がとられるべきか，改めて「継続犯」の意味に注意しつつ考えてみよう（西田・各論120頁以下参照）。

〔和田俊憲〕

No.5 「正犯」

(1) 刑法60条は処罰拡張事由といわれる。それは、どのような意味だろうか。また、共同正犯とされるもののなかには60条を適用しなくても単独正犯として処罰可能な場合もあるが、それはどのような場合か。また、そのような場合に60条を適用することには、どのような意味があるか。以下の2つの事例を念頭に置いて考えてみよう。

　a) XおよびYが、Aから財物を強取することを計画して、XがAに暴行を加え、その間にYがAから財物を奪取した。

　b) XおよびYが、意思を通じたうえで、Bを狙ってそれぞれ発砲し、Xの弾のみが命中した。

(2) 他人を介して結果を実現したにもかかわらず、刑法60条を適用するまでもなく正犯とされる場合があり、「間接正犯」と呼ばれている。それは具体的に、判例上、どのような場合に認められるか。間接正犯と共同正犯とは、どのような関係に立つか。以下の事例を念頭に置いて考えてみよう。

　a) XがAに激しい暴行を加え、Aを自殺するほかないような心理状態に追い込み、その結果Aが自殺した。

　b) Y女が、自分の息子B（12歳）に対し、自己の勤務先で強盗することを唆し、必要な道具を手渡したところ、Bがそれに従って強盗し、得られた金銭をYが両名の生活費とした。

(3) 共同正犯の成立要件は、共同実行の意思、共同実行の事実であるとされることが多い。それらは、具体的に、それぞれどのような内容か。また、なぜそのような要件が必要とされるのか。以下の事例を念頭に置いて考えてみよう。

　a) Xが、財物を奪う目的でAを脅迫していたところ、通りすがりのYがXを助けようと、Xの背後から、Aにナイフをちらつかせ、Aはそれに

よって反抗を抑圧され財物を奪われたが，Xはそのことを知らなかった。

  b) やくざの組長Yが，Zに対してB殺害を命じ，Zがそれに従ってBを殺害した。

Stage 1　No.5「正　犯」

Hint

　　共同正犯には「一部実行全部責任」の効果が認められるといわれる。(1)では，自分が直接やっていない部分について責任を負うのはなぜなのか，(3)では，共同正犯の各成立要件がそのような効果とどのように結びついているのか，という観点から考えてみよう。
　　支配的な立場にある者が，そうでない者に指示・命令して犯罪を実行した場合には間接正犯の成否が問題となろうが，そうした両者の間に意思連絡がある場合には，共同正犯が成立する可能性もある。それぞれが正犯として処罰される根拠をふまえて，それぞれの成立要件の違いを確認してみよう。

解説

I はじめに

　刑法総論で，最もわかりにくい議論の1つは，共犯論，とりわけ「共同正犯の成立範囲」をめぐる議論ではないだろうか。その「わかりにくさ」には，実は，いくつかの理由がある。以下では，そのようなわかりにくさがなぜ生じるのかについての，いわば「種明かし」をしていきたいと思う。

II 60条の意義
――2つの場合――

1 処罰拡張事由とそうでない場合

　実務上，共犯の9割以上を占めるのが共同正犯であり，共犯論における論点も，実際上は，共同正犯に関して問題とされることが多い。この共同正犯であるが，その名からもわかるように，「共犯」の要素と「正犯」の要素を併せもつため，その理解がなかなか難しい。

　まず，一般的な理解によれば，共同正犯の中には，刑法60条を適用しなくても，本来，各本条の**単独正犯として処罰可能である場合**と，**適用しなければ処罰できない場合**とがある。

　たとえば，設問(1)b)におけるXは，一般に殺人罪の共同正犯といわれるが，Xは199条の成立要件をすべて満たしており，殺人罪の単独正犯としても処罰されうる存在である。このことは，もし，Yの存在やXとYとの共謀について合理的疑いが残ったとしても，Xは殺人罪で処罰することができるということを意味している（なお，最決平成21・7・21刑集63巻6号762頁は，検察官が，被告人がすべての犯罪事実を行った者として起訴した場合，共謀者が存在する疑いがあっても，単独犯として処罰できるとしている）。

　これに対し，(1)b)におけるYは，自ら直接行った行為だけを取り出してみれば，殺人未遂にしかならない。ここでは，YはXと共謀していることによ

ってはじめて、殺人既遂の共同正犯となるのである。その意味で、ここでは、60条が**処罰拡張事由**として機能しているといえる。

このようにいうと、YはともかくXについては、「なぜ、わざわざ共同正犯というのだろうか？」と思われたかもしれない。しかし、X・Yが共同正犯であるということは、罪名を超えて、他の法律効果も伴うことに注意が必要である。たとえば、訴訟費用の分担（刑訴182条）、1人が起訴された場合の公訴時効の中断（刑訴254条2項）などがそれである。また、単独犯として自分が生じさせたとはいえない結果（事案に即していえば、Yが射撃してBの生命に危険を生じさせたということ）についてまで、Xに責任を問えるか（これについて責任を問えるのであれば、量刑は当然重くなる）、といった点でも、意味がある。

2　処罰拡張事由を適用しなければ、誰もその罪で処罰できない場合

(1)aと(1)bとの違いは、(1)bでは、60条を適用しなくても、Xは殺人罪の単独正犯となるのに対し、(1)aでは、60条が（適用でき）なければ、誰も強盗罪の罪責を負わないという点にある。すなわち、60条（の適用）がなければ、Xは暴行罪、Yは窃盗罪になってしまうが、同条によることにより、両者ともに強盗罪の共同正犯となるのである。

このことは、60条が処罰拡張事由であるということのほか、さらに、共同正犯が他の正犯に従属して成立するものではないため、教唆犯や幇助犯が正犯者の構成要件該当（・違法な）行為への関与を要件として成立するのと異なり、他に正犯者がいて構成要件該当（・違法な）行為を行ったことは要件とならないということも意味している。

教唆・幇助の場合には、従属性原理が適用されるため、次のような結論になる。たとえば、池で溺れている自分とは無関係な子供Aをみた甲が、同じくAとは無関係ながら救助しようかどうか迷っている乙に対し、「そんなことはやめておけ」と告げ、乙がそれに従ったとしよう。このとき、保障人でない乙の行為は殺人罪の構成要件に該当しないが、こうした場合、甲の行為も、結果と因果関係があったとしても、構成要件に該当しない行為を唆したにすぎない以上、殺人教唆にはならないものとされている（もちろん殺人の単独正犯にもならないが、このことはここでの問題ではないので脇へおいておこう）。その理由は、

一般に，教唆・幇助が処罰されるのは，正犯者が構成要件に該当する行為を行った場合でなければならない（また多くの見解によればさらにそれが違法であることが必要である〔制限従属性説。なお，構成要件に該当すれば足りるとする，最小従属性説と呼ばれる見解もあるが，ここではふれない〕），という点に求められている。

元に戻って共同正犯の成否を考えると，(1) a)の事案では，X・Yいずれの行為も，それ自体として独立に取り出してみれば，強盗罪の構成要件には該当しない。それにもかかわらず，共謀に基づく行為である以上，Xは，あたかもYの行為を自分が行ったかのように，他方，YもXの行為を自分が行ったかのように扱われ，両者の行為を合わせてみれば強盗罪となる，として強盗罪の共同正犯と評価されるのである。

なぜそのように評価できるのかはⅣで詳しくみていくが，ひとまずここでは，以上の意味で，X・Yは，60条が存在するがゆえに強盗罪の共同正犯とされるのであること，その意味で，60条は処罰範囲を拡張する事由（**処罰拡張事由**）であることを，押さえておいてほしい。

Ⅲ　間接正犯と共同正犯
――処罰拡張事由とは何かを別の角度から――

Ⅱで「単独正犯として処罰しうる場合」として検討したのは，直接結果を引き起こした場合（事例(1) b)のX）であったが，実は，それは，そうした場合にとどまらない点に，注意を要する。

具体的にいえば，**他人の行為を介して結果を実現した場合であっても，なお単独正犯と評価される場合があり，間接正犯と呼ばれる**。設問(2) a)，(2) b)は，そうした評価に値するか否かが問題とされた事案である。

これらはいずれも判例の事案を簡潔にしたものだが，(2) a)の基になった事案では，殺人罪の間接正犯が認められ（最決平成16・1・20刑集58巻1号1頁），他方，(2) b)の基になった事案については，強盗罪の間接正犯ではなくて，共同正犯とされている（最決平成13・10・25刑集55巻6号519頁）。

そうした差異を基礎づけるのは，判例によれば，**被利用者の「意思の抑圧」**があったか否かであり，それが肯定されれば，間接正犯として，刑法60条を

適用するまでもなく処罰することができる（間接正犯についてはさらに和田教授のStage 1 No. 18 の解説も参照していただきたい。もちろん，こうした強制支配以外にも間接正犯だと認められる場合はあるから〔たとえば錯誤支配など〕，各自の教科書を確認しておいてほしい）。このことが特に重要な意味をもつのが，**被害者への関与**の場合である。すなわち，被害者と加害者との共同正犯ということは考えられないため，被害者への関与は，原則として単独正犯といえる場合に限って処罰されることとなる（ただし，(2) a)で問題とされた殺人罪は例外で，単独正犯といえないような関与でも，自殺関与罪〔202条〕で処罰される余地はある）。

(2) b)のような事案で，判例は，間接正犯は認められないものの，共同正犯は認められるとした。このことは，間接正犯の成立要件と共同正犯のそれが異なることを意味している。学説の中には，両者の正犯性の根拠を同じもの（たとえば行為支配）だとみる見解や，共同正犯の処罰根拠を間接正犯との類似性に求める見解（間接正犯類似説）なども主張されているが，少なくとも判例の立場は，そうした見解とはやや異なるものである。理論的にも，**60条は処罰拡張事由として，それを適用してはじめて（「正犯」として）処罰できる場合を認めるものであるから，共同正犯の成立範囲が間接正犯のそれより広くなるのは当然である。**

もっとも，それでも，共同正犯には，幇助に比べれば重い処罰に値するという意味で，共同「正犯」性が認められなければならないが，この点についてはⅣで検討していこう。

Ⅳ　共同正犯の成立要件

1　条文の解釈

60条は，一見すると，設問(1)でみた場合のように，複数の者が，いずれも実行行為（の少なくとも一部）を行った場合に限って，共同正犯を認める趣旨だと読めないわけではない。現に，学説においては，そのような主張もなされている。

しかし，判例は，設問(3) b)のような場合をはじめ，自らの手で実行行為（構成要件該当行為）を行わなかった者も，共同正犯となりうるとしている。こ

れを**共謀共同正犯**と呼ぶ。

　そして，学説においても，現在では，具体的要件については議論があるものの，共謀共同正犯の成立可能性自体は認めるのが，通説といってよい。このような学説は，60条を，2人以上の者が共同して，そのうちの誰かが犯罪を実行した場合には，共同したと評価できる者はすべて正犯とする趣旨だと解釈する。

2　共同正犯の成立要件について理解するためのいくつかのポイント

　それでは，そうした「共同」は，どのような場合に認められるのだろうか。この点に関する一般的説明（たとえば，共謀共同正犯を認める見解の背景にはどのような刑事政策的考慮があるか，共同意思主体説とは何か，最決昭和57・7・16刑集36巻6号695頁の団藤意見には学説史上どのような意味があるか等）は，どの教科書にも書いてあるので，ここでは省略し，皆さんが誤解しやすいいくつかのポイントに絞って説明するにとどめたい。

　まず，この問題に関する重要判例として，どの教科書にも引用されている**練馬事件判決**（最大判昭和33・5・28刑集12巻8号1718頁）は，次のように述べる。「共謀共同正犯が成立するには，2人以上の者が，特定の犯罪を行うため，共同意思の下に一体となって互いに他人の行為を利用し，各自の意思を実行に移すことを内容とする謀議をなし，よって犯罪を実行した事実が認められなければならない」と。このような言い回しは，一見すると，「皆で集まって話し合う」場合（謀議行為に関わった場合）にしか共謀共同正犯が成立しないようにも聞こえるが，そのように**誤解してはならない**。練馬事件はあくまで，被告人が**謀議（それも順次共謀といわれる間接的なもの）へ参加したにすぎない事案**に関する判断だからである。たとえば，被告人が犯行現場まで行って，現場でとっさに，他人と意思を通じ合って犯罪を実行したといった事案であれば，そのような謀議行為など必要ない。

　このことは古くから指摘されていたが，最近の最決平成15・5・1刑集57巻5号507頁は，次のような重要な判断をしている。具体的には，暴力団組長である被告人が，ボディガードの組員が警護のために拳銃を所持していた行為につき，被告人が直接の指示は下していなかったものの，ボディガードらの所持を概括的とはいえ確定的に認識し，また彼らに対して拳銃を持たないように指

示・命令することもできる立場にいながら警護を当然のものとして受け入れ，これを認容し，ボディガードらもそのことを認識していたという事案である。この事案で，被告人とボディガードらとの間に，「**黙示の意思連絡**」を認め，ボディガードらが被告人の警護のために拳銃等を所持しながら終始被告人の近辺にいて被告人と行動をともにしており，被告人の彼らを指揮・命令する権限と彼らによって警護を受ける立場を考え合わせれば，「正に被告人がスワット［ボディガード］らに本件拳銃等を所持させていたと評し得る」として，被告人に拳銃所持の共謀共同正犯を認めたのである。

この決定によって，**事実関係によってはいわゆる「謀議行為」がなくとも共謀共同正犯を認めうる場合があることが明らかにされ，もって，練馬事件判決の射程が画された**といえよう。

なお，最決平成15・5・1で指摘された（配下による拳銃所持を）「確定的に認識し」という部分を，「共謀共同正犯の成立には確定的故意が必要だ」という趣旨に理解している人がいる。しかし，そのように解する理論的根拠は明らかではない。確かに共謀の段階では，実行担当者が犯行に出るか否かが定かでない場合もあるから，共謀者の故意の認定は慎重に行うべきだが，**共謀者が，実行担当者が犯行に出る兆候を十分に認識していた**（未必の故意の理解によっては，さらに認容も必要とされる）**場合には，その認識が確定的とまではいえなくとも共謀共同正犯の成立を否定する根拠はない**。最近の判例にも，委託者が，実行者が廃棄物を不法投棄することを確定的に認識していたわけではないものの，同人が不法投棄に及ぶ可能性を強く認識しながら，それでもやむをえないと考えて，実行者にその処理を委託した場合に，**未必の故意に基づく廃棄物不法投棄の共謀共同正犯を認めたものがある**（最決平成19・11・14刑集61巻8号757頁）。

3 「共謀」の多義性

(1) 判例・裁判例において，「共謀」という概念は，少なくとも2つの異なる場面で問題とされている。それは，一言でいえば，(i)共謀が否定されて**無罪**とされる場合と，(ii)共謀が否定されて**幇助**とされる場合である（理論的には教唆もありうるが，実際上は，まずみられない。共同正犯と教唆だと処断刑の範囲も同じだから実益も乏しいし，教唆自体，ほぼ犯人による犯人隠避教唆，証拠隠滅教唆等の，

正犯としては実行しえないと理解されている犯罪類型にしか適用されていない）。

　この2つは全く異なる問題である。刑法学の言葉で説明すれば，(i)は**共犯の因果性や故意**が欠ける場合であるのに対し，(ii)では，それらは認められていることが前提とされたうえで，**共同正犯と狭義の共犯（特に幇助）を区別する**ための要件が問題とされているのである。本来，(ii)こそが（共謀）共同正犯論で扱われるべき問題である。

　そうした共同正犯と狭義の共犯の区別基準について，現在の多数説は，2つの異なる要件がともに満たされなければならないとしている。1つは，いわゆる**意思連絡**と呼ばれる，関与者間の結びつきであり，もう1つは，学説によってさまざまに表現されているものの，最大公約数的にいえば，**正犯意思あるいは関与の重要性**とでもいうべき（このいずれをどのような事情を重視して認めるべきかは学説によって異なる）行為者自身の関与の程度の問題である。

　もっとも，学説の中には，これとは異なる整理の仕方もあるので，注意してほしい。たとえば，実行共同正犯の場合には，共同実行の意思（意思連絡に対応する）と事実が必要だが，共謀共同正犯の場合には，共謀の事実とそのうちの誰かの実行行為（さらに学説によっては正犯意思）を必要とするといったような記述をみたことがあるかもしれない。整理の仕方なので，いずれが正しいとはいえないが，共同正犯の中には，たとえば，現場での見張りのように，その中間的な類型もあり，その場合にどちらの基準を適用するかが難しくなるから，2つの基準を併用するよりは，本項のような整理のほうがわかりやすいかもしれない。

　(2)　さて，本項のような分類によるときは，意思連絡が非常に緊密な場合には，同時に，正犯性を基礎づける要素も満たされることが多いが，両者は分けて考えるべきであろう。先にみた最決平成15・5・1は，意思連絡は黙示のもので必ずしも緊密ではないが，暴力団組織内での主従関係を背景に，暴力団組長がボディガードに拳銃を持たせているという現場での影響力の強さが根拠となって共同正犯とされた例として位置づけられる。

　とはいえ，判例は，一方の関与者が，他方の関与者が犯罪に関与していることを知らなかった場合には，共同正犯は成立しないとしている（片面的共同正犯否定説：大判大正14・1・22刑集3巻921頁）。その論理に従えば，設問(3) a)で

みたような事案では、（もしYがXとの意思連絡のもとに同様のことを行えば、当然、強盗の共同正犯とされるであろうが）共同加功の意思を欠くために、Yはせいぜい強盗幇助にしかならないことになろう（もっとも(3) a)のような事案が判例で問題とされたことはない）。

(3) なお、「共同正犯」と評価されるのに必要な行為者自身の関与の程度については、あえてぼかした書き方をしているが、それは、この点において学説が対立しているからである。具体的には、行為者の寄与が犯罪実現にとって客観的に重要な意味をもっていたかを問題とする学説（**重要な役割説**）と、そうした事実をふまえながらも、行為者の主観的態度を重視し、それが積極的なもので、「自己の犯罪」といえるかを問題とする学説（**主観説**）があり、いずれも有力に主張されている。

判例がいずれの立場であるかについては、下級審判例に構成要件該当行為の一部を自らの手で行った者を幇助としたものがあること（たとえば福岡地判昭和59・8・30判時1152号182頁）、行為者が得た利得などが重視されていることから、一般に、主観説が採用されているといわれる。ただし、**主観的態度とはいっても客観的な寄与、役割の重要性は、行為者の態度の積極性を判断するにあたって重要な事実なので、それが軽視されるべきではないし、判例上も、軽視されていない**ということには、十分な注意が必要である。

判例が考慮する具体的事情については、今後いくつかの裁判例を読み、また、裁判例をまとめた教科書、論文等を読んでみてほしいが、そこで注意するべきは、幇助は法律上の必要的減軽規定であり、有期懲役、禁錮、罰金の場合には、上限・下限とも、半分になるという非常に重大な効果が認められている（68条）から、それが適用されるのは、一定の特に刑を軽くすべき事情が認められる場合に限られる、ということである。学生の答案を読むと、判例では問題なく共同正犯が認められるような人物を、たとえば、分け前が若干少なかった、不良グループの中で後輩であったといったような事情だけで幇助としているものが、しばしばみられる。判例に従って書いているつもりで、そのような結論となるのは印象が悪いので、注意しよう。

　最後に述べた点について，小林充＝植村立郎編『刑事事実認定 50 選（上）』（立花書房，第 2 版，2013）の菊池則明論文，村瀬均論文は，いずれも現役裁判官の手によるものであり，非常に勉強になると思われる。

〔島田聡一郎〕

No.6 　　　　　　　　　　　　　　共犯の因果性

　以下の事案で，暴力団組員であるX（男性）の罪責はどうなるか，検討しなさい。

　(1)　Xは，兄貴分Aが，ある家の地下室に被害者を誘い込み，彼を殺害することを計画しているのを知り，Aの犯行が発覚しないように，Aに知られることなく，地下室の地上に通じる窓を目張りした。しかし，Aは，計画を変更し，被害者を自車に誘い込み，そこで殺害した。

　(2)　Xは，B・Cと共謀のうえ，郊外にあるドラッグストアPを，開店準備中で人気（ひとけ）の少ない午前6時半ごろに強盗することを企てた。しかし，犯行予定の日時には，P店付近にたまたま人がいたため，3名はいったん店から立ち去った。Xは，また改めて計画を立て直すのだろうと考えていたが，Xをあまり快く思っていなかったB・C両名は2人だけで，翌日未明，人通りの少ない路上で通行人Qを強盗した。

　(3)　Xはある夜，たまたま弟分Dが，人通りの少ない路上でRに対してナイフを突きつけ，金目の物を要求しているところに行き合わせた。RはDから一度切り付けられて出血したため，すでにDに抵抗する気力を失い，財布をDに差し出そうとしていた。Xは，「よお，D久しぶり，俺にも少しよこせ」と言い，Dの了承のもと，Rから財布を受け取り，そこから2万円をもらった。

Hint

　「共犯の因果性」は，何と何の間に要求されるものか。それは，単独正犯の因果関係とどこが違うのだろうか。

解 説

I はじめに

 刑法の教科書を読んだことがある人で,「共犯の因果性」という言葉に出合わなかった人は,おそらくいないだろう。しかし,学生の話をきいていると,この概念について,残念ながら,必ずしも十分に理解されていないと思うことがある。ここでは,よくある質問や,いくつかの事例を用いて,教科書とは若干異なる観点から解説していきたい。

II 因果的共犯論との関係

 まず,「共犯の処罰根拠について,因果的共犯論をとらない限り,因果性を問題にできないのでは?」という質問を受けることがある。結論からいえば,そんなことはない。**自分の行為が引き起こしていない事実**(つまり自分の行為と因果関係のない事実)**については罪責を負わないという考え方**は,刑法の基本的な原則なので,必ずしも狭い意味での因果的共犯論をとらなくても,それ自体として十分成り立ちうるからである(もっとも,後でみるように,一部の学説は,そうした原則を一定範囲で修正していることには注意が必要である)。他方,因果的共犯論とは,狭義の共犯(教唆・幇助)の処罰根拠を,正犯のそれと基本的に同じと考える見解である(因果的共犯論は責任共犯論などを否定するところから出てきていることを思い出そう)。たとえば,犯人が自ら逃げ隠れしたり,証拠を隠滅することは,正犯として期待可能性がないから処罰されないと考えるのであれば,犯人が他人を教唆して同様のことを行わせた場合にも(処罰根拠は同じなのだから),やはりその犯人は処罰されないという考え方である。この発想と,自分の行為と因果関係のない結果については罪責を負わないという考え方とは,別の物であろう。仮に共犯の処罰根拠について,教唆犯は正犯者を罪責に陥れる要素があるから,幇助よりも重く正犯と同じ法定刑で処罰されるのだ(正犯とは異なる特別な処罰根拠がある)と考えたとしても(これは責任共犯論の発想であ

る)，自分の行為と因果関係のない結果について罪責を負わないとする考え方と矛盾するわけではない。犯人による犯人隠避教唆，証拠隠滅教唆を一貫して処罰する判例（最決平成 18・11・21 刑集 60 巻 9 号 770 頁など）が，共犯の因果性を問題としても，不整合ではないように思われる。

Ⅲ　教唆の因果関係と帮助の因果関係は異なるのか？

時々，次のような質問も受ける。「教唆は，正犯の犯意を引き起こすことが必要なので，条件関係が必要だが，帮助の因果関係は促進関係で足りるのですよね。では，（教唆より重いはずの）共同正犯の場合に，条件関係が不要なのはなぜですか？」

これも，やはり誤りであろう。条件関係，正確には，ここでは自らが行為に出ることを控えていれば結果を避けることができたであろう，という結果回避可能性は，要するに「自分の力では，避けようがなかった結果について罪責を負わない」という観点から要求されている。共犯者の場合には，共犯者が一体となって結果を回避することが要請される以上，**現実に生じた事態が，共犯者全員をもってしても回避できなかった**，という場合にはじめて否定されるというべきであろう（詳しくは，今井ほか・総論 363 頁以下［島田聡一郎］)。そうすると，教唆については，彼自身の行為と結果との間に条件関係が要求されるという説明よりも，因果関係については，共同正犯，帮助と同様の要件で満たされるが，教唆の行為類型として，「犯意を引き起こしたこと」が要求されており，その結果として条件関係が認められる場合が，事実上多い，という説明をすべきであろう。教唆の因果関係も，共同正犯，帮助のそれと同じだといってよい。

Ⅳ　因果性の内容

1　総　説

では，そうした「因果性」が認められるためには，どのような内容が必要だろうか。ここで，しばしば「正犯行為を**物理的または心理的に促進しあるいは容易にする**」（西田・総論 342 頁）という基準が用いられ，学生も，このように答

えることが多い。

　私も，その結論は正当だと思うが，なぜそうなるのか，本当は，もう一歩踏み込んだ理解がほしい。それは，こういうことである。まず，共犯においても因果経過の相当性（あるいは自己の行為の危険創出・実現と評価できること）が必要であろう。そのような場合であってはじめて結果が自己の所行と評価できるからである。そして，共犯において予定されている危険創出は，正犯者の行為に心理的または物理的に働きかけ，正犯の犯行を容易にすることである。それゆえ，そのような働きかけが，結果およびそれを導いた正犯行為において，正犯行為の促進という意味で現実化している場合にはじめて，因果関係を認めることができるのである。

2　設問(1)について

　以上のように考えるとき，設問(1)のXについて，共犯の因果性は認められないというべきであろう。この事例は，東京高判平成2・2・21判タ733号232頁を修正したものである。同判決においては，こうした行為のほかに，正犯者が被害者を自動車内で射殺した行為について，被告人がそれに追随していった行為があり，それについては「追従行為自体が，正犯者を精神的に力づけ，その強盗殺人の実行を助けることになるのではないかとの認識があったことを認めることができる」として，幇助の因果性および故意が肯定されているが，本問で引用した部分については，正犯者が「現実には，当初の計画どおり地下室で本件被害者を射殺することをせず，同人を車で連れ出して，地下室から遠く離れた場所を走行中の車内で実行に及んだのであるから，被告人の地下室における目張り等の行為が正犯者の現実の強盗殺人の**実行行為との関係では全く役に立たなかった**」「それにもかかわらず，被告人の地下室における目張り等の行為が正犯者の現実の強盗殺人の実行行為を幇助したといい得るには，被告人の目張り等の行為が，それ自体，正犯者を精神的に力づけ，その強盗殺人の意図を維持ないし強化することに役立ったことを要すると解さなければならない。しかしながら……，そもそも被告人の目張り等の行為が正犯者に認識された事実すらこれを認めるに足りる証拠もなく，したがって，被告人の目張り等の行為がそれ自体正犯者を精神的に力づけ，その強盗殺人の**意図を維持ないし**

強化することに役立ったことを認めることはできない」とされている。前半が物理的因果性，後半が心理的因果性を意味し，いずれもが否定されたものということができるだろう。

3 設問(2)について

設問(2)においては，(1)と違い，XがB・Cによる当該強盗に対して，全く影響を与えなかったわけではない。しかしXによる，当初のB・Cとの意思連絡に基づく心理的因果性（心理的危険創出・実現）は，いったんXが抜け，B・Cが新たな意思決定に基づいて，むしろXを排除して犯罪を実行している以上，**規範的評価として切断されている**というべきではないだろうか。判例においても，教唆犯の事案ではあるが，XがYに対し，A宅への侵入窃盗を唆したところ，YはZら3名とA宅に侵入しようとしたが失敗し，いったん犯意を放棄したものの，Zらに唆されて，B商会への強盗を企て，Yが見張りをする間，Zらは，B商会のCから現金を強取した，という事案で，Xの行為と結果との条件関係は認められるにもかかわらず，「YのC方における犯行は，Xの教唆に基づいたものというよりむしろYは一旦右教唆に基く犯意は障碍の為め放棄したが，たまたま，共犯者3名が強硬にB商会に押入らうと主張したことに動かされて**決意を新たにして**遂にこれを敢行したものであるとの事実を窺われないでもない」として，「因果関係」の存在を疑問視したものがある（最判昭和25・7・11刑集4巻7号1261頁）。

このように共犯の因果性の判断においても，**共犯における危険創出・実現ともいうべき規範的関係が必要である**ことは，広く認められるようになってきている。

近時の学説においては，共犯からの**離脱**といわれている問題においても，この点が問題だといわれることが多い（この問題については，さらに，Stage 3 No. 1参照）。共犯からの離脱というのは，犯罪に途中までは関与していた者が，その後の行為とかかわらないという態度を示した場合に，その後の事象について罪責を負わない場合があるか，あるとすれば，それはどのような場合か，という問題である。現在の多数説は，自分がその時点までに行った**寄与を打ち消すに足るだけのことをした**と評価されうるかを基準としている。それは，一般に

因果性の遮断といわれている。途中まで関与した者の行為がもはやその後の事象に因果性を及ぼしていない場合には，罪責を負わないというのである（西田・総論 368 頁）。

その詳細については，各人の教科書を読んでほしいが，以下の 4 点は間違えやすいので，注意を喚起しておきたい。

(1) まず，用語の問題として，この問題に関する最近の判例（最決平成 21・6・30 刑集 63 巻 5 号 475 頁）は，「離脱」の語を離脱しようとした者による**離脱の試み**という意味で用いており，結果的にその後の犯罪事実について罪責を負わない，という評価を示す語としては，「共謀関係が解消」という言葉を用いている（共謀共同正犯の成否が問題となった事案だからであろう）。今後は，このような言葉が定着する可能性が高い。

(2) また，上の平成 21 年決定や，それに先立つ最決平成元・6・26 刑集 43 巻 6 号 567 頁が，判文上，因果性遮断説を採用しているわけではない。ただ，その調査官解説が因果性遮断説を基本とした解説をしているため（特に，原田國男・最判解〔平元〕175 頁以下），そのように理解されているというのが，正確である。

これらの 2 つの判例の事案は，それぞれ次のようなものである。① X とその兄貴分 Y が，A を Y 方に連行し，木刀等で長時間暴行を加えた。X は，その後 Y 方を立ち去ったが，その際「おれ帰る」といっただけで，自分としては A に対し，これ以上制裁をやめるという趣旨のことを告げず，Y に対しても暴行をやめたり，A を病院へ連れて行く等のことを頼まなかったところ，Y が A の態度に激高し，木刀でさらに暴行を加え，A は死亡したが，死因がどの時点の暴行によって生じたものか不明であった（平成元年決定）。② 以前から共犯者とともに住居侵入・強盗を行っていた X が，運転手として，共犯者らを車で送り，車内で待機していたところ，共犯者が被害者宅へ侵入し，他の共犯者の侵入口を確保した後，犯行発覚を恐れた見張り役の共犯者 Y らが，屋内にいる共犯者に帰ることを告げ，X も Y らとともに現場を去ったが，残された共犯者は強盗致傷を行った（平成 21 年決定）。

① においては「X が帰った時点では，Y においてなお制裁を加えるおそれが消滅していなかったのに，X において格別これを**防止する措置を講ずること**

なく，成り行きに任せて現場を去ったに過ぎない」，②においても「Xにおいて格別それ以後の犯行を防止する措置を講ずることなく待機していた場所から見張り役らと共に離脱したにすぎず」として，いずれにおいても犯行防止措置の有無が問題とされ，それが否定されて，傷害致死罪，強盗致傷罪についての共同正犯が認められている。①と②の違いは次の点にある。①は傷害致死罪についての共同正犯が問題とされたが，その基本犯にあたる傷害罪は，離脱以前にXも実行している。これに対し，②においては，Xの離脱以前に，強盗致傷の実行の着手までは行われていない。しかし，職業的強窃盗団がすでに侵入口を確保するという非常に危険な状況が作られており，こうした状況を作り出したのであれば，防止する措置を講じなければならない，というのが判例の考え方である。

他方，下級審の裁判例には，実行の着手よりかなり前の段階で，そうした措置を講じることなく，離脱の意思の表明と了承で足り（東京高判昭和25・9・14高刑集3巻3号407頁），さらに，その了承は黙示でも足りる場合があるとし（福岡高判昭和28・1・12高刑集6巻1号1頁），しかし離脱しようとする者が，共謀者の中でも頭(かしら)で他を統制支配しうるような場合には，共謀関係がなかった状態に復元しなければならない（松江地判昭和51・11・2刑月8巻11＝12号495頁）などとするものがあった。

このように離脱行為に要求される内容が異なることを，「自らの当初の寄与が大きい場合には，それに見合う措置を講じてはじめて，影響を打ち消した（因果性を遮断した）といえる」と説明するのが因果性遮断説である。単にともに実行する意思を表明しただけであれば，もはやともに行わないということが残余者に伝われば足りるが，それ以上のことをしていれば，その解消に必要なことは増える，というのである。

(3) このように，離脱・解消の可否は，確かに，因果性の遮断という枠組で判断されているのだが，上の2でみたような離脱のない場合の因果性の有無（促進関係の有無）とはやや異なった方法で，いわばプラスを打ち消すに足るマイナスがあったかという形で，判断されている。このように考えると，事実としては因果関係が否定できない事情（たとえば，行為者が残した道具が使われたといった事情）があっても，離脱者に罪責を負わせるべきではない場合もありう

るかもしれない（松宮・総論316頁）。もっとも，具体的にどのような場合であれば，事実として因果関係が残存していることが否定できなくとも，解消を認めるべきかについては，学説の対立もまだ十分に整理されていない状況である。最初に勉強する段階では，因果性遮断説の枠組をきちんと理解して，事例問題にあてはめられるようになることを目標としてほしい。

(4) さらに，このような意味での「因果性」が遮断されなくとも，最後までかかわった場合よりは犯罪への関与の程度が低くなったことを理由に，離脱がなければ共同正犯となるような行為が幇助とされる余地もありうることにも注意されたい（原田國男・最判解（平元）187頁）。その意味で因果性が遮断されていなくても，「共謀」とまではいえない場合もあり，「共謀関係の解消」をそのような場合（幇助にはなりうる）も含むものとして解釈することも考えられる（佐伯・楽しみ方388頁以下）。

Ⅴ　因果性の修正？　設問(3)について

これに対し設問(3)は，やや性質が異なる問題である。(1), (2)では，共犯者の行為と正犯行為・結果との間に因果関係（危険創出・実現）が認められるか否かが正面から問われていた。これに対し，(3)では，一定範囲では，自己の行為と因果関係のない事態についてまで責任を負うのではないか，あるいはそうでない理論構成が可能なのか，が争われているのである。**承継的共犯論**といわれ，先行者が構成要件該当事実の一部を行ったが犯罪が終了する前に，後行者が先行者と意思を通じて犯罪に関与した場合に，後行者について，どの範囲で共犯が成立するか，という問題である。

まずＤの行為が強盗致傷罪（240条前段）に該当することに異論はないだろう。これに対し，Ｘの行為は，それ自体としてみれば，「すでに反抗抑圧状態にある者から財物を奪った」というにすぎない。自らが，財物奪取目的なく，被害者を反抗抑圧状態に陥れ，その後，新たな暴行・脅迫なしに財物を奪取した場合，近時の裁判例は窃盗罪しか認めない傾向にある（たとえば，大阪高判平成元・3・3判タ712号248頁。この点についてはさらに，Stage 2 No. 3参照）。

そうだとすると，ここでもＸ自身が因果性を及ぼしたこと，それ自体をみ

れば窃盗罪であり，Dの強盗致傷罪と共同正犯となる（部分的犯罪共同説からは，窃盗罪の限度で共同正犯となる）ということになるのだろうか？

そのように考える見解も有力である（たとえば，山口・総論350頁）。この見解は，因果性は自己が関与した以降の行為にしか及ぼすことができない以上，そのように考えざるをえないとしている。

しかし，そのように考えると，意思に反した占有奪取が認められる本問のような場合はともかく，たとえば，XがAを欺罔して錯誤に陥らせた後に，Yが加わり，財物の交付を受けた場合，Yの行為がAの錯誤をさらに強化する等して欺罔行為と評価できる場合を除き，Yは，無罪となってしまう（恐喝における畏怖後の関与も同様である）。すでに錯誤に陥っている，あるいは畏怖している者から財物の交付を受ける罪は，刑法典には存在しないからである（その後，なお他人の物を領得したことを理由に遺失物等横領罪となる余地はあるが，それが限界である）。

多くの見解は，これは不当な結論だと考える。そして，Xが因果性を及ぼしている「**対象**」が何か，あるいはXが，どのような状況で関与し，最終的な結果を引き起こしたのか，という観点から問題を捉え直す。

そうした考え方の1つは，Dはあくまで強盗致傷罪を犯し，Xもその一部にかかわったのだから，Xに同罪の共犯が成立しうる，とする。共同正犯となるか幇助となるかはその関与の態様によるが，本件のような事案であれば前者となるであろう（なお，教唆は犯意の惹起が必要なので，途中からの関与の場合にはありえない）。古くは，このような全面肯定説も有力であった。たとえば，大判昭和13・11・18刑集17巻839頁は，こうした考え方に基づいて，夫が強盗目的で被害者を殺害した後にはじめて関与して，夫の財物奪取を援助した妻を，強盗殺人罪の幇助としている。

しかし，Xの関与した時点で傷害は，すでに終わった話である。あくまでXの関与時点でみる限り，Dの行為は，「抵抗できない状態の者から財物を奪う行為」，すなわち強盗行為と評価すべきではないだろうか。現在の多数説は，このように考えて，Xは，Dの強盗行為に因果性を及ぼし，それを通じて**法益侵害結果**（財物奪取）を生じさせたので，強盗罪の共同正犯になるとする（中間説。たとえば，西田・総論366頁以下。この見解を前提としても，幇助となる場合もあ

りうるが，それはもっと従的役割にとどまった場合である）。裁判例としても，たとえば，大阪高判昭和62・7・10高刑集40巻3号720頁（後行者が，先行者の行為を自己の犯罪遂行の手段として積極的に利用したか否かを基準とし，恐喝罪については承継を肯定したが，傷害罪については，それを否定した），東京地判平成7・10・9判時1598号155頁（先行者に強盗致傷罪が成立するが，負傷後に関与した後行者は強盗罪にとどまる。ただし，事前に昏酔強盗の共謀がなされていたという特殊性があるが，ここではふれない）などは，このような考え方といえよう。

　もっとも，上のような見解に対しては，共同正犯の本質に関する一定の理解を前提として，批判もなされている。その批判的見解は，XがDの強盗行為に関与したという評価は認めるのだが，それはあくまで「Dの行為を助けた」，つまりDの行為を幇助したにすぎないとする。というのは，この見解は，共同正犯の成立要件として，**犯罪事象の全体について支配**していたことが必要であるという前提のもと，こうした場合には，Xに「暴行についての支配」が欠ける以上，Xには，全体についての支配がないから，強盗（あるいは強盗致傷）についての共同正犯は否定され，幇助にとどまるとする（たとえば，井田・総論473頁，高橋則夫『刑法総論』〔成文堂，第2版，2013〕447頁）。これは，共同正犯は犯罪事象全体を支配するものであるという前提に立つからこそ導かれる結論である。

　こうした学説の状況のもと，最近，最高裁は重要な判断を下した（最決平成24・11・6刑集66巻11号1281頁）。その事案は次のようなものである。X・YはA・Bに第1現場で暴行を加えた後，被告人に連絡をとったうえで，別の場所（第2現場）で，被告人の到着前に，A・Bにさらに暴行を加え，これらの一連の暴行により，Aら2人の被害者は，被告人の本件現場到着前から流血し，負傷していた。被告人は，本件現場に到着し，Aら2人がXらから暴行を受けて逃走や抵抗が困難であることを認識しつつXらと共謀のうえ，Aら2人に対し暴行を加えた。被告人らの暴行は長時間続き，共謀加担後に加えられた被告人らの暴行のほうがそれ以前のXらの暴行よりも激しいものであった。

　この事案で，原判決は，「被告人は，Xらの行為及びこれによって生じた結果を認識，認容し，さらに，これを制裁目的による暴行という自己の犯罪遂行の手段として積極的に利用する意思の下に，一罪関係にある傷害に途中から共

謀加担し，上記行為等を現にそのような制裁の手段として利用したものである」として，被告人に共謀加担前の傷害についてまで罪責を認めたが，最高裁は次のように述べた。「共謀加担前にXらが既に生じさせていた傷害結果については，被告人の共謀及びそれに基づく行為がこれと**因果関係を有することはない**から，傷害罪の共同正犯としての責任を負うことはなく，**共謀加担後**の傷害を引き起こすに足りる暴行によってAらの傷害の発生に寄与したことについてのみ，傷害罪の共同正犯としての責任を負うと解するのが相当である」。この判例によって，かつての大審院が幇助についてとっていた全面肯定説は，少なくとも共同正犯については用いられないことが明らかにされたといえよう。もっとも，本件に関しては「原判決の上記法令違反は，一罪における共同正犯の成立範囲に関するものにとどまり，罪数や処断刑の範囲に影響を及ぼすものではない。さらに，上記のとおり，共謀加担後の被告人の暴行は，Aらの傷害を相当程度重篤化させたものであったことや原判決の判示するその余の量刑事情にも照らすと，本件量刑はなお不当とはいえ」ないとして，上告は棄却されている。

　なお，本決定には，共謀加担後の傷害の特定の手法および強盗罪，恐喝罪，詐欺罪のような多行為犯に関する承継的共同正犯の成立範囲の2点にわたり，千葉裁判官の補足意見がある。前者も実務的には重要だが，学生の皆さんに知っていただきたいのは，後者である。具体的には「強盗，恐喝，詐欺等の罪責を負わせる場合には，共謀加担前の先行者の行為の**効果**を利用することによって**犯罪の結果**について因果関係をもち，犯罪が成立する場合があり得るので，承継的共同正犯の成立を認め得る」とされている。これは，先にみた中間説と軌を一にするものであり，興味深い。

Ⅵ　補　論
——207条について——

　共犯理論固有の問題としては，ここまで理解できれば十分である。ただし，一定の犯罪類型，具体的には，傷害罪（と，判例によれば傷害致死罪）において承継的共犯論を考えるにあたっては，現行法のあり方ゆえ，一種の夾雑物

――共犯理論に解消しえない議論――が入ってくることに，注意しなければならない。

　その夾雑物とは，具体的には**同時傷害の特例**（207 条）である。同条は，共犯関係にない「同時」傷害を「共犯の例による」としている。たとえば，X が A を殴り，その直後 Y が，X とは無関係に，やはり A を殴り，その結果 A が負傷した場合，条文を素直に解する限り，各人の行為と結果との間に因果関係が立証されていなくとも，X・Y ともに傷害罪の共同正犯とされるのである（このような帰結は，いずれかを無実の罪で処罰することになり憲法に違反するという学説もある〔平野龍一『刑法概説』（東京大学出版会，1977）170 頁〕）。

　このような条文があるときには，それとの均衡論が主張されるのも，やむをえないことであろう。たとえば，先の例を若干修正し，X および途中から関与した Y に，意思連絡が認められるのであれば，どうなるだろうか。

　バランス論からすれば，X・Y に意思連絡がない場合と，両者にそれがある場合とでは，後者のほうが，当罰性がより高い。それゆえ，この場合も，Y には傷害罪が成立することになろう（大阪地判平成 9・8・20 判タ 995 号 286 頁）。

　もっとも，バランス論は，一定の価値判断が支持に値することに共通了解があってこそ，説得力がある。しかしこの規定については，違憲説すらあることからもわかるように，刑法の本来の原則から外れた，例外的な規定であることは否定できない。それゆえ，207 条の適用・準用範囲をできるだけ狭めようとする解釈も主張されている。207 条は，現に傷害結果が生じているにもかかわらず，利益原則の適用により，「およそ誰も」傷害について，罪責を負わないという事態を避けるための規定だが，X・Y 間に意思連絡がある場合は，少なくとも X について傷害罪が成立しうる以上，Y についてまで傷害罪を認めるべきではない，というのである（たとえば，西田・各論 47 頁）。

　これは，途中から加わった者と全体に関与した者とがいる場合の議論だが，ちょうど逆の，つまり途中で抜けた者と全体に関与した者とがいる場合――先ほどみた共犯からの**離脱**によって共犯関係が解消された場合――についても同様のことが問題となることには注意してほしい（名古屋高判平成 14・8・29 判時 1831 号 158 頁は，離脱した者に 207 条を適用して傷害罪を認めている）。

　いずれにしても，ここでは，共犯理論それ自体が問題とされているというよ

りは，むしろ各則に存在する規定とのバランス論が——しかもどのような事態の間でのバランスをとるべきか，という価値判断が——問われていることに，注意してほしい。

なお，念のために確認しておくが，前掲・最決平成24・11・6は，先行者によって生じさせられた傷害と後行者によって生じさせられた傷害とが区別できる場合に関する判断であった。同決定は，207条が適用可能な事案については，何ら判断を下しておらず，この点は，判例理論としては，なおオープンというべきだと思われる。

One Point Advice

ここで取り上げたいくつかの問題について，嶋矢貴之「共犯の諸問題」法律時報85巻1号（2013）28頁以下は，学説の到達点と，その問題点とを的確に指摘している。各論点について一通り勉強した後に読むと，大変勉強になると思う。

〔島田聡一郎〕

No.7 罪　数

　犯罪の数について，刑法は一罪と数罪とを区別して扱っている。一罪については，さらに，(1)単純一罪，(2) 54 条に規定された科刑上一罪，(3)それ以外に解釈で認められた包括一罪という概念がある。(3)は，さらにまたいろいろな類型に分かれる。

　それぞれについて，具体例を挙げながら整理してみよう。

Stage 1　No. 7　罪　　数

Hint

　　罪数論は，犯罪論と刑罰論を結ぶ領域なので両者の本質が関係するという点で実質上の難しさがあり，また，理屈ではなく判例を覚えるしかない部分も少なくないため形成上も難しいところである。1回読んでわからなくてもよいので，各論も勉強しつつこの項目を読み返して学習してほしい。

解　説

I　はじめに
――構成要件の解釈――

　行為者に複数の犯罪が成立しそうな場合，どのように扱われるかが罪数論と呼ばれる問題である（なお，罪数論は通常，授業では刑法総論の最後に扱われることが多いが，複数の犯罪の関係を問題とするというその性質上，各論をある程度勉強してからでないとわかりにくい部分があることに注意してほしい）。

　このようにいうと，この話をはじめて聞く人は，「そんなの全部の罪を認めればいいんじゃないの？」と思うかもしれない。でも，たとえば，次の①をみてみよう。

> ①　Xは，Aの腹部を，殺意をもって，3回立て続けにナイフで刺し，死亡させた。

　普通に考えれば，XにはAに対する1つの殺人行為について殺人罪が成立するだけだと思うのではないだろうか。しかし，これも厳密に考えれば，殺せなかった最初の2回についてそれぞれ殺人未遂が成立し，とどめの刺突が殺人既遂ともいえる。

　仮にそれが非常識だと感じるのであれば，すでにそこでは，「同じ客体に対して，連続して数回の未遂と既遂を生じさせた行為が認められる場合には，それらを分解せず単純に既遂の一罪として扱う」という解釈が，暗黙のうちに前提とされているのである。

　また，次の②はどうだろうか。

> ②　Xは，Bから財物を窃取して逃走し，追ってきたBに捕まるまいと，Bに向かってナイフを振り回し，逃げ切った（235条・208条・238条を参照せよ）。

　②についても，Xに，Bに対する窃盗罪（235条），Bに対する暴行罪（208条。このように被害者の近くでナイフを振り回すことも暴行になるという点については，Stage 1 No.17参照），さらには，Bに対する事後強盗罪（238条）も成立しそう

である。しかし，この場合は，最後の事後強盗罪のみで処罰される。事後強盗罪は財産犯＋人身犯であり，実質的に窃盗と暴行の不法内容も取り込んでいるというのである（ちなみに，窃盗罪と暴行罪の併合罪〔刑の上限は懲役12年45条・47条参照〕よりも，事後強盗罪のほうが重く処罰されている〔処断刑の導き方については，141頁のColumn処断刑の形成参照〕）。

このように，一見複数の罪が成立するようにみえても，個別の構成要件の解釈によって1つの罪とされる場合がある。

これらの場合のうち，1つの罪しか問題とならない場合（前記①）を**単純一罪**，複数の罪が成立するようにみえるが，構成要件の解釈として一罪しか成立しない場合（前記②）を**法条競合**という。具体的にどのような場合にそれにあたるかは，極めて各論的な問題である（刑法各論におけるいわゆる論点のだいたい2，3割は，この点に関する議論であるといってよい）。

II 54条1項

1 54条1項前段

そうした構成要件の解釈というフィルターを通してもなお，複数の罪が成立する場合がある。たとえば，XがCとDを殺害した，という場合を考えてみよう。

複数人に対する殺人罪がそれぞれ成立する場合の中には，(i)複数の罪が成立していて**併合罪**加重がなされる場合と，(ii)観念的には複数の罪が成立しているが刑を科す段階では一罪として扱われる場合（**科刑上一罪**）とがある。

なお，併合罪にすらならず，数個の罪として扱われる場合もある（**単純数罪**）が，それは，複数の罪の間に一定の要件を満たす確定判決が挟まっているという稀な場合であり，学部やロースクールの試験でそうした場合が問われることは考えにくい。なお，この場合には，両者の刑は別個に科される（刑の執行段階で単純に加算される）こととなる。たとえば，最近では，5件の強姦致傷（A）の後に窃盗罪で処罰され（その時点では強姦致傷は発覚していなかった），さらに4件の強姦致傷（B）を行った事案で，(A)を懲役24年，(B)を懲役26年とした裁判例がある（静岡地沼津支判平成23・12・5〔LEX/DB25480380〕）。

さて，上記の(ii)について定めているのが54条である。同条1項は前段と後段で異なる内容となっている。まずは，前段から説明しよう。
　「1個の行為が2個以上の罪名に触れ」る場合には，一罪として扱われる。念のために注意しておくと，ここにいう「2個以上」というのは，たとえば公務執行妨害罪（95条）と傷害罪（204条）といった異なる罪名の場合だけではなく，Cに対する殺人罪とDに対する殺人罪といったように，同種の罪名である場合も含む（殺人罪が2個という意味で，「2個以上」なのである）。
　前段にあたるのは，具体的には次のような場合である。

> ③　Xは，CおよびDを殺害すべく，手榴弾を投げて，両名を殺害した（爆発物取締罰則の点は除く）。

　この場合，なぜ，1つの罪として扱われるのだろうか？　これは，1つの罪（＝一罪）とされることの効果を考えると理解できる。
　一罪とされることは大きく2つの効果を伴う。1つは，**実体法上**，併合罪による加重をされないということ，もう1つは**訴訟法上**，1回の手続で扱うべきとされることである。
　③についてはまず，前者の実体法的な観点が意味をもつ。一般に，手榴弾のような危険な手段を用いることは，殺人罪において量刑を重くする事情ではある。しかし，仮にC・Dに対する行為を一罪とみずに，複数の犯罪と扱う場合には，Cについても「手榴弾を使ったのだから不法の程度が重い」，Dについても「手榴弾を使ったのだから不法の程度が重い」というように，危険な行為であることがいわば**二重に評価**されてしまう。しかし，それは，妥当な結論とは言いがたい。手榴弾を投げたことは，1回にすぎないのだから。また，こうした事案では意思決定は1回なのだから，2回，人を殺す決意をして，2人殺害した場合に比べると，悪質さがやや軽いという評価もできる。
　そこで，こうした場合には，一見すると複数の罪が成立している（＝競合している）が，それは，見せかけのものにすぎない（＝観念的なものにすぎない）として，1つの罪と扱われる（**観念的競合**）。
　なお，学説の中では，このような結論を違法性の減少とみるか，責任の減少とみるか，あるいは違法性・責任両方が減少しているとみるか議論がある。し

かし，これは，違法性・責任という概念にどのような内容を盛り込むかによって変わってくる。つまり，いわゆる結果無価値論的視点を強調すればするほど，行為が1個であるという事情は責任に関するものと位置づけられやすく，逆に，行為無価値論的視点を強調すればするほど，それは違法性に関するものといいやすくなる。

そのことよりも重要なのは，③のような理念型的な事案ではない場合に，「1個の行為」が何を意味するかは必ずしも明らかではないということである。たとえば，次の例をみてみよう。

---

③' Xは，自己の所有する自動車内に，3日前に手に入れた覚せい剤を巧妙に隠し，さらに，長年所持していた匕首を，護身用に，ダッシュボード上に置いていた。Xが職務質問を受け，匕首の所持を理由に銃刀法違反で処罰され，有罪判決が確定した後，押収されていた自動車から覚せい剤も発見された場合，Xを覚せい剤所持罪で処罰することができるか。

この事案で，Xは，「1個の行為」によって匕首と覚せい剤とを「所持」していた，といえるのだろうか？

そういえそうな気もする（この事案の基となった〔事案は若干修正している〕最決平成15・11・4刑集57巻10号1031頁の1審判決である東京地判平成12・2・17〔同1041頁〕は，そのように解した）。

しかし，そのように考えると，匕首の所持で有罪となった場合には，後から覚せい剤所持の事実が発覚したとしても，新たに処罰ができないこととなる。すなわち，覚せい剤所持について起訴されたとしても，免訴となる（刑事訴訟法337条1号の「確定判決を経たとき」にあたる）。一罪とされることの2つ目の効果として，訴訟法上，1回の手続で扱うべきとされることの表れである。

はたして，それでよいのだろうか？　③のような事案であれば，確かに，たとえば（Dに対する殺人に気づかず）Cに対する殺人罪だけで起訴するのは，明らかに捜査官側の落ち度と思えるが，③'のような事案であれば，覚せい剤を発見できなかったことは，むしろXの悪質さゆえではないだろうか？　もちろん，罪数はあくまで刑法の制度でもあるのだから，こうした捜査側の落ち度，訴訟法上の必要性だけで，結論を決することはできない。しかし，実体法

的にみても，匕首と覚せい剤を所持するに至ったのはそれぞれ別時点であり，しかも所持の場所・態様も異なっている。このように考えると，これらの所持を1個の行為に基づくとみることには無理があろう。

以上のような考慮をも踏まえ，判例・多数説は，③'のような事例では，観念的競合の成立を否定している（併合罪となる）。

2　54条1項後段

これに対し，54条1項後段は，「犯罪の手段若しくは結果である行為が他の罪名に触れるとき」であり，**牽連犯**と呼ばれる。これは，そうした一連の行為が，社会的にみれば1個の事象として，1回の処罰でまかなわれるべきであるという考慮に基づく。

もっとも，ここにいう「手段」あるいは「結果」という概念について，判例は，「その数罪間に**その罪質上通例**その一方が他方の手段又は結果になるという関係があり」（しかも具体的に犯人がかかる関係においてその数罪を実行した場合）としている（最大判昭和24・12・21刑集3巻12号2048頁）。

「その罪質上通例」か否かは，判例がとった結論によるというほかないので，結局のところ，牽連犯とは，**判例が認めた結合犯類似の犯罪類型**であるといえよう。次のような具体例をみてみよう。

> ④　Xは，Eの住居に侵入し，E所有の金品を窃取した（54条1項後段を参照せよ）。
> ④'　Xは，Fを殺害し，その死体を遺棄した（ここでも54条1項後段を参照せよ）。

④のように，住居等に侵入し（130条），その住居等内にいる人の法益に加害する場合（窃盗，強盗，殺人，強姦等）が，牽連犯の典型例である（たとえば，住居侵入罪と殺人罪につき，大判明治43・6・17刑録16輯1220頁）。住居内での窃盗・強盗・殺人・強姦等が主目的の犯罪であり，住居侵入罪はその「手段」と位置づけられている。同様に，文書等の偽造と同行使，さらには，そうした偽造文書を用いた詐欺（246条）も牽連犯とされる（学習上の重要性はやや落ちるが，身代金目的誘拐罪〔225条の2第1項〕と身代金要求罪〔225条の2第2項〕もそうである〔最決昭和58・9・27刑集37巻7号1078頁〕）。

これに対して，被害者を監禁したうえで恐喝したという場合は，その事案の限りでは監禁が恐喝の手段となっているが，「罪質上通例」とはいえないとして，牽連犯は否定されている（最判平成 17・4・14 刑集 59 巻 3 号 283 頁）。

以上はすべて，主目的の犯罪との関係で，別の犯罪が「手段」といえるかが問題となる類型である。では，主目的の犯罪との関係で，別の犯罪が「結果」となるのはどのような場合だろうか。もっともイメージしやすいのは④'の殺人と死体遺棄で，死体遺棄が殺人の「結果」だといえなくもないのだが，判例上，これは併合罪とされている（大判明治 44・7・6 刑録 17 輯 1388 頁）。その理由を説明することは難しいが，一罪とはされないことにより，死体遺棄で逮捕したうえで，殺人罪で再逮捕するといった捜査が可能になるということが，訴訟法上の効用としては指摘できる。

3 いわゆる「かすがい現象」

こうした一罪，とりわけ牽連犯が問題となる事案においては，しばしば，やや困った現象が起きる（もっとも，これは，牽連犯に限った問題ではなく，観念的競合や後述する包括一罪でも起こりうる〔最決平成 21・7・7 刑集 63 巻 6 号 507 頁〕。しかし，実際に問題となる事案の多くは，牽連犯関係が占めている）。次の事例をみよう。

> ⑤ X は G 女の住居に侵入し，G とその妹 H 女とを強姦した（54 条 1 項後段および 45 条参照）。

検討の前提として，仮に被害者が 1 人であれば，住居侵入と強姦が牽連犯として一罪となることに異論はない（大判明治 44・5・23 刑録 17 輯 953 頁）。この場合，処断刑の上限は，強姦の上限である懲役 20 年となる。

また，住居侵入罪を伴わず，複数の強姦を行えば，併合罪として加重される（46 条・47 条）ということも確認しておこう。つまり，強姦罪の法定刑の上限は 20 年であり，複数人を強姦した場合には，それが上限 30 年まで加重されるということである。

では，⑤の住居侵入＋強姦 2 件という場合は，どのように扱われるのだろうか？ 直感的には，この事案は，強姦 2 件に加えさらに住居侵入も行ってい

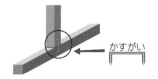

る以上，単なる強姦2件の事案より悪質そうである。

　しかし，先にみた牽連犯の視点を入れると，話はそう単純ではなくなる。すなわち住居侵入と第1の強姦とは牽連犯であり，また，住居侵入と第2の強姦も牽連犯である。だから，少なくとも，第1の強姦と第2の強姦との併合罪だ，と単純には言い切れないのである。

　このような事案をどのように扱うべきかは議論がある。判例には，殺人罪の事案であるが，住居に侵入し3人を殺害した事案で，全体として牽連犯となるとするものがある（最決昭和29・5・27刑集8巻5号741頁）。これは，いわば住居侵入行為を「かすがい」（大工道具で木材と木材とをつなぐ金具）として，複数の犯罪が一体となるという解決である。このような解決を上の⑤に適用すれば，処断刑の上限は懲役20年となる。

　しかし，正直にいえば，これはいわば消去法的解決といわざるをえない。そのような，かすがいがある場合のほうがない場合よりも刑が軽くなってしまうという解決を支持する積極的な理由は，みあたらないからである。逆にいえば，このような見解が判例理論とされているのは，他の想定可能な解決策にいずれも何らかの問題があると考えられているからでもある。

　学説においては，(A)住居侵入と第1の強姦とを牽連犯とし，それと第2の強姦との併合罪とするという見解，(B)住居侵入罪と第1の強姦，住居侵入罪と第2の強姦のそれぞれを牽連犯とし，両者を併合とするという見解，(C)かすがいとなりうる罪（住居侵入罪）が，かすがいの対象となる罪（強姦罪）よりも法的評価として重い場合とそれ以外の場合とを分け，重い場合に限りかすがいとなることを認め，それ以外の場合には，かすがいとなる罪（住居侵入罪）とかすがいの対象となる罪（強姦罪）の牽連犯が2つ成立し，それらが併合罪となる，といった見解が主張されている。これらはすべて，上の⑤の事例に適用したときに処断刑の上限が懲役30年になるものであり，かすがいがあることによって刑が軽くなる不合理を回避しようとするものである。

しかし，いずれについても，それぞれ解釈論上の難点があることは否定できない。(A)に対しては，なぜ住居侵入と第1の強姦のみが牽連犯となるかについて合理的な説明がつかない。(B)については，住居侵入を2度評価することになるという批判が，(C)については，なぜ刑の軽重によってそのような明文にない差異を設けるべきかについて十分な説明がなされていないという批判が，それぞれ可能である。

学説の中には，そうした場合に，住居侵入罪を起訴しなければ併合罪とできる，として検察官の起訴裁量の問題として扱うべきことを説くものもある。しかし，実体法解釈として，想定されているより重い処罰を認める方向で起訴裁量をもちだすことには，疑問も示されている。やはり実体法の解釈を再検討することが必要だろうが，この点についてはいまだ説得力ある学説が示されていないのが現状である。

Ⅲ 54条以外で一罪とされる場合

1 なぜこのような議論があるのか

一罪に関する条文は，54条のみである。しかし，判例・学説においては，この条文にあたらなくとも一罪とされる場合が認められている。たとえば，次のような事案を考えてみよう。

> ⑥ Xは，Iが経営するパソコンショップから，一晩のうちに，I所有のパソコン3台を窃取した（建造物侵入については考えない）。

ここでは，パソコン3台に対する3つの窃盗罪が成立するようにも思える。しかし，もし，仮にXが力持ちで3台同時に盗んだ場合には，窃盗罪の一罪とせざるをえないだろう。窃盗罪は，同時に複数の物を盗むことも予定しているからである。

そうだとすると，その場合よりも⑥の事案を重く処罰する理由はないように思える。被害者にとっての被害は変わらないし，また，行為者の主観的な悪質さもほぼ同様だからである。

判例および多くの見解はそのように考え，⑥におけるXの行為は窃盗罪の

一罪にすぎないと考える。これは，一見すると複数の法益侵害があるようにみえるにもかかわらず，全体をまとめて1つの罪として扱う，という意味で「包括一罪」と呼ばれている。

このような議論は，たとえば，XがAを数分間に数回殴打し複数の傷害を負わせた事案（204条の包括一罪）や，公務員が同一人物に賄賂を要求し，その交付を約束させ，さらに収受した場合（197条の包括一罪）などにもあてはまる。

2 法益侵害の同一性

では，このような包括一罪はどのような場合に認められるのだろうか？ それは抽象的には，(1)複数の結果が認められるが，1つの結果として評価すれば十分であり，かつ(2)複数の行為を一体として評価できる場合であるということができる（山口・総論372頁）。⑥のような場合がそれにあたることには異論がないが，限界事例として次のような事案がある。

> ⑥' Xは，数か月の間，街頭で，事情を知らないアルバイト数名に「病気の子供たちを助けるために募金をお願いします」と連呼させ，通行人から合計50万円を詐取した。個別の被害者が誰かは，特定されていない。

判例は，⑥'に類似した事案で，被害者が異なるにもかかわらず，詐欺罪の包括一罪を認めている（最決平成22・3・17刑集64巻2号111頁）。

「個々の被害者ごとに区別して個別に欺もう行為を行うものではなく，不特定多数の通行人一般に対し，一括して，適宜の日，場所において，連日のように，同一内容の定型的な働き掛けを行って寄付を募るという態様」であり，かつ「被告人の1個の意思，企図に基づき継続して行われた活動であった」点が，前記(2)に対応し，「このような街頭募金においては，これに応じる被害者は，比較的少額の現金を募金箱に投入すると，そのまま名前も告げずに立ち去ってしまうのが通例であり，募金箱に投入された現金は直ちに他の被害者が投入したものと混和して特定性を失うものであって，個々に区別して受領するものではない」という点が，前記(1)に対応するといえるかもしれない。しかし，学説上は，このように個人的法益に対する罪で被害者が明らかに異なる場合にま

で包括一罪を認めることには，反対する学説も有力である。

3 いわゆる混合的包括一罪

包括一罪というのは，科刑上一罪にはあたらないが一罪とすべき場合の総称であり，そこには性質が異なるものが含まれている。それらを網羅することは本書の性質上できないが（学説の状況を私なりに整理したものとして，今井ほか・総論435頁以下［島田聡一郎］），本項の最後に，異なる罪名の包括一罪を認めるべき場合として議論されている事案を挙げておこう。

> ⑦ Xは，金の持ち合わせがないことを知りながらJの経営する食堂で食事をして，逃走しようとしたところ，Jから追いかけられて，捕まりそうになったため，所持していた果物ナイフで斬りつけ，Jが身をかわそうとして転倒した隙に逃走した（246条1項・208条・236条2項）。

この事案では，まず，無銭飲食について，飲食提供時に飲食物に対する1項詐欺罪が成立することに異論はない。では，その後，Jに斬りつけた行為はどうなるだろうか？ 単なる暴行罪（208条）だろうか？ しかし，JはXに対して飲食代金の債権を有しているのであり，Xはその債務の支払を事実上免れるという財産上の利益を得ており，しかもその暴行はナイフで斬りつけるという，相手方の反抗を抑圧する程度のものであるから，236条2項の強盗罪が成立するというべきであろう。

そのように考えると，詐欺罪と2項強盗罪がともに成立することになりそうであるが，その両者の関係はどうすべきだろうか？ 学説の中にはこれらの併合罪を認めるものもある。しかし，よく考えてみると，Jの被害は実質的には1つではないだろうか。つまり，確かに，飲食それ自体（財物）とその代金請求権（財産上の利益）とは別個の客体ではあるが，それらはいわば表裏の関係にある。Jは，飲食代金を払ってもらえなかったという被害を受けたにすぎず，それについて2つの財産犯を認めることは行きすぎではないだろうか。また，Xとしても食い逃げして，その直後に強盗の犯意が生じており，詐欺と強盗の**主観的な動機の関連性も強い**といえよう。

学説においては，このような考慮に基づいて，詐欺罪と2項強盗罪の包括一

罪として，重い後者の刑で処罰する，という見解が有力になっている（なお，当初から殺害して財物を奪う意思があったという点でこの事案とは異なるが，先行する財物を奪う行為が窃盗あるいは詐欺のいずれにあたるとしても，その後，拳銃発射行為によって返還請求・代金支払請求を免れようとしたが殺害を遂げなかった場合に，強盗殺人未遂罪の包括一罪として処罰することを認めた判例として，最決昭和61・11・18刑集40巻7号523頁がある。さらに，本件により近い，強盗の犯意が詐取後に生じた事案で，詐欺罪と強盗致傷罪との包括一罪を認めた裁判例として，大阪地判平成18・4・10判タ1221号317頁がある）。

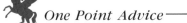

One Point Advice

本文でも少しふれたように，罪数は訴訟法でも重要な問題である。刑事訴訟法の勉強がある程度進んだら，もう一度，刑法の罪数の部分をしっかり読むことをお勧めする。

〔島田聡一郎〕

No.8　過失犯の検討方法

　タクシー運転手であるXは，後部座席にAを乗せ，午前零時ごろ左右の見通しがきかない交差点に差し掛かった。X車の対面信号機は，黄色灯火の点滅（他の交通に注意して進行することができることを意味する）を表示していた。Xは時速30ないし40kmで交差点に進入したところ，左方道路から，酒気を帯び，座席下に落とした携帯電話を拾うために，前方で赤色信号が点滅している（＝一時停止しなければならない）のに気づかず，制限速度である時速30kmを大幅に超えた時速70kmで進入してきたB運転の普通乗用自動車の前部に自車左後側部を衝突させ，自車を交差点前方にあるブロック塀に衝突させた。Aは車外に投げ出されて頭部を路上に打ちつけ，脳挫傷により死亡した。Xが時速10ないし15kmに減速して交差点内に進入し，B車を視認した後，急ブレーキを踏んでいたとしても，タクシーが衝突地点の手前で停止し，衝突ひいてはAの死亡を回避することができたか否かは不明であったが，交差点手前で停止していれば，衝突回避はまず間違いなく可能であった。
　Xに過失運転致死罪（自動車運転致死傷5条）が成立するだろうか。

Hint

　過失犯の成否の検討手順は，旧過失論と新過失論では，それぞれどのようになるであろうか。まずは自らの依拠する考え方から問題を解いてみよう。
　その際には，Xは死亡事故を回避するために刑法上どのようなことを義務づけられていたのか，その義務を果たしていれば結果を回避できていたのかを特に意識して検討してみてほしい。

解 説

I はじめに

　法学部においても，法科大学院においても，刑法総論に関して私が最もよく受ける質問の1つは次のようなものである。「過失犯について，どのような順序で，どのような内容を検討したらよいのか，わかりません」。

　このような質問をしたくなる気持ちは，とてもよくわかる。確かに，過失犯においては，学説によって同じ概念の体系的位置づけや具体的内容が異なり，しかも，そこにさまざまなバリエーションがあるため，どの教科書を読んでも何が一般的な考え方なのかがみえにくいからである。

　さらに，過失犯に関して，判例として公刊されるような事件は，かなり特殊なものが多く，また過失犯の一部の要件のみが争われる場合もあるため，判例理論の全貌がつかみにくいことも確かである。

　そこで以下では，問題として掲げた事例（最判平成15・1・24判時1806号157頁の事案を修正したもの）を用いて，この問題に関する基本的に異なる2つの枠組を対比しながら検討することによって，過失犯の構造に関する，いわば見取図を示すことを試みたい。

　もちろん，このような作業には欠点もあることに注意されたい。まず第1に，モデル論として，わかりやすくすればするほど，各学説の詳細なニュアンスの相違をそぎ落とすこととならざるをえない。第2に，――これも第1のことと関連するが――現状をこうした枠組を用いて把握することの限界を意識して，新しい枠組を示そう，あるいは判例の枠組を捉え直そうとする学説を，意図的に無視せざるをえなくなる。

　ただ，それでも読者の皆さんに，過失犯論の現状を理解してもらうためには，一度，このような，やや単純化したモデルを示すことが有益だと考えている。だから，以下では，重要判例や特定学説の引用はしていないし，個別の要件についての詳しい説明もしていない。それらについては，これを読んだ後，必ず各人の教科書で確認してほしい。

なお，過失犯の成立要件の中で重要な意味をもつ予見可能性については，次の項目（Stage 1 No.9）の安田教授の解説も併せてお読みいただきたい。

II　2つの考え方
——いわゆる旧過失論と新過失論——

　まず，授業で過失犯については**旧過失論**と**新過失論**とが対立しているという説明を受けたと思う。ただ，旧過失論にも修正説があったり，**新・新過失論**という学説が出てきたりして，何がポイントか，わからなくなってしまった人も多いだろう。

　では新過失論と旧過失論で見解が分かれるのはどの点か。現在では，**両者の対立点は，一言でいえば「過失犯の不法内容が故意犯と異なるか」という点にある**といってよい。もう少し噛み砕いていえば，こういうことである。犯罪は社会にとって「悪いこと」だから処罰される。その「悪さ」は，殺人罪と過失致死罪とで同じなのだろうか？

　同じだ，と考えるのが**旧過失論**である。要するに危険な行為を行って，それに基づいて人を殺したことが悪いことだというのである。そして両者の違いは，行為者が構成要件該当事実（たとえば人を殺すこと）を現実に認識（・認容）していたか，それともそうした認識は欠き，注意すれば気づくことができたか，という点で責任（責任という概念も相当に難しいが，誤解をおそれず非常に単純化していえば，行ったことについて，その人の意思のせいだとして非難可能かということである）に相違があるにすぎない，と考える。

　これに対し，両者は全く異なるとするのが，**新過失論**と呼ばれる考え方である。この考え方は，**行為無価値論**（Stage 1 No.2参照）を前提に，「悪さ」について，行為者の主観や行為態様をも考慮に入れる。そうすると，たとえば，殺すために人を銃撃する行為と，自動車運転の際，交差点手前で一時停止しなかったことは，悪さが全く異なるではないか，ということになる。行為無価値論の代表的な論者の見解に即してもう少し詳しくいえば，こういうことである。この見解は，その人の主観に着目し，その人にどのような規範を向けることができ，それへの違反が認められたかを重視する。そうすると故意犯の不法は

「人を殺してはいけない」という規範への違反だが，過失犯の場合には，人を殺すことは認識していないのだから，そのような規範違反を問題とできず，たとえば「自動車を運転して，交差点に差し掛かった場合には信号に従って徐行せよ」といった規範への違反（社会生活上必要な注意を怠ったこと〔注意義務違反〕）を問題とせざるをえない。このように，生じた結果が同じであっても，違反された規範の内容が異なるために過失犯の不法内容は故意犯よりも軽い。これが新過失論の考え方である。

なお，このような考え方の中でも，故意犯と過失犯とが**責任**においても（不法の差が反映されているという以上の）異なる内容をもつかについては議論が分かれている。ここでは詳しくは立ち入らないが，もし，ご自分の教科書が，新過失論に依拠するものであるにもかかわらず，（構成要件レベルでの過失とは別に）責任過失という独自の項目を設けている場合には，それを肯定するものであるといえよう。

III　過失犯の検討方法①
——旧過失論からのアプローチ——

このような考え方の相違は，過失犯の成否を判断する枠組にも影響を及ぼす。
旧過失論からは，過失犯においても客観的な不法要素は故意犯のそれと異ならない。

まず，作為犯であれば，① 行為の時点で結果発生のために許されない程度に危険な行為を行ったかが検討される。異論もあるものの，この検討は，行為時の客観的な判断として，またその分野における行政取締法規において予定されている危険の程度も考慮に入れたうえで（たとえば，速度違反があったか，それがどの程度であったか等の事情も考慮して）なされるという見解が多い（これは，実は故意犯でも同様に問題となる要件だが，故意犯，特に過失致死罪と対比される殺人罪などの場合には，結果を発生させようと思っているため，通常は非常に危険な手段がとられ，あえて検討するまでもなく肯定される場合がほとんどであるという説明がなされる。逆に，後述する新過失論では，過失犯に特有の注意義務の内容をどのようにすべきか，という枠内で，行為の有用性等が考慮される）。不作為犯であれば，さらに

①′保障人的地位の発生根拠を基礎づける事実が認められることが必要である。

次にそうした行為と結果との間に，②因果関係あるいは客観的帰属が認められなければならない。この点も故意犯と同じである。まず⑧結果回避が可能か否かが問われる（ただしこの場合，結果を避けることができたかを判断する際に，どのような行為を仮定すべきかについては議論があるが，これについては後述する）。さらに，それが肯定されても，⑥異常な事態が介在していた場合には，因果経過の相当性が否定される，あるいは，①で創出された危険が結果に実現していないという理由で，結果は行為のせいではないということになり，（少なくとも刑法の）過失犯に未遂はないから過失犯は成立しないこととなる。

そして行為者の責任（あるいは責任要素としての構成要件）を判断する段階で，はじめて故意犯と異なり，③行為者自身の**予見可能性**が問題とされる。この要素は，現実に生じた事態につき，行為者の意思形成過程に問題があったとして非難する（責任を認める）ために必要な主観的要件と位置づけられているが，この要件についての詳細な説明は，次の項目の安田教授の解説に委ねる。なお，やや細かい話だが，本人が結果を予見できたとしても，結果を回避する能力が乏しかった場合に，この立場からどのように考えるべきかであるが，先にみた結果回避可能性は，あくまで行為と結果との客観的な関係であり，こうした回避措置を取りえたかどうかは，責任レベルの問題だとする（本人の能力に照らして期待できないことまでは要求できないと考える）立場が多いように思われる。

旧過失論の判断枠組
① 許されない程度の危険の作出
② 因果関係（客観的帰属）
　⑧ 結果回避可能性
　⑥ 因果経過の相当性／危険の実現
③ （主観的な）予見可能性

なお，この枠組からは（論理必然というわけではないが）「被害者あるいは第三者が適切な行動をすることを信頼するのが相当な場合には」行為者は過失犯の罪責を負わない，という**「信頼の原則」**は，先にみた②⑥因果関係の相当性の有無（生じないだろうと信頼してよいはずの事態が生じたのは特殊な介在事情のせい

だという判断)，さらに③予見可能性の有無(生じないだろうと信頼してよいはずの事態が起きたのは予測できない)を判断するにあたって考慮される要素となるのが通常である。

　この枠組から上の事例をみると，まず，①Xの当該交差点への時速30ないし40 kmでの進入は，横から進入してきた車が来ても直ちには止まれないものであり，しかも当時，夜間で見通しが悪かったというのだから，行為当時の客観的状況に照らし，社会生活上許されない程度の危険を作り出しているといえる。問題は，②ⓐの結果回避可能性だが，先ほど少し述べたように，どのような行為を仮定するかによって結論が変わる。つまり，当該進入行為をやめていたら，すなわち交差点手前で停止していれば，衝突を避け，ひいては死の結果を避けることができただろうか，と考えるのであれば，それは肯定される。その場合には，②ⓑについて，Bの介在事情が異常であったとして因果経過の相当性あるいは危険の実現を否定する余地はあるだろう。また，仮にそれが肯定されたとしても，信頼の原則をも考慮して，B車が進入することは予見不可能であり，その結果，死の結果の予見可能性も否定されるということになるだろう。

　かつては，このように考えていた旧過失論者が多かった。しかし，最近では，当該危険な行為を控えたらどうであったかではなく，**許された危険の上限まで危険を減少させていれば結果が回避できたかを問題とする見解**も，後述する新過失論の影響を一定程度受けて，細部にニュアンスの差はあるものの，有力化している。そのように考えれば，少なくとも徐行して進入することは許される行為なのだから，それでも衝突を避けることができず，結果を回避することができなかった本件では，②ⓐの結果回避可能性が否定されることとなる。

　なお，従来，こうした結果回避可能性は，「条件関係」あるいは「因果関係」と表現されることが多かったが，かつての見解におけるような，行為それ自体を取りやめれば結果が生じなかったか否かという問題とは異なることを強調するため，こうした場合には，単に「過失がない」と表現される場合もある。さらに(ここまでは当面知らなくてもよいが)，この問題は条件関係とは異なる以上，結果の回避が確実でなくとも，許される行為と現実に行われた行為とを対比して，後者が前者よりも危険を増加させていた場合であれば足りるとする見解

（危険増加理論）も主張されている。

Ⅳ 過失犯の検討方法 ②
―― 新過失論からのアプローチ ――

　これに対して，新過失論からは，まず，① 行為者が行為時の具体的状況のもとで，どの範囲のことまで**予見可能**であったか，またそれがどの程度のものであったか，が問題とされる。いわば入口での判断であり，これを否定すると義務を課すことができなくなるため，旧過失論のそれよりは，緩やかに判断されやすいとはいえよう（予見可能性の最低ラインは危惧感で足りるとしながらも結果回避義務の内容は，予見可能性の程度に応じたものとすべきことを説く，いわゆる**新・新過失論**が有力に主張されているのは，このような枠組を前提とすると，ある意味自然なことである）。

　次に，② そうした予見可能な事実を前提としたうえで，行政取締法規の趣旨や行為の有用性なども考慮して，行為者にどのような行為までを義務づけることができるかが問題とされ，なすべき行為（基準行為といわれることもある）が特定される。先にみた**信頼の原則**は，① において，どの程度の事実まで予見すべきか，という局面で考慮される場合もあるが，② において，行為者にどのような義務を課せるかを問題とする際に，社会における分業の実情に配慮する観点から考慮されることもある。

　続いて，③ 仮に，そうした義務にかなった行為（基準行為）を行っていれば，結果を回避できたか（**結果回避可能性**）が問われる（回避できたであろう場合について，回避義務に違反したと表現する人と，**回避義務違反と結果の因果関係が認められる**と表現する人がいる）。また，そうした義務違反ないし因果関係が認められたとしても，④ 特殊な事情が介在した場合には，相当因果関係ないし危険実現が否定されるか否かについて検討が必要となる。なお，仮に結果を回避できたとしても，それが本来の注意義務を課した目的とは無関係であった可能性がある場合には，因果関係を否定するという考え方がある（**規範の保護目的論**）。たとえば，上の事案でXが，交差点よりだいぶ手前で，スピード違反をしていたが，制限速度を守っていれば，その時点で交差点には到達せず，事故は起きなかった

だろうという場合，結果回避可能性はあるともいえるが，スピード違反が禁止されるのは，その場にいる車両や人への危険を避けるためであり，一定時点に一定場所にいないようにするためではない（むしろ，スピード違反がより重大であれば，自動車は，その時点で交差点を過ぎて，やはり事故が回避できている）から，そうした点を根拠に過失犯を認めることはできない，という考え方である。これは，④の危険実現の一内容と位置づけられることが多い。

> 新過失論の判断枠組
> ① 予見可能な事実の範囲・程度の画定
> ② なすべき行為（基準行為）の特定
> ③ ②による結果回避可能性の有無
> ④ 相当因果関係／危険実現

このようにいうと，2つの質問を受けることが非常に多い。その1つは，「構成要件は，客観面から先に検討し，その後，それに対応する主観面を検討すべきだと習いましたが，先に主観面である予見可能性を判断してよいのでしょうか」というものである。こうした質問に対し，私は2つのことを伝えて納得してもらっている。まず，第1に予見「可能性」というのは，純粋に主観的な問題ではない。現在の通説によれば，それは行為者が置かれた状況，能力を前提として，一般人（より正確には，刑法が期待する程度に注意を払う人）であれば気づくことができたかという意味での「可能性」であり，その意味で客観的な部分を含んでいる。

しかし，より重要なのは第2の理由である。今の質問は，実は，無自覚的に，旧過失論的な枠組を前提としている。確かに，私自身も含め，刑法の専門家の大部分は，不法（世の中にとって悪いことか）⇒責任（行為者を非難可能だったか）という順序で，犯罪の成否を判断しようとしている（客観⇒主観という順序では必ずしもない）。そして，人を殺したことが不法だと考えるのであれば，構成要件の客観面が先に検討されることとなる。しかし，新過失論者は，そのように考えてはいない。前述したように，行為者の認識の有無・内容によって内容が変わる規範（過失犯においては予見はないが予見しえたことを前提とした規範）への違反も不法を構成すると考えているのである。このため過失犯で不法を先に検

討しようとすれば，そこにはおのずと行為者の主観が入り込まざるをえないのである。

　質問の2つめとして，「結果回避可能性は，結果回避義務を課す前提と覚えていたのだけれど，今の話だと，結果回避可能性のほうが後で判断されるので，おかしいのでは」，といわれることもある。このようにいう学生の中には，ここでいう結果回避可能性を，結果回避義務を履行する可能性と混同している場合があるが，両者は別物であることに注意しておきたい。**結果回避義務を履行する可能性**は，不作為犯でいえば作為可能性に対応する内容のものであり，これは確かに結果回避義務の前提となる。上の事案でいえば，行為者にとって徐行することが可能であったかが，この問題であり，これが否定されれば行為者に義務を課すことはできない。たとえば，最近の裁判例には，前方注視義務を怠って対向車に衝突したとして起訴された被告人について，睡眠時無呼吸症候群と当日の身体的・精神的負荷が重なって，急激に睡眠状態に陥ったため義務を履行できなかった合理的疑いがあったとして無罪としたものがある（大阪地判平成17・2・9判時1896号157頁）。

　しかし，仮に行為時においてそうした義務を履行すること自体は可能であったとしても（冒頭の設問ではそうである），そうした義務を履行したとしても，結果が回避できたかは，なお問題となる。それが，ここで説明している結果回避可能性なのである（実は，最近の旧過失論も前述したように，許された危険の範囲内の行為を行っていれば，どのような結果となったか，という枠組の中で，ほぼ同様の判断をしている）。

　もちろん，結果的にどうせ助からないのならそもそも義務を課しても無駄だといってもよいから，事後的に結果回避可能性がなかった場合に，そもそも回避義務がなかった，という表現をすることも可能ではあるし，そのようなニュアンスで書かれている本もある（大谷・総論185頁など）。単に概念だけ表面的に理解するのではなく，やはりその本の文脈において，その概念がどのように使われているかを十分注意してほしい。過失犯のような対立の激しい場面においては，このことは，特に注意する必要がある。

　このような枠組からは，①の予見可能性は比較的緩やかに捉えられるから，B車の異常な走行を予見しえなかったというだけでは予見可能性は否定されず，

「黄色点滅信号で交差点に徐行せず進入すれば，死亡事故が生じるかもしれない」という程度で足りることとなろう。

次いで，そうした予見可能性を前提に，②どのような結果回避義務が課されるかが問題となる。B車の異常な走行が予見しえないことを前提とすれば，それに対応する義務までは課すことができず，黄色点滅信号において通常とるべきであろう行為が基準行為となる。それは，徐行して注意して進行することであろう。③そうなると基準行為を行っていたとしても，（事後的）結果回避可能性について合理的な疑いが残るから，本件では無罪という結論が導かれることになる。

V 段階的過失

もう1つ注意すべき点がある。それは，いずれの見解からも，事故直前のP時点で結果回避が不可能だった場合に，そのことから直ちに無罪とはならないという点である。すなわち，P時点に先立つQ時点で結果回避可能な場合には，Q時点で過失犯の他の成立要件（特に結果予見可能性）が満たされている限りにおいて，Q時点の行為を理由に処罰することはできる（危険な行為を行うことを引き受けた過失という意味で，**引受過失**と呼ばれる）。

たとえば，酒に酔って運転を開始し，酩酊のため，事故の時点では結果回避のためのハンドル操作を行うことができず事故を起こしたという事案を考えてみよう。この場合，事故の時点では，行為者の生理的状態を前提とする限り，罪責を問うことはできない。しかし，そのような適切なハンドル操作ができないことが想定されるような酩酊状態で自動車に乗ったことそれ自体が過失犯の成立要件を満たしている（運転避止義務違反）のである。先にみた大阪地判平成17・2・9では，運転避止義務違反は，この病気が本件事故後はじめて知られるようになったことを理由に否定されているが，大津地判平成19・1・26裁判所ウェブサイト（LEX/DB28135324）のように，睡眠時無呼吸症候群の被告人に運転避止義務を認めたものもある。そこでは，極度の疲労状態のもとで眠気を感じながら運転を継続すれば，不意に睡眠状態に陥る危険があることは十分に予見可能であったとされている。

この点と関連し，P時点に過失犯の成立要件が満たされている場合に，Q時点の行為をも過失実行行為とみる余地があるかが議論されている。これを否定する見解を**直近過失説**，肯定する見解を**過失併存説**と呼ぶ。多数説は，Q時点の行為が，それ自体として過失犯の成立要件を満たしているのであれば，それだけが起訴された場合に犯罪の成立を否定する理由はないし，また，P時点で成立要件がかろうじて満たされていたとしても，Q時点の過失のほうがはるかに重大な場合には，後者を実行行為から除くのは適切でないとして，過失併存説を支持している。

VI 最高裁平成15年1月24日判決

次いで，冒頭の設問がモデルとした平成15年判決がどのような判断をしたかについてみておこう。この判決は，次のような判断枠組を用いている。まず，同判決は，被告人の行為について，「このような状況の下で，左右の見通しが利かない交差点に進入するに当たり，何ら徐行することなく，時速約30ないし40キロメートルの速度で進行を続けた被告人の行為は，道路交通法42条1号所定の徐行義務を怠ったものといわざるを得ず，また，業務上過失致死傷罪［当時は自動車運転の場合の加重処罰規定（現在では過失運転致死傷罪〔自動車運転致死傷5条〕）が存在せず，自動車運転による過失致死傷罪は，業務上過失致死傷罪で処罰されていた］の観点からも危険な走行であったとみられるのであって，取り分けタクシーの運転手として乗客の安全を確保すべき立場にある被告人が，上記のような態様で走行した点は，それ自体，非難に値するといわなければならない」とした。ここでは，行政取締法規に違反したことが指摘されているが，それだけで過失犯の実行行為とされているのではなく，過失致死傷罪の観点からも危険な走行だったとされている点が重要である。

次いで，同判決は，「被告人車が本件交差点手前で時速10ないし15キロメートルに減速して交差道路の安全を確認していれば」衝突を避けることができたかを問題とした。回避措置として，「減速（徐行）」が想定されている点に注意されたい。

そして，結果回避が可能だったか否かについて，1審・2審判決が事故後に

なされた制動実験などを根拠にこれを肯定したのに対し,「対面信号機が黄色灯火の点滅を表示している際,交差道路から,一時停止も徐行もせず,時速約70キロメートルという高速で進入してくる車両があり得るとは,通常想定し難いものというべきである。しかも,当時は夜間であったから,たとえ相手方車両を視認したとしても,その速度を一瞬のうちに把握するのは困難であったと考えられる」とし,「被告人車がB車を視認可能な地点に達したとしても,被告人において,現実にB車の存在を確認した上,衝突の危険を察知するまでには,若干の時間を要すると考えられるのであって,急制動の措置を講ずるのが遅れる可能性があることは,否定し難い」とした。被告人自身が現実にどのような結果回避手段を採りえたか,それが現実にどのような効果をもちえたかを慎重に判断しようとしたのである。

そしてその結果,「被告人が時速10ないし15キロメートルに減速して交差点内に進入していたとしても,上記の急制動の措置を講ずるまでの時間を考えると,被告人車が衝突地点の手前で停止することができ,衝突を回避することができたものと断定することは,困難であるといわざるを得ない。そして,他に特段の証拠がない本件においては,被告人車が本件交差点手前で時速10ないし15キロメートルに減速して交差道路の安全を確認していれば,B車との衝突を回避することが可能であったという事実については,合理的な疑いを容れる余地がある」として,過失犯の成立を否定した。

ここで過失「致死」罪における結果回避可能性が問題であるはずなのに,死亡結果ではなく「衝突」の回避可能性が問われていることに違和感を覚えた方もいるかもしれないが,死亡結果の回避可能性が必要であることは,同判決も前提としているはずである。それゆえ,これは,おそらく,この事案では,衝突自体は不可避でも,衝突の態様等が異なるために死亡が避けられたといった事情が認められないと判断されたためではないかと推察される。

Ⅶ おわりに

本項では,刑法総論においても,最も議論が激しい過失犯についての,基本的思考枠組を示そうと試みた。冒頭にも述べたが,これはあくまで,単純化し

た枠組を示すものにすぎないから，個別の要件については，ご自分の教科書をきちんと読み込んでほしい。本項は，そうした教科書を読むための，いわば道しるべを示そうと試みたものである。皆さんがそのように感じられましたように。

One Point Advice

　Ⅵの終わりで，過失致死罪における結果回避可能性にいう結果とは死亡結果だと書いたが，より厳密には，死期の早期化も含まれる。つまり，人の生命は，あるかないかだけではなくて，その長さにも刑法上大きな意味があり，生命の短縮は殺人罪となるのだから，逆に，回避されるべき結果が問題となるときには，結果的に死亡は避けられなかったが，そのような形で衝突しなければそんなに早くは死ななかったであろうという場合でも，結果の回避は可能だったと評価されることになる。それがどれくらいの長さでなければならないかは難しい問題だが，判例は保護責任者遺棄致死罪との関係で，適切な救助措置に及べば被害者が「短期間内に死亡することはな」かったことを摘示しており（最決昭和63・1・19刑集42巻1号1頁），非常に短期間しか死期の延長ができなければ結果を回避可能だとしないものと思われる。

もう一歩先へ　平成15年判決と昭和48年判決との関係

　過失犯の判断順序・方法について理解するためには，ここまでで十分であるが，平成15年判決の意義を理解するための参考として，被告人車が黄色点滅信号で減速・徐行せず交差点に進入したところ，赤色点滅信号を無視して高速度で横から進入してきた車と衝突したという点で平成15年判決と類似した事案で別の観点から無罪とした判例（最判昭和48・5・22刑集27巻5号1077頁）をみておこう。この昭和48年判決には，平成15年判決との大きな違いが1つあり，徐行すれば「本件事故は発生しなかつたか，少なくとも本件事故とは異なる事故になつていたであろう」とされている。そのうえで，同判決は，信頼の原則を適用して「自車と対面する信号機が黄色の灯火の点滅を表示しており，交差道路上の交通に対面する信号機が赤色の灯火の点滅を表示している交差点に進入しようとする自動車運転者としては，特段の事情がない本件では，交差道路から交差点に接近してくる車両があっても，その運転者において右信号に従い一時停止およびこれに伴なう事故回避のため

の適切な行動をするものとして信頼して運転すれば足り，それ以上に，本件Ａのように，あえて法規に違反して一時停止をすることなく高速度で交差点を突破しようとする車両のありうることまで予想した周到な安全確認をすべき業務上の注意義務を負うものでな」いとして無罪としたのである。

一見すると，昭和48年判決と平成15年判決との間には，法的構成に大きな相違があるようにも思われるため，この2判決の位置づけをめぐって議論が分かれており，両者は事案が異なるとするもの，裁判所の考え方が変わったとするものがある。

前者の見解は次のように考えている。昭和48年判決の事案では，交差点で徐行すれば，事故は回避できたか，少なくとも異なる態様（おそらく死亡事故にはならなかったという趣旨であろう）になっていたと判断されているが，平成15年判決の事案はそうではなかった。だからこそ，裁判所としても，平成15年判決の事案では，あえて規範的な判断に踏み込まず，結果回避可能性を否定することができたが，昭和48年判決の事案では，そのような構成が不可能であったため，信頼の原則といった規範的限定をせざるをえなかった。判例がそのような判断順序とするのは，規範的な判断よりも事実的な判断を優先しようとしているためであり，現在でも昭和48年判決のような事件が起きれば無罪となる，と。これは，判例が一貫性を保っているという前提を置けば，極めて説得的な議論である。

他方，後者の見解は，2判決の結論の違いはこれにとどまるものではないと考える。つまり，昭和48年判決は反対意見がついていたことからもわかるように，当初から学説上もあまり評判のよい判例ではなかった。少なくとも現在では，判例は，このような事案で，被告人の行為が義務に違反しないという評価はもはや適切でないと考えており，このため平成15年判決では義務違反それ自体を否定しなかった，という理解である。これによれば，平成15年判決の事案において結果回避可能性が認められていたならば，もしかしたら昭和48年判決が変更され，有罪となっていたかもしれないということになる。

〔島田聡一郎〕

No.9　予見可能性

　以下の事案で，Xに過失犯の成立要件としての予見可能性が認められるかを，考えなさい。

(1)　Xは，繁華街を猛スピードで軽トラック（荷台に幌がついたもの）を運転していた際，ハンドル操作を誤って電柱に激突し，自らはエアバッグが作動して一命を取りとめたが，Xに無断で荷台に乗車していたAが，その際の衝撃で死亡した。Xは，Aが荷台に乗車している事実を認識していなかった。

(2)　ホテルBを経営するXは，設備投資を怠り，防火設備が不備な状態を消防署から何度も指摘されながら，その状態でも10年以上火災などが起きずに何とか営業を続けてきたため，今後も問題ないだろうと思っていたところ，客の寝たばこにより出火し，逃げ遅れた客10名が死亡した。

(3)　下水道工事に際して埋戻し土の締め固めが緩かったため，地盤沈下が起こり，通常の土圧の数倍の異常な土圧が作用してガス管が破断してガス漏れが生じ，急性一酸化炭素中毒により付近住民が死亡した。工事監督のXには，埋戻し土の締め固めが緩かった場合，地盤沈下が起きることは予見できたが，そうした異常な土圧が生じることまでは予見できなかった。

Hint
　(1)では，結果の予見可能性が認められるために，当該具体的な結果を予見できていなければならないのか，(2)では，いったん事故になれば当該結果に至ることは予見できているが，その可能性が低い場合でも予見可能性が認められるか，(3)では，当該結果発生に至るメカニズムの詳細が予見可能でなくとも，予見可能性が認められるか，を中心に検討してみよう。

解説

I 予見可能性の捉え方

　予見可能性に限らず，可能性というものはあるといえばあるし，ないといえばない，何とも捉えどころのない概念であるが，これが可罰性判断の要件となっている限り，そんなあきらめの境地にとどまっているわけには到底いかない。結論的にそうだとしても，可能な限り，過失犯の処罰根拠あるいは本質・構造に即して，理論的に確かな線引きを行う必要があるのである。

　予見可能性につき書かれている内容は，旧過失論の教科書でも新過失論の教科書でも，ほとんど同じであり，両者で違いはないのだと理解されているかもしれないが，過失犯の成立要件としての位置づけは相当異なっている。伝統的な旧過失論からみれば，予見可能性は，故意とならぶ責任形式であり，いわば，自らが行った（客観的）犯罪事実が脳内に画像としてしっかり映っている場合が故意であり，映ってはないが映りえた場合が過失だということになる。**予見可能性は，責任非難の要件だから，この映る可能性（＝予見可能性）は，（客観的）犯罪事実に対応していればいるほどよいことになる**のである。また，この見解からは，過失犯の成立要件は予見可能性しかないのだから，この要件には，それ自体で過失犯の処罰範囲を適切に画するべく，大きな期待がかけられることになる。

　これに対し，**新過失論からみれば，予見可能性は，結果回避義務の前提要件として位置づけられる**。新過失論の中でも多くの見解は，予見可能性の内容を旧過失論と共有したうえで，それを前提とした結果回避義務を論じているように思われ，この場合は，旧過失論との違いはほとんど認められない。他方，予見可能性の程度と結果回避義務の内容を，この程度の予見可能性しかなければこの程度の義務しか課せないといった形で，相関的に把握する見解によれば，予見可能性の程度が低いことは，それ自体としては過失犯の不成立を帰結するものではないことになる（その究極の形が新・新過失論の危惧感説である）。

II　予見対象としての構成要件的結果

設問(1)では，具体的なAの死亡を予見できたかが問われている。旧過失論の側からは，当該具体的なAの死亡という構成要件該当結果が予見できたことが要求されるのが一般的である。(1)と同様の事案に関する最決平成元・3・14刑集43巻3号262頁は，「右のような無謀ともいうべき自動車運転をすれば人の死傷を伴いかなる事故を惹起するかもしれないことは，当然認識しえたものというべきである」として，後部荷台に乗車していた被害者についても業務上過失致死罪（現在であれば自動車運転死傷行為処罰法5条の自動車運転過失致死罪になる）の成立を認めている。調査官解説は，この結論を支える論拠として，**方法の錯誤における法定的符合説（抽象的法定符合説）の論理**を挙げており，学説上も，過失犯についても法定的符合説が妥当すると明言する見解もみられる（林・総論290頁など）。

もっとも，これに対しては，旧過失論かつ方法の錯誤において法定的符合説に立つ論者からも，故意犯において故意の符合を認める前提としてはその客体の認識可能性が前提とされているから，過失犯においても認識不可能な客体に対する予見可能性を肯定することはできないとの指摘がなされている（大塚裕史・百選I〔第5版〕103頁）。このような指摘は，責任非難を認めるためには，当該具体的結果に対する予見可能性がしっかり確保されるべきだとする限りでは理解できるところがある。しかし，故意犯において，人殺しを認識した以上，殺人の禁止規範に意識的に違反したことになるため，殺人の故意責任を問うべきだとする法定的符合説のロジックが責任主義に違反しないのなら，なぜ，過失致死の場合に，同様の論理が責任主義に反するのかは，なかなか理解しがたいところがある。旧過失論においては，具体的予見可能性の確保＝責任主義の堅持，という強いドグマが支配しているようにも思われ，ここでの結論はその一端だとも理解できる。これに対し，旧過失論かつ方法の錯誤において具体的符合説（具体的法定符合説）に立つ論者が，この事案で具体的予見可能性を否定することには一貫性がある。

他方，新過失論からすれば，予見可能性は結果回避義務の前提要件であるか

ら，ここでの問題は，(ア)まさにAの死亡結果回避に向けられた結果回避義務の違反の実現としてAの死が生じたのでなければならず，そのような結果回避義務の前提としてAの死が予見できたのでなければならないのか，それとも，(イ)その種の結果の回避に向けられた結果回避義務の違反の実現としてAの死が生じたので足り，そのような結果回避義務の前提としてその種の結果が予見できたので足りるかであろう。(イ)だと考える場合の価値判断は，法定的符合説の論者が，およそ「人の死」の認識を問題とするところとパラレルだとの理解も可能かもしれないが，新過失論に即して述べれば，**当該危険行為により巻き込まれるおそれのある範囲に含まれる客体に対する結果防止措置の前提として，そのどこかに客体が存在することが予見可能であればよい**ということになるであろう。たとえば，目的的行為論的な発想をとる論者からは，過失は別の合法的な目的追求の際の副次的な結果の1つであり，過失犯処罰規定はそうした副次的効果の防止措置を講じさせるものだとして，(イ)の理解が支持されている（伊東研祐『刑法講義　総論』〔日本評論社，2010〕147頁，なお井田・総論208頁）。

　もっとも，こうした結論は，旧過失論の側からも，**概括的故意とパラレルな説明**をすればなお確保可能である。すなわち，ある教室に爆弾を投げ込んだ場合，Aの存在を認識していなくてもAの確実な不在を確認したのでない限り，Aに対する殺人罪は認められるが，設問(1)の場合にも，荷台に人がいる可能性を完全に排除したのでない限り，当該事故により巻き込まれる可能性がある範囲にいる者に対する結果発生の予見は可能だと考えるのである。

Ⅲ　予見可能性の具体性と結果の発生可能性

　設問(2)では，結果発生の確率が低いことによって予見可能性が否定されるかが問題となっている。防火管理の面からみてかなり酷い状態で営業しているホテルであっても，長期間にわたり無事故が続いていることは，むしろ通常であり，結果発生の確率は著しく低いのが事実である。他方，こうしたホテルの経営者は，消防署から防火設備の不備を指摘され，「いったん火災が起これば」，スプリンクラーで消火されず，防火扉などで遮断されないまま火が回り，逃げ

遅れた客等が火や煙にまかれて死傷することは、嫌というほどわかっている。ただ，儲けに直結しない投資を惜しみ，結果発生の確率の低さを過信し，事故は実際に起きないものと軽信しているだけのことである。

旧過失論の伝統的見解は，結果発生の可能性の低さを危惧感と同視し，具体的予見可能性は認められないとする傾向にあったが，大規模火災事故に関する判例は，「いったん火災が起これば」という条件のもとでは結果発生が容易に予見できたとして，過失犯処罰を肯定している（最決平成2・11・16刑集44巻8号744頁など）。

また，薬害エイズ帝京大事件に関する東京地判平成13・3・28判時1763号17頁は，結果発生の可能性が低かったことを前提として，結果回避義務およびその違反の判断を行っている。このことは，先にみた，予見可能性の程度と結果回避義務の内容を相関的に捉える見解から最もよく説明可能であろう。旧過失論からは，予見可能性は可罰性の有無を分ける決定的基準であり，その程度を上げ下げできるものではないからである。

もっとも，旧過失論の側からも，これらの判例を契機として，**結果発生の可能性の低さそのものは，具体的予見可能性を否定するものではない**との認識も広まりつつある。発生する確率は低いものの，何が危険か，その危険が実現すればどうなるかがはっきりしている類型など，結果の予見が容易である場合には，こうした考え方が妥当とされるべきであろう（たとえば，佐伯・楽しみ方305頁以下など）。

Ⅳ　因果経過の基本的部分の予見可能性

「具体的な因果過程を見とおすことの可能性である必要はなく，何事かは特定できないがある種の危険が絶無であるとして無視するわけにはいかないという程度の危惧感」があれば「結果防止に向けられたなんらかの負担を課するのが合理的である」ことを担保する要件として十分だとみた徳島地判昭和48・11・28刑月5巻11号1473頁のようないわゆる危惧感説（的表現）を否定したリーディングケースである札幌高判昭和51・3・18高刑集29巻1号78頁は，「特定の構成要件的結果及びその**結果の発生に至る因果関係の基本的部分の予見**」

可能性が必要だとしており，その後の判例でも同様の枠組のもとで判断がなされている。前者についてはすでにみたので，ここでは「因果関係の基本的部分の予見可能性」について検討してみよう。もちろん，因果経過の行き着く先である結果につき，当該具体的結果発生の予見可能性を要求しているかどうかにより，この問題に向かうスタンスも影響を受けるので，この変数も同時におさえながら検討を進めていこう。

　旧過失論からみれば，Ⅰでみたとおり，予見可能性が具体的であるといえるためには，実際に起きた経過が主観に対応していればいるほどよく，実際に起きたプロセスの詳細が予見できてはじめて責任非難を加えうるのだとの方向に行きやすいように思われる。それゆえ，たとえば客の寝たばこからホテル火災事故に至った場合，客の寝たばこをカットしては当該結果の発生は説明がつかないために，これが因果の基本部分だなどとされ，その予見可能性までが要求されることすらある。

　もっとも，予見可能性を責任非難の要件と考える場合には，故意犯において因果関係の錯誤があっても故意犯としての帰責には影響しないとの一般的理解からは，相当な因果経過の1つが予見できていれば，その食い違いは重要でないとの結論は十分に導かれよう（なお，最決平成12・12・20刑集54巻9号1095頁では，「炭化導電路の形成」が予見できなくても，それを含んだ「右誘起電流が大地に流されずに本来流れるべきでない部分に長期間にわたり流れ続けることによって火災の発生に至る可能性」という，いわば「複数の因果経過の束」の総体の予見可能性でもって，過失犯の成立を認めているものと理解されている〔山口・基本判例126頁は，結果発生に至る因果経過に「幅」があり，そのような因果関係の限度では予見可能性があったとしたものだと説明されている〕）。

　これに対し，予見可能性を結果回避義務の前提要件と捉える新過失論の立場からは，当該結果発生を回避するために必要な回避措置の確定が先決問題であり，設問(3)の場合にはしっかり埋め戻した土を固めること，前掲・最決平成12・12・20の生駒トンネル事件では「アース」を付け忘れないことを義務づけられるかが問題となる。そして，この措置を刑法上義務づけるだけの予見可能性があったかが問題となることになる。このように考えれば，(3)の事案では，土が緩めば，土中の土管が移動し，曲がって破断するおそれがあること，

前掲・最決平成 12・12・20 の事案では，アースを付け忘れれば，アースは余計な電気を土中に流す装置であるから，本来たまるべきでない電気がたまって加熱するおそれがあることは，予見できたものと考えることは不可能ではなく，その限りで予見可能性が認められることになる。

他方，そもそも予見可能性の対象たる結果を，結果回避義務の設定にとって不要な限りで抽象化して捉える見解からすれば，これに応じて具体的に生じた因果経過に関する予見可能性を何らかのレベルで要求することそのものが不要だとされることになり，当該行為の一般的な危険性が認識されていれば十分だということになるであろう。この見解によるときは，過失結果犯を，結果回避義務違反の一種の結果的加重犯と捉えたうえ，結果回避義務違反が当該結果に実現したといえれば，こうした結果的加重犯の成立を認めることになる。

One Point Advice

本項では「予見可能性」の要件をピックアップして検討したが，過失犯の成否は，他の要件にもかかっていることは当然である。その点は島田教授のStage 1 No.8「過失犯の検討方法」でまずは確認していただきたいが，結論に大きく影響する要件としては，ほかに法的な因果関係，注意義務を果たした態度による結果の回避可能性（客観的帰属論からはこの要件はその理論の中に最初から含まれることになる）がある。たとえば，伝統的な旧過失論からは，こうした要件で過失犯の成立が否定されない場合にはじめて予見可能性が問題となるのであり，各見解により議論の前提状況・射程が異なることには十分な注意が必要である。

〔安田拓人〕

No.10　故意と錯誤

(1) X は，

　a) 覚せい剤や大麻など，取締法の罰則で規制されている薬物には手を出したくはないが，それと同様の効果が得られる，いわゆる「危険ドラッグ」を試そうと思い，インターネットで注文したところ，郵送されてきたのは「覚せい剤」であった。

　b) いきなりハードなものはどうかと思い，「マリファナ」をインターネットで注文したところ，郵送されてきたのは「覚せい剤」であった。

　c) 「アンフェタミン」（フェニルアミノプロパン：覚せい剤）を購入したが，これはクラブで知り合った友人から，体には全く悪いものではなく，これを水で溶かして飲むとダイエットに非常に有効なものだと聞かされ，これを信じたからであった。

覚せい剤を譲り受けた者は，覚せい剤取締法41条の2第1項により10年以下の懲役に処せられる。また，大麻（マリファナ）を譲り受けた者は，大麻取締法24条の2第1項により5年以下の懲役に処せられる。X は，処罰されるか，されるとすればどの罪で処罰されるのか。

(2) Y は，

　a) わいせつ目的で A 女を自宅に連行するため，前を自転車で走行している A の背後から接近し，自ら運転する普通乗用車を時速35キロくらいの速さで A の自転車に衝突させ，これと同時にブレーキを踏んで停車したところ，A は転倒して失神した。

　b) 勤務先の病院を解雇されたことで院長を恨み，病院に放火することを決意したが，入院患者には迷惑が及ぶことを避けたいと思ったので，可能な限り多くの患者を外に出し，残り数名となったところで，この数名だけなら放火してからでも間に合うと考えて放火し，放火した後も，自ら火傷を負

いながら残った入院患者を救出しようと努めたが、逃げ遅れた入院患者2名が焼死した。

Yには殺人罪の故意（殺意）が認められるか。

Hint

　故意が認められるためには、（客観的）構成要件該当事実の認識が最低限必要とされるが、(1)a)b)でXにはこれが認められるだろうか。認められないとして、実現した事実が別の構成要件に該当する場合には、どのように扱われることになるだろうか。考えてみよう。

　故意が認められるためには、事実の認識があれば足りるのだろうか。それに加えて、構成要件実現に向けられた意思的態度まで必要とされるのだろうか。このような意思的態度を要求するかどうかで、実際の判断が異なってくるのだろうか。Yについては、こうしたことを考えてみよう。

　故意が認められるためには、（客観的）構成要件該当事実を事実レベルで認識していればよいのだろうか。それとも何らかの意味を把握している必要があるのだろうか。(1)c)では、こうしたことを考えてみよう。

解説

I 故意と罪刑法定主義

1 刑法は，38条1項で「罪を犯す意思がない行為は，罰しない」とし，「法律に特別の規定がある場合」でなければ，その例外を認めないこととしており，故意犯処罰の原則を宣言している。故意犯は，そうした特別の規定である過失犯と比べれば，格段に法定刑が重い（たとえば人を死なせた場合でも199条の殺人罪は死刑が科せられうるのに対し，210条の過失致死罪の最高刑は50万円の罰金刑でしかない）し，財産犯のように故意犯しか処罰されていないものも相当数にのぼっているのである。

故意犯が過失犯よりなぜ重いのかという問題の解説は，Stage 1 No. 1「犯罪論体系」，Stage 1 No. 2「行為無価値と結果無価値」のところに書かれているので，本項では，故意が認められるための要件を丁寧にみていくことに主眼を置くことにする。

故意が認められるための要件として全く争いがないのは，行為者が（客観的）構成要件に該当すべき事実を認識・予見している必要があるということである（現実の認識，予見の必要性を争う故意の規範化の議論はまだ始まったところであるから学生の皆さんが気にする必要はないであろう）。そこで，本項では，まずは，故意の要件のうち認識にかかわる部分から検討をしていくことにしよう。特別法がいきなり出てきて恐縮だが，故意や抽象的事実の錯誤に関する主要判例は薬物事犯に絡むものが多いので，判例を理解していくうえでも，薬物事犯を学習対象から外すわけにはいかないだろう。

2 まず，設問(1)のXの罪責のうちa)の場合であるが，Xが客観的に実現したのは，覚せい剤取締法の覚せい剤譲受けの罪である。

覚せい剤取締法では，覚せい剤を譲り受けたりする行為が処罰対象とされているが，ここにいう覚せい剤とは，「フエニルアミノプロパン，フエニルメチルアミノプロパン及び各その塩類」（同法2条1号），「前号に掲げる物と同種の

覚せい作用を有する物であつて政令で指定するもの」(2号)、ならびに、「前二号に掲げる物のいずれかを含有する物」(3号)である。それゆえ、覚せい作用を有する物質でも、2条1号に規定されているものでなく、かつ、政令による指定が行われていなければ、取締法による取締りの対象ではないことになる。これが、いわゆる「危険ドラッグ」であり、これを譲り受けても、覚せい剤譲受け罪の構成要件該当性は認められない（もっとも、平成25年の改正により、これが「医薬品、医療機器等の品質、有効性及び安全性の確保等に関する法律」〔旧薬事法〕76条の4にいう指定薬物にあたれば、同法の購入罪・譲受け罪〔84条26号〕が成立することになった）。これがおかしいと思う人は、罪刑法定主義というものをもう一度思い出してほしい。

ところが、Xの意図はともかく、実際に入手した物質は「覚せい剤」なのであるから、覚せい剤譲受け罪の（客観面での）構成要件該当性は否定されない。しかし、覚せい剤譲受け罪は故意犯であるから、Xが当該物質は「覚せい剤」ではないと思ったという事情が、可罰性を肯定する妨げとなるのである。すなわち、故意が認められるためには、（客観的）構成要件に該当すべき事実の認識が必要であるところ、Xは、覚せい剤譲受け罪の構成要件に該当すべき事実（の一部）を認識していないことにより、故意が認められないことになるのである。

もっとも、Xは、覚せい剤と同じ効果を得ようとして危険ドラッグの入手を試みており、「その濫用によつてこれに対する精神的ないし身体的依存（いわゆる慢性中毒）の状態を形成し、個人及び社会に対し重大な害悪をもたらすおそれ」（最決昭和54・3・27刑集33巻2号140頁参照）といった、覚せい剤の譲受けが処罰される実質的根拠となるものを認識しながら、こうした行為に及んでいるのだから、覚せい剤譲受け罪で処罰されても文句は言えないのでは、と考えた方はいないだろうか。

しかし、このような結論は認められない。あくまで、覚せい剤譲受け罪が成立するのは、対象物が覚せい剤であるとの認識が必要なのである。このようなこと（故意の構成要件関連性）が要求される理由としては、**罪刑法定主義の主観的保障**だという説明（髙山佳奈子『故意と違法性の意識』〔有斐閣、1999〕参照）が説得的であろう。つまり、立法者は、処罰されるべき行為を構成要件として類

型化し，それ以外の行為を処罰の対象外に置いた以上，その行為に構成要件の枠内の行為と同等以上の悪質性が認められても，罪刑法定主義からして処罰は認められないのである。そうだとすれば，主観面において，その枠外に置かれるべき事実だと認識している行為者には，覚せい剤と同様の覚せい作用が得られる物質だという認識があっても，覚せい剤でないと積極的に思っている以上，同様の理由から処罰は認められるべきではないのである。

3　もっとも，「覚せい剤」だとはっきりわかっていなければ，覚せい剤譲受け罪等の故意が認められないわけではない。最決平成2・2・9判時1341号157頁は，覚せい剤の運び屋について，「覚せい剤を含む身体に有害で違法な薬物類であるとの認識があった」ことを理由に，覚せい剤輸入罪の故意を認めている。確かに，国によっては覚せい剤があまりメジャーな薬物ではないようであり，そのような国の人が「薬物」を日本に運べと言われ，その国で広く使われている（覚せい剤ではない違法薬物の）「あれかな」と思いながら輸入したような場合であれば，「身体に有害で違法な薬物類の認識」というだけでは「覚せい剤」輸入罪の故意は認められないであろう。しかし，わが国では，代表的な薬物といえば覚せい剤であるし，薬物といえば，大麻も麻薬も覚せい剤もあるのだから，それらすべてに（択一的な）未必の故意が及んでいるのだと考えることは可能であろう。この最高裁平成2年決定が，上記のような認識があったのだから，「覚せい剤かもしれないし，その他の身体に有害で違法な薬物かもしれないとの認識はあったことに帰する」と判示しているのは，このような意味で理解できるのである。

　なお，**判例の言い回しを，可罰性ないし阻却事由の成立要件の解釈そのものを表現したものだと受け止めることが妥当でない場合は少なくない**。この最高裁平成2年決定について「覚せい剤を含む身体に有害で違法な薬物類の認識があった」から覚せい剤輸入罪の故意として十分であるとしている，ということは，要するに，最高裁は，「身体に有害で違法な薬物類の認識」で足るとしているのだ，覚せい剤だとわかっていなくてもよいとしたのだ，というように推論を行うことは禁物であろう。おそらくこの最高裁平成2年決定は，覚せい剤輸入罪の故意として覚せい剤の認識が必要だということを当然の前提としたうえ

で，覚せい剤の存在を知っている普通の人間が被告人であれば，このような認識があったことまで認定できれば，覚せい剤を含むすべての薬物について（択一的な）未必の故意が及んでいると認めることができるとしたものであろう。このフレーズはあくまで事実認定レベルのものとして理解される必要がある。

　判例の判断枠組が要件そのものについての判示だとは限らないということを端的に理解するための格好の素材としては，事実認定ではなく法的評価のレベルの問題ではあるが，責任能力の判断に関する最決昭和59・7・3刑集38巻8号2783頁を挙げておこう。同決定は，被告人の「犯行当時の病状，犯行前の生活状態，犯行の動機・態様等を総合して」結論を出すという枠組を述べているが，これらの要素が認識・制御能力の有無・程度という要件そのものについての判断ではなく，それを推認するための事情を述べるものであることを疑う人はいないだろう。判例を学習する際には，このようなことにまで注意を払っていくと，なお一層理解が深まるだろうと思われる。

Ⅱ　「構成要件」該当事実の認識
　　――故意＜故意犯での処罰？――

　1　Ⅰでは，構成要件に該当すべき事実の認識というときの「構成要件」の内容についてはペンディングにしたまま，「覚せい剤」譲受け罪といったように，取締法が異なれば構成要件は別である（だから大麻譲受け罪，覚せい剤譲受け罪，麻薬譲受け罪などはすべて別の構成要件である）という前提で説明をしてきた。これは多数の見解でもある。そうすると，設問(1)b)の場合のⅩは，大麻であるマリファナを購入するつもりで覚せい剤を購入したわけだから，主観＝大麻譲受け罪，客観＝覚せい剤譲受け罪，となり，ここには食い違いが生じているから，抽象的事実の錯誤（抽象的構成要件的錯誤）と呼ばれる問題が登場することになる。

　そして，判例・多数説の立場からは，2つの罪の構成要件が「実質的に重なり合う」限りで，軽い罪の故意犯の成立が肯定されるというものであり，これによれば，Ⅹは，大麻譲受け罪により処罰される（最決昭和61・6・9刑集40巻4号269頁）。

これに対しては，単純横領と業務上横領なら主体を除けば，また，殺人と同意殺人なら被害者の同意の有無を除けば，構成要件は全く同一であるし，窃盗と強盗なら相手方の意思に反した財物奪取という限度で重なっている（包摂関係にある）といえるが，薬物が別である以上，構成要件は重ならないのではないかとの疑問もありえよう。

　しかし，ここで構成要件が実質的に重なり合うというのは，双方の構成要件における保護法益などの共通性が認められるということにすぎず，「重なり合い」というよりは「類似性」という表現がマッチしているような内容が盛り込まれていることは理解しておきたいところである。ここで，構成要件の実質的重なり合い（＝類似性）が認められるために，何が共通していなければならないかについては争いがあるが，**少なくとも法益が共通している必要があるというのが多数の見解**である。そうすると，大麻と覚せい剤であれば，いずれも「その濫用によってこれに対する精神的ないし身体的依存（いわゆる慢性中毒）の状態を形成し，個人及び社会に対し重大な害悪をもたらすおそれ」（前掲・最決昭和54・3・27参照）の防止が保護法益である点で共通性が認められることになる。他方，行為態様の共通性を要求する見解も有力であるが，とりわけ財産犯の領域で，たとえば窃盗罪と詐欺罪について構成要件の実質的重なり合いを認めるためには，両罪が盗取と騙取という行為態様の違いにより類型化されていることからすれば，その主張は貫徹しづらいのであり，**領得行為といった相当抽象度の高いレベルでの共通性を要求するにとどめるしかない**ことになろう。また，甲が乙と虚偽公文書作成教唆を共謀したところ乙が公文書偽造を教唆した事案につき，甲につき公文書偽造教唆での処罰を認めた最判昭和23・10・23刑集2巻11号1386頁についても，この結論を肯定しようとすれば，あくまで公文書を（広い意味で）偽造する罪に関する教唆行為だという限度での共通性があればよいとでも考えるしかないであろう。

　いずれにしても甲の行った罪の場合は，いずれも行為態様は同一であるから，この点は問題とならず，前述した法益の共通性が認められるがゆえに，その限度で故意が実現したものと評価されることになるというのが，判例・多数説の考え方であろう。

　この考え方のさらに基礎を探ると，1つの説明としては，次のようなものが

ありえよう。すなわち，故意とは何かを実現しようとする意思であり，行為前にこれからどうしようと思っているかが決定的であるのに対し，**故意犯としての処罰は，その意思が行為・結果に実現したと評価できれば肯定されてよい**とする理解である。つまり，故意は，A罪にあたる事実を実現しようとする，行為に出る直前の時点での意思であり，実際に実現したのがB罪にあたる事実であった場合には，その齟齬にもかかわらず，A・Bの罪の不法内容が重なり合う限度で故意の実現が認められるとして，**故意犯での処罰を（A罪を犯す意思でA罪を実現したという場合を超えて）一定限度拡張するという論理**がとられていると考えるのである。

2 これに対し，錯誤論は「裏返された故意論」でなければならないとする見解も有力である。つまり，故意犯が成立するには，行為者の認識に対応する客観的構成要件該当事実がなければならないと考えるのである。現実の事態が，高性能アンテナで受信したように脳内のモニターにきれいに映っていれば故意犯，歪んでいたり混線していたり映っていなかったりすれば過失犯だという感じである。そうすると，設問(1)b)の場合には故意が認められないことになりそうである（この結論を認めるものとして松宮・総論191頁以下など）。

他方，「構成要件＝条文」ではないことには注意が必要である。信用毀損罪と偽計業務妨害罪は同一の条文に規定されているが，別の構成要件だと考えられているし，その逆も理論的には可能なのである。そうだとすれば，取締法が異なれば構成要件が異なるとするのではなく，構成要件というものをもう少し広く捉える見方もありえよう。ドイツの「麻酔剤法（Betäubungsmittelgesetz）」では，たとえば，麻薬であるヘロインは同法別表1，覚せい剤のアンフェタミンや大麻であるマリファナは同法別表第2に載っており，どの薬物にかかる行為でも「麻酔剤を……した」という同じ条文（29条以下）で処罰されるが，わが国のいくつかの薬物取締法は，全体としてドイツの「麻酔剤法」とパラレルな1個の規制をなしており，構成要件は1個だと捉えることも可能なのである。そうすると，(1)b)の場合には，マリファナ（大麻）と覚せい剤（など）を包括した「麻酔剤」を譲り受ける認識でそれを実現しているから，問題なく故意犯の成立が認められることになる。そして，成立する罪は，責任主義の観点から，

軽い罪である大麻譲受け罪のほうになるのだということになろう。

複数の罪にまたがる「共通構成要件」を両者の解釈から導き出し、それが客観的・主観的にも充足されているといえる限度でしか故意犯での処罰は認められないとする学説上有力な見解（山口・総論222頁以下）は、概ねこのようなことをいおうとしたものだと思われる。しかし、目を財産犯に転じると、どの罪とどの罪とが共通構成要件としてセットにされるのかは、この見解から必ずしも明確に結論づけられているわけではない。詐欺と窃盗は、同じ法益侵害の惹起態様の違いにより構成要件が分かれているだけだから共通構成要件だとされるときには、実質的には保護法益の共通性だけで構成要件の共通性が認められており、判例・多数説との違いは、「故意＜故意犯での処罰」というロジックを否定し、錯誤論は「裏返された故意論」でなければならないという前提を固守するかというものにとどまり、結論的にはほとんど変わりはない。

Ⅲ 故意犯として処罰されるために必要な認識とそうでない認識

1 設問(1)c)の場合には、Xには「アンフェタミン」を譲受けしているという認識はあるが、覚せい剤の作用に関して誤解があり、ダイエットに効く薬だと思って入手している。クラブで遊ぶ女子高生なども、最初はそのような認識のもとに覚せい剤を譲り受けていることが多いようであるが、この場合に覚せい剤譲受け罪の故意が認められるのだろうか。

そもそも覚せい剤が規制対象となっているのは、その「濫用による保健衛生上の危害を防止するため」であり（覚せい剤取締法1条）、具体的には、「その濫用によつてこれに対する精神的ないし身体的依存（いわゆる慢性中毒）の状態を形成し、個人及び社会に対し重大な害悪をもたらすおそれのある薬物」だからである（前掲・最決昭和54・3・27）。そうだとすると、こうした内容を理解していなければ、同罪による処罰は認められないのではないだろうか。

そこで要求されているのが、**意味の認識**であり、これは、一般的に説明すれば、**立法者がなぜその行為を禁止しようと考えたのかの根拠となっている事情をわかっていること**である。175条のわいせつ物頒布罪では、全裸の人の写真が掲載されていることを認識しているだけでは足りず、それが「ポルノ的だ」と

いった認識までなければならない（なお、最大判昭和 32・3・13 刑集 11 巻 3 号 997 頁〔チャタレイ事件〕は文書のわいせつ性の認識があったというためには「問題となる記載の存在の認識とこれを頒布販売することの認識（＊）があれば足り」るとしており、学説上は＊の認識だけでは意味の認識として不十分だとする批判が強いが、同判決においては性行為非公然性の原則に反する記述があればわいせつ性が認められるとする解釈が前提とされているから、＊の認識があってそうした「わいせつ性」の認識が否定されることはほとんど考えられないことは意識しておいてよいだろう）。

　教科書では、この意味の認識は、今述べたようなわいせつ性のような規範的構成要件要素についてのみ問題となるかのような書かれ方がなされている場合もあるが、**意味の認識は、理論上は、すべての犯罪につき要求される**。たとえば、殺人罪でも、精神障害者が、被害者を「ケモノ」だと誤解して殺害した場合には、そもそも「人」に関する事実の認識が欠けている場合もあろうが、「人」の外形は認識しながら、自分と同じ人間社会の構成員だといったような、殺人罪に必要な意味の認識が欠けている場合も生じうるであろう（町野朔『プレップ刑法』〔弘文堂、第 3 版、2004〕100 頁）。

　2　圧倒的多数の見解からは、**構成要件該当事実の認識が、意味の認識を伴って認められれば、故意犯による処罰が認められ、他方で、それを超えた錯誤（違法性の錯誤）によっては故意犯の成立は否定されない**（違法性の認識は故意犯の処罰には必要ない）ものと考えられている。学説上は、悪いことを悪いと知りながらあえてやった行為者だけが故意犯による重い非難に値すると考える厳格故意説もあるが、自らの行為は違法でないと勝手に思っただけで故意犯の成立が否定されるのは不当であることなどから、あまり支持されていない。しかし、これだけで厳格故意説を批判するのは理由づけがやや消極的である（他の人がダメだからといって自分がエライということにはならない）。

　では、違法性の認識がなくても、意味の認識まであれば、本当に足りるであろうか。確かに、意味の認識が、立法者がなぜその行為を禁止しようと考えたのかの根拠となっている事情の認識なのだとすれば、①そうした認識があれば、「そんなことをしてもよいのか？」という法規範の呼びかけがダイレクトに聞こえてくるであろうし、②そうした認識がありながら行為に及んだとい

うことは，実に法益敵対的な態度であり，そこに特別予防の高度の必要性が示されていると考えることは十分に可能であろう。

他方，故意犯の重い処罰を違法性レベルで説明する見解は，③因果を意識的に支配している故意犯のほうが結果発生の確実度が高いこと，④故意犯の場合には社会が法益侵害の危険につき危惧感をもち，厳しい禁圧を要求する程度が高いこと，あるいは，⑤結果発生に向けられた意思的行為を禁じる規範への違反は不注意な行為を禁じる規範への違反に比べて重大であることに，その根拠を求めている。ここで着目されている「実現意思」としての故意は，「結果に至る因果」というよりは，より厳密には「構成要件実現過程」に向けられているのであり，これを意識的にコントロールしたというためには，当該構成要件に該当すべき事実の意味を認識している必要があるということはいえるであろう。

Ⅳ 構成要件実現に向けられた意思的態度の要否

1 Ⅲまでで述べたことは，多くの見解が一致して要求している内容であったが，実は故意については**「未必の故意と認識ある過失の区別」**という大きな争点が残されている。

大きく分ければ，Ⅲまででみたような，認識的な要素だけで故意を認める見解（A説）と，それだけでは足りず，結果発生（厳密には構成要件実現）に向けられた何らかの意思的態度がさらに必要だと考える見解（B説）が対立している状況にある（動機説などという見解もあるが結論的にはA説かB説かのいずれかに帰着するので，ここでは大きな対立軸の検討に重点を置くことにする）。

どの教科書や判例集にもこの問題に関するリーディングケースとして引用されている盗品関与罪に関する最判昭和23・3・16刑集2巻3号227頁は，売り主の属性からみて買い受けた品物が盗品ではないかとの疑いを抱いていた被告人につき，盗品等有償譲受け罪の故意が成立するためには，「或は贓物［盗品等］であるかも知れないと思いながらしかも敢てこれを買受ける意思（いわゆる未必の故意）があれば足りる」と判示している。もちろん，B説は，「あえて」という判示は結果を是認し，少なくとも消極的に認容する心的態度を表現

したものであるから、判例は自説に依拠するものだと解している。

これに対し、A説の立場は、構成要件実現の可能性を認識しながら行為に及んだときには、「あえて」でない場合はないのだから、故意の有無は構成要件実現の可能性の認識の有無だけで決まるのだと考え、判例は自説と矛盾するものではないと解している。

確かに、作為犯の場合には、積極的な行動が行われており、それが意思に基づくものであるから、少なくとも行為に出ることに対する積極的な心的態度は存在しているだろう。最近では、故意をもっぱら責任要素として位置づけ、これを認識的要素だけで判断する立場に立ちながら、行為に及ぶ意思（行為意思）は法益侵害の危険性に影響するものであり、故意犯・過失犯に共通する主観的違法要素だとする見解も有力化している。そうすると、故意の成立要件とするかはともかく、A説も、構成要件実現の危険性の認識に加えて、故意犯が成立するためには、行為に及ぶ意思（行為意思）を要求していることになるから、B説との違いは大きくないようにもみえるだろう。しかし、B説は、**自らやろうとしている行為の危険性を認識したうえでの「あえて」を要求しているのであり、構成要件実現の危険性をあえてもたらそうとする反価値的態度として、危険性の認識と実現意思・意欲的態度が有機的に結びついたものを、重い可罰性評価の対象としている**。これに対し、A説のほうは、構成要件実現の危険性の認識と行為意思が、当該行為者に同時存在していることは必要とするものの、こうした結びつきを要件として根拠づけていないという違いはあるだろう。

なお、A説は、作為犯の場合には、危険性を認識した行為者が、それなのに積極的な行動に及んでいるという、自らの故意論の枠外にある事実に頼り切った説明をしているため、不作為犯の故意の説明には困ることになるだろう。不作為犯の場合には、危険性を認識しながら、それを実現する積極的な行動に出ているわけではないから、B説にいう実現意思・意欲的態度に相応するものを、裏口から考慮することができないからである。

2 もっとも、B説をとったからといって、A説によるのとで、結論が大きく違ってくるわけではない。そればかりか、**実際問題としては、故意の存否は、構成要件実現の危険性の認識の有無で決着がついてしまう場合がほとんどである**

といってよい。

　(2)のYの殺意に関する設例は，いずれも判例の事案に素材を求めたものであるが，b)と同様の事案に関する福岡高判昭和45・5・16判時621号106頁は，被告人の行動からみて，「患者らに死傷の結果の発生することを避けたいという気持ちのあったことは……明らかである」ことを認めながら，「放火によって死傷の結果が不可避的に発生することが予見され，右結果の発生を防止すべき特別の措置を確実に講じないままに放火したとすれば，右死傷の結果につき責任を負うべきは当然である」と判示し，高度の危険性の認識がありながら行為に及んだ場合には，結果を望んでいなくても，故意が認められるものとしているのである。確かに，**高度の危険性を認識しながら，結果をできれば避けたいと思っていたとしても，これらは両立不可能なこと**なのであり，放火行為という前者の内容を実現する積極的態度がとられる一方で，後者については行動による裏づけがないとすれば，避けたいという思いは「できれば」という程度の願望レベルのものであり，実現意思・意欲的態度の存在が否定されることにはならないということであろう。

　他方，(2)a)と同様の事案に関する大阪高判昭和54・7・10判時974号135頁は，(ア)被告人は姦淫目的であり（屍姦を企図するような異常性欲の持ち主ではない），被害者との出会いの当初の段階から相手方を殺害しなければ姦淫目的を遂げられないような事態は全く存在しなかったこと，(イ)現に被告人は追突直前まで，割り込みの方法か，追突の方法のいずれをとるかについて迷っているうちに，とっさに追突の方法を選んだものであり，これら2つの方法は，いずれも相手方を停め無理矢理自車に連れ込むための手段であって，被告人自身これらの方法を同質のものとして考えており，その結果相手の生命に対する危害や身体に対する重大な損傷を及ぼすような事態は予想していなかったこと，(ウ)衝突に伴う両車両の損傷の程度は比較的軽微であること，を総合して殺意を否定している。確かに，(ア)は，被告人が被害者の死を望んでいなかったことを指摘するものであるが，(イ)(ウ)は，行為の危険性の認識が欠けていたことを指摘するものである。そして，(ア)の事情も，(イ)(ウ)の背景事情として位置づけられており，結論的には，**被告人に行為の危険性の認識が欠けていたことでもって，殺意が否定されている**ように思われる。殺意を否定した多くの裁

判例でも,詳細に分析してみるとこのように,**危険性の認識の有無が結論を分けているように思われる**。

それゆえ,A説とB説の違いは,見かけほどは大きくないが,最後まで残りそうであるのは,故意犯が過失犯よりなぜ重く処罰されるのかという根拠の説明の違いである。B説が,構成要件を実現しようとした意思的態度そのものに重い責任ないし違法評価を向けていることは明らかであるが,A説はどうなのだろうか。おそらく,A説も,認識していたというだけでは故意犯の重い責任を肯定できるとは思っていないだろう。そうではなくて,構成要件実現の危険性を認識し,これを打ち消したわけでもないのに,これを回避動機としなかったという点に重い非難の根拠を求めているのである。そうすると,A説とB説の違いは,**故意犯の悪質さを,危険性を認識しながら構成要件を実現しようとしたという積極方向から捉える(B説)か,危険性を認識しながら構成要件実現を回避しなかったという消極方向から捉える(A説)かの違いでしかない**ということになるのではないだろうか。そうだとすれば,ここでもA説とB説の違いは「それほどでもない」というように整理することができるだろう。

One Point Advice

「未必の故意と認識ある過失の区別」のように,相対立している見解の基本的な出発点や枠組が全く違っていて,双方が激しく対立しているようにみえても,もう一歩突きつめて考えると,実質的に本当に違うところはあまり大きくなかったり,具体的な問題の解決においては結論の違いをほとんど生じないということは少なくない。

見せかけの見解の対立の華々しさに捉われることなく,それぞれの見解の一致するところとそうでないところを見極めること,これは刑法総論のように学説の対立が激しい分野を学んでいくにあたって欠かすことのできないスキルである。

〔安田拓人〕

No.11 方法の錯誤と抽象的事実の錯誤

(1) Xは、美術館の館長Aを困らせようと、著名な書道家による掛け軸が多数展示された美術館の一室に忍び込んで、水をまき散らす小型爆弾を設置し、時限装置により爆発させた。すると、Xの狙いどおり掛け軸に多量の水がかかっただけでなく、爆発の威力がXの予想をはるかに超えるものであったために、展示室の壁も破壊された。

(2) Yは、商売敵のBを困らせようと、Bが商品の保管に使用している倉庫に放火することを計画した。ある日の深夜、港にある倉庫に行くと、付近には誰もいないようであったので、Yは持参したガソリンを撒き、ライターで火をつけた新聞紙を投げ落として放火し、倉庫は全焼した。Yは知らなかったが、多忙を極めるBはたびたび倉庫内で寝泊まりしており、その日も倉庫の屋根裏スペースで寝ていたため、焼死した。

(3) Zは、インターネットの掲示板で「自殺協力者求む」というCの書き込みを見つけ、Cと連絡を取り合って、某日の深夜に、ビルの屋上に立っているCを突き落として殺害することで合意し、謝礼金の前払を受けた。
　Zが当日、約束の時間にビルの屋上に行くと、すでに人影があったので、当然Cであると思い、約束にしたがって突き落としたところ、それは星空を眺めていたDであった。Dは転落死し、転落場所の近くを自転車で通過中のEも驚いてバランスを崩し、転倒してけがをした。

Stage 1　No.11　方法の錯誤と抽象的事実の錯誤

Hint
方法の錯誤の部分と，抽象的事実の錯誤の部分とに分けて，分析してみよう。

解説

I　ゲティア問題

　島田教授らのように量も質も充実した作品を数多く世に出しているわけではない筆者にとっての憧れの学者に，エドムント・L・ゲティアという人がいる。ゲティア問題という認識論に関する著名な問題を提起した哲学者で，生涯数本の論文を出しただけで（しかもすべてわずか数ページのものだという）哲学史に名を残している（以下で述べるのはすべて私の理解によるものであり，正しさの保証はないという点にぜひ注意していただきたい）。

　ゲティア問題は，「認識している」とはどういうことかをめぐる問題である。古来より，JTB説という見解が定説であった。JTBといっても旅行会社ではない。「認識（knowledge）」とは，「正当化された（justified）真なる（true）信念（belief）」をいうというのである。それぞれの要素の頭文字を取って，JTB説と呼ばれる。「認識している」といえるためには，その者が単に「そうだと思っている（信念）」というだけでは不十分で，まずはそれが客観的に真実である必要がある。真実でないことは「認識」できない。さらに，その信念を正当化するだけの根拠がなければならない。根拠なく信じていたことがたまたま真実に合致していたとしても，その事実を「認識」しているとはいえない。しかし，従来の定説はそこにとどまり，以上の3要素を満たせば「認識」としては十分であるとしていた。

　これに対する反証を提示したのがゲティアである。Xが薄暗い部屋の中で座っている。前方には火の着いたロウソクが見える。ロウが燃えるにおいもする。そして現にXの前方にはロウソクが存在する。しかし，実際は，Xとその前方のロウソクとの間には鏡が斜めに置かれており，Xが見ているロウソクの像は，右側のついたての奥に隠されたロウソクが鏡に映ったものであり，においの元もその隠されたロウソクである。

　このとき，Xは前方のロウソクについて正しく「認識している」とはいえないであろう，というのである。JTB説に照らせば，Xは，自らの視覚と嗅覚

Stage 1 No.11 方法の錯誤と抽象的事実の錯誤

で感覚したところに基づいて前方にロウソクがあると信じており,客観的にも前方にロウソクは存在するから,前方にロウソクがあるというXの主観面は「正当化された真なる信念」である。しかし,Xが認識しているといえるのはあくまで右側に隠されたロウソクであって,前方のロウソクではないはずだ,というのがゲティアによる指摘である(なお,この事例は,ゲティアの最も有名な論文で挙げられているものとは異なる)。

そこでは,認識の根拠が単に認められればよいのではなく,その根拠が**具体的な認識対象とつながりをもっている必要がある**ということになろう。右側のロウソクではなく,前方のロウソクの光や香りを感覚している場合にはじめて,前方のロウソクを根拠をもって正しく認識しているというべきなのである。

II 具体的事実の錯誤

1 具体的法定符合説と抽象的法定符合説

上の例を,犯罪論で事実の錯誤が問題となる事例に応用してみよう。

Xは,前方に見えるAを殺害する目的で拳銃を撃った。ところが,Xは気づかなかったが,Xが見たAは前方に斜めに立てられた大きな鏡に映ったもので,Aは実際にはXの右側に立っていた。発射された弾は,鏡を割ったうえで,鏡の後ろに隠れて立っていたBに当たり,Bは死亡した。XにはBに対する殺人罪が成立するか。

具体的法定符合説(旧来の用語法では「具体的符合説」)からは,おそらく殺人罪は否定されるだろう。Xに要求される故意は,「Bを死亡させる」という具体的な事実に対する認識であるところ,右側に立っている人物(A)だけを視覚的に認識していたXには,実際に死亡したBという客体に対する認識を肯定することはできないからである。たしかに,前方にいる人を殺そうとして,

123

現に前方にいる人を死亡させているようにも思えるが，Xが認識していたといえるのはAの存在であって（立っている位置に関する錯誤はある），Bの死亡を正しく認識していたといえるだけの根拠に欠けると考えられるのである。視覚的に特定に成功したが名前の錯誤に陥っていた場合（人違いの場合）とは異なり，Xは視覚的にもBが特定できていないのである。客体の錯誤ではなく方法の錯誤として処理されると考えられる。

これに対して，**抽象的法定符合説**（旧来の用語法では「法定的符合説」）からは，殺人罪が認められるであろう。Xは人を殺そうとして人を死亡させたのであり，両者の間に齟齬はないからである。このことを説明するには，次の2通りがありうる。

ひとつは，具体的法定符合説の場合と同様に，Xに要求される故意は「Bを死亡させる」という具体的な事実に対する認識であることを前提にしたうえで，「Aを死亡させる」という認識があれば「Bを死亡させる」という認識も肯定されるという説明である。しかし，これは，**Aについての認識をBについての認識に流用する**ものであって，一般的な感覚には反する説明であろう。ゲティアの例に対応させれば，右側のロウソクの光と香りを認識していれば，前方のロウソクとの関係でも「認識」が肯定できるとする考え方であり，ゲティアの批判が妥当する。

もうひとつの説明は，Xに要求される故意は「人を死亡させる」という抽象化された事実に対する認識であり，Xは「Aを死亡させる」という認識を有することによって「人を死亡させる」という認識を有するものと認められるから，殺人の故意が肯定できるという説明である。具体的な認識を流用するのではなく，そもそも**要求される認識の対象を抽象化する**のである。このような抽象化が認められるのであれば，その点で，犯罪の故意の判断は，単に事実の認識を問題とする場面とは異なることになる。

2 抽象的法定符合説における故意の位置づけ

この説明に基づいて抽象的法定符合説をモデル化すれば次のようになるであろう。

抽象的法定符合説は，特定の犯罪類型の故意が肯定できるのであれば，その

実行行為から当該犯罪の範囲内で客観的に生じたすべての結果との関係で故意を認めるという見解である(もっとも,抽象的法定符合説にも,およそ認識可能性がないような客体との関係では故意を否定するという考え方もある)。これは,まず特定の犯罪の実行行為があるかを判断し,実行行為(および実行の着手)が認められればその犯罪の未遂が肯定され,あとは因果関係が認められる範囲で客観的に結果が発生すれば既遂となる,という見方である(強盗罪・恐喝罪を対象にした,より具体的な説明については,Stage 1 No. 18参照)。そこでは,故意は事実上,**実行行為を判断する際にのみ意味をもっている**ことになる。実行行為が肯定されれば,客体の錯誤や因果関係の錯誤や方法の錯誤があっても,具体的に発生した結果との関係で故意が否定される余地はないからである。

そうすると,抽象的法定符合説が具体的に発生した結果との関係で「故意」を認めるという場合,そこでの故意は必ずしも「認識」を意味してはいないといったほうがよいかもしれない。むしろ,結果を「意識的に」生じさせたと評価できるかを問題にしているのである。あるいは,実行行為の時点で認められた「認識」としての故意が,その後具体的に発生した結果に実現したかを問題にしており,結果への実現が肯定できる場合に,結果との関係で「故意が認められる」と表現されているのである。この点については,Stage 1 No. 10の安田教授による丁寧な説明を再確認しよう。抽象的法定符合説の支持者と未必の故意についての意思説の支持者が比較的広く重なっていることは,偶然ではないと思われる。

3 具体的法定符合説における故意の抽象化

反対に,具体的法定符合説と未必の故意についての認識説も,比較的関連が強い。具体的法定符合説は,故意を通常の意味での「認識」の問題として位置づける。そして,具体的に発生した結果について具体的な認識があってはじめて,それを正しく認識していたと評価する。抽象的法定符合説が客体の違いを捨象する点で「抽象的」である(それゆえ,具体的に発生した結果とのつながりとして意思的要素を重視する必要がある)のに対して,具体的法定符合説が「具体的」なのは,客体ごとに具体化された認識があってはじめて,具体的に発生した結果についての根拠ある認識であると評価するからである(それゆえ,具体的

に発生した結果とのつながりは認識的要素のみで十分であり、それ以上に意思的要素が重視されない)。

　もっとも、具体的法定符合説も、認識の対象を徹底して裸の事実としているのではない。犯罪論で問題となる「事実」は、どこまでも具体的な裸の事実ではなく、法的に違法評価を受ける事実であり、**構成要件的に重要といえるか**という基準で抽象化されたものである。たとえば、XがAに石を投げつけて右腕に打撲傷を負わせたという場合、「Xの行為により、その人が傷害を負った」という事実に対する認識の有無が問題となるから、相手の名前がBだと思っていたり、投げつけるのがボールだと勘違いしていたり、左足を狙っていたり、切り傷を負わせるつもりだったりしても、傷害の故意は否定されない。

　とはいえ、傷害罪の客体は「人」であるから、上のような場合はそもそも異なる客体の認識が問題となっているのではない。これに対して、Aが所有する壺aにボールを投げつけて壊そうとしたら、ボールが逸れて、同じAが所有する壺bを壊した、という場合、壺aとbは物理的な客体としては別個のものであるが、どちらも「Aの所有物」である。器物損壊罪を構成する犯罪事実が「Xの行為によりAの所有物が損壊された」という事実だとすると、壺aとbの違いは捨象されることになる。具体的法定符合説の中でも、特定の被害者の法益のレベルで抽象化を認める見解と、そのような場合も含めて客体ごと具体的に判断する見解とが分かれている。後者からは、器物損壊罪を構成する犯罪事実は「Xの行為によりAが所有するbが損壊された」という事実であり、それが故意における認識対象だということになる。

　抽象的法定符合説と具体的法定符合説は認識対象における抽象度が異なるが、具体的法定符合説の内部でも、さらに抽象度・具体度の異なる主張がなされているのである。

4　抽象的法定符合説の限定

　同じことは抽象的法定符合説についてもいえる。同説でも、故意を認める範囲をより限定的に捉える可能性がある。すなわち、ある犯罪の実行行為性が肯定されたとして、そこから結果が発生した場合は常に既遂か(あるいは、そこから危険が発生したすべての客体との関係で未遂が認められるか)について問題が残さ

れている。

たしかに判例は，いわゆる鋲打ち銃事件において，「犯罪の故意があるとするには，罪となるべき事実の認識を必要とするものであるが，犯人が認識した罪となるべき事実と現実に発生した事実とが必ずしも具体的に一致することを要するものではなく，両者が法定の範囲内において一致することをもつて足りるものと解すべきである」としたうえで，「人を殺す意思のもとに殺害行為に出た以上，犯人の認識しなかつた人に対してその結果が発生した場合にも，右の結果について殺人の故意があるものというべきである」として，犯人が認識していなかった被害者との関係でも殺人の故意を肯定している（最判昭和53・7・28 刑集 32 巻 5 号 1068 頁）。

しかし，ここでは結果についての故意が実行行為とは別に問題とされているところに表れているように，実行行為と因果関係とが肯定されたとしても故意（の実現）が否定される余地が残されているともいえる。故意を単に実行行為の要素としてのみ位置づけるのであれば，結果との関係では因果関係の有無のみを問題とすれば足りるはずであるが，判例はあくまで，発生した具体的な結果との関係でも故意の有無を問題としている。

そこで，抽象的法定符合説の発想から出発しつつも，発生した結果が，客観的には実行行為の危険性が実現したものと認められ因果関係が肯定できる場合であっても，**行為者が認識した危険性が実現した**とは評価できないような場合，言い換えれば，結果に実現した危険性を行為者が認識していなかったような場合には，結果についての故意の実現を否定するという考え方も主張されている（井田・総論 179 頁。以下，第 3 の見解と呼ぶ）。具体的に発生した結果と行為者の主観とのつながりを，抽象的法定符合説よりも強く求めようとする見解である。

III　抽象的事実の錯誤

1　不埒さの再確認

主観と客観の離隔が構成要件を超える抽象的事実の錯誤については，Stage 1 No.10 の安田教授による説明をここでもう一度振り返っておこう。要するに，抽象的事実の錯誤の問題は，構成要件論との関係でどこまで不埒なことを

受け入れるかという問題である。「構成要件の形式的な重なり合い」が認められず、**本来は構成要件該当性が認められるはずのないところ**において、「構成要件の実質的な重なり合い（類似性）」という名のもとに、**どこまで故意犯の成立を拡張的に認めてしまうか**、という問題である。

判例は、軽いA罪の故意で、客観的には重いB罪を実現し、A罪とB罪の間にはA罪の限度で実質的な重なり合いが認められるという場合、A罪の成立を認めている。そこでは、客観面をみる限りA罪の実現は肯定できないにもかかわらず、A罪の故意とB罪の客観面とを合わせて、A罪の成立が認められているのである。しかもその際に、38条2項（「重い罪に当たるべき行為をしたのに、行為の時にその重い罪に当たることとなる事実を知らなかった者は、その重い罪によって処断することはできない」）は適用されていない。すなわち、38条2項は、軽い罪の故意が認められる限度でしか処罰しないという形で、刑事責任を限界づける趣旨が消極的に考慮されているだけで、各本条の適用だけでは本来認められないはずの軽い罪の構成要件該当性を積極的に肯定するために適用されてはいない（すなわち、38条2項を用いて構成要件を修正・拡張するようなことは行われていない）。したがって、ここでは、どのような理屈で、軽いA罪の故意と重いB罪の客観面とを合わせるだけで、A罪の成立を認め、その罰条の適用が肯定できるのかを考える必要がある。

2　判例における客観的要件と主観的要件の関係

そのために有用だと思われるのは、実務においてしばしばみられる次のような思考法を理解することである。ひと言で言えば、構成要件の客観的要素と主観的要素とをそれぞれ独立に充足が必要な別個の要件とするのではなく、**両者を合わせ総合し一括して構成要件該当性を判断する**という思考法である。

実務においては、客観的な実行行為に対して故意が必要なのではなく、故意が認められる場合にはじめてそれが実行行為とされることが多い。客観的な実行行為が画定され、そのあとにそれについての故意が問われるのではなく、客観的な危険と主観的な故意とが合わさって実行行為を構成するのである。

そのことは——これはとても意外なことのように思われるかもしれないが——行為の客観的な危険性と故意とが、実は別個独立の要件ではない可能性を

示している。実務においては，**危険性と故意とが相互に補完**することが認められているようなのである。すなわち，行為が客観的に被害者を死亡させる危険性の高いものである場合（ナイフで身体の枢要部を刺すような場合）は，行為者は通常，自分の行為の危険性については認識しているものであるから，特段の事情がない限り，未必の殺意が肯定され，殺人罪の実行行為が肯定される。行為の時点で殺人未遂であり，結果が発生すれば殺人既遂である。

では未必の殺意があれば殺人罪の故意として常に十分かというとそうではなく，不能犯が問題となるような行為の客観的危険性が極めて低い場合（致死量に満たない毒物を摂取させるような場合）は，殺人の実行行為性が肯定されるためには，殺害の意図や確定的故意といった強い故意が要求されている（少なくとも，強い故意が認められないのに殺人未遂が肯定された裁判例はみあたらないようである）。

要するに，**極めて低い危険性と弱い未必の故意とを合わせて実行行為性を認めることはできない**のであり，どちらかが弱い場合は他方が強くないといけないのである。いずれについてもその最低限のラインを考え，それぞれ独立の基準であると理解するのではなく，両者を総合した基準を考える必要がある。

同様の例をもうひとつ挙げよう。判例においては，不作為の殺人罪と保護責任者遺棄致死罪の区別は，殺意の有無によってなされているといわれる。しかし，そこでは，未必的な殺意では不十分で，殺人罪が認められるのは確定的殺意がある場合に限られていると分析されている。それはおそらく，不作為犯の場合は行為の客観面（あるいは意思実現の要素）が弱いために，主観面（認識面）に要求される水準が通常よりも高くなっているということであると考えられる。

こうして，客観面の要件が満たされた後で，それとは切り離してそれに対する主観的要件が満たされるかを検討するという判断枠組ではなく，客観と主観を合わせて実行行為性を判断するという判断枠組を実務がとっているとすると，その延長において，A罪の故意と客観的なB罪の事実（A罪との強い類似性が認められる事実）とを合わせて，A罪の実行行為，さらにはA罪の構成要件該当性が認められる，という判断がなされているものと理解することができる。ここでは，故意を構成要件要素とすることが前提になろう。これに対して，故意を責任段階に位置づける見解は，上のような「融通を利かせた」判断枠組を否

定する趣旨も含んでいることになる。構成要件該当性が認められたあと，その客観面に対する故意を別個の要件として検討する手順に必ずなるからである。

Ⅳ 設問について

1 設問(1)について

具体的法定符合説と第3の見解からは，掛け軸を客体とする器物損壊罪だけが認められるであろう。Xは客観的には掛け軸を客体とする器物損壊と，美術館を客体とする建造物損壊を実現しているが，Xに認識があったといえるのは掛け軸に対する器物損壊の結果だけだからである。あるいは，Xの器物損壊の故意が実現したと評価できるのは，認識していた爆発の威力が及ぶ範囲，すなわち掛け軸に対するものに限られるからである。

抽象的法定符合説からは，掛け軸に対する器物損壊罪と，美術館に対する器物損壊罪とが認められることになろう（観念的競合）。Xの行為は，方法の錯誤を理由として美術館の損壊との関係での故意を否定されることはない。そして，建造物損壊罪と器物損壊罪とは，所有権侵害を共通項として，後者の限度で実質的に（考え方によっては形式的に）重なり合うといえる。そこから，掛け軸に対する器物損壊の故意と掛け軸の客観的な損壊とから掛け軸に対する器物損壊罪の構成要件実現が肯定でき，また，掛け軸に対する器物損壊の故意と美術館の客観的な損壊とを合わせて美術館に対する器物損壊罪の構成要件実現が肯定できる。

2 設問(2)について

Yはまず，非現在住建造物放火の故意で，客観的には現在住建造物放火を実現している。両罪は，不特定または多数人の生命・身体・財産に対する危険を共通項として，非現在住建造物放火罪の限度で実質的に重なり合う。したがって，非現在住建造物放火罪が成立する。

Bを死亡させた点については，具体的法定符合説からは，客体の存在の認識に欠けるので方法の錯誤により故意が否定され，殺人罪ではなく，せいぜい重過失致死罪が成立するにとどまる。第3の見解からも，Yの認識において人の

存在は排除されているから，殺人の故意の実現は肯定できない。

抽象的法定符合説からは，方法の錯誤であることを理由として故意が否定されることはない。そこで，抽象的事実の錯誤を検討すると，放火罪と殺人罪は，社会的法益に対する罪と個人的法益に対する罪という本質的な違いがあり，実質的な重なり合いは認められないので，放火の故意ないし実行行為と殺人の結果発生とを合わせて何らかの故意犯の構成要件実現を認めることはできない。結論は同じく，せいぜい重過失致死罪である。

3　設問(3)について

Zは，同意殺人の故意で，Dの殺人を実現している。その人を死亡させること自体の認識はあるから，方法の錯誤ではない。同意殺人罪と殺人罪は，生命侵害の点が共通し，同意殺人罪の限度で実質的に（考え方によっては形式的に）重なり合う。したがって，Dに対する同意殺人罪が成立する。

Eの傷害についてはどうか。具体的法定符合説からは，Eの存在を認識していなかったと評価されれば，方法の錯誤を理由として，Eに対する故意はおよそ否定され，せいぜい重過失致傷罪が成立するにとどまる。

第3の見解からは，ビルの下に通行人がいることはそれなりにありうることだと考えれば，Eの傷害または生命の危険は，Zの故意行為の実現であると評価される。あとは，何罪の故意の実現と評価するかの問題となろう。

抽象的法定符合説でも同様である。同意殺人の故意と，Eの傷害ないし生命の危険の発生とを合わせて，何罪の構成要件実現を肯定すべきか。

同意殺人罪と傷害罪の実質的重なり合いの関係をどのように判断するかは，とても難しい問題である。刑の上限は傷害のほうが重く，刑の下限は同意殺人のほうが重い。同意の有無という点では傷害のほうが重く，生命侵害の有無という点では同意殺人のほうが重い。

そこで，次のような補助線を引いてみよう。同意殺人には同意傷害が含まれていることに着目して本事例を分解すれば，①同意殺人の故意で殺人未遂を実現した部分と，②同意傷害の故意で傷害を実現した部分とに分けられる。それぞれについて何罪になるかを検討したうえで，合成してみよう。

このうち①は，上でDについてみたのと同じように考えると，Eに対する

同意殺人未遂になる（Dに対する同意殺人との違いは，生命侵害の危険を生じさせたにすぎず未遂にとどまる点のみである）。

次に，②は，客観的に同意傷害をどのように扱うかによる。ⓐ同意傷害は，生命に対する危険がある場合も含めて不可罰だと解するのであれば，犯罪にあたらない事実の認識で傷害を実現したことになるから，この点に故意犯は成立しない。したがって，Eに対する故意犯としては，上で述べた①の同意殺人未遂のみが成立する（なお，理論的には，同罪では同意なき傷害は包括評価できないと解したうえで，重過失致傷罪との観念的競合とすることも考えられる）。

これに対して，ⓑ同意傷害も（少なくとも生命侵害の危険がある場合は）傷害罪だと解するのであれば，傷害の故意で傷害を実現したことになり，Eに対する傷害罪が成立しそうである。では，その傷害罪と，同じくEに対する上述の①の同意殺人未遂とは，どのように合成するべきだろうか。同一人に対する同意殺人未遂と傷害の関係が問題となっているのであるから，通常の同意殺人未遂の事例と同じ処理になるはずである。すなわち，相手方の同意を得て殺害しようとしたが，傷害を負わせるにとどまったという事例である。この場合，傷害罪については語らないのが一般的である。そこでは，同意傷害は傷害罪だとする立場によったとしても，同意殺人に当然に伴う同意傷害は，同意殺人未遂の罰条適用で包括評価されると解されているものと思われる。したがって，本事例でも，Eに対する傷害罪は，同じくEに対する同意殺人未遂の罰条適用で包括評価されるという理解になろう。

最後に，Eに対する同意殺人未遂を認める場合，それとDに対する同意殺人罪とは観念的競合になる。

本問は，少々難しかったかもしれない。Stage 1 の問題を作るつもりが，作題方法を誤って Stage 2 の作題を実現してしまった可能性がある。いまはよくわからなくても，あとでまた戻ってきてもらえればと思う。

なお，本問と論点は異なるが，札幌地判平成 24・12・14 判タ 1390 号 368 頁は，違法な同意傷害の故意により同意殺人を実現した事案で，傷害致死罪の成立を否定し，同意殺人罪での処断を選択している（殺意がない同意殺人罪を認めている）。同意殺人罪と傷害致死罪の関係について裁判所の苦悩が描かれてい

るので，興味のある人は参照することをお勧めしたい。

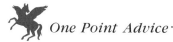 *One Point Advice*

　具体的事実の錯誤と抽象的事実の錯誤は，故意を否定するとしても相互に独立した理由によるものであるから，両方がともに問題になるとき，検討の順序は問われない。どちらかを先に検討しないと論理的に誤りであるということはない。したがって，本問のような事例問題で具体的法定符合説をとる場合，(i) 方法の錯誤を理由に故意をおよそ否定して，抽象的事実の錯誤についてはふれなくても，あるいは，(ii) 抽象的事実の錯誤の観点からは軽い罪が成立するにとどまると論じたうえで，しかし結局，方法の錯誤を理由に故意はおよそ否定されるとしても，どちらでもよい。自然であり，かつ，効率がよいのは(i)の方法であるが，試験の答案だと，抽象的事実の錯誤について論じないことが不安になるのはたしかであろう。

　しかし，それなりに有力な見解に立ったときに，上の(i)のように「論点が消える」という現象が生じる事例問題は，採点者泣かせでもある。たとえば，ⓐ方法の錯誤に8点，ⓑ抽象的事実の錯誤に10点が配点されているとしよう。具体的法定符合説をとって方法の錯誤についてのみ論じた答案は，それをⓐの8点満点で採点するとして，では，ⓑの10点分はどうするか。まったく与えないというのでは，同説を選択したこと自体を理由に減点したことになってしまうし，逆に，ⓑの10点を自動的に加えるというのでは優遇しすぎで，いずれも不都合である。そこで，方法の錯誤を18点満点で採点するという方法を考えても，抽象的事実の錯誤についても念のために論じた答案では加算する余地がなくなってしまう。したがって，考えうる論理構成の組合せごとに場合分けし，それぞれの類型の中でどのような論述をどの程度の評価にするかを細かく決めて，複数の論点にまたがった複雑な採点基準を作成することになる。採点行為を，答案ごとに物差しで測る営みだとすると，どの物差しを当てるべきかも答案ごとに判断しなければならず，骨が折れるのである。

　だから，共に祈ろう。解答者としては，論点を消した答案構成が不利になる採点基準が採られないように。採点者としては，そのような事例問題の採点を担当することにはならないように。

〔和田俊憲〕

No.12 抽象的事実の錯誤と不能犯

以下の事例における，Xの罪責を検討せよ。

(1) Xは，Aを殺害するつもりで，銃撃したが，Aを負傷させるにとどまった。

(2) Xは，夜道で，髪の長い華奢なBを強姦しようとして，背後から殴りつけたが，Bは実は男性であった。

(3) Xは，ベンチに腰掛けて本を読んでいたCの脇に置いてあったハンドバッグを，Cの物だと思って，隙をみて盗ったが，実は，そのバッグは，1時間ほど前にその場を立ち去った，Cとは無関係なDの忘れ物であった。

(4) Xは，妻Eの介護に疲れ，Eに毒を入れた酒を飲ませて殺害することを計画した。EはXが毒を準備していることに気づいたが，自分も死にたいと思っていたので，何も知らないふりをして酒を飲み干し，死亡した。XはEが死に同意しているとは知らなかった。

Stage 1　No.12　抽象的事実の錯誤と不能犯

Hint
すべてに共通する論点が2つあるので注意しよう。

解説

I　はじめに

　この問題を見て，なぜこれらの事例が並べられているか，わかっただろうか？　一見すると違う問題のように見えるが，実は，いずれにおいても2つのことが同時に問題となっている。ただし，事例によっては，その一方がほとんど実益のない議論であるため，正面から問題とされることがなく，そのため，片方だけしか問題でないような気がしてしまい，その結果，「つまずく」ことがある。

　ここまで読んで，問題点がわかっただろうか？　一度考えてから，以下を読み進んでほしい。

II　不能犯論と抽象的事実の錯誤論との関係

1　抽象的事実の錯誤？

　設問(2)や(3)のような問題を出すと，しばしば，抽象的事実の錯誤についてのみ論じる人がいる。つまり，(2)では，強姦罪と暴行罪について，(3)では窃盗罪と占有離脱物横領罪について，それぞれ構成要件の重なり合いがあるかを論じるのである。これは，誤りではないが，問題に半分しか答えていない（まれに，38条2項を適用する人がいるが，一般的な理解によればこれは誤りである。同条は客観のほうが重い場合の規定である）。

　というのは，こうした事案では，同時に，**重い罪の未遂犯の成否**も問題となるが，この点が全く検討されていないからである。

　このようにいうと「(2)も，(3)もはじめから強姦，窃盗は無理だったのだから，未遂にならないのでは？」と思われたかもしれない。しかし，多数説は，たとえ結果発生が始めからありえない場合であっても，未遂犯の成立可能性を認めている。

　こういわれれば思い出しただろうか？　つまり，現在の多数説は，処罰され

ない不能犯と可罰的な未遂犯との限界を,「一般人が認識可能だった事実と(現実に存在していた事実のうち)行為者が特に認識していた事実を基礎にして,行為当時の一般人からみれば,結果発生の危険があると感じられるか」という基準で判断している(**具体的危険説**。たとえば,井田・総論411頁)。

この基準によるときは,(2)や(3)でも,それぞれ強姦未遂,窃盗未遂が認められる余地がある。

もっとも,学説においては,こうした事案で危険を客観的に考えて,未遂犯の成立を否定する見解も主張されている(**客観的危険説**。なお,不能犯それ自体については,Stage 2 No. 8 も参照。また,1時間前の忘れ物について占有が認められない点については,Stage 1 No. 16 も参照)。また,判例においても,しばしば具体的危険説的な表現が用いられているが(たとえば,広島高判昭和36・7・10高刑集14巻5号310頁〔直前に死んでいた疑いがある者に対する日本刀での刺突に殺人未遂を肯定〕),(2)に類似した事案では,強姦未遂として起訴されていない(東京高判昭和57・8・6判時1083号150頁。男性と気づいたのちに財物奪取の意思を生じ,奪取した点について強盗罪が認められている)。

もっとも,客観的危険説の中でも,次のような見解もある。その見解は,構成要件的結果が発生しなかった理由を考えて,客観的にみてどのような事情が変われば結果が発生していたか,と考える。そして,そうした事情が,後からみて,ある程度ありえたと評価(ここでは一般人の視点が入る)できる場合には,未遂犯を認めるのである(山口・総論275頁以下)。そのように考えると,(2)では,男性が女性であった可能性はありえないから,強姦未遂にはならないが,(3)については,仮にほんの少し事情が違えば,Dはまだその場所にいた(Dの占有が認められた)可能性があったといえる限りにおいて,窃盗未遂を認める余地もあるだろう(たとえば,Dに急用が入って立ち去ったが,本当は1時間ほど公園でのんびりしたかった場合が考えられる)。

2 未遂犯しか問題とならない場面?

実は,以上のような構造は,設問(1)も同じである。これをみたとき,ほとんどの皆さんは,「ただの殺人未遂の例が,なぜ挙がっているのだろう」と思ったのではないだろうか。確かに,結論的には殺人未遂のみを認めるのが通説

だが，これとて，分析的に考えれば2つの問題点がある。第1に，主観（殺意）に対応する危険性（Aが死ぬ危険）があるということ，第2に，傷害の結果が生じており，傷害と殺人とは構成要件上重なり合う，あるいは，殺人の故意は，事実上，傷害の故意をも含んでいるから（生理機能を害さないで殺すことはできない），傷害罪も成立しうるということ。

こうした事案で，殺人未遂一罪とするのは，通説が，殺人未遂罪と傷害罪の包括一罪として前者で処罰すれば足りると考えているからである。学説の中には，このような罪数評価では，殺人未遂で傷害を伴う場合と，傷害を伴わない場合とを，罪名上区別できないから適切でないとして，殺人未遂罪と傷害罪の観念的競合を認める見解もある（只木誠『罪数論の研究』〔成文堂，補訂版，2009〕。これを，どのような犯罪が成立したかを明示する，という意味で，**観念的競合の明示機能**と呼ぶ。ドイツでは，むしろこちらが通説である）。

いずれにしても，今までただ未遂だと思ってきた事案も，このような思考プロセスを経ていたのだ，ということを，一度は意識してほしい。

III　設問(4)について

1　これまでの解説からわかること

以上を前提に，(4)を考えてみよう。まず，Xの主観は殺人罪であり，他方，客観的には，同意殺人罪（202条）の構成要件が実現されている。これまでみてきたところから，①殺人未遂罪の成否と，②殺人罪の故意を同意殺人罪の故意と評価しうるか，ということ，さらに，③仮に両者とも成立しうるとすれば，その罪数関係が問題となる。

①の殺人未遂罪の成否については，不能犯に関する具体的危険説からは肯定され（平野龍一『刑法総論II』〔有斐閣，1975〕250頁以下，井田・理論構造203頁），客観的危険説からも，殺害が被害者の意思に反する可能性があった（心が揺らいだ可能性があった）といえるのであれば肯定する余地もあるかもしれないが，否定する見解が多い。

②については，同意殺人罪と殺人罪の構成要件が，軽い前者の限度で重なり合うことには，異論はないだろう（なお，同意がないのに存在すると誤信してい

たという主観と客観が本問とは逆の事案ではあるが，名古屋地判平成7・6・6判時1541号144頁)。

最後に，③である。通説からは，殺人罪と同意殺人罪とはいずれも被害者の生命を保護している点では同じであり，ただし，同意がある分，同意殺人罪のほうが不法の程度が軽くなっていると理解されている。そうすると，仮に両者ともに認めるのであれば，罪数に関する多数説に従う限り，殺人未遂の包括一罪で処罰すれば足りるということになろう（井田・理論構造203頁。他方，前述した観念的競合の明示機能を重視すれば，被害者が死亡した点を明示するために，両罪の観念的競合となろう）。

2　さらなる問題点

なお，学説の中には，被害者の同意によって違法性阻却を認めるためには，行為者が被害者の同意を認識していなければならないとする見解もある（大塚・総論420頁）。正当防衛（36条）において，防衛の意思が必要なのと同様に主観的正当化要素が必要だというのだろう。そのように考えると，(4)のような事案でも，同じようにXがEの同意を認識していない以上，違法性の減少は認められず，殺人既遂となるようにも思える。

しかし，その見解も，今回のように構成要件該当性が変わる場合には，抽象的事実の錯誤の問題として同意殺人罪の既遂犯を認めていることには注意されたい。これは，被害者の同意あるいは承諾といっても，構成要件該当性が変わる場合と，違法性を阻却して無罪となる場合とでは要件が異なるべきと考えられているからであろう。

同意を体系的にどのように位置づけるか，それによってその効果がどのように変わってくるか（あるいはそうではないのか），といった点も，自分の教科書の立場を一度確認してほしい。なお，最近では，構成要件と違法性阻却事由とは実質的には一体であることを強調する見解（井田・理論構造130頁）や，そこまでいかずとも両者の位置づけによって，法的効果に差をつけることには消極的な学説が多いということは付け加えておこう。

One Point Advice

　教科書の別のところに書いてあることでも，同時に問題となる場合がある。今回扱ったのはその典型例の1つである。教科書で参照されている箇所はそのようなものであることがあるから，意識的に参照するようにしてみよう。

〔島田聡一郎〕

| Column　処断刑の形成

　刑の軽重の基準は10条に定めがある。では，ⓐ偽造有印私文書行使罪（161条1項・159条1項）と，ⓑ詐欺未遂罪（250条・246条1項）の中止犯とでは，どちらが重いだろうか。答えは場面により異なる。その理由がわかると処断刑の形成についての理解が深まる。

　法定刑で比較すると，ⓐは3月以上5年以下の懲役，ⓑは1月以上10年以下の懲役であるから，ⓑのほうが重い。たとえば，入手した偽造の有印私文書を呈示し，被害者を欺罔して財物の取得を試みたが，中止したという事案では，ⓐとⓑの観念的競合（または一般的な理解では牽連犯）となり，法定刑が重いⓑの刑で処断される（もっとも，下限はⓐのほうが重いので，それが適用され，3月以上10年以下の懲役となる）。法律上の減軽はそのあとで施されるため，中止犯で（免除ではなく）減軽を選択すると，結局，処断刑は1.5月以上5年以下の懲役となる（なお，ⓐの下限を下回る量刑を禁ずるという解釈論はありうる）。

　これに対して，併合罪における懲役刑の加重は，法律上の減軽が施されたあとの刑を基準にして行われる。たとえば，偽造された有印私文書をAに呈示し，それとは別件でBを欺罔して財物の取得を試みたが中止した事案では，ⓐの3月以上5年以下の懲役と，ⓑの減軽後の0.5月以上5年以下の懲役とを比較し，重い前者の刑を加重して，処断刑は3月以上7年6月以下の懲役となる。

　このように軽重の判断基準が，科刑上一罪では法定刑，併合罪では減軽後の刑，と異なるのは，処断刑の形成の手順に原因がある。処断刑は，①法定刑→②科刑上一罪の処理→③刑種の選択（複数の種類の刑が定められている場合）→④再犯加重→⑤法律上の減軽→⑥併合罪の処理→⑦酌量減軽，という流れで形成される。この順序は，④〜⑦については72条が定め，また，③が④と⑤に先行することに関しては56条や69条があり，②が①と③の間であることも含めて実務が確立している。これは，判決書の「法令の適用」の項目に書かれているから，好きな第1審の裁判例で確認してみよう。

 *No.13* 　　　　　　　　　　　　　　　　　　　文書偽造罪

　Xは，都内の私立大学を卒業したばかりであるが，引き続き自宅－大学間の鉄道を利用する機会が多いので学割定期券を入手したいと考えた。そこで，その購入に用いるため，まだ手元に残っていた失効済みである自らのプラスティック製カード型学生証の有効期限欄に細工を施して，1年先まで有効であるかのような学生証に仕立て上げた。
　この事例に関してなされた次の会話の中に含まれる誤りを探してみよう。

「Xは，自己名義の学生証を自ら作成しただけなので，名義人と作成者との間の人格的同一性に齟齬はないから，有形偽造とはならないよね」
「そうだね。でも，有効期限について虚偽が認められるから，虚偽文書作成罪として処罰されることになると思う」
「そして，購入できないはずの学割定期券を購入できるようにする点で，文書の本質的な機能に変更を加える行為であるといえるから，変造ではなく偽造にあたるだろうね」
「それから，学生の身分がないのに割安な学割定期券を購入する行為は，鉄道会社に対する詐欺罪になるよね。そうすると，本件では詐欺目的という『行使の目的』があるといえるから，この要件も満たされる」
「でも，本件の学生証には認証文言がないので，事実証明文書とはいえなくて，偽造罪の客体にならないんじゃない？」
「たしかに。もうひとつ思いついた。学生の情報に関する記録の原本は大学内に保管されていて，学生証には原本性がないから，文書には原本性が必要であるという見解に立つと，本件学生証は文書偽造罪の客体にならないと考えることになるよ」
「なるほど。しかも，そもそも『文書』はその用語の意味として紙媒体のものに限られるから，プラスティック製のカードである本件学生証は文書偽造罪

Stage 1 No.13 文書偽造罪

の客体にはならないはずだよ」
「結局，文書偽造罪は成立しないんだね」
「X は不可罰だね」

Hint─────────────────────
　文書偽造罪の各類型と，それぞれの成立要件を，条文を確認しながら正確に思い出そう。

解 説

I 文書偽造罪への招待
―― 文書偽造罪の正体 ――

　いきなりであるが，文書が存在しない世界を想像してみよう。そして，あなたはいま，鉄道会社の定期券売場で学割定期券を購入しようとしている。購入申込書が存在しないので（文書が存在しない世界だからである），口頭で申し込む。

> 「Ａ駅－Ｂ駅間の６か月の学割定期券を買いたいのですが」
> 「わかりました。お客様が学生であることを証明してくださる方はいらっしゃいますか」
> 「そこにいる大学の友人が証明してくれます」
> 「それでは証明力が足りないので，できれば大学の責任者の方にお願いしたいのですが」
> 「わかりました。では，明日また来ます」
>
> 翌日。
>
> 「Ａ駅－Ｂ駅間の６か月の学割定期券を買いたいのですが。こちらの学長が，私がα大学の学生であることを証明してくれます」
> 「この子は確かにうちの大学の学生であることを証明します」

　こうしてあなたは学生であることを証明することができた。しかし，これを学生全員分について行っていたら学長の身がもたない。
　そこで登場するのが，「文書」である。学長が学生証を作成して，そこに「この者は確かに本学の学生であることを証明する」という**意思の表示を固定化**すれば（魂を吹き込むといったらよいだろうか），その後は，その学生証を見せるだけで，それがあたかも学長の分身のように働き，学長が**口頭で証明するのと同じ効果**をもたせることができる。そこでは，「学生証の作成時に学長が，『この者は確かに本学の学生であることを証明する』という意思の表示をなしたこ

Stage 1 No.13 文書偽造罪

と」の証拠として、学生証が機能していることになる。

　このような文書の証拠としての社会的機能が維持されるためには、社会一般や文書に直接関係する者が有する、文書に対する信用——それが真正な文書であるという信用、すなわち、いちいち**「これは偽物かもしれない」と疑う必要がない状態**——が守られている必要がある。そこで、偽の文書が出回らないようにして文書に対する信用を保護しようとするのが、文書偽造罪である。文書偽造罪は、そのような意味で、**証拠犯罪**と呼ばれたりもする。

　定期券も同様である。「鉄道会社が、『券面に記載された者は本鉄道会社に対して、券面記載の区間および期間につき旅客運送債権を有する』という観念の表示をなしたこと」の証拠として機能している文書である（したがって、実は鉄道会社は定期券を1枚も発行していなかった、なぜなら、文書の存在しない世界に定期券は存在しないから、というのが上述の架空話の落ちである）。定期券は財産的価値の高い文書である——権利を行使するためには文書を呈示しなければならない、言い換えれば、定期券を呈示せずに自らが債権者であることを主張できない——から、刑法上は有価証券として扱われ、有価証券偽造罪の客体になる。その意味で、有価証券偽造罪は文書偽造罪の特別加重類型である（通貨偽造罪は、さらにその特別類型だろうか。通貨偽造罪の保護法益をめぐる議論を基本書で確認して、考えてみよう）。

II　文書偽造罪の成立要件
——その1——

　文書偽造罪の成立要件は、ほとんどすべてが上の話とつながっている。上の話に照らして、社会に出回ることを防ぐべき偽の文書はどのようなものかを考えればよい。それは、Ⓐ外観上は真正な証拠価値の高い文書であるように見えて（「外観要件」と呼ぶことにする）、Ⓑ実は証拠価値がないか、または証拠価値が低い文書である（こちらは「証拠価値要件」と呼ぼう）。

　まず、このうちⒶ外観要件の具体的な内容を定めるには、真正な文書が外観上具えている要素を考えればよい。

　文書は、ある者による意思・観念の表示を固定化して、口頭による意思・観

145

念の表示を代替するものであるから，①意思・観念の表示が固定化されていること，②それがある程度の永続性をもつこと，③意思・観念の表示が可視的・可読的であること，④誰の意思・観念の表示であるかも認識可能であること，が必要である。

これは真正な文書の要素であり，したがってそのまま，文書偽造罪の客体としての文書の要件ということにもなる。上の要素のいずれかを欠く文書を不正に作成しても，外観上真正な文書のように見えないから，それが社会に出回ることを放置しても何ら困ることはない。つまりそれは社会に出回ることを防ぐ必要がないものであるので，文書偽造罪の構成要件要素である「文書」にあたらず，文書偽造罪は成立しない。

これに関しては，次の点を確認しておこう。

①について，固定化の媒体は紙である必要はない。

②について，パソコンモニター上の表示は一般に固定の永続性が否定されている。しかし，スマートフォンやタブレットPCなどの画面の社会的機能を前提とすると，今後はそのようなものも文書として扱われるようになる可能性が全くないとはいいきれないように思われないでもない。

③について，意思・観念の表示の内容は，直接表記されたものにとどまらない。たとえば「学生証」というタイトルと，顔写真・氏名・生年月日等の個人情報，大学名等の記載があれば，「当該人物は当該大学の学生である（ことを証明する）」という意思・観念の表示が読み取れるので，十分である。

④について，文書上から読み取れる意思・観念の表示の主体を，「作成名義人」という。単に「名義人」といわれることも少なくないが，その用語法だと学生証や免許証における被証明者を意味することにもなりかねず，混乱のもとである。**文書作成の名義人**であるということが，当然であるが，重要である。

作成名義人は，文書に直接記載されていなくても，文書の性質等から認識可能であればよい。この点は，有印文書と無印文書の区別にも関係する。公文書を例にすると，次のようになる。

有印公文書偽造罪の客体は，「公務所若しくは公務員の印章若しくは署名」（155条1項）のある公文書である。有印文書というと印章が必要であるように思われるが，法文上，署名のみでも印章がある場合と同じ扱いをすることに

なっており，その場合も含めて有印文書という語が使われている。さらに判例は，「署名」には直筆の署名だけでなく記名（作成名義人の氏名・名称をゴム印で押したものや印刷したもの等）も含むと解している。これは，法文上，「公務所……の……署名」が規定されており，直筆の署名がありえない公務所（役所）については記名であっても「署名」にあたることを法文が予定していると解されるからである。

　無印公文書は有印公文書以外の公文書である。したがって，無印公文書は文書の作成名義人について記名すらないもの，すなわち，直筆の署名はもちろん，作成名義人の名前が印刷すらされていないものということになる。しかし一方で，前述のとおり，そもそも「文書」といえるためにはそれ自体から作成名義人が認識可能である必要がある。したがって，無印公文書は，文書自体に作成名義人が明示的に記載されてはいないが，文書の性質等から誰が作成名義人かを認識することは可能である公文書ということになる。これが認められることは極めて稀である（その貴重な例として，大判明治42・6・28刑録15輯877頁がある。詳細は，和田俊憲『鉄道と刑法のはなし』〔NHK出版，2013〕35頁-41頁参照）。

　私文書についても同様の理解がとられている。無印私文書を認めた判例として，たとえば最決昭和45・9・4刑集24巻10号1319頁があるが，代理・代表名義の文書の偽造という応用場面が問題となるものなので，勉強が進んだら確認してみよう。

　なお，作成名義人は実在しなくてもよいが，文書には本物らしい外観が必要なのであるから，認識される作成名義人が明らかに実在しない者である場合は文書性が否定されることになる。

Ⅲ　文書偽造罪の成立要件
——その2——

　文書偽造罪が成立するためには，外観要件としての文書性の要件を前提に，実のところ証拠価値がないかまたは証拠価値が低い文書であるという証拠価値要件を満たしている必要がある（Ⅱで述べたⒷ）。

　証拠価値は，何を証明するかとの関係で決まってくる。ここまでの話からす

ると，証明対象となる事柄は，「A氏が，『私は〜する』という意思ないし『〜は〜である』という観念の表示をなした」という事実である（学生証を例にすれば，その文書としての証明対象は，「学長が『この者は本学の学生であることを証明する』といったこと」である。ここは多層的で混乱しやすいところであるが，学生証は，直接的には，「**学生であること**」の証拠ではなく，「**学生であると学長がいったこと**」の**証拠**なのである）。意思・観念の表示の直接証拠となる証拠価値の高い文書は，A氏が「『私は〜する』という意思ないし『〜は〜である』という観念の表示」をすると同時にそれを固定化した文書である。固定化することによってその意思・観念の表示をなしたといってもよい（その意味で，表示をいつ行ったかも重要であるから，文書には通常，作成された日付が必要である）。

　A氏がそのような意思・観念の表示を行っていないにもかかわらず，他人が勝手にそのような文書を作成すると，それは証拠価値のない文書になる。これが，通常の有形偽造行為であり，内容も虚偽の文書ということになる。

　しかし仮に，A氏がそのような意思・観念の表示を現実に行っていたとしても，それを知った他人がA氏の意思によらずにそのような文書を作成すると，それは証明したい事実との関係では間接的な証拠（ある種の伝聞証拠）にすぎないので，証拠価値の低い文書ということになる。これが，内容虚偽ではないが，有形偽造として文書偽造罪を構成する行為である。

　わが国の刑法は有形偽造の処罰を原則としている。内容が真実であるか否かにかかわらず，意思・観念の表示の主体ではない者が文書を作成してはいけないのである。文書に魂を吹き込めるのは作成名義人本人だけなのである。他人が勝手に文書を作成すると，そこに吹き込まれるのは，その勝手に作成した者の魂になってしまうのである。

　たしかに，意思・観念の表示の主体が自ら文書を作成した場合であっても，内容が虚偽である場合は，証拠価値がない。文書の受取人がそれを内容が真実であるという前提で使用して予定の目的を実現しようとしても失敗する危険があるという点で，有形偽造の場合と同じである。そこで，作成名義人が自ら内容虚偽の文書を作成する行為も，虚偽文書作成罪として処罰対象となっている。

　もっとも，これは公文書および医師が公務所に提出すべき診断書・検案書・死亡証書に限られている。それ以外の一般の私文書について虚偽文書作成の処

罰が用意されていないことの理由は，意外と説明が難しいが，そもそも私文書は公文書ほど**内容の真実性についての社会的信用**がないので保護の必要性がない，あるいは，仮に文書の受取人等の関係者が実害を被っても，作成名義人に法的責任を追及し，最終的には**損害賠償を認めることで足りる**ので，内容虚偽の文書が社会に出回らないようにすることを刑罰をもって阻止するほどのことはない，というのが有力になされている説明である。

あるいは，次のような言い方もできるかもしれない。

たとえば，ある私立大学の学長が，学生ではない知人のために学生証を作成したとする。その学生証に固定化された，「この者は本学の学生であることを証明する」という学長の意思の表示は，たしかに，その者が実は学生ではないという客観的事実には反している。しかし，事実に反することであっても，それを証明しようと思うことは自由であり，その意思を表明することも自由である。そうすると，学長が証明しようという意思を有し，それを表示したこと自体は真実であるともいえる。その意味ではこの学生証は内容虚偽ではない。すなわち，この学生証は，「その者が学生であること」の証拠としては内容虚偽であるが，「その者が学生であることを証明すると学長がいったこと」の証拠としては内容虚偽ではないのである。そのように考えると，私人の場合は内容虚偽の文書が原理的に作成できないことになり，それゆえ，私文書については虚偽文書作成罪が存在しないという説明になる。

これに対して，公務員（や公務所に提出すべき診断書等を作成する医師）は，**客観的事実に反する事柄を意思・観念して表示することが許されない**。したがって，たとえば市長が市民でない者の住民票を作成するとき，「市民であることを証明する意思の表示」は法的には存在しないと解されるから，存在しない意思表示を存在するものとする点で，内容虚偽であるということになる。あるいは，公文書はそもそも意思・観念の表示の証拠だというだけではなく，証明対象である客観的事実（住民票であれば，市長が証明の意思表示をしたという事実ではなく，客観的に市民であること）の直接の証拠としても性質づけられるのかもしれない。もっとも，これは結局，公文書は内容の真実性についての社会的信用があるということの言い換えである。

なお，公務所に提出すべき診断書等以外の私文書でも，その性質上，客観的

事実に反する事柄を意思・観念して表示することが許されないものをどのように扱うかについては，Stage 2 No. 6 参照。

Ⅳ 文書偽造罪の成立要件
——その3——

　文書偽造罪においては，「行使の目的」も要件とされている。証拠価値が害されるのは，不正に作成された文書が現に証拠として使用される場面である。それを処罰対象としているのが偽造文書行使罪である。文書偽造罪は，行使罪との関係では危険犯である。その危険，すなわち，文書が行使される確率の高さを基礎づけるのが，文書を行使する意思であり，条文上は「行使の目的」として規定されている。

　行使するつもりがなく文書が偽造されても，それが行使される危険は小さいので，証拠価値が害される危険も低く，処罰の必要がない。行使の目的なく文書が偽造された場合，文書偽造罪は成立しないが，事後的に行使の意思が生じて行使された場合は，その時点で偽造文書行使罪で処罰される。その場合，文書を行使するのは，偽造した行為者自身であっても他人であってもかまわない。

　なお，「行使しようという目的」が必要なのであり，「何の目的で行使するか」は問われていない。詐欺目的の場合が多いであろうが（その場合，「行使の目的」＝「詐欺目的」ではなく，正確には，「行使の目的」＝「詐欺目的で行使するという目的」である），それには限られない。

One Point Advice

　証拠価値の有無が問題となるのが，いわゆるコピーの偽造である。文書には原本性を要求する学説が多いのに対して，判例は「公文書偽造罪の客体となる文書は，これを原本たる公文書そのものに限る根拠はなく，たとえ原本の写であつても，原本と同一の意識内容を保有し，証明文書としてこれと同様の社会的機能と信用性を有するものと認められる限り，これに含まれるものと解するのが相当である」（最判昭和 51・4・30 刑集 30 巻 3 号 453 頁）とする。

　これは，意思・観念の表示主体が自らそれを固定化した文書が最も証拠価値

の高い文書であることを基点として，そのコピーの証拠価値がどのように評価されるべきかをめぐる争いであるということができる。

判例に反対する学説は，次のように考えている。(i) コピーが証拠として2次的に作成されたものである点を捉えれば，形式上は間接証拠であるから，その証拠価値は一律に低い（コピーされる原本に吹き込まれた作成名義人の魂は，コピー機を通してコピー先の紙には乗り移らない）。あるいは，(ii) コピーを直接証拠としてみるのであれば，「以上は原本と相違ないことを証明する」という意思の表示を固定化したものと構成されるが，その場合は作成名義人の表示がないことになる（コピー先に吹き込まれたのはコピーした行為者の魂であるが，その名前は表示されていない）。いずれにせよ出回ることを防ぐ必要がないので，文書偽造罪の成立を認めるべきではないとする。

これに対して判例は，証拠価値をより実質的に測り，文書のコピーの中にも原本と同じ証拠価値をもつものは現に存在するとする（コピーを呈示された人が，原本に吹き込まれた作成名義人の魂を，原本を直接目にした場合と同じ強さで感じることがある）。その場合に限っては文書偽造罪による保護を原本に対するのと同じように施すべきであるとしているのである。

あるいは，ここでは公文書が対象となっているから，公文書については，「作成名義人が意思・観念の表示をしたこと」の証拠よりも，「意思・観念の対象となった客観的事実」の証拠としての性質が前面に出ているといえるかもしれない。そうだとすると，この争いは，証拠価値の評価をめぐる争いというだけでなく，文書を何の証拠として位置づけるかをめぐる争いでもあるとみることになろう。

〔和田俊憲〕

No.14　財産犯の保護法益

(1) 以下のXの行為を刑法235条の文言にあてはめるとどうなるか。
　a) Aが所有しAが所持するバッグを盗んだ。
　b) Bがレンタルビデオ店Cからレンタルしている DVD を盗んだ。

(2) 以下のYの行為は窃盗罪として処罰されるか。刑法242条が「自己の財物であっても，他人が占有［する］……ものであるときは，……他人の財物とみなす」と規定していることをふまえて検討しなさい。
　Yは，大事にしていた鉢植えが盗まれたため，付近を捜し回ったところ，4軒隔てたD家の玄関横に全く同一の鉢植えが置かれているのを発見した。土をそっと掘ってみたところ，目印として埋めておいたガラス玉があったので，盗まれたものに間違いないと確信した。
　a) 周囲を見回したところ，誰もいない様子だったので，これを抱えて自宅に持ち帰った。
　b) そこへ，通行人が通りかかったので，いったん自宅に引き返し，機会を探っていたところ，D家が，鉢植えを屋内に取り入れ，出窓に飾ったうえで，町内会で温泉旅行に出かけたので，Yは，この機会に取り戻そうと考え，D家の庭に侵入し，出窓のガラスをハンマーで割ったうえ，鉢植えを手に取り，抱えて自宅に持ち帰った。

(3) 以下のZの行為は，恐喝罪ないし窃盗罪として処罰されるか。
　Zは，Eに100万円を貸したところ，Eが期限を過ぎても，のらりくらりと言い逃れをし，これを返そうとしなかった。Eのところに出向いたZは，
　a) 「金返さんのやったら目ん玉売らんかい」と怒鳴りつけたところ，Eは恐怖心を抱いて，何かのときのために隠し金庫に隠していた100万円で直ちに返済した。

b) 出てきた子供がEを呼びに行っている間に，玄関先に不用心に置かれていた100万円の束を目にし，「まあこれでええわ，利子はまけといたろ」とつぶやいて，ハンドバッグに入れて帰宅した。

Hint

(1)では，235条にいう「他人の」という文言が誰のことを指しているのか，占有という要件は条文のどこに書かれているのかを，考えてみよう。

(2)では，242条にいう「占有」が，どのようなものである場合に，侵害から保護されるのかを考えてみよう。

(3)では，債権相当額の金員を喝取した場合に，それが債権の実行であることがどのような意味をもつか，これが強取であった場合には何か違いがあるかを考えてみよう。

解 説

I 肩慣らし
──235条の文言──

　最初の設問(1)はできただろうか。235条は一番基本的な罪に関する基本的な規定であるが，意外に難しいことに気づかされよう（教科書を開いても書かれてないものがほとんどである）。

　まず，「他人の」の意味であるが，現行刑法の立案担当者によれば，これは旧刑法366条で「人ノ所有物ヲ窃取シタル者」となっていたのと同じ意味なので，「所有者である他人」を指す。(1)a)ではもちろんAが，また，(1)b)ではCが，これにあたることになる。

　そうすると直ちに生じる疑問は，窃盗罪は他人の占有を侵害する罪だと習ったが，それなら，(1)b)の例で問題となるのはBの占有を奪ったことなのではないか，そのような占有侵害のことは条文に書いてないことになるのか，というものであろう。

　先ほどのように235条の「他人の」の文言を理解した場合に，占有をどのように位置づけるかについては2つの理解がありうる。1つは，占有は構成要件要素としては書かれていないから，「他人の」の後に，「先ほどの他人と同一人物である必要はない他人が占有している」という要件を補う必要があることになる。窃盗罪では，「不法領得の意思」が，条文上書かれていないが解釈上導き出される「書かれざる構成要件要素」だとされるが，占有侵害もこれと同様だと解するのである。この要件を満たすのは，(1)a)ではもちろんAだが，(1)b)ではBになる。

　もう1つの理解は，占有は「窃取」の文言から導かれるとするものである（山口・各論177頁）。書かれざる構成要件要素をできるだけ少なくするという観点からはこちらのほうが優れているが，窃取行為そのものとその対象が同一の文言に規定されていると解するのはやや不自然なように思われる。

Ⅱ 窃盗罪（奪取罪）の保護法益
—「それ僕のなんですけど……」—

1 所持説（占有説）の論理

(1) では設問(2)に移ろう。答えからいうと，現行刑法242条の立案担当者は，窃盗罪になると考えていた。領得意思をもって他人の占有を侵害した以上は，それが自分の所有物であっても，また，その占有が何らかの権限や利益に裏づけられていなくても，窃盗罪としての可罰性が認められると考えていたのである。このような，**事実としての所持・占有を保護する考え方**（242条にいう「他人（の）占有」を事実上の所持・占有で足りるとする考え方）を所持説（占有説）という（最判昭和34・8・28刑集13巻10号2906頁）。

こうした考え方は，**占有権というものを重視**している。民法200条1項では占有を奪われた者に占有回収の訴えを認めているが，これは所有者に取り戻された泥棒であっても可能である。そして，同法202条2項では，その訴えに対し，Yが「それってもともと僕のなんですけど」と反論することは許されないことになっているのである。

(2) 他方で，この考え方からも，Yの声がおよそ無視されるわけではない。所持説に立つ見解も，自己の財物の取戻しのような場合には，行為者側の権利内容，取戻しの必要性といった実質的事情を考慮して，一定の範囲で違法性阻却を認めようとしている（窃盗が実質的に終了するまでは急迫性が否定されず正当防衛が可能だとする見解が多数を占めている。取戻しの際に傷害を負わせているような事案では所持説でない見解もこのことを意識する必要がある）し，最決平成元・7・7刑集43巻7号607頁は，窃盗罪の成立を認めるうえで「その行為は，社会通念上借主［本件窃盗の相手方］に受忍を求める限度を超えた違法なものというほかはない」と判示しており，少なくとも文言上は，そのような限度を超えなければ違法でないとする余地を残すものだと考えられる。

ただし，このような考え方からは，取戻しのためにとった手段が社会的に是認されるものでないと違法性阻却が認められないことになりうる。そうすると，(2) a)はセーフであろうが，(2) b)ではD家の庭に入るという侵入罪（判例上は

邸宅侵入罪とされるが，学説上は住居の囲繞地は住居だとする見解が多数である），窓ガラスを割ったという器物損壊罪まで犯しているため，「そこまでやる？」と咎められ，窃盗罪で処罰されることになろう。これでは所有権者のもつ利益が適切に評価されないことにならないだろうか。

2　本権説の論理

　この疑問からスタートして，泥棒の占有が保護される（＝窃盗罪の構成要件該当性が肯定される）なんておかしいという考え方を推していけば，**何らかの正当な利益に裏打ちされない占有は保護する必要がない**という本権説的な立場に至ることになる。

　実は，民法上も，泥棒の占有を所有者に対して保護するという解釈はとられていない。すなわち，所有者による取戻しの場合には，① 占有侵奪後短期間の取戻しについては，最初の侵奪者の占有侵権を否定するのが民事の下級審判例の主流であること（たとえば東京高判昭和31・10・30高民集9巻10号626頁，名古屋地判昭和50・7・4判時806号71頁など），② 泥棒による占有回収の訴えに対して，所有者による反訴が認められており（最判昭和40・3・4民集19巻2号197頁），仮に両方の訴えが認められた場合でも，執行段階で所有者による回復が優先されるようである。これらのことからすれば，この場合の泥棒の占有に保護に値する利益がないことは民法上もすでに明らかであるから，窃盗罪の構成要件該当性が否定されることになろう。ここで窃盗罪の構成要件該当性を認めることは，同罪を，単なる自力救済禁止違反罪に変質させてしまうことになりかねないのである。

3　判例は所持説（占有説）か？

　所有者による取戻しの事案につき所持説の論理により窃盗罪の成立が認められている判例の事案でも，よくみると相手方の占有が保護に値する正当な利益に裏打ちされていることがわかる。本権説をとっていた大審院判例について「変更を免れない」とした前掲・最判昭和34・8・28は，担保に供した年金証書を欺罔手段で取り返した事案に関するものであり，同様の事案に関する大判大正7・9・25刑録24輯1219頁は，年金証書を担保に供することが法律で禁止されて

おり，所有者がいつでも証書の占有を回復する権利があることを重視して，詐欺罪としての不可罰性を導いていたが，ここでの証書の占有は貸金の担保の役割を果たしており，借金を返さずに担保だけ取り返すのは不当だと考えることは十分に可能である。

また，前掲・最決平成元・7・7は，買戻約款つき自動車売買契約の形での自動車金融を行っていた者が，借主が返済できなかったことから所有権を取得し，借主が占有していた自動車を引き上げようとした事案に関するものであるが，原審の大阪高裁では，民事上の権利関係が詳細に論じられ，占有者側に保護に値する利益があったことが認定されているのである。

判例を読む場合には，判例の文言がどの説をとっているかという目線で読むだけではなくて，具体的な事実関係との関わりでどのような結論が導かれているかをその都度確認するようにしていくと，よりよい勉強になるだろう。

4 本権説か所持説かという議論の射程

(1) では，本権説か所持説かの対立は，以上の自己所有物の取戻しのような刑法242条の解釈論の範囲にとどまるものか（ⓐの見解），それとも，235条の解釈にまで及ぶ，窃盗罪で保護されている法益の問題でもあるのだろうか（ⓑの見解）。予め以下のパターンがあることを意識したうえで，検討に入ろう

235条の場合	①	所有者P	占有者P
	②	所有者P	占有者Q（適法）
	③	所有者P	占有者R（違法）
242条の場合	①	占有者P	（適法）
	②	占有者Q	（違法）

ⓐの見解は，235条の場合には，Pの所有権を侵害している以上，占有がどのようなものであれ，窃盗罪としての可罰性には疑問は生じないと考えるのに対し，242条前段の場合には，窃取が所有権者によるため，所有権侵害がないにもかかわらずどのように窃盗罪の可罰性が肯定されるのかという形で問題を

捉えることになる。

　235条については，①~③を通じて，いずれもP・Q・Rの占有侵害を通じて，Pの所有権を侵害しており，それで窃盗罪の財産犯性は十分に確保できているというのであろう。

　(2)　しかし，窃盗罪については占有もまた保護法益だとされている。ⓐの見解からは，占有についてはどのように説明されるのか。考え方としては，(ア)占有が所有権と並ぶ保護法益だとするもの，(イ)占有は独立の保護法益ではなく，その保護が所有権保護に資するものとして位置づけられるとするもの，が考えられよう。必ずしも明確ではないが，ⓐの見解は(イ)を暗黙のうちに前提としているように見受けられる。

　冒頭の設問(1)aでは，(ア)だと解しても(イ)だと解しても，所有権と所有権に基づく占有が同じAに帰属しているから，同じことである。

　ところが冒頭の設問(1)bでは，(ア)の解釈だと，窃取の相手方であるBの占有侵害も法益侵害として重要な意味をもつのに対し，(イ)の解釈だと，Bの占有を保護することがCの所有権の保護につながるのだという説明になろう。

　ここでの(イ)の説明は一見すると不自然に思われるかもしれないが，正当な占有は所有者から何らかの利益提供等と引換えに許されているものでありうるから，その占有の保護は間接的にそうした利益の維持につながるであろうし，何より，たとえば(1)bのBが占有を第三者に奪われればDVDが戻ってこなくなる可能性ゆえに，Cの所有権も危殆化されることとなるのは明らかである。**これは盗品関与罪において追求権の侵害として説明されているのと共通性を有する**ものである。

　これに対し，(ア)の解釈をとる場合には，占有侵害に関する部分については窃盗罪の成否はもっぱら占有者との関係で議論することになり，235条の解釈と242条の解釈を統一的に考えていくことも可能になろう。**本権説と所持説の対立が235条の解釈にも及ぶと考える見解は**，235条で所有権が保護法益ではないと主張するものではなく，このように**直接侵害対象となる占有がどのようなものでなければならないかを考えようとするものと整理することができよう。**

　(3)　もっとも，(ア)の解釈をとり，かつ，本権説的に考えるならば，「Fの所有・占有物を泥棒したGからさらにHが泥棒した」という例（最判昭和24・

2・8刑集3巻2号83頁参照)では,泥棒であるGの占有は何ら保護に値する正当な利益による裏づけがないようにも思われ,そうだとすれば不可罰とするのが自然かもしれない(かつてはそう解する見解もあった)が,だからといってHがこれを奪ってよいとする理由もなさそうである。

ここで,本権説的な見解からは,Gの占有を侵害することにより第1の窃盗の被害者Fの所有権を再び侵害したとみることができるのであり,「占有侵害を介して所有権を侵害するという点では,通常の窃盗と同じ構造をもっている」(曽根威彦『刑法の重要問題(各論)』〔成文堂,第2版,2006〕133頁)という説明がなされるが,これは侵害されるべき占有それ自体の要保護性を述べるものではなく,(イ)の流れになってしまっている。ここで(ア)の立場から,泥棒の占有の要保護性を論じるのは相当に難しいところであるが,1つの考え方としては,「正当な利益による裏打ち」といっても,所有権・質権・賃借権といった(占有権を除いた)民法上の権利による裏打ちまで厳密に求めることはできないのではないか,結局は,行為者と占有者との関係において占有侵害を許すべきでないような保護に値する利益があるかといったあたりで判断するほかはないのではないか,と考えることも可能ではないだろうか(中森・各論105頁以下)。この見解によるときは,Fに対してはGの占有に要保護性はないが,Hに対してはあるということになろう。

III 権利行使と詐欺・恐喝
―― 金返さんのは泥棒と一緒やぞ！――

1 設問(3)a)は,「権利行使と詐欺・恐喝」という問題の典型例である。

戦前の大審院判例は,(ア)権利の範囲内で財物・利益を得た場合には詐欺・恐喝罪は成立しない,(イ)権利の範囲を超えて財物・利益を取得した場合には,それが可分であれば超過部分につき,不可分であれば全部につき,詐欺・恐喝罪が成立する,(ウ)権利実行の意思がなく,これに仮託しただけの場合には,全部につき詐欺・恐喝罪が成立する,(エ)恐喝罪が成立しない場合でも,手段が正当な範囲を超えていれば脅迫罪等が成立するという考え方に立っていた(大連判大正2・12・23刑録19輯1502頁,大判昭和5・5・26刑集9巻342頁)。

2 このような大審院の立場は、実質的にみてEには財産的損害が認められず、財産犯（詐欺・恐喝罪）の成立が否定されるべきではないかと考えれば、とても説得的に思われるであろうが、この結論を導くには2つのアプローチがありうる。

　1つは、上でみた「奪取罪の保護法益」論の本権説（的な見解）の解決策をそのまま応用することである。Eは債務を負っており、その金銭を引き渡す義務があったのだから、その義務を履行しないでいる者は、**恐喝等の行為者との関係で、その金銭を民事上不法に所持しているのだ**、まさに、「金返さんのは泥棒と一緒やぞ！」と考えるのである。この考え方からすれば、(3)a)の例はもとより、b)の窃盗の場合、さらには、債権取立てのために債務者の反抗を抑圧して金銭を強取したような強盗の場合でも、Eの金銭の占有が不法であり、保護に値しない以上、財産犯の成立は否定されることになろう。この場合には、「権利行使と詐欺・恐喝」という固有の問題は存在しないことになるが、このような考え方はほとんどみられない。

　もう1つは、Eの100万円の交付が任意のものである以上、これが**債務の弁済となり、債務が消滅することを重視**する考え方である。つまり、「此場合ニ於テハ犯人ノ領得シタル財物又ハ利益ノ中其権利ニ属スル部分ハ正当ナル法律上ノ原因アリテ給付セラレタルモノナレハ此部分ニ付キテハ給付行為ハ弁済トシテ有効ニ成立シ犯人ノ有スル権利ハ之ニ因リテ消滅スルヲ以テ何等不当ノ利得アルコトナ」しということである（前掲・大連判大正2・12・23）。被害者からの金銭の占有移転が、債務の弁済だといえるのは、詐欺・恐喝という交付罪の被害者は、意思を完全に抑圧されておらず、金銭の交付が任意のものだからである。それゆえ、「権利行使と詐欺・恐喝」という固有の問題が登場することになるのである。

　この考え方からは、(3)a)の例では財産犯の成立が否定される（せいぜい手段の違法性を捉えて脅迫罪などの成立が認められるにすぎない）のに対し、(3)b)の窃盗の例、さらには、債権取立てのために債務者の反抗を抑圧して金銭を強取したような強盗の場合には、被害者の意思が抑圧されているため、債務の弁済とはいえず（2項強盗罪に処分行為が要件とならない理由もこの点に関わっていることを思い出していただきたい）、債務は消滅しないから、奪われた金銭が財産的損害

と評価されることになろう。

　もっとも，このように，行為者の行為によるマイナスとプラスを相殺して損害の有無を判断することは，背任罪のように全体財産に対する罪におけるものであり，詐欺・恐喝罪のような個別財産に対する罪にはなじまないのではないかという批判があるほか，民法は，債権者に暴行・脅迫を用いた履行強制の権利まで認めているわけではないのではないかという批判も向けられている。

　3　他方，現在の判例のリーディングケースである最判昭和30・10・14刑集9巻11号2173頁は，3万円の未払金を請求するにあたり脅迫して6万円を支払わせた行為につき，6万円全体について恐喝罪の成立を肯定している。これは，**自力救済を違法視し，奪取罪の保護法益論に関して所持説をとる戦後の判例の立場の現れ**であり，権利行使として恐喝等が行われたことは，せいぜい「権利行使の手段として社会通念上，一般に忍容すべきものと認められる程度」であれば，違法性が阻却されるという仕方で考慮されるにすぎないことになる。

　この判決については，1で示した大審院の(イ)の原則までを否定したものだとの理解が支配的であるが，債権額が3万円でしかないのに6万円を喝取するなどということは全体として権利行使とはいえないとして(ウ)の原則の範囲内で説明できれば，大審院の(イ)の原則が否定されたわけではないとも考えられる。実際，特別法（補助金等に係る予算の執行の適正化に関する法律）に関するものであるが，最決平成21・9・15刑集63巻7号783頁は，欺罔手段を用いて補助金を上乗せして交付させた事案につき，不正手段との因果関係の有無という観点からではあるが，補助金対象外もしくは実在しない牛肉に関する補助金額についてのみ補助金等不正受交付罪の成立を認めており，これは**(イ)の原則と整合的**であるように思われる。

　そして，近時の最判平成13・7・19刑集55巻5号371頁は，大阪府営住宅のくい打ち工事に際して発生した汚泥の処理券を偽造して完成検査を早め，請負代金の支払を早めさせたが，府側にはこのことによる減額請求権はなかったという事案につき，工事代金を全額請求する権利のある行為者が欺罔手段により支払わせたというだけでは，詐欺罪の成立は認められないことを前提とした判断を行っている（結論的には支払時期を早めたことを理由に詐欺罪の成立可能性を

肯定している）ところであり，これは(ア)の原則が生き延びていることを意味するようにも思われる。

> **もう一歩先へ** 民法と刑法の関係
>
> 　財産犯の領域では，民事上の権利関係にかかわらず，可罰性が肯定できるとするロジックが散見される。建造物の他人性に関する最決昭和61・7・18刑集40巻5号438頁は，他人の建造物だといえるためには「他人の所有権が将来民事訴訟等において否定される可能性がないということまでは要しない」と判示したが，そこでの長島裁判官の補足意見は，「民事法は，その物の所有権が誰に属するかを終局的に決することによって財産関係の法秩序の安定を図ることを目的とするのに反し，刑法は，この場合，その物に対する現実の所有関係を保護することによって既に存在している財産関係の法秩序の破壊を防止することを目的とする」としたうえ，この現実の所有関係は「社会生活上，特定の人の所有に属すると信じて疑われない客観的な状況のもと」で成立するものと理解している。
> 　また，違法な債務の免脱の事案に関しては，「被害者に民事的には法的保護に値する利益がない場合であっても，不法な手段によって財産法秩序を乱す行為を容認することは，結局，私人の財産上の正当な権利・利益の実現を不能ならしめることになる」から，可罰性が肯定されるべきだとする裁判例が存在している（大津地判平成15・1・31判タ1134号311頁，さらに，名古屋高判昭和30・12・13裁特2巻24号1276頁）。
> 　こうした判例の態度は，刑事裁判が民事の紛争に巻き込まれることを回避するためのものとして評価されることも多いが，この場合，財産犯において刑法が何を保護していることになるのかは必ずしも明らかではない。1つの考え方として，被害者側に民事上正当な権利・利益があろうがなかろうが，およそ他人の財産を不法な手段で侵害しようとする者を一律に処罰することにより，財産犯の行為規範が強化されれば，ひいては正当な権利者の保護も図られるとすることはありえなくはないだろう。
> 　しかし，財産犯における刑法の役割は，あくまで民事法による財産保護を刑罰によりバックアップすることなのではないだろうか（刑法の二次規範性）。そうだとすれば，民事上保護に値する利益が存在しないところで，刑法を登場させるのはおかしいのではないだろうか。刑法は，およそ騙そうとする輩を一網打尽にすることで，善良な者を保護しようとするシステムではなく，保護されるべき利益を侵害しよう

とするものを罰することで法益を保護するシステムなのではないだろうか。

〔安田拓人〕

No.15　詐欺罪における「財産的損害」

　次の(1)〜(3)の主張に出てくる詐欺罪の「財産的損害」とはどのような意味か考えてみよう。さらに、(1)〜(3)の事例で「財産的損害」を否定して詐欺罪が成立しないと解してよいかどうか、検討してみよう。

　(1)　弁済期の到来を誤信させて、本来よりも1か月早く100万円の債務を返済させた。いずれにせよ100万円を返済する義務はあるのであるから、債務者に「財産的損害」はない。

　(2)　偽物の美術品を本物であるとだまして代金1万円を支払わせたが、提供した美術品の市場価格は1万円であった。プラスマイナス・ゼロであるから、買主に「財産的損害」はない。

　(3)　他人になりすまして、他人名義の携帯電話回線を新規契約し、無料の電話機の交付を受けた。電話機を交付することに同意しているのであるから、販売店に「財産的損害」はない。

Stage 1　No.15　詐欺罪における「財産的損害」

Hint

　246条1項に「財産的損害」という用語は規定されていないのに，なぜ詐欺罪の要件としてその要否が議論されるのだろうか。2項詐欺罪の「財産上の利益」（246条2項）や背任罪の「財産上の損害」（247条）との関係も意識してみよう。

解説

I 「財産的損害」の必要性

「どうせ私をだますなら 死ぬまでだまして欲しかった」というのは歌謡曲「東京ブルース」（作詞：水木かおる）の一節であるが，これは詐欺罪との関係でも示唆的である。というのも，被害者がだまされたことに気づかないうちは，損害はないのではないかとも思われるからである。詐欺罪の損害は，財物・利益を取られたところにではなく，被害者の主観面が侵害されたところにこそあるのではないか。

もちろん，「あなた，だまされていますよ」と教える行為が財産犯としての法益侵害行為なのではなく，侵害者はあくまでだまし取った行為者である。しかし，本質的には，だまし取ったこと自体ではなく，だまし取られたという無念さを与えたことが詐欺罪を基礎づけるのではないか。そうだとすれば，**被害者の無念さの向けられる対象**を分析することが重要な意味をもつであろう。

本項では，このようなことも意識しつつ，詐欺罪における損害の本質について考えてみたい。

やや使い古された感のある例であるが，成人限定の書籍を未成年者が成人であるかのように装って書店で購入する行為には，詐欺罪を成立させるべきでないというのが，現時点でほぼ意見の一致をみる結論である（もっとも，これはおおらかな時代の感覚であり，今日の社会情勢を前提とすると詐欺罪を認めるのが自然な場合もあるとの指摘もある）。

ところが，このケースでは，未成年者による店員に対する欺罔行為も，店員の錯誤・交付行為も，店から客への書籍の移転も肯定されうるから，そのままであると詐欺罪が成立してしまいそうである。そこで，詐欺罪の要件として，通常挙げられるものに加えて「財産的損害」が必要であるとされ，上の事例ではそれが否定されるので詐欺罪は成立しないと説明される。

以上の意味で「財産的損害」は，条文文言にはないが**解釈によって導入された，妥当な結論を導くための安全弁**であるかのようである。しかし，必ずしも

Stage 1　No.15　詐欺罪における「財産的損害」

そうではないということは後で述べる。

II　詐欺罪の3類型

　詐欺罪は通常，取引を前提としている。被害者が行為者に交付した物を α，反対給付として行為者が被害者に提供した物を β，当該取引において被害者が反対給付以外に追求していた目的を γ とすると，詐欺罪には，① α に関して被害者の錯誤があるもの，② β に関して被害者の錯誤があるもの，③ γ に関して被害者の錯誤があるもの，の3類型がある。それぞれの典型例は，①価値のないものだとだまして被害者の所有物を安く買い取る行為，②価値の高いものだとだまして商品を高く売りつけ代金を受け取る行為，③慈善団体への寄付だとだまして金銭を受け取る行為，である。

　詐欺罪においては一般に「財産的損害」が必要であると解され，どのような場合にそれが認められるかが議論されているが，上の①〜③のいずれの類型の詐欺罪であるかによって，その問題の現れ方・扱われ方は異なったものとなっている。また，「財産的損害」は，基本書等によって扱われ方が異なり，体系的な整理も少々難しいものであるから，上のような観点を意識しながら整理していこう。

III　設問(1)について

> 　弁済期の到来を誤信させて，本来よりも1か月早く100万円の債務を返済させた。いずれにせよ100万円を返済する義務はあるのであるから，債務者に「財産的損害」はない。

1　財産法益としての保護価値

これは詐欺罪の問題であるが，少し用語を替えて殺人罪の問題にしてみよう。

> 　余命1か月の病人を刺殺した。いずれにせよ死亡を受け容れざるをえないのであるから，その病人に「生命的損害」はない。

このような理由で殺人罪の成立を否定することはありえない。一般に，生命には一瞬一瞬に価値があるから，死期を早めれば，その分の生命法益の侵害が殺人罪を基礎づけるものと考えられている（死因が重要であるという議論もあるが，ここでは措いておこう）。

では，詐欺罪の場合はどうだろうか。財産法益も生命法益と同じように扱われるのであれば，期限よりも早く弁済させる行為に無条件で詐欺罪の成立を認めることになる。しかし，**財産の保有には，一瞬一瞬に保護すべき価値があるとは考えられていない**。欺罔行為によって弁済を不法に早めさせたからといって，それだけで詐欺罪が基礎づけられるとは考えられていない。

もっとも，弁済を不法に早めさせた場合に，およそ詐欺罪が成立しないということでもない。金額が高く，時期が大幅に早められた場合は，財産法益の侵害を肯定することができる。その理由は，直接的には，もし被害者が本来の期限まで弁済しないで済んだのであれば，その間にその金銭を**運用して利益を上げることができた**からであり，また，期限が早まったことにより，弁済金を用意するために本来は不要なさまざまな**手続的負担を強いられた**ということもあるからである。

このように考えると，本問では，100万円を1か月間保有することに財産法益としての保護価値があるかということが検討されなければならない。一概にはいえないが，被害者が一般私人なのであれば，通常は肯定されると思われる。判例は，公共工事の請負代金を欺罔行為により早期に受領したという事案につき「欺罔手段を用いなかった場合に得られたであろう請負代金の支払とは社会通念上別個の支払に当たるといい得る程度の期間支払時期を早めたものであることを要する」（最判平成13・7・19刑集55巻5号371頁）としているが，**2つの支払の差に財産法益としての独立の保護価値がある場合**に，両者の支払は別個の支払にあたることになろう。

2 なぜ財物の移転だけでは不十分なのか

ここでは，1項詐欺が問題となっているが，これは当該財物を当該期間保有することに財産上の利益性が認められるかという問題であるから，**2項詐欺における利益性の問題と本質的には同じ**ことが問われていることになる。2項詐欺

では，たとえば，履行期後に債権者の督促を一時免れることが「財産上の利益」といえるかが問題とされているが（最判昭和30・4・8刑集9巻4号827頁），それと同様のことが，客体が財物となって問われている。すなわち，確かに財物が移転してはいるが，そこに実質的にみて財産上の利益＝財産的損害があるといえるかが問題となっている。さらに換言すれば，財物の移転という「形式」の裏側に，本来なされるはずの財物の移転と比較した場合における「実質的」な財産上の利益性＝財産的損害性があるかが問題となっているのである。

1項犯罪の客体は財物であり，通常は財物性が肯定されれば，財物を保有することにも利益性が肯定できる。したがって，財物の移転という形式が肯定されたときに，さらにそれが実質的にも利益＝損害であるかが重ねて問われることは，通常はない。

これに対して，権利者による権利行使の場合のように，当該欺罔行為がなされなかったとしても，欺罔の伴わない権利行使により財物の移転という形式が満たされると判断される場合には，**仮定的世界と現実との差が実質的に利益性＝損害性を備えているかという問題**が，財物性の問題とは別に立ち現れるのである。殺人罪でいえば，行為がなくても同時刻に被害者は死亡していたといえる場合，すなわち結果回避可能性がない場合に対応する。

これが，「財産的損害」として扱われる1つ目の問題領域である。ここでは，被害者が交付する財産自体に関する損害性が問題となっている。

Ⅳ 設問(2)について

> 偽物の美術品を本物であるとだまして代金1万円を支払わせたが，提供した美術品の市場価格は1万円であった。プラスマイナス・ゼロであるから，買い主に「財産的損害」はない。

1 全体財産に対する罪と個別財産に対する罪

背任罪（247条）では，「財産上の損害」が要件として明示的に規定されている。これは，「本人」（＝被害者）の全体財産の減少を意味するものとされている。すなわち，背任罪は，任務違背行為によって一方で財産の減少が生じても，

他方でそれに対する反対給付が存在することなどにより減少に見合った財産の増加が認められる場合には，財産全体としての減少が否定され，既遂とはならない（未遂にとどまる）。その意味で，背任罪は全体財産に対する罪であるとされている。

これに対して，詐欺罪は，背任罪を除く他の財産犯と同様に，個別財産に対する罪であると解するのが一般的である。「財産上の損害」という文言が規定されているのは背任罪だけであり，詐欺罪を含む他の財産犯の規定にはそのような文言がないからである。詐欺罪は物や利益の移転によって既遂に達するのであり，移転した個別の物や利益の喪失自体が，詐欺罪における構成要件的結果である。

それを前提とすると，本問のように，詐欺罪において，一方で1万円が出ていっても，反対給付として市場価格1万円の商品が入っている，というように全体財産の増減を問題とするのは，法益侵害結果の判断枠組として正しくないということになる。

もっとも，これには注意が必要である。上の事例のように，本物の美術品を購入しようとして1万円支払ったが，提供されたのは偽物の，しかし市場価格は1万円の美術品だったという場合，全体財産の増減を考えるとしても，その両者を差引きしてプライスマイナス・ゼロであると判断してはいけない。というのも，背任罪における財産上の損害をみてみると，財産を積極的に減少させる場合だけでなく，増加すべき財産の増加を妨げる消極的損害も含まれるからである。それと同様の分析をすると，上の事例では，市場価格が1万円よりも高い本物の美術品を得ようとしたのに，現実に獲得したのは1万円の美術品でしかなかった点に，全体財産の減少を認めることができる。比較すべきは，「給付」と「反対給付」だけではなく，**「期待された反対給付」と「現実の反対給付」**の差もマイナス側にカウントしなければならないのである。

そして，学説においては，詐欺罪を個別財産に対する罪であると解するとしても，財産の喪失自体を形式的に損害とするのではなく，何らかの実質的観点から限定をかける見解が通説を形成しており（実質的個別財産説），たとえば，被害者が当該取引において獲得しようとして失敗したものが，経済的に評価して損害といいうるものかどうかにより，財産上の損害の有無を判断すべきであ

るなどとされる(西田・各論204頁以下)。そこでは,説明の形式上は個別財産に対する罪を維持しているものの,実質的な判断内容は,ほとんど全体財産に対する罪のそれと異ならないということができる(林・各論143頁以下)。期待された反対給付と現実の反対給付の̇ず̇れ̇に,財産的損害の実質を見出しているからである。

2 判例と注意点

判例もこの観点から分析可能である。ドル・バイブレーター事件(最決昭和34・9・28刑集13巻11号2993頁)では,給付に相当する対価が反対給付として支払われたが,詐欺罪の成立が肯定された。医師詐称事件(大決昭和3・12・21刑集7巻772頁)では,同じく給付に相当する対価が反対給付として支払われたが,財産的損害がないとして詐欺罪の成立が否定された。

「給付」と「反対給付」を比較している限りは,この2つの判例を整合的に説明することはできない。しかし,「期待された反対給付」と「現実の反対給付」とを比較すると,ドル・バイブレーター事件では,特殊治療器具を期待したのに現実には単なる電気あんま機が提供されたのに対して,医師詐称事件では期待した効能の薬が得られている。その薬を医師の有資格者から得るということは実現していないが,それは財産的損害とは評価されないのである。

これが,「財産的損害」として語られる2つ目の問題領域である。ただし,次の点に注意が必要である。上では,被害者が獲得しようとして失敗したものが経済的に評価して損害といえるときに財産的損害が肯定できるという説明を挙げたが,獲得の失敗が客観的に確定した時点ではじめて財産的損害が生じて,詐欺罪が既遂になるのではない。設問(2)に即せば,詐欺罪を構成するのは,本物の美術品を交付しなかった点ではなく,代金をだまし取った点である。代金をだまし取った後に,改心して,本物の美術品を交付したとしても,理論的には詐欺罪は否定されない(現実には,そのような場合は,ばれないだろうが)。その意味で,形̇式̇上の損害は,あくまで代金の喪失である。しかし,損害の実̇質̇は,獲得しようとしたものが得られない点に求められる。

その形式と実質を結びつけるのは,被害者の錯誤である。つまり,**反対給付に関する錯誤に陥りながら財産を交付させられたことが「財産的損害」**だという

ことになる。この点を正面から扱うのが，次の設問(3)である。

V　設問(3)について

> 他人になりすまして，他人名義の携帯電話回線を新規契約し，無料の電話機の交付を受けた。電話機を交付することに同意しているのであるから，販売店に「財産的損害」はない。

1　被害者の錯誤に基づく同意

　一般的に，詐欺罪の被害者は財産を自ら交付しており，財産を喪失することについて同意しているにもかかわらず，なぜ違法性が阻却されないのであろうか。それは，被害者の同意は錯誤に基づいたものであって無効だからである。逆にいうとここでは，被害者の同意が無効となるか否かが詐欺罪の成否を分けることになる。そして，それが「財産的損害」の有無として説明されることがあるために，話がわかりづらくなっている。

　この点に関する最も明瞭だと思われる体系的説明は，次のようなものである。

> 「交付により喪失した財物・財産上の利益が法益侵害を構成する場合に，詐欺罪は成立する。財物・財産上の利益が被欺罔者の意思に基づいて交付される（移転・喪失に同意がある）にもかかわらず，法益侵害の発生を肯定しうるのは，財物・財産上の利益を移転させる意思が瑕疵あるものだからである。言い換えると，財物・財産上の利益を移転する意思があり，それに瑕疵がない場合には，財物・財産上の利益を喪失したにもかかわらず，法益侵害は発生していないことになるのである（同意により，移転・喪失について法益侵害性が否定される）」（山口・新判例272頁）。

　ここでは「財産的損害」は詐欺罪における独立した要件ではなく，「財物・財産上の利益の移転」と「瑕疵ある同意」を合わせたものだということになる。これはいわゆる法益関係的錯誤説の論者から提示される枠組であるが，同説によらずとも乗ることができるものである。諸見解の相違は，詐欺罪における同意の瑕疵＝重要な錯誤をいかなる場合に認めるかという点のみにあると整理す

ることができる。

　伝統的には，Ⓐ交付行為と条件関係に立つような錯誤（すなわち，それがなければ交付行為がなされなかったといえる錯誤）がすべてこれにあたるとする見解（形式的個別財産説）が有力であった。

　これに対して，近年の判例（最決平成22・7・29刑集64巻5号829頁）は，「交付の判断の基礎となる重要な事項」に関する錯誤が詐欺罪における錯誤であり，欺罔行為はそのような錯誤に向けられたものでなければならないとする理解を明確に示している。「重要な事項」の判断基準が問題であるものの，これはⒶ説における錯誤に対して**規範的な限定**を課すものと解することができる。その錯誤がなければ交付していなかったといえるような場合のすべてが「重要な事項」に関する錯誤なのではなく，一定の限定が加わっていると解される。

　学説においても何らかの実質的観点からの限定を求めるのが現在では通説といえる（実質的個別財産説。なお，学説の名称や整理の仕方は多様であるので，混乱しないように注意が必要である）。具体的な限定の基準を示すものとして有力に主張されているのは，Ⓑ「財産交換」「目的達成」に関する錯誤に限定する見解（目的不達成論。山口・各論268頁。「財産交換」は前述Ⅳの類型に対応する）や，Ⓒ「財産処分の客観化可能で経済的に重要な目的」に関する錯誤に限定する見解（佐伯仁志「詐欺罪(1)」法教372号〔2011〕108頁）である。

　Ⓑ説は「目的達成」とは直接関係しない付随的事情の錯誤を排除する点で，Ⓐ説よりも詐欺罪の範囲について限定的であり，Ⓒ説は目的自体にも経済的要素を求める点でさらに限定的である。Ⓑ説は，いかなる目的であれ被害者の追求する取引目的に錯誤があれば同意は無効となり，同意が無効である以上財産移転は法益侵害を構成すると解するのに対して，Ⓒ説は，その場合の実質的な保護対象は被害者の意思であると解し，「経済的に重要な目的」の錯誤に限定することで，取引を前提とする動的関係における財産犯の保護対象として相応しい意思のみを保護することを目指している。「被害者が獲得しようとして失敗したものが，経済的に評価して損害といいうるものか」（西田・各論204頁以下）というⅣで登場した観点は，後者に親和的であるということができる。

2 携帯電話の場合

　他人になりすまして携帯電話の交付を受ける行為はどうであろうか。不正に取得した他人名義の携帯電話は振込め詐欺に悪用されており，それに対する法的規制が進んでいる。携帯電話不正利用防止法（平成17年法律第31号）は，携帯電話の契約締結時の本人確認を義務づけ（3条1項），本人確認において本人特定事項を偽る行為を禁止・処罰しているほか（3条4項・19条。50万円以下の罰金），契約者による第三者への携帯電話の譲渡も一定の範囲で制限・処罰対象にしている。このような禁止・制限は銀行の預金口座開設におけるものと同様のものであり，他人名義で預金口座を開設し預金通帳等の交付を受ける行為に詐欺罪を認める判例（最決平成14・10・21刑集56巻8号670頁）を支持する立場からは，携帯電話の場合も詐欺罪の成立を認めてよさそうである。名義人と異なることがわかっていれば通帳や電話機は交付されなかったであろうし（Ⓐ説），名義人本人に交付することが銀行や販売店の取引目的であろう（Ⓑ説）。

　Ⓒ説からは詐欺罪の成立を肯定しづらくなるが，基本的に預け入れた金額の範囲内でのみ引出しが可能である預金口座の場合とは異なり，携帯電話は，通常，契約すれば代金は後払であるから，他人名義で契約されると，携帯電話事業者は，本人名義での契約の場合に比べて代金回収ができないリスクを余計に負うことになる。この点を捉えれば，詐欺罪の成立を認めることは容易にできると考えられる。他人への譲渡目的を有するのにそれを秘し，自己名義で携帯電話の契約をして電話機の交付を受ける行為についても，同様である（詐欺罪〔未遂〕を認めた最近の判例として，東京高判平成24・12・13高刑集65巻2号21頁参照）。

　近年は，暴力団員であることを秘して不動産の賃貸借契約を締結したり，ゴルフ場を利用したりする行為に，利用の利益をだまし取った点で2項詐欺罪の成立を認めてよいかが問題とされている。暴力団員に入居されたりプレーされたりすると賃貸人やゴルフ場にはどのような不利益があるかを，経済的なものとそれ以外のものとに分けて多角的に検討し，賃貸人やゴルフ場にとって相手方が暴力団員でないことが利益提供の判断の基礎となる「重要な事項」であるかどうか考えてみよう（不動産賃貸借について，札幌地判平19・3・1裁判所ウェブサイト〔LEX/DB28135165〕，神戸地判平成20・5・28裁判所ウェブサイト〔LEX/DB

25421253〕，ゴルフ場利用について，最判平成 26・3・28 刑集 68 巻 3 号 582 頁，最決平成 26・3・28 刑集 68 巻 3 号 646 頁。この問題については，山口・新判例 282 頁以下も参照）。

──── *One Point Advice* ────────────────

　詐欺罪は財産犯である以上，「財産的損害」が要件となることは当然であるといわれることがある。それはそのとおりであるが，そうであるからこそ，「欺罔行為→錯誤→交付行為→財産移転」とは別の要件として「財産的損害」を追加するのではなく，「欺罔行為→錯誤→交付行為→財産移転・法益侵害」という要件の内部ですでに財産的損害の有無は判断されているはずだと考えるべきなのである。

　設問(1)で扱った「財産的損害」は，「財産移転・法益侵害」の要素である。欺罔行為がなかった場合と比較して，法益侵害性が肯定できるような財産移転といえるかという問題である。

　これに対して，設問(3)で扱った「財産的損害」は，「重要な事項に関する錯誤」に向けられた「欺罔行為」といえるかという問題として整理されるようになってきている。証明書の不正取得の事例群を中心に，財物性の要件で処理する議論もかつてはなされたが，近年の判例がそうであるように（本文で挙げたもののほか，最決平成 26・4・7 刑集 68 巻 4 号 715 頁〔暴力団員による銀行預金口座開設の事案〕参照），「人を欺く行為」に位置づけるのが体系的に適切であろう。

　設問(2)における「財産的損害」は，目的のものが得られなかったという客観面を前面に出せば「財産移転・法益侵害」の問題であるともいえる。しかし，個別財産に対する罪としての構成を明確に維持しようとするのであれば，ここでも被害者の主観と客観との齟齬を問題として，「重要な事項に関する錯誤」に向けられた「欺罔行為」に位置づけるのが妥当であろう。

　「財産的損害」ということばで，個別財産に対する罪の意味，権利行使と詐欺，錯誤の重要性といった異なる問題がすべて扱われるのであり，しかも，これらのうちどの部分を指すかが論者によって異なるので，注意が必要である。

〔和田俊憲〕

No.16　占　有

(1) 窃盗罪（をはじめとする占有侵害罪。以下，窃盗罪に代表させる）の成立要件においては，「占有」という概念が，2か所で用いられている。それぞれ，どのような場面であったか。また，それはなぜか。

(2) 窃盗罪の被害者に，占有があったか否かが争われる場面は，2つの類型に分けることができる。それぞれ，どのような場合か。また，それぞれの判断をめぐっては，どのような議論がなされていたか。

(3) 不動産侵奪罪は，その立法経緯から，「不動産窃盗」と呼ばれることがあるが，そこにおいては，(1)，(2)はどのように理解されているのか。特に，(2)について，窃盗罪との相違があるか否か。仮に，それがあるとすれば，どのような理由に基づくかに注意しながら，検討してほしい。

(4) 横領罪における「占有」は，一般にどのように定義されているか。また，それが窃盗罪における占有と意味が異なるのは，なぜか。

Stage 1　No.16　占　　有

Hint
　占有という概念は，罪名ごとに意味合いが異なるし，奪取罪において保護の対象となる場合でも，問題となる局面ごとに考慮されるべきファクターが異なってくることを意識しつつ，(1)〜(4)の場合についての裁判例に現れた具体的な事案に対する裁判所の結論を，自分で理論的に説明できるかトライしてみよう。

解説

I はじめに

　財産犯においては，しばしば「占有」という概念が登場する。これは，民事法にいう「占有」と必ずしも同じ意味ではなく，刑法独自の内容をもっている。そして，その中でも，a) 主として窃盗罪等の占有侵害罪における被害を基礎づける「事実的支配」と，b) 横領罪における主体としての地位を基礎づける「法律的支配」（設問(4)）に分かれる。

　これだけでも，ややこしいかもしれないが，実は問題はまだ終わりではない。まず，a) について，a1) 占有を侵害するだけでなく，a2) 占有を行為者が取得しなければならないとされていること（設問(1)），a1) は，占有の有無と占有の帰属の問題に分かれること（設問(2)）を理解しておく必要がある。さらに，動産を前提としたこうした枠組が，はたして不動産の場合にもあてはまるのか，といった問題点（設問(3)）について，なお議論が必要である。

　他方，b) については，侵害の対象ではなく，行為者が横領の実行行為を行う前提として要求されているため，その内容は a) とは大きく異なっている。それゆえ，a) b) の関係についても一度整理しておく必要がある。

　なお，a) について以下では，窃盗罪を念頭に置いて論じている。実は，窃盗罪とそれ以外の占有侵害罪とで，ここにいう占有が同内容かという点は1個の問題である（実際，Ⅲ1(2)でみるように，少なくとも a2) について異なった結論となっている場面があるし，他の場面でも，微妙な違いがありうる）。しかし，それは頭の隅にとどめて，まずは窃盗罪についての議論を理解してほしい。

II 窃盗罪における占有侵害と占有取得

1 占有侵害

(1) 占有の有無

　基本的な指針　まず，被害者の占有についてみよう。それが問題とされるのは，大別して，誰にも占有されていない物か，被害者が占有している物かが問題となる場面（**占有の有無**）と，占有されている物であることは確かなのだが，占有者が行為者なのか，他者なのかが問題となる場面（**占有の帰属**）とに分けられる。

　まず確認すべきなのは，ここでいう占有は，「人が物を**実力的に支配**する関係」（最判昭和 32・11・8 刑集 11 巻 12 号 3061 頁）であるとされている点である。こうした場合には，財物それ自体を直接利用することが容易であり，そうした利益を保護する必要性が高いため，窃盗罪としての重い処罰を基礎づけうるというのが一般的な考え方である。

　占有の有無が問題となる場合は，① **物が閉鎖空間内**あるいはそれに準じる場所に存在している場合（それは，さらに所有者自身が占有者である場合と，所有者がそうした閉鎖空間に物を置き忘れてしまい，その閉鎖空間の管理者が占有を有する場合とに分けられる），とそうでない場合に分けられる。後者はさらに，② 被害者が，物を意識的にある場所に置く等**占有意思が明確**な場合，③ 被害者が**物を置き忘れた場合**に分けることができる。さらに，②，③については，別の角度から，ⓐ 誰かが占有しているという**外観**がある場合と，ⓑ そうでない場合という分析軸を設定することもできる（①については，常に，占有の外観も満たされているので，この点は論じる必要がない）。

　②③に関する分析軸を表にしてみると，次のようになる。

	占有の外観あり　ⓐ	なし　ⓑ
占有意思が明確　②	(ア)窃盗罪肯定に異論なし	(イ)震災事例。争いあり
忘れ物　③	(ウ)カメラ事例	(エ)ポシェット事例。時間的・場所的近接性

①に関する判例 以下,それぞれについて,判例に現れた具体例をみてゆこう。

①の典型例としては家等の閉鎖空間があげられる。空き巣が窃盗であることに異論ないことからもわかるように,たとえ被害者が家に長期間いなかったとしても,その占有が否定されることはない。また,この場合には,財物に対する個別的な占有意思も問題とされず,その意思は包括的なもので足りる(自宅内で所在を見失った物に占有を認めた判例として,大判大正15・10・8刑集5巻440頁)。また,物の占有者Aが,他人Bが管理する閉鎖空間内に物を置き忘れた場合には,物の占有はBに移り,それを領得する行為は,やはり窃盗罪となる(宿泊客が旅館内のトイレに逸失した財布について旅館主の占有を認めた大判大正8・4・4刑録25輯382頁。ゴルフ場のロストボールについてゴルフ場の占有を認めた最決昭和62・4・10刑集41巻3号221頁)。駐車場に停められている自動車等も,なおこの類型にあたるか,あるいは(ア)にあたるといえよう。さらに,やや特殊な事例ではあるが,戻ってくる習性がある動物も,被害者の支配が確固たるものである点では,この類型に分類することができる(最判昭和32・7・16刑集11巻7号1829頁〔戻ってくる習性のある犬について占有を肯定〕)。

(ア)に関する判例 こうした①にあたらない類型について,判例に現れた事案をみてみよう。まず(ア)については,たとえば,次のような事例で窃盗罪を認めた裁判例がある。事実上,市場に来る客の自転車置場となっていた人道専用橋上に,被害者が,名前を書き,折畳み傘とタオルを入れていた新しい自転車を駐輪し帰宅したところ,被告人がそれを持ち去った行為である(福岡高判昭和58・2・28判時1083号156頁)。これは,被害者が意識的に物を置いた点で,その占有意思がはっきりしており,また占有の外観もあった事案であった(②かつⓐ)。このような場合について,多くの学説は,いわば①の自己が管理する**閉鎖空間にある物に準じる**として,占有を肯定する。

こうした多数説の実質的根拠としては,多数の利用者が継続的利用の意思のもとに物を置いている場所は,事実上その継続的利用に対する尊重心に守られた領域とみられるため,物に対する排他的確保を維持できる,という説明がなされている(松尾誠紀・百選Ⅱ〔第6版〕57頁)。あるいは,そのような状況であれば,周囲の人は通常は領得せず,当該権利者のために見守ることが期待され

るが，それにもかかわらず領得したことは当罰性が高いともいいうる（和田教授の指摘による）。

こうした場合には，領得時の被害者と財物との距離，放置された時間等は重視されていない。本件でも，被害者は帰宅し，自転車が 14 時間無施錠で放置されていたにもかかわらず，占有が肯定されているのである（もっとも，①とは異なるから，通説が，自転車を放置してから相当な日数が経過したような場合にまで占有を認める趣旨であるかまでは，明らかでない）。

（イ）に関する判例　（イ）については，大震災の際に道路に搬出した物を領得した行為に窃盗罪を認めた判例（大判大正 13・6・10 刑集 3 巻 473 頁）がある。また，海中に落とした物について落とし主から依頼を受けた A が，被告人らに位置を指示して引上げさせたところ，被告人はそれを発見したが領得した点につき窃盗罪を認めた判例も，ここに位置づけることができるだろう（最決昭和 32・1・24 刑集 11 巻 1 号 270 頁。A が物件に関し管理支配意思と支配可能な状態を有することを理由に占有を認めた原判決を「正当」として是認している）。このような事案における占有の有無の判断に際して，多数説は，あくまで先にみたような理由から，占有の外観を重視している。そこで，こうした見解によれば，占有を認めた前掲・大判大正 13・6・10 は，占有の外観が認められないから妥当でない（たとえば，西田・各論 145 頁），あるいは震災という特殊な状況についての判断だから一般化すべきではない（山口・各論 180 頁。震災時であるからこそ，道路に搬出された物でも，占有の外観が否定されないという趣旨であろう），ということになる。また，前掲・最決昭和 32・1・24 も，A が落下場所の大体の位置を指示していたこと等に照らすと，単なる占有意思のみでなく，それを推認させる客観的状況，すなわち占有の外観があったと評価することもできないではない（ただし，*One Point Advice* にあげた鈴木説によれば，この点は重視されるべきではないこととなる）。それに加えて，落とした物が時計でかつ海中にあり，他人が，アクセスすることが困難であったという事情も，「支配」を基礎づけているともいえよう（安田教授の指摘による）。

（ウ）に関する判例　（ウ）については，判例・学説上異論は少ない。具体的な事例としては，昇仙峡行きのバスに乗るため行列していた被害者がバスを待つ間に身辺の左約 30 cm の場所にカメラを置き，行列の移動に連れて改札

口の方に進んだが，改札口の手前約3.7mの所に来たとき，カメラを置き忘れたことに気がつき，直ちに引き返したところ，それがすでにその場から持ち去られていた事案で，「行列が動き始めてからその場所に引き返すまでの時間は約5分に過ぎないもので，且つ写真機を置いた場所と被害者が引き返した点との距離は約19.58［m］に過ぎないと認められる」として，その間にカメラを盗んだ被告人について窃盗罪が認められている（前掲・最判昭和32・11・8）。こうした事案においては，いわゆる**占有の外観**も備わっており，さらに(エ)においてみるような**財物と被害者との時間的・場所的近接性**も備わっているため，窃盗罪の成立を認める結論に異論はみられないが，これは，いわば同床異夢ともいうべき状況であることには注意が必要である（このことは(エ)に関する議論をみると明らかになる）。

　(エ)に関する判例　(エ)について重要なのは，最決平成16・8・25刑集58巻6号515頁である。同決定の事案は，被害者が公園のベンチにポシェットを置き忘れたまま立ち去ったところ，それを注視していた被告人が，被害者らが公園出口にある歩道橋を上がり，その階段踊り場まで行ったのを見たとき，ポシェットを取り上げた行為につき，次のように述べて窃盗罪を認めている。「被告人が本件ポシェットを領得したのは，被害者がこれを置き忘れてベンチから約27mしか離れていない場所まで歩いて行った時点であったことなど本件の事実関係の下では，その時点において，被害者が本件ポシェットのことを一時的に失念したまま現場から立ち去りつつあったことを考慮しても，被害者の本件ポシェットに対する占有はなお失われておらず，被告人の本件領得行為は窃盗罪に当たるというべきである」。

　こうした事案は，（ウ）とは異なり，被害物件に対する支配の外観がないため，占有を認めるべきか否かについて，なお議論がある。支配の外観がないところで占有を認めることに批判的な学説は，このように考えると，事情を知らない者については（窃盗罪の故意がない結果）占有離脱物横領罪が成立するが，事情を知っていた者については窃盗罪が成立するため，結果的に窃盗罪の成否において「犯人が被害者による忘れ物をするのを見ていたという事実を重視」することになるが，それは疑問がある（西田・各論145頁）とする。

　しかし，多くの学説は，このような場合には，**被害者において，財物を容易**

に再度回復する可能性，財物に対する直接的利用可能性が，なお窃盗罪として保護に値する程度に達していると考えている（そうなると忘れ物をするのを見ていたかどうかは，容易に再度回復する可能性を認識していたか否かにかかわるので，その有無は，占有侵害の故意として重要なこととなる）。

他方で，東京高判平成3・4・1判時1400号128頁は，被害者が大規模スーパーマーケット6階のベンチに財布を置き忘れ地下1階に移動し，約10分後に置き忘れに気づき取りに戻ったところ，すでに領得されていた事案で，窃盗罪の成立を否定し，占有離脱物横領罪を認めている。この事案は，前掲・最決平成16・8・25の事案に比し，被害者と財物とが時間的・距離的に離れていた点に加え，階が異なり見通しがきかないため，被害者が置き忘れに気づいても直ちには取りに戻ることができない点で財物を回復する可能性が低く，占有を認めがたいように思われる。

なお，こうした占有の存否は，行為者の領得行為時において判断されるべきであり，前掲・最決平成16・8・25の事案でも，そのような判断がなされている。しかし，領得行為時を特定できない場合もあるから，そのような場合には，被告人の利益に，被害者と財物とが**最も離れた時点**，通常は，被害者が忘れ物に気づいた時点での位置関係が問題とされることとなる。前掲・最判昭和32・11・8や前掲・東京高判平成3・4・1もそのような判断をしたと考えられる。

なお，特殊な問題として，被害者を殺害後に，領得意思が生じて，財物を領得した場合に，どのような範囲で窃盗罪が成立するか（いわゆる**死者の占有**）も，窃盗罪と占有離脱物横領罪との限界が問題となる事例群だが，問題状況が大きく異なるため，ここでは扱わない（Stage 2 No.3参照）。

(2) 占有の帰属

(1)は窃盗罪と占有離脱物横領罪との区別をめぐる議論であったが，窃盗罪と**委託物横領罪**（あるいは業務上横領罪）との区別が問題とされる場面もある。財物の管理に複数人が関与している場合に，この点が問題とされる。一般に占有の帰属といわれる問題である。

先ほど，占有は「物を実力的に支配する関係」であるとした。ここにいう支

配は，事実的支配といわれるが，**現実の所持，握持を意味するものではない**ことに注意が必要である。とりわけ，こうした複数人が財物管理に関与している場合には，**財物に対する支配・管理権限**が重視され，被害者にそれが認められる限りで，窃盗罪が成立すると考えられている。たとえば，商店における商品の占有は店主に属し，同居する雇人がそれを領得すれば窃盗罪となる（大判大正3・3・6新聞929号28頁）。また，旅館の丹前，浴衣の占有は，宿泊者にではなく旅館に存在する（最決昭和31・1・19刑集10巻1号67頁）。ただし，こうした事案では，店舗，旅館といった閉鎖空間による支配が及んでいるため，その管理者に占有を認めやすいという側面はあり（小田直樹・百選II〔第6版〕55頁），それが認められない場合には，上位者から下位者に占有が移っていると判断される場合もあることには注意が必要である（郵便集配人による配達中の郵便物につき業務上横領罪を認めた判例として，大判大正7・11・19刑録24輯1365頁）。

なお，誤解されやすいのだが，**行為者に占有が認められないことは，窃盗罪の成立要件ではない**。行為者に占有が認められたとしても，他の保管者にも同時に認められる場合には，他の保管者の占有を侵害したことを理由に，窃盗罪が認められるからである（最判昭和25・6・6刑集4巻6号928頁〔倉庫の鍵を管理する者につき，少なくとも係長の共同占有を侵害したとして，窃盗罪を肯定〕）。

また，これとの関係で，封緘物を開いて在中物を抜き取る行為については，窃盗罪を認めるのが判例（たとえば，最決昭和32・4・25刑集11巻4号1427頁〔縄かけ梱包した行李を預かった者が，それを開けて衣類を領得する行為〕）・多数説である。こうした封緘などの開封を禁ずる措置によって，被害者に支配が残されていると考えられているのであろう。

2 占有取得

学説においては，被害者の占有が奪われれば，窃盗罪は既遂に達するとするものもないではないが，被害者の占有を奪ったうえで，行為者がそれを取得したあるいは第三者に取得させた時点で既遂になるとするのが一般的な考え方である（取得説）。たとえば，XがA宅に侵入し，Aが飼っているオウムをかごから出して盗もうとしたところ，オウムは開いていた窓から飛び去ってしまった場合，Xには窃盗未遂しか成立しないというのである。

こうした占有取得の有無は，財物の性質，形状，占有者の支配の程度などを総合的に勘案して判断すべきとされているが，1つの目安として，**行為者以外の者が，財物にアクセスしがたい状況が作り出されたか否か**という見方ができるだろう。たとえば，店頭で品物をポケットに入れる行為（大判大正12・4・9刑集2巻330頁），他人方の浴場で発見した指輪を室内の他人が容易に発見できない場所に隠す行為（大判大正12・7・3刑集2巻624頁），スーパーの店内で食料品等35点を買物かごに入れてレジの外側に持ち出す行為（東京高判平成4・10・28判タ823号252頁），大型店舗の家電売り場から大型液晶テレビを買物カートでトイレに運び，洗面台の収納棚に隠す行為（東京高判平成21・12・22判タ1333号282頁）などである。これに対し，障壁，守衛等の設備ある工場内の資材小屋から重量物を取り出し塀のそばに置いただけでは，いまだ未遂とされている（大阪高判昭和29・5・4高刑集7巻4号591頁）。

なお，特殊な事例として，財物自体が移動能力ある自動車については，エンジンを始動させ発進可能な状態にすれば既遂となるという裁判例がある（広島高判昭和45・5・28判タ255号275頁）。

Ⅲ　横領罪における「占有」
——法律上の支配を中心に——

1　総説

横領罪は，自己の占有する他人の物を客体とする。まず，Ⅱ1⑵でみたように，行為者のみが事実上の支配を有している物を領得すれば，横領罪が成立する。さらに，横領罪における「占有」には，事実上の支配のみならず，**法律上の支配も含まれる**というのが一般的な理解である。多数説によれば，この場合の「占有」は，Ⅱのような侵害の対象ではなく，横領行為をすることが類型的に容易な地位（「濫用のおそれある支配力」といわれることがある）を意味するが，横領行為には，事実行為による場合のほか，法律的な処分行為も含まれるため，後者が類型的に容易な地位（登記が残っていればその不動産を売り飛ばせる！），すなわち法律上の支配も含まれると考えられているのである。

2 預金による占有

こうした法律上の支配が認められる場合には、同時に、事実上の支配を有している他人が存在することもあるが、その事実上の支配が、行為者との関係で保護に値しないと評価される限り、占有侵害罪にはならない。たとえば、多数説は、銀行等の金融機関の預金に対しては、預金について正当な権限ある**預金名義人**が法律上の支配を有するとしている。この場合、銀行に事実上の占有はあるが、権限ある預金者による処分行為に対しては、銀行は応じざるをえず、その占有は保護に値しないから、そうした場合には、奪取罪は成立せず、ただ金銭が実質的に帰属すべき者が別に存在し、その利益に対する侵害が認められる限りで横領罪が認められるとするのである（たとえば、小さな会社の預金を管理する社長が、それを私用で引き出す場合には、銀行に対する犯罪ではなく、会社に対する犯罪が成立する）。

こうした多数説は次のように考える。銀行預金は消費寄託であり、民法上、金銭の所有権は銀行に移転している。しかし、**正当な預金者は、法律上、いつでも自由に預金を下ろせる立場にあり、しかも預金債権はほぼ確実に引き出すことができ**、いわば手元に金銭があるのと同視できる。それゆえ、正当な権限ある預金名義人には預金相当額の金銭に対する法律的支配も認められる。このような多数説からは、寄託された金銭を、許された保管方法として、自己名義口座に預金した場合、現金を領得目的で引き出せば、その時点で横領罪となり（大判大正元・10・8刑録18輯1231頁）、また、自己名義口座から自己の債権者の預金口座に振替えする等の行為により債務を弁済した場合にも、横領罪が成立する。

なお、ここでは2点注意が必要である。まず第1に、ここで**問題となっているのは法的な払戻権限に基づく支配**だから、単に事実上、**自由に預金を下ろすことができる立場にある者**（たとえば、キャッシュカードを盗み、さらにその暗証番号を聞き出した者や、防犯目的で通帳・印鑑を預かっている者）には、**占有は認められない**。

第2に、これはもっぱら横領罪における主体をめぐる議論である。しかし、本来それとは次元を異にする話なのだが、最近の裁判例においては、自己が管理・支配する銀行口座に入金されれば、それを自由に引き出しうる地位を得たといえる、という考慮をⅡ2に関する議論でも用いるものがある。具体的には、

犯人が被害者を欺罔して，自己が管理・支配する銀行口座に振込送金させる行為について1項詐欺罪の既遂が認められているのである（大阪高判平成16・12・21判タ1183号333頁）。ただし，ここで注意すべきなのは，他人名義のキャッシュカードを用いて，自己の管理する口座に送金する行為は，電子計算機使用詐欺罪（246条の2）の典型例であり，窃盗罪とは考えられていない点である。これは一貫しないようにも思えるが，電子計算機詐欺罪が設けられた昭和62年当時は，まだ実務にこうした運用が定着していなかったために起きた現象であり，少なくとも現段階では，そういうものだ，と理解しておくほかない（学説の中には，送金事案で1項ではなく2項の詐欺罪を認めるものもあり，そのほうが一貫してはいる）。

3 不動産の占有

法律上の支配は，法律上有効な処分が可能であることを基礎づける地位だから，**既登記不動産については，所有権の登記名義人**がこれにあたる（最判昭和30・12・26刑集9巻14号3053頁等）。また，**未登記不動産については，事実上の占有者**が横領罪の主体になることに異論はない（最決昭和32・12・19刑集11巻13号3316頁）。さらに，既登記不動産について，(i)登記名義人以外の者に法律上の支配が認められる場合があるか，(ii)事実上の占有者が横領罪の主体となりうるか，について議論がある。

(i)については，法人が登記名義人である不動産について，その代表者に占有を認めた判例がある（大判昭和7・4・21刑集11巻342頁）。この場合のように登記名義人から委託されて不動産を管理する者には占有を認めてよいだろう。さらに，裁判例の中には，登記済証，委任状などの所持者にも占有を認めたものもある（大阪高判昭和46・10・6刑月3巻10号1306頁）。これらの物を所持していれば，法律的処分の可能性があるというのであろう。

(ii)については，これを否定する有力な見解がある。その見解は，既登記不動産の権利関係はもっぱら登記によって表示されているから，後述する不動産侵奪罪にあたらない程度の事実行為による侵害は処罰すべきでない，という解釈を採用したうえで，既登記不動産に対する横領行為を，移転登記による場合に限定する。このため，こうした行為を容易になしうる者（＝占有者）は，（有

効な）登記名義人（あるいは，せいぜい，(i)のような関係が認められる者）に限られる，とするのである（山口・各論294頁。登記名義人において保証書方式により移転登記できることを理由に，前掲・大阪高判昭和46・10・6にも反対する）。

Ⅳ 不動産侵奪罪について

1 不動産侵奪罪の立法趣旨

横領罪の最後（Ⅲ(3)）でみた不動産については，不動産侵奪罪（235条の2）という犯罪も存在する。これは，昭和35年に新設された不動産の不法占拠等の一部を取り締まる犯罪だが，立案担当者によれば，本罪の犯罪構成要件は，すべて窃盗罪のそれと同じだとされていた（高橋勝好「不動産侵奪罪と境界毀損罪」法曹時報12巻6号〔1960〕677頁）。つまり，本罪においても，まず，窃盗罪の場合と同様，その客体は他人の占有するものでなければならない。先ほどみたように，窃盗罪における占有は財物に対する事実上の支配・管理（西田・各論142頁）とされていたから，不動産侵奪罪についても，それは不動産に対する事実上の支配・管理ということになる。

2 事実上の支配・管理の具体的内容

もっとも，そこにいう事実上の支配・管理の内容は，一見，窃盗罪におけるそれと異なっているようにみえる。たとえば，次のような判例がある。所有者の代表者とその家族が事実上廃業状態になって夜逃げをしたため，放置された土地・建物について，建物の賃借権およびこれに付随する土地利用権を所有者から譲り受けた甲が，それを乙に譲渡し，乙からそれをさらに買い受けたXが，土地に大量の廃棄物を投棄した事案で，所有者が「本件土地を現実に支配管理することが困難な状態になったけれども，本件土地に対する占有を喪失していたものとはいえず」として所有者の占有を肯定したものである（最決平成11・12・9刑集53巻9号1117頁）。

もし，客体がたとえば自動車などの動産であれば，現実に支配・管理していた者に占有があり，その者による領得は横領罪となるだろう。そうみると，不動産については，動産とは異なる基準が用いられているようにもみえる。

しかし，通説は，そのように考えているわけではない。すでにみたように，通説によれば，事実上の支配の具体的内容は，社会通念によって決せられ，財物の性質，通常想定される占有の態様などによって異なりうるとされている。それゆえ，不動産に対する「事実上の支配・管理」の具体的内容も，**不動産の性質**に応じたものとされるべきなのである。

では，不動産の財産としての性質は何だろうか。まず，不動産は場所的に移転しないし，その権利関係は基本的に登記によって公示される。また，（たとえば，空き家，空き地，山林のように）管理・看守されずに存在するものが少なくない。そうした点を踏まえると，占有の事実についても，被害者が事実上その場にいるか否かよりも，所有権の登記名義があることのほうが重要となるし，管理・看守されていなかったことによって占有の外観が否定されるとはいえない（そのような不動産も多々存在するからである）。また占有意思についても，その時点で利用しない場合が多々みられることからすると，動産の場合ほど具体的なものでなく，より一般的・抽象的な「自己の利用過程から排除しようとする意思がないこと」で十分であろう（小林憲太郎「不動産侵奪罪」法教291号〔2004〕89頁参照。なお小林教授の現在の見解についてはさらに同「会社財産の横領」法教395号〔2013〕81頁も参照）。

そのように考えると，前掲・最決平成11・12・9の事案では，被害者の代表者が夜逃げしたとはいえ，「それは，債権者の追及をかわすための一時しのぎの方策にすぎないとみることができるのであって，なお法的に本件土地に対する事実上の支配を回復する手だては残されてい」た（朝山芳史・最判解〔平11〕189頁）のだから，被害者に占有を認めたことは，十分に理解できることである。

3 侵奪の内容

(1) 総　説

実行行為である「侵奪」に移ろう。これは，窃盗罪における窃取に対応する行為であり，不法領得の意思をもって不動産に対する他人の占有を排除し，これを自己または第三者の占有に移すことをいうとされている（最判平成12・

12・15 刑集 54 巻 9 号 923 頁)。窃盗罪におけるのと同様, 侵害されるのは事実上の占有でなければならない。真実に反した法律上の支配の取得, たとえば, 登記官吏に虚偽の事実を述べて, 他人所有不動産の登記を自己に移転するといった, 法律上の占有を取得したにすぎない場合には, この罪にあたらないとされている(高橋(勝)・前掲論文 29 頁。公正証書原本等不実記載罪〔157 条〕となる)。

(2) **具体的内容**

もっとも, 判例は, 侵奪に該当するか否かについて次のように述べる。「具体的事案に応じて, 不動産の種類, 占有侵害の方法, 態様, 占有期間の長短, 原状回復の難易, 占有排除及び占有設定の意思の強弱, 相手方に与えた損害の有無などを総合的に判断し, 社会通念に従って決定すべきもの」(前掲・最判平成 12・12・15) だ と。その事案は, 公園予定地(約 110.75 m^2)の中心部に, 建築面積約 64.3 m^2 を占める容易に倒壊しない仕組の簡易建物を, 都職員の警告を無視して建築し, 相当長期間退去要求に応じなかったというものであり, 最高裁は, 侵奪にあたらないとした原判決を破棄して, 本罪を認めるべきことを示唆した(この一般論自体は, すでに大阪高判昭和 40・12・17 高刑集 18 巻 7 号 877 頁でも用いられている。それは, 自宅の敷地に隣接する他人所有の空き地に将来その土地を買い受ける予定でそれまで一時利用させてもらう意思で, 地上に突き出した部分もなく地下深く築造されたものでもない排水口を設置したが, 原状回復が容易で, 空き地所有者の受ける損害が皆無に等しい事案で, 本罪を否定したものである)。

通説によれば, 窃盗罪においては財物の占有取得によって既遂になるとされている。これに対し, 本罪では, 相手方に与えた損害の有無といった**利用可能性侵害の「程度」**が考慮されている。一見すると, ここでも窃取と侵奪とでは内容が異なるように思えなくもない。

しかし, 通説は, 決してそのように考えているわけではない。通説によれば, 両者は, 支配の設定という点では同じだが, 不動産侵奪罪の場合には, 不動産に対する事実的支配の設定が, ある程度時間をかけて, いわばなし崩し的に行われざるをえないことから, 支配設定が可罰的か否かを判断するにあたって利用可能性侵害の程度が問われるとするのである(山口・新判例 215 頁, 和田俊憲「不動産侵奪罪」争点 171 頁)。

このように考えると，なし崩し的な占有侵害が，どの時点で可罰的になるかが，次の問題となる。具体的には，不動産に対して一定の占有権限を有している者が，その範囲を超えた占有侵奪を行ったか否かが問題となる場面を考えてみよう。この点に関し，前掲・最判平成 12・12・15 は，A が，甲から転貸禁止かつ直ちに撤去可能な屋台のみ営業可能という条件のもとで使用貸借されていた土地を，多少増築して B に賃貸し，B は建物をそのまま利用し，その後，さらに X に条件を告げて転貸したところ，X が強固な構造を有する風俗営業用の建物を建築したという事案で，A の建築した施設は，使用貸借契約に沿ったものであったが，X が建築した建物は，旧施設と明らかに構造が異なること，解体・撤去の困難さも確実に増加していたことなどを指摘して，甲の「占有を新たに排除したもの」だとして本罪を認めている。

他方，本罪を否定した裁判例として，前掲・大阪高判昭 40・12・17 のほか，資材置場として使用する目的で賃貸借契約を締結し，土地を占有していた者が，賃貸借契約に違反するとまではいえない建物を建築し，契約終了後も引き続いて占有していた事案で，本罪を否定した東京高判昭 53・3・29 高刑集 31 巻 1 号 48 頁がある。

これらをまとめると，**判例は，不動産侵奪罪を構成しない占有取得後に，その占有設定時において想定されていた（あるいは，前者の類型では，すでに生じていた）利用権侵害の程度を超える利用権侵害が新たに設定された場合には侵奪罪の成立を認め（新たな占有侵害あるいは占有態様の変更），他方，それに至らない場合には不可罰としているのだといえよう。**

このように通説は，不動産侵奪罪についても，動産に関する窃盗罪の枠組を前提としながらも，その具体的内容を不動産に応じて微調整しながら展開している。読者においても，まずはそうした枠組を正確に理解してほしい。

One Point Advice

占有について，詳しくは，佐伯仁志＝道垣内弘人『刑法と民法の対話』（有斐閣，2001）159 頁以下を読むと勉強になる。また，以上述べてきたことは，おおむね学説における最大公約数ともいうべき話だが，学説の中には，通説があいまいにしていた点を徹底的にあぶりだして，一貫した議論を組み立てるも

のがあり，多くの学説に影響を与えている。通説を理解できたと思えない段階で読むのは早いが，非常に重要な論文なので，いつか読んでほしい。鈴木左斗志「刑法における『占有』概念の再構成」学習院大学法学会雑誌 34 巻 2 号（1999）133 頁。

〔島田聡一郎〕

No.17　暴行罪・傷害罪における暴行

以下のX～Wの罪責を検討しなさい。

(1) Xは，友人Aを驚かせようと考え，落とし穴を用意してAを待ち構えたところ，Aは見事に落ち，その際とっさに手をついて手首を骨折した。

(2) Yは，友人Bを驚かせようと考え，Bのごく近くを狙って野球のボールを思い切り投げつけた。YはBの身体に当てるつもりはなく，現に当たらなかったが，とっさに無理な姿勢でボールを避けようとしたBは転倒し，その際手をついて手首を骨折した。

(3) Zは，連日早朝から深夜までラジオの音声を大音量で流すなどして，隣人Cに対して精神的ストレスを与え，それによりCは慢性頭痛症の傷害を負った。

(4) Wは，病原菌入りのジュースを，乳酸菌入りのジュースであるとだまして，Dに手渡した。Dはこれを喜んで飲み，病原菌に感染した。

Hint
行為の客観面と主観面を分けて分析的に検討してみよう。

解説

I 設問(1)について

順を追って分析的に考えていこう。

1 客観面

犯罪が成立するのは、「行為」についてである。どのような場合も、誰のどの時点におけるどの行為を検討対象とするのかを意識して特定する必要がある。もっとも、本問では大げさにいうまでもなく、検討すべきXの行為は、落とし穴を用意する行為である。そして、落とし穴を用意した結果、Aがそこに落ち、骨折という傷害が発生している。Aがとっさに手をつくことも含めて、因果経過に特に異常な点はないから、Xの行為とAの傷害結果との間には因果関係が認められる。

2 主観面

では、行為の時点で、Xにはどのような故意が認められるか。Xが落とし穴を用意したのは、Aを驚かせるためである。そして、単に人を驚かすこと、びっくりさせることは犯罪ではないので、その限りではXには何罪の故意も認められないことになる。それを前提とすれば、Xに成立するのは、過失傷害罪（209条）、あるいは、せいぜい重過失傷害罪（211条後段）ということになる（落とし穴に将来加害する旨の告知の意味が含まれているといえるのであれば、単に驚かすのではなく、脅かすことになり、脅迫罪〔222条1項〕の故意が肯定されるが、その場合でも、Xには脅迫罪と〔重〕過失傷害罪が成立するにとどまる）。

しかし、そこで検討を終わらせてはまだ不十分である。故意は、犯罪事実の認識・予見であるので（将来の事実に対する認識が「予見」である）、問題文に直接表現された「目的」だけをみるのでは足りない。自らの行為からどのような犯罪事実が生ずると予見していたのかを、残さず検討する必要がある。

Xは、Aを落とし穴に落として驚かせようとしていたのであるから、当然、

Aが落とし穴に落ちるという事実を予見していたといえる。そして，人を落とし穴に落とすのは，暴行罪（208条）である。したがって，Xには，暴行罪の故意が認められることになる。

人を落とし穴に落とす行為が暴行罪だというのは，次のような意味である。まず，人を突き飛ばして穴に落とすのが暴行罪であるのは当然である。暴行は，「人の身体に対する不法な物理力の行使」であるから，人の身体に直接接触して突き飛ばす行為自体が暴行である。それと比較すると，事情を知らない被害者が落とし穴に落ちるように仕向けただけの場合は，被害者の身体に直接触れていないので，暴行とはいえないようにも思える。

しかし，被害者が落とし穴に落ちたとき，被害者の身体が落とし穴の底にそれなりの勢いで衝突する。そこに，甘受すべきいわれのない不法な物理力の行使が認められる。ここでは，行為者が直接被害者に接触していなくても，事情を知らない被害者の行為を利用した間接的な物理力の行使が認められるのである。あるいは，地球を被害者に投げつけたとみてもよい。とにかく，**被害者の身体に不法な物理力が作用する**という結果を生じさせていれば，暴行罪が認められる。暴行罪における暴行というのは，必ずしも行為態様だけを指した概念ではないと考えるべきである。

さて，Xにはさらにそれを超えた故意は認められない。Aを驚かす目的であるということは，Aに傷害を負わせることまでは想定していないことを意味する。そうすると，結局，Xは，暴行罪の故意で傷害結果を発生させたことになる。一般的な理解によると，傷害罪には暴行罪の結果的加重犯が含まれるから，Xには傷害罪（204条）が成立する。

3　主観と客観を統合して暴行の実行行為を考える場合

以上のように，まず結果に至る客観面の全体を考えたうえで，行為の時点での主観面を分析するという方法には違和感を覚える人もいるかもしれない。たしかに，人にボールを投げつけたというような場合は，投げる行為と身体的接触という結果が因果関係で結ばれたうえで，投げる行為の時点で暴行の故意がある，などと分析するのは少々不自然に感じられる。むしろ常識的には，人を狙って物を投げる行為が，客観面と主観面を込み込みでみたときに暴行罪の実

行行為である「暴行」に該当し，人に接触して作用したときに「(暴行を)加えた」にあたると考えるのが自然であろう。

しかし，ボールをピッチングマシンにセットしたうえで，スイッチを入れて人にボールを当てた場合を考えると，自らボールを投げるという行為態様はとられていないが，結論は当然に同じく暴行罪である。ここでは，ピッチングマシンからボールが発射されるというところまで含めて，行為者の暴行行為となるのである。そうであれば，人をだまして落とし穴に落とす場合も，被害者が穴に落ちるところまで含めて暴行行為だということになろう。

このように考えると，行為態様が典型例から外れる場合ほど，客観面と主観面を分けて分析的に検討することの合理性が高まるといえよう。

4　結果的加重犯としての傷害罪

さて，原則から考えると，38条1項本文は「罪を犯す意思がない行為は，罰しない」として，故意がなければ犯罪は成立しないことを定めている。したがって，これを前提とする限り，傷害罪が成立するためには傷害結果の予見が必要となり，暴行の故意があるのみで傷害結果の予見がない行為には，傷害罪は成立しない。では，なぜ，傷害罪に暴行罪の結果的加重犯が含まれると解する必要があるのか。そして，その解釈はなぜ許されるのか。多くの基本書等に書かれていることであるが，いまいちど確認しておこう。

暴行罪の208条は，「暴行を加えた者が人を傷害するに至らなかったとき」を処罰対象にしている。単に「人に暴行を加えた者は〜」とはなっておらず，**あえて「人を傷害するに至らなかったとき」と規定**している。したがって，「暴行を加えた者が人を傷害する**に至ったとき**」は，この208条は適用できないと解するのが自然である。そしてそのとき，傷害結果を発生させた点については故意がないのであるから，普通に考えると過失傷害罪のみが成立することになる。しかし，その法定刑は30万円以下の罰金であり，暴行罪よりもはるかに軽くなっている。そうすると，通常の暴行罪よりも，暴行の結果，さらに過失で傷害まで負わせた場合のほうが逆に刑が軽くなってしまい，不合理である。刑法がそのような不合理を認めているとは考えられないので，暴行の結果，過失で傷害を負わせた場合は，204条の傷害罪の処罰対象になっていると解すべ

きであるとされるわけである（もっとも，204条を適用しなくても，211条後段の重過失致傷罪を認めれば十分であるという指摘がある。どのような意味か考えてみよう）。

そして，そのような解釈が許されるのは，故意犯処罰の原則には例外が認められているからである。38条1項ただし書きは，「ただし，法律に特別の規定がある場合は，この限りでない」としている。「この限りでない」というのは，故意がなくても処罰する，ということである。「特別の規定」というのは，故意がなくても処罰する旨を定めた規定という意味である。**傷害罪の204条が，故意がなくても処罰する旨を定めた規定である**と解され，傷害の故意がなくても傷害罪で処罰できることになる。

こうして今日では，傷害罪には暴行の結果的加重犯も含まれるという理解が定説化しており，教科書によってはその理由・根拠を示さないものもみられる。事例問題の答案などでは上のような理由を挙げて論じる必要は全くないし，むしろそのような答案は論じるべきほかの点が手薄なバランスの悪いものになると思われる。しかし，ここでは原則からは外れる解釈がとられているわけであるから，その理由は理解できている必要があろう。

Ⅱ　設問(2)について

1　客観面

次に，Yの行為をみていこう。まず，検討対象となる行為は，ボールを投げる行為である。そして，その後，Bの骨折という傷害結果が発生している。Bがボールを避けようとして転倒することなどは異常なことではないから，行為と結果の間には因果関係が認められる。

2　主観面

では，Yの故意はどうか。Bが転倒することの予見があれば，前述のXと同様，暴行の故意が認められることになる。しかし，Yは，近くにボールを投げることでBを驚かせようとしており，当てるつもりもないから，Bが転倒することの予見はなさそうである（予見可能性はあっても，現に予見していたとはいえない）。その前提で検討を進めると，前問のXの場合とは異なり，Yには

単に驚かせる目的しかなく，何罪の故意も認められないということになるのであろうか。

そこで終わらせてはまたまた不十分である。Yは，自分の投げたボールがBの身体のごく近くを相当の速さで通過するということを予見している。それが暴行罪の故意と認められれば，暴行の結果的加重犯としての傷害罪が成立することになる。

3 身体的接触の要否

では，Yのそのような主観面が暴行罪の故意と認められるかどうかは，何によって決まるのであろうか。それは，Bに向けてボールを投げ，Bの身体のごく近くを相当の速さで通過させる行為が，客観的に暴行にあたるかどうかである。

これは一般的に，暴行罪における身体的接触の要否，すなわち，物理力が被害者の身体に接触することを要するか否かという問題として扱われているものである（脅迫罪との関係について，Stage 1 No. 18 も参照）。

判例は，被害者を脅してその行動を止めるために，狭い四畳半の室内で被害者の目の前で日本刀の抜き身を数回振り回したところ，力が入って被害者の腹部に突き刺してしまい被害者を死亡させたという事案で，傷害致死罪の成立を肯定している（最決昭和39・1・28刑集18巻1号31頁）。これは，暴行罪における身体的接触を不要とする判例として位置づけられている。

日本刀が現に被害者の腹部に突き刺さっており，物理力が身体に接触している事案であるにもかかわらず，なぜ身体的接触を不要と解した判例とされるのであろうか。それは，もし暴行罪の要件として客観的に身体的接触が必要であると解すると，客観的に接触があった場合であってもそのことを認識・予見していなかった場合は，行為者に暴行の故意が認められないことになるが，この判例は，身体的接触の認識予見がなくても暴行の故意を肯定しているからである。被害者の目の前で日本刀の抜き身を振り回すだけで客観的に暴行にあたり，それを認識していれば暴行の故意も認められるから暴行罪が成立し，そこから結果的加重犯としての傷害罪，さらにその結果的加重犯としての傷害致死罪が成立することが認められているのである。

4　身体的接触不存在の場合の傷害の危険

こうして判例は，暴行罪において身体的接触は不要であるとしているが，それは傷害の危険が認められる限りにおいてであるともいわれる。換言すれば，判例が暴行と認める物理力は，身体的接触がある場合か，傷害の危険がある場合である，とされる。

もっとも，ここにおける傷害の「危険」は，未遂犯の実行の着手における「危険」とは意味が異なるので，注意が必要である。たとえば，殺意をもって拳銃を被害者に向ければ，殺人既遂の危険が肯定されて，殺人の実行の着手が認められ，殺人未遂が成立する。これとパラレルに考えると，被害者に石をぶつけようとして，投石のための動きを開始すれば，まだ投げるに至っていなくても，傷害の危険は肯定される。仮に傷害罪に未遂犯処罰があれば，その時点で傷害未遂が成立することになりそうである。しかし，暴行罪は，身体的接触不要説の立場からも，投げられた石が被害者の身体の周辺の領域を現に侵害しないと成立しないものと解されている。

暴行罪には，現に身体的接触が生じるか，または，身体の近くの領域の侵害が生じるか，**いずれかの結果が必要**なのである。

Ⅲ　設問(3)について

Ｚの行為から，Ｃの傷害結果が発生している。傷害罪が成立するためには，Ｚに傷害結果の予見が必要であろうか。

前述のとおり，傷害罪には暴行罪の結果的加重犯が含まれるから，傷害結果の予見がなくても傷害罪が成立することはある。しかし当然のことながら，それは，どのようなケースでも傷害の故意が不要であるということを意味しない。傷害の故意が不要なのは，暴行罪の結果的加重犯の場合のみであるから，暴行が認められる場合に限られる。傷害罪は，**「暴行による傷害」**と，**「暴行によらない傷害」**に分けられ，前者は，傷害の故意がある場合だけでなく，暴行の故意しかない場合も含まれるが，後者では，原則どおり，傷害の故意が必要である。そうすると，**傷害の故意が必要かどうかを決めるためには，「暴行」による傷害といえるかどうかを見極めなければならない。**

音は空気の振動であり，物理力であるから，「暴行」に該当することはありえる。判例には，「身辺近くにおいてブラスバンド用の大太鼓，鉦(かね)等を連打」することで被害者に「頭脳の感覚鈍り意識朦朧たる気分を与え又は脳貧血を起さしめ息詰る如き程度に達せしめた」場合は，暴行にあたるとしたものがある（最判昭和29・8・20刑集8巻8号1277頁）。その一方で，無言電話をかけ続けて被害者を神経衰弱症に陥れる行為は，暴行によらない傷害の典型として扱われている（東京地判昭和54・8・10判時943号122頁）。光についても同様である。懐中電灯で背中を照らしても暴行とはいわないが，レーザー光線を目の中に入れれば，暴行になりうる。ここでは，物理力の強さ（と作用する部位）によって，暴行にあたる物理力とあたらない物理力とが区別される。

設問のように，ラジオの音声を大音量で流す行為は，被害者の耳元で実行するのではなく隣家に向けて流す限りは，被害者に与える影響は心理的なものが中心であって，物理的な力はさほど強くないと考えられるから，暴行にはあたらないと解される（最決平成17・3・29刑集59巻2号54頁参照）。したがって，Zには，傷害の故意が認められる限りで傷害罪が成立することになる。

Ⅳ　設問(4)について

Wが中身をだましてジュースを手渡す行為から，Dが病原菌に感染するという結果が生じている。病原菌に感染した後に，現に病気を発症すれば傷害であるが，発症する前であっても，**感染するだけで感染前よりも健康状態が悪化し**たといえるような病原菌である場合は，傷害を認めることができる。

では，傷害にあたるとして，暴行による傷害か，それとも，暴行によらない傷害か。被害者をだますのではなく，むりやり病原菌入りジュースを飲ませるのであれば，それは暴行である。そこをスタートにして，ジュースを飲むことについて被害者の同意が存在することをどのように扱うかを検討する必要がある。

ジュースを飲むこと自体に同意があっても，その行為がもつ病原菌に感染するという危険性についての同意はないことから，ジュースを飲むことの同意は結局無効であると解する場合は，むりやりジュースを飲ませる場合と同様，暴

行による傷害になりうる。

　これに対して，ジュースを飲むということ自体に有効な同意があるとする場合は，単に病原菌だけを気づかれないように感染させた場合と同じ扱いになる。病原菌が体内で接触する点を捉えて物理力の行使だというのであれば暴行による傷害になるし，接触はあっても質量の小ささを理由に暴行にはあたらないとみることもできる。後者は懐中電灯で光を当てた場合と対応し，前者は物理力としての強さではなく病原菌であることを重視した見方を前提とすることになろう。

　さらに，ジュースを飲むことの同意が法的に無効であっても，飲むことの同意が事実上存在する以上は，その平穏さにおいて，むりやり飲ませる場合と同じに扱うことはできないと考えると，ごく小さな物理力を行使する場合と同様，暴行にはあたらないと考えることができる。

　ここでは，**同意の有効性**をどのように判断するかということと，**「暴行」ということばの限界**をどこに見出すかということとが，同時に問題となっているのである。

　この問題は，病原菌に感染させる点についての故意があるのであれば，傷害罪の成否を考える限りでは結論に違いが生じない。しかし，たとえば，被害者を病原菌に感染させて身体的に苦しませ，反抗ができない状態にさせたうえで，財産を奪うような場合には，結論が異なりうる。暴行が認められれば強盗致傷罪（240条）が成立するが，暴行を否定すると，傷害罪と窃盗罪が成立するにとどまることになる（被害者の意識作用に影響が出れば昏酔強盗致傷にできるが，単に身体的に苦しいだけでは昏酔強盗〔239条〕にはならない。もっとも，そもそも物理的・生理的作用によって反抗抑圧状態をつくりだす行為は，強盗罪との関係ではすべて暴行にあたると解するのが妥当である気はする）。

🦄 *One Point Advice*

　整理すると，傷害罪は次のように分類される。客観面をみれば，①暴行による傷害と，②暴行によらない傷害に分けられ，主観面をみれば，(i)傷害の故意がある場合と，(ii)暴行の故意のみがある場合とに分けられる。両者を組み合わせると，ⓐ傷害の故意のある，暴行による傷害罪（けがをさせる目的

で殴ってけがを負わせる），ⓑ 傷害の故意のある，暴行によらない傷害罪（精神的にまいらせる目的で夜中に無言電話をかけ続けて不眠症にさせる），そして，ⓒ 暴行の故意のみがある，暴行による傷害罪（軽く突き飛ばして転倒させ，そのつもりはなかったがけがを負わせる）に分類される。傷害罪の成否を検討する際には，このうちどの類型の傷害罪を問題としているのか，明確にする必要がある。

〔和田俊憲〕

 *No.18* 脅　迫

(1) 次の行為が脅迫罪にあたるか考えてみよう。
　・「おまえの恋人を殺すぞ」と告げる行為
　・「おまえのペットを殺すぞ」と告げる行為
　・人の家で「今夜は帰らない」と告げる行為

(2) 「暴行は，態度による脅迫と捉えることもできる」といわれることがある。どのような意味か考えよう。

(3) 刑法には，脅迫を要素とする犯罪類型が多く規定されているが，要求される脅迫の内容は必ずしも同じではない。次の各犯罪類型における脅迫の異同について，検討しよう。
　　強要罪，強制わいせつ罪，強姦罪，恐喝罪，強盗罪

(4) 監禁罪や殺人罪も，脅迫を手段として実現することができる。具体例を考えよう。

 Hint
① 脅迫の内容である加害の対象を確認しよう。
② 脅迫の程度にも着目しよう。犯罪類型ごとに要求される程度が異なる理由はどこにあるだろうか。
③ 強盗罪では，既遂で要求される脅迫と未遂で要求される脅迫の内容が異なるとする考え方もある。

解 説

I 脅 迫 罪

多くの犯罪類型が暴行・脅迫を手段として定めている。もっとも，暴行とは異なり，脅迫が横断的に検討されることはあまり多くないように見受けられる。そこで，ここでは脅迫に着目することにしたい。

脅迫行為それ自体を処罰対象としているのは，いうまでもなく脅迫罪（222条）である。あまりに基本的なことであえて注意されないことが多いであろうが，期末試験などで漢字を書かせると意外と間違いの多い点から指摘しておくと，正しくは「脅迫」であって，「強迫」（民法96条）や「恐迫」（刑法249条との混同か？）ではなく，ましてや「今日泊」（帰ってください）ではない。

次に，**告知する加害の内容**が条文上限定されていることを確認しよう。限定されているとはいっても，個人的法益はすべて「生命」「身体」「自由」「名誉」「財産」でカバーできるであろうから，相手方の個人的法益に対する加害の告知は，通常，脅迫罪を構成すると考えてよい。たとえば，他人の家で「今夜は帰らない」と告げれば，不退去罪の告知であり，誰の滞留を認めるかの自由に対する加害の告知として，脅迫罪になりうる。

もっとも，行為者と相手方が通常の友人関係や恋人関係にある場合は，帰らないといわれてもあまり怖くないので（本気で要求すれば帰ってくれると考えられるのと，滞留されることの不利益性がさほど大きいとは感じられない），その点で脅迫罪は否定されることになろう。現に退去要求をしても帰らなかったときに不退去罪で対応すれば足りる。これに対して，訪問セールスマンが「今夜は帰らない」といえば，その時点で脅迫罪である（滞留されることの不利益性が大きく，また，事態の異常性が高く感じられる）。具体的な状況を前提にして，**一般人が畏怖するに足りるかどうか**を判断する必要がある。

加害の内容に関する重要な制約がみられるのは，告知の相手以外の者に属する利益を加害すると告げた場合についてである。脅迫罪を構成するのは，相手の「親族」の利益を加害すると告げた場合までに限定されている。ⓐ「おまえ

を殺すぞ」や⑥「おまえの子どもを殺すぞ」と告げる行為は，ⓐが222条1項の「生命」に対する加害，ⓑが222条2項の「親族の生命」に対する加害の告知にあたり脅迫罪である。これに対して，ⓒ「恋人を殺すぞ」と告げても，恋人は法的な「親族」ではないから脅迫罪にはならない。しかし，ⓓ「ペットを殺すぞ」と告げるのは脅迫罪になりうる。同居のペットは家族のようなものだからではなく，222条1項の「財産」に対する加害の告知になるからである。「財産」は財産権の対象に限られるので，恋人はこれにはあたらない。

恋人が殺されると交際の「自由」が害される，とか，恋人を守れなかったことで社会的評価が下がり「名誉」が害される，などといえばⓒも脅迫罪となりうるが，そのように解することはできないと思われる。222条2項の存在は，親族の生命が害されても告知の相手方本人の「自由」や「名誉」が害されるものではないことを前提としているからである。実質的に考えても，「恋人を殺すぞ」と告げられた者が感じる怖さは，恋人の生命が失われること自体に関するものであって，自分の自由や名誉が害されそうで不安だ，というものではないであろう。仮にそのような不安がメインであるという者がいたとしても，刑法はそれが回避される安心感を保護してはいないのである。

II 強 要 罪

脅迫罪と強要罪が混同されることが少なくないので，両者の違いを確認しておこう。大まかにいえば，脅迫罪は怖がらせる犯罪，強要罪は怖がらせて何かをさせる犯罪である。「殴るぞ」といえば身体に対する加害の告知で脅迫罪であるが，「殴られたくなかったら土下座しろ」といって土下座させれば強要罪である。

注意が必要なのは，強要罪には未遂犯処罰が用意されていることで（223条3項），「殴られたくなかったら土下座しろ」といっても相手が応じなかった場合は強要未遂である。「殴るぞ」という場合にも，「殴るぞ（どうだ怖いだろう）」という場合と，「（土下座しないと）殴るぞ」という場合とが考えられる。前者は脅迫罪であり，後者は強要未遂罪なので，**何を目指した「殴るぞ」なのか**を検討する必要がある。

強要罪は怖がらせて何かをさせる犯罪であるといったが，させる行為の内容によっては，より重い犯罪が成立する。怖がらせて部屋の中にとどまらせれば監禁罪（220条。3月以上7年以下の懲役），怖がらせて現金を提供させれば恐喝罪（249条。1月以上10年以下の懲役），怖がらせてわいせつ行為に応じさせれば強制わいせつ罪（176条。6月以上10年以下の懲役）である。強要罪は，**意思活動の自由を保護法益とするもの**であるが，意思活動の自由の中でも，**場所的に移動する自由や財産処分の自由，誰と性的な行為を行うかを決定する自由**といった重要性の大きいものについては，監禁罪や恐喝罪，強制わいせつ罪でより厚い保護が与えられている（さらに，強姦罪は性的自由の中でも誰と性交渉を行うかを決定する女性の自由を特別に保護する強制わいせつ罪の加重類型であり〔なお，この点については，平成27年10月現在，法改正に向けた手続が進められている〕，強盗罪は生命身体の安全も保護法益に加えた恐喝罪より重い類型である）。

監禁罪や恐喝罪・強盗罪，強制わいせつ罪・強姦罪の成立を認める場合は，法条競合により強要罪は成立するといえなくなる（法条競合についてはStage 1 No. 7参照）。そうすると，強要罪で処罰されるのは，移動する自由や財産，性的自由が関係しない場合に限られることになる。具体的には，土下座させる，謝罪文を書かせる，歌を歌わせる，大会への出場や受験，団体からの脱退を止めさせる，といった行為である（プロの歌手に歌わせたり，人気俳優にドラマの土下座の名場面を再現させたり，有名な書家に謝罪文の掛け軸を書かせたりすると，財産的価値を帯びて恐喝罪になりうるので注意が必要であるが，恐喝罪にあたる場合と強要罪にとどまる場合の区別は意外に難しい。財産犯における「財産上の利益」をいかなる範囲で認めるかという問題である。この点に関しては，深町晋也「財産上の利益」争点160頁参照）。

III 暴行による脅迫

単に「殴るぞ」といえば脅迫罪であるが，加害の告知は言葉によるものには限られないので，殴るそぶりを見せたり，怖い顔をして迫ったりするだけでも脅迫罪になる。そうすると，現に殴る行為は，それ自体が暴行にあたるだけでなく，さらに殴られるかもしれないと相手に思わせる点で，2発目を殴るそぶ

りでもあるともいえ，その意味で脅迫の要素も備えていることになる。

では，そのような場合は暴行罪と脅迫罪の観念的競合かというと，そのようには考えられていない。暴行罪は，拘留・科料が定められている分，脅迫罪よりも形式的には軽い犯罪なので，暴行罪が成立する場合に広く脅迫罪も認めてしまうと暴行罪の存在意義がなくなりかねない（暴行罪と脅迫罪の観念的競合だとした場合に処断刑の範囲がどのようになるかを確認しよう）。暴行も脅迫も刑の上限は懲役2年であり，また罰金も30万円以下で共通で，実質的には同等の犯罪として位置づけられるから，他人の身体・意思に対する不法な物理的・心理的攻撃を，暴行罪と脅迫罪とで分担して処罰するものと理解したうえで，行為の実質をみて，**身体に対する物理的な攻撃に本質があるといえる場合は暴行罪，意思に対する心理的な攻撃に本質があるといえる場合は脅迫罪**であると考えるべきであろう（生理的攻撃については，Stage 1 No. 17参照）。

そして，そのように両者を相互排他的に分類することは，上のように暴行罪との関係で脅迫罪を限定するだけでなく，逆に，脅迫罪との関係で暴行罪を限界づけることにもなる。そのことが表れるのが，暴行罪における**身体的接触の要否**という問題である（これについてもStage 1 No. 17を参照）。身体に対する物理的な攻撃と意思に対する心理的な攻撃の境界線をどこに求めるかで，結論が変わってくる。

身体的接触があってはじめて身体に対する物理的な攻撃になると考えれば，身体的接触必要説になる。これは暴行と脅迫の境界線を明確に示せる点にメリットがある（山口・各論44頁参照）。しかし，身体的接触を狙ったが外れたという場合，暴行の故意で脅迫を実現したということになり，抽象的事実の錯誤の問題となって，暴行罪と脅迫罪の法益は異質であるから両罪の構成要件間に実質的な重なり合いは認められず，不可罰な暴行未遂にすぎないという結論になりかねない。

これに対して，身体に直接接触しなくても，たとえば投げられた石が身体の至近を通過すれば身体の物理的な平穏は害されるといえるから，そのような場合も身体に対する物理的な攻撃であると考えれば，身体的接触を不要とする判例のような考え方になる。これは確かに脅迫との境界があまり明確ではないかもしれないが，身体的接触を狙ったがわずかに外れたといったような，一般的

な感覚に照らして物理的攻撃に本質があるというべき場合を暴行罪で捉えることができるものである。

さて，暴行罪と脅迫罪の区別は，傷害罪や傷害致死罪の成否が問題となる場面でも意味をもってくる。それらは**暴行罪の結果的加重犯**であり，脅迫罪の結果的加重犯ではないからである。

たとえば，被害者に長時間にわたり暴行を加え続けたところ，強い恐怖を抱いた被害者は隙をみて逃げ出し，うっかり高速道路に進入して，そこを通行中の自動車にひかれ死亡した，という場合，傷害致死罪を認めてよいか。暴行行為が被害者の不適切な行為を誘発し，それに基づいて死亡結果が発生しており，因果関係が肯定されるともいえる（最決平成15・7・16刑集57巻7号950頁参照）。しかし，結果に実現した危険は，暴行行為がもつ心理的に抑圧する要素であり，そうすると，その**実質は脅迫致傷・脅迫致死**であって，暴行罪の結果的加重犯としての傷害罪・傷害致死罪は認めるべきではないのではないか。脅迫罪との関係で暴行罪を限界づけると，そのような議論にもなりうるのである（結果的加重犯については，井田・総論222頁-228頁も参照）。

IV 恐喝罪と強盗罪

1 判例における両罪の区別

脅迫を用いて財産を奪う行為は，恐喝罪や強盗罪にあたる。大まかにいえば，両者は脅迫の程度によって区別され，抵抗しないほうが無難だ，合理的だと被害者が思うような場合は恐喝罪，とても抵抗できないと感じるような場合は強盗罪である。

両罪の区別について判例は次のようにいう。「他人に暴行又は脅迫を加えて財物を奪取した場合に，それが恐喝罪となるか強盗罪となるかは，その暴行又は脅迫が，社会通念上一般に被害者の反抗を抑圧するに足る程度のものかどうかと云う客観的基準によつて決せられるのであつて，具体的事案の被害者の主観を基準としてその被害者の反抗を抑圧する程度であつたかどうかと云うことによつて決せられるものではない」（最判昭和24・2・8刑集3巻2号75頁）。

この判例の理解はとても難しい。その原因は，ここでの「客観的基準」と

「主観を基準として」の対置が，2つの異なる軸を同時に表したものになっている点にあると考えられる。それは，「主観」という用語が，(i)「**内面**」という意味と(ii)「**個人**」という意味をともにもつことに起因している。すなわち，「主観を基準として」という表現は，(i)「主観」が「内面」を示すとすれば，**判断対象**が被害者の主観面であることを問題としていることになるのに対して，(ii)「主観」が「個人」を示すとすれば，**判断基準**が被害者個人であることを問題としていることになる。そうすると，「客観的基準」と「主観を基準として」とを対置させると，(i)「**実行行為という客観面を判断対象にするか，それとも，被害者の主観面を判断対象にするか**」という軸と，(ii)「(実行行為を判断対象にすることを前提に)**一般人を基準に客観的に判断するか，それとも，被害者個人を基準に主観的に判断するか**」という軸とが，同時に表されることになってしまうのである。

2　第1の対立軸

したがって，この判例が「客観的基準」を採用したことは，それぞれの対立軸との関係で，2つのことを意味していることになる。

第1は，強盗罪と恐喝罪の区別は，被害者がその主観面において現に反抗を抑圧された状態で財産が移転したかどうかという，犯罪の「結果」を対象にした判断をするのではなく，行為者が被害者に加えた暴行・脅迫が**強盗罪の実行行為**といえるか，それとも**恐喝罪の実行行為**にすぎないかという，「行為」を対象にした判断をするべきであるということである。この場面に限らず判例では一般に，まず行為に着目して何罪の実行行為かを定め，それによって何罪かが決定され，あとは結果の発生の有無によって未遂か既遂かを区別するという思考がとられている（Stage 1 No. 12 も参照）。それと同様にここでも，実行行為の段階で強盗罪か恐喝罪かが決定され，あとは財産移転の有無で未遂にとどまるか既遂に達するかが決まってくるのである。したがって，この考え方からは，強盗未遂からは強盗既遂にしかならないし，恐喝未遂からは恐喝既遂にしか達しない。

これに対して，強盗罪は奪取罪であるのに対して，恐喝罪は交付罪であると性質づける場合は，両罪は被害者の交付行為の有無が異なることになり，換言

すれば，**交付行為に基づく財産移転**か，**交付行為に基づかない財産移転**か，という「結果」における違いがあることになる。これは，強盗既遂か恐喝既遂かは結果をみてはじめて区別できるということを意味する。このような理解をとる場合は，強盗未遂と恐喝未遂の区別と，強盗既遂と恐喝既遂の区別とは，別問題となり，未遂としては強盗罪であるが，既遂としては恐喝罪である，といった結論がありうることになる（そのような結論を認めた下級審判例として，大阪地判平成 4・9・22 判タ 828 号 281 頁）。

3　第 2 の対立軸

さて，上の最高裁判例が「客観的基準」を採用したことがもつ第 2 の意味は，強盗罪の実行行為と恐喝罪の実行行為を区別するために，相手方の反抗を抑圧するに足る程度かどうかを判断する際には，当該被害者個人を基準とするのではなく，一般人を基準とするべきであるということである。すなわち，そのような暴行・脅迫が加えられたら一般人はとても反抗できないと感じるかどうかを問題にすべきであって，当該被害者の性格が特に豪胆だったり臆病だったりといった個人的事情は考慮すべきでないということである。これは，**実行行為は類型的に判断**されるべきであるという考え方であり，一般予防の必要性によって未遂を基礎づける発想を前提にすると，そのような判断方法にも一定の合理性はある。

しかし他方で，**行為の危険性を実質的に判断**することを認めると，当該事案における個別的な事情のうちどこまでを判断に入れ，どこからを判断資料から除くかは難しい問題である。たとえば，殺傷能力の高い凶器を示した場合は強盗罪の実行行為，そうでない場合は恐喝罪の実行行為，という形式的な判断がとれれば，それが一番明確ではある。ところが，包丁を示した場合であっても，エンジンのかかった自動車の中にいる被害者に対して車外から見せたにすぎないような場合は，被害者は走り去ればすむのであり，さほど強い恐怖感は抱かないであろう。そのような場合は，一般人を基準にしても反抗抑圧に足る程度の脅迫とはいえない。そこで判断対象とされるべき脅迫行為は，単に「包丁を示してなされる脅迫」ではなく，「いつでも走り去れる自動車内の被害者に対して車外から包丁を示してなされる脅迫」なのである。逆に，凶器を用いなく

ても強盗が肯定されるべき場合もある。たとえば，夜間，人通りのない道路上で，米軍海兵隊員である被告人が，同行者である2名の米兵が控えている状況で，ひとりの被害者を自動車から引き下ろしてその顔面を殴打したうえ，さらにその頸部を強く絞めながら「ギブミーマネー」と申し向ける行為は，強盗罪の暴行・脅迫にあたるとされている（東京高判昭和29・10・7東高刑時報5巻9号380頁）。ここでも，単に「素手による暴行・脅迫」ではなく，「夜間，多勢に無勢の状況下で，米兵から素手で加えられる暴行・脅迫」が判断対象である。

　このようなことを指して，学説上も，強盗（未遂）と恐喝（未遂）とを区別する際には，被害者側の事情，行為の状況，行為者側の事情を総合的に考慮すべきであるとされている。すなわち，**「当該事案における具体的な状況を前提とした具体的な脅迫行為」**を判断対象とすべきだとしているのである。とても反抗できないと感じるほどの恐怖を与えるかどうかという問題であるから，殺害されたり傷害を負わせられたりする危険を感じるかどうかが重要である。その際には，被害者の認識における，行為者側の攻撃力と被害者側の防衛力の関係がポイントとなる。(i) 行為者側が殺傷能力の高い凶器を有し，人数が多く，性別が男性で，さらに覆面をして顔が見えないために何をするかわからず，また，(ii) 被害者側が防衛の道具を持たず，逃げ込む場所がなく，人数が少なく，性別が女性であり，あるいは力の弱い高齢者ないし年少者であり，夜間で他人の助けも求められない，といった事情が恐怖を高める事情とされる。

　そのような判断方法をとるときに，前提となる「具体的状況」の中に被害者の特性（豪胆な性格であるとか臆病な性格であるといった事情）は含まれるであろうか。「客観的基準」という用語からは，主観面に属する事情は判断資料から排除するのが自然であるようにも感じられよう。しかし，上のように極めて具体的な状況を前提に判断することとした場合，たとえば**「そのような状況でそのような臆病な被害者に対してなされるそのような脅迫行為」**が判断対象であるといっても，何ら不合理ではないと思われる（どこまで類型的な判断を維持し，逆にいえばどこまで具体的な客観的事情を判断対象に入れるかという問題は，不能犯論における具体的危険説と客観的危険説の対立や，正当防衛における防衛行為の相当性判断における防衛行為の危険性判断などにおいてもみられるものである。興味のある人は比較してみよう）。

4 既遂と未遂で判断を分ける場合

さて，以上のような問題は，強盗罪と恐喝罪の区別を，既遂と未遂のそれぞれについて行う見解でも生じうるものである。強盗既遂と恐喝既遂を「結果」を対象に区別したとしても，強盗未遂と恐喝未遂を何で区別するかはまた別問題だからである。なるべく具体的に判断しようとする見解に立てば，当該事案で強盗既遂に達する危険があるのか，恐喝既遂に達する危険があるにすぎないのかで，強盗未遂と恐喝未遂は区別されることになる。そこでは要するに，当該被害者が反抗を抑圧される危険があるのかどうかが問題となるから，被害者個人に着目した判断がなされることになり，当該被害者の性格等も判断資料に入れたうえで判断がなされることになろう（山口・各論218頁）。

これに対して，未遂の判断をより類型的に行おうとする見解に立つ場合は，被害者の主観的特性は判断資料から排除される。それは，そのような人の主観面に関わる要素は行為の危険性の類型的判断にはそぐわないと考えられているからであると思われる。

なお，被害者の特殊な主観的事情を考慮するとしても，実際は反抗抑圧を肯定する方向に働く積極事情（臆病な性格など）に限られている点に注意が必要である。人の心理は不確かなものであるから，一般人を対象に反抗抑圧の危険が認められる暴行・脅迫については，豪胆な被害者との関係で個別的判断をしても反抗抑圧の危険は否定されないと考えられる。

V 強制わいせつ罪・強姦罪における脅迫の程度

性犯罪に話を移そう。強姦罪における暴行・脅迫は，相手方の反抗を著しく困難にする程度のものであることが必要であるとされ（最判昭和24・5・10刑集3巻6号711頁），強制わいせつ罪でも同様であると解されている。

強盗罪では，相手方の反抗を抑圧するに足る程度の脅迫が要求されていたから，それよりは軽い脅迫でも足りる。もっとも，恐喝罪では，相手方を畏怖させるに足る脅迫で十分だとされることと比較すると，強姦罪・強制わいせつ罪ではそれよりは強度の脅迫が要求されていることになる。

財産よりも性的自由のほうが価値が高いとされるのに，なぜ後者のほうがよ

り強い脅迫からしか保護されないのだろうか。学説上、指摘されているのは、強制わいせつ・強姦罪の成否が問題となる事案では、被害者が物理的には抵抗することが可能であったのに抵抗しなかった場合、同意していたから抵抗しなかったのか、心理的に抵抗できなかったのかの判断が難しいということである。同意の有無の判断が微妙なので、客観的な行為に着目して限定を図り、判断を明確化するというのである。

　しかし、ここでは、次の点に注意が必要である。行為の程度を限定するというと、殴ったり無理やり押さえつけたりといった強度の暴行がない事案では、暴行の程度が弱いと判断されて、強制わいせつ罪や強姦罪は成立しないとの結論が導かれかねない（現に、そのような点から結論が批判されている古い裁判例が散見される）。しかしながら、実行行為は「暴行」ではなく、「暴行又は脅迫」であるから、暴行としては程度が弱くても、強い脅迫の有無が別途問われなければならない。そして、脅迫は言葉によるものには限られず、挙動による脅迫も含まれる。したがって、弱い暴行であっても、周囲の状況等も前提にしたときに、それが強い脅迫として働くことが大いにありうるところで、強制わいせつ罪や強姦罪の成否が問題となる事案の多くでは、暴行よりも脅迫の肯否に焦点があてられるべきなのである。

　そのとき、一定程度の恐怖を誘う状況下でわいせつ行為や姦淫行為を迫ること自体が強い脅迫にあたり、強い暴行や言葉による脅迫がなくても、強制わいせつ罪や強姦罪が成立しうることになる。相手方の反抗を著しく困難にする程度の実行行為が必要であると聞くと、犯罪の成立範囲が相当狭く画されている印象を受けるが、それは暴行だけを念頭においた場合であって、脅迫も正しく検討すれば、そうではないのである。

VI　脅迫による監禁

　監禁罪は通常、部屋の中に閉じ込めて物理的に脱出できないようにするなどの方法によって実行される。

　しかし、判例の中には、夜間の海上沖合に停泊中の漁船に被害者を閉じ込めたとして監禁罪を認めたものがある（最判昭和24・12・20刑集3巻12号2036頁）。

泳いで逃げることは物理的には不可能ではないが，心理的に著しく困難だというのである。被害者を原付自転車の荷台に乗せて疾走する行為に監禁罪が認められる（最決昭和38・4・18刑集17巻3号248頁）のも同様である。現に被害者が脱出していても，それまでの間について監禁罪が成立する。

もっとも，それらは，脱出行為が物理的に危険な場所に監禁したものであって，まだ物理的な監禁という要素がある。これに対して，部屋から脱出したら傷害を負わせると脅迫して行動の自由を拘束する行為についても，監禁罪を認めた例がある（東京高判昭和40・6・25高刑集18巻3号238頁）。これを徹底すれば，一歩でも動いたら撃つぞ，と脅迫して拳銃を向ける行為は，純粋に脅迫による監禁ということになろう（足かせをつけたのと同等であるといえば，逮捕罪である）。

そのような物理的な障壁の要素が皆無の場合にまで逮捕・監禁罪を認めることには，反対する学説もある（林・各論73頁，75頁）。

Ⅶ　脅迫による殺人

脅迫行為を手段とした殺人罪が認められる場合がある。執拗に脅迫を加え続けて被害者を心理的に追いこみ，自殺させたような場合である。このような場合は，自殺教唆罪と，被害者の行為を利用した殺人罪の間接正犯との区別が問題となる。

これには2つの類型があると考えられる。第1類型は，脅迫により心理的に追い込み，正常な判断ができない精神状態にして，自殺行為をさせる場合である。従来の判例で問題となってきたのは，主にこの類型である（福岡高宮崎支判平成元・3・24高刑集42巻2号103頁など）。

近時の判例にはこれとは異なる第2類型の殺人罪を認めたと解されるものがある。「被害者をして，被告人の命令に応じて車ごと海中に飛び込む以外の行為を選択することができない精神状態に陥らせていた」と指摘して，そのような精神状態に陥っていた被害者に死亡の現実的危険性の高い行為を行わせる行為は殺人の実行行為にあたる，としたものである（最決平成16・1・20刑集58巻1号1頁）。

ここでは，脅迫による強要の構造を理解することが重要である。「○○されたくなかったら△△しろ」といわれた被害者が△△したとき，それが脅迫による強要だといえるのは，被害者にとって，△△するよりも○○されるほうが害悪性が大きいといえる場合である。脅迫による強要は，より大きな利益侵害を提示することによって，軽い利益侵害を受け入れさせるものである。

　上の最高裁判例では，「殺害されたくなかったら，自分で海に飛び込め」と命じている。ここでは，被害者は，「行為者に確実に殺害される」という選択肢を提示されることによって，「もしかしたら助かるかもしれない飛び込み行為」を選択している。その選択は合理的なものであって，それ自体は自由意思に基づいて選択しているのであるが，2つの選択肢しかないという状態が行為者によって支配されており，そこに脅迫による強要の基本構造がある。評価が分かれそうではあるものの，この事案で「それ以外の行為を選択することができない精神状態」というのは，意思抑圧されて正常な判断ができない状態（これは前述の第1類型である）をいうのではなく，被害者の価値基準に照らして合理的に判断したときに，その選択肢に必然的に誘導される状態を指すと考えられる（なお，上の判例の事案は，被害者が助かる可能性に賭けていることを行為者は認識していないという点で，1つひねりが加わっている）。

　殺人に限らず，脅迫による強要には，このように，被害者の合理性を失わせる（合理的判断に基づく抵抗ができない状態にさせる）パターンと，被害者の合理性を利用する（合理的判断に基づき行為者の目指す選択肢に誘導する）パターンと，異なる2つの類型があることを理解することが有用であると思われる。

〔和田俊憲〕

No.19　　　　　　　　　　　　不 作 為 犯

次の事例におけるX・Yが不作為犯として処罰されるかを検討しなさい。

(1)　Xは，付近の池で自身の長男A（小学校1年生）が溺れているのを発見したが，Aの存在が再婚の妨げになっていたことから救助活動を行わず，Aは溺死した。

(2)　Yは，付近の池でXの長男A（小学校1年生）が溺れているのを発見したが，「はげのおっさん」呼ばわりされたことを恨んでいたため救助活動を行わず，Aは溺死した。

(3)　(1)の事例において，Xは，冬の夕方で水温が低く，心臓マヒになるのを恐れていたため，救助活動を行わなかった。

(4)　(1)の事例において，Xが救助活動を行った場合，救命される可能性は相当あったが，確実ではなかった。

Stage 1　No.19　不作為犯

Hint──────────────────────────────

　まずは(1)と(2)を対比しながら読んで，X・YいずれもAを確実に救命可能であったものとして，それぞれがAを見殺しにしたとして殺人罪で処罰されるべきかを考えてみよう。その際，XはAの父親であるのに対し，Yは他人であることがどのような意味をもつか考えてみよう。

　(3)では，心臓マヒになるおそれがあったことにより，どのような理由で不作為犯の成立が否定されうるかを考えてみよう。最後に，(4)では，結果犯の不作為犯が既遂で処罰されるためにはどのような要件が満たされる必要があるか，他方，未遂犯が成立するためにはどのような要件が満たされる必要があるかを考えてみよう。

解説

I　保障人的地位・義務を論じる意義

1　作為犯と対比してみよう

解説に入る前に，次の学生A・B・Cの議論をきいてみよう。

> **議論1**
> A：不真正不作為犯の成立範囲は保障人の不作為に限定されるのは何でかな？
> B：それはやっぱり作為犯と同視できるのはその場合だけだからでは？　不作為はもともと作為みたいな因果力が怪しいと思われているから，それをカバーするプラスアルファが要ると考えられているのではないかな……。
> A：でも不作為で見殺しにした場合でも作為と同じ199条で処罰されるということは，不作為も死亡結果を引き起こしたということだよね。それなら因果力が足りないから，という説明はおかしいと思うな。だいたい「作為と同価値」なら処罰するという言い方が，そもそも罪刑法定主義違反っぽくて嫌いだね。僕は，どちらかというと，不作為を処罰するのは作為を命じることなので，自由侵害が大きいから限定すべきだという考えのほうがいいような気がするけどなあ。
> C：でも今は携帯電話もあるし，救急車を呼ぶ電話1本するのが自由侵害だなんて，刑法学者ってなんか変わった人達ね。
> A・B：……

　故意に人を殺害しようと思って，ピストルを発射して，その人を死なせた人に刑法199条の殺人既遂罪が成立することは明らかである。刑法は，人の行為によって，保護法益の状態に対して不良な変更が加えられることを防止しようとするものであるが，ピストル発射による射殺は，それまで普通に暮らしていた（別に死にかかっていても話は変わらないが）人の生命という法益の状態を，死亡という状態に積極的に不良変更してしまうものである。その人の死亡の原因は，もっぱらこの犯人のピストル発射という作為であり，だからこそ，「あれなければこれなし」という条件公式によって（大部分の事例では）事実的因果関係を確認することができるのである。作為犯は，①法益状態の不良変更に向かう因果経過を起動していること，②（たいていの事案では）その作為だけがそ

うした不良変更の原因であること，という特徴が認められ，だからこそその犯罪性は容易に肯定されるわけである。

これに対し，不作為犯は，保障人という特別な地位にある人の不作為だけだと考えられているが，それはなぜか。**不作為犯には，作為犯と異なるどのような特徴があり，その特徴ゆえに，その可罰性が認められるためにどのような要件が満たされなければならないこととなるのか。**不作為犯論のポイントは，まさにこの点にある。

2 不作為は結果を引き起こせるのか？

(1) 多くの見解は，多かれ少なかれBさんのような理解をしている。つまり，1で述べた①の点での違いを重視しているのである。繰返しになるが，作為犯の場合には，たとえばピストルでの射殺は，それまで普通に暮らしていた人に出血死という結果に至る因果の流れを起動させ，結果を積極的に引き起こすものである。これに対し，不作為犯が問題となる場合，たとえば，池で溺れている自分の子供を助けない場合，子供が溺死しかかっているのは，誰かに突き落とされたか，自分で足を滑らせたか，風で吹き飛ばされたか，いずれにしても先行する事象のためである。**不作為は，その結果に向かう流れを断ち切らないというだけのことであり，因果の流れを起動させてはいない。**だから，誰より何より結果に責任を負うのは，その先行する事象のはずであるところ，不作為につき結果についての責任を負わせるためには，作為犯と同視できるような（「見殺しにした」といえるだけの）特別な事情がなければならないのだ，と。そして，この見解によれば，この要件を作為義務の内容とするか別個の要件とするかはともかく，作為との「構成要件的同価値性」がある場合を考えるのが，不作為犯論の最重要課題となるのである。

(2) しかし，不作為が作為と「同視」できる場合を処罰するのだという，こうした説明の仕方に対しては，Aさんのいうように，類推解釈的で問題だとの批判が向けられても仕方ないかもしれない。ドイツの刑法は，殺人罪の規定は「人を積極的に殺すな」という禁止規範の違反＝作為犯だけを罰するものだとしたうえで，総則に13条を設け，命令規範の違反＝不作為が作為と同視できる場合を特別に罰することとして，処罰を拡張しているから，そのような条

文の解釈としてはBさんのような理解でもよいだろう。

〈ドイツの場合〉
刑法各則の殺人罪：禁止規範（人を殺すな）　　　　　＝作為犯の処罰
＋13条　　　　　：命令規範（人の死を回避すべく救助せよ）＝不作為犯の処罰

(3) これに対し，日本の刑法にはそのような規定はないのだから，199条の殺人罪は作為犯も不作為犯も最初から当然に含んでいるのだと考えるほかはない。**日本の刑法では，不作為は「結果を惹起しないが作為と同視できる」からではなく，「作為と並んで同様に結果を惹起する」ものとして，処罰されるのではないだろうか。**すなわち，わが国の刑法の解釈としては，不作為の「結果惹起力」を前提とするほうが自然なのである。

〈日本の場合〉
刑法199条：禁止規範＋命令規範（およそ故意に人の死をもたらすことをするな）

3　結果と因果性の認められる不作為はいくつもありうるのでは？

(1) もっとも，作為犯の場合には，たいていの場合には，ピストルを撃った人，毒を飲ませた人，首を絞めた人……だけに結果の原因が認められるのに対し，不作為犯の場合には，「その人が救助活動に出ていれば当該死亡結果は回避できたであろう」といえる人は何人も存在しうる。作為犯との1で述べた②の点での違いである。冒頭の設問では，Xが救助してもYが救助しても，Aは助かったであろうから，Xの不作為にもYの不作為にも，当該結果を惹起したという関係そのものは認められることになる。

しかし，その場にたまたま居合わせ，見知らぬ人が溺れていることを認識した場合，救助可能だったのであれば「見殺しにした」という理由で処罰されるのでは，怖くてビーチやプールには近づかないほうが安心だということになる。交通事故被害者や行き倒れの人を目撃する可能性は常にあるから，家にこもっているしかなくなるだろう。

(2) 保障人的地位にある人の不作為だけに処罰範囲を限定する作為義務論は，

この問題を解決するための方策として位置づけられることになる。そして，処罰範囲を限定する理由としてもち出されるのが，Aさんのいう，**不作為処罰のほうが自由の侵害が大きい**という観点である。殺人罪が，ピストルでの射殺を禁止するとき，それさえやめれば他に何をするのも自由であり，制限された自由は殺意をもってピストルを発射する自由だけである。そして人を殺す行為に出る自由などそもそも存在しないのだから，ここでの禁止による法的に保護される自由の侵害は全くない。これに対し，殺人罪が，池で溺れている人の救助を命令するとき，それに応じるには，他のすべてを投げ出して，池に飛び込まなければならない（他に方法がなければであるが）。この場合の自由侵害が大変なものであることは明らかだろう。そこで，このような観点から，不作為の処罰＝作為の命令は限定的でなければならないことになるというのである。こうした限定を図る場合には，**法益主体との密接な結びつきのある者を選別する**ことになるが，そこでは，「自ら播いた種でしょ」論（先行行為説），「やるなら最後までやれ」論（保護の引受け説），「あなたのものでしょ」論（危険源監視義務），「あなた親でしょ」論（社会的期待説）など，さまざまな見解が主張されることになる。

4 排他的支配説（有力説）の考え方

(1) 多くの学説は，この作為との①，②の違いの一方もしくは双方を考慮して，自説の構築を行っているといえる。たとえば，有力に主張されている排他的支配説によれば，「不作為が作為と構成要件的に同価値であるためには，不作為者が，すでに発生している因果の流れを自己の掌中に収めることが必要」だとされているが，これは，**もっぱら当該不作為者だけが結果発生を防止しうるかを左右できる立場にあるため，この者の不作為と結果とは1対1の対応関係になり，この不作為と結果とが1本の因果の流れでつながることになる**という限りで，Bさんの問題意識（作為との①②の相違）に対応しようとするとともに，意思に基づく「排他的支配の獲得」を要求することにより，Aさんの問題意識にも対応しようとしているのだと理解することができよう。

(2) もっとも，②の相違を埋めるべく，排他的な「単独での」支配を要求することは行きすぎであるとの見方もある。作為犯の場合でも，1つの死亡結

果について複数の原因があり，複数の作為犯が成立することがあるのだとすれば，不作為犯の場合でもこれにこだわる理由は乏しいかもしれない。また，この排他的支配を事実レベルで検討する場合には，父親Xのそばに他人Yがいるだけで，Xの排他的「単独」支配がなくなり，誰も不作為犯で処罰されなくなるというような結論でよいかは，大いに疑問ではないだろうか。

(3) ではCさんの発言は，どうしたらいいのだろう。Yに119番通報を義務づけることが，そこまで大変な問題なのだろうか。1つの考え方は，やはり，電話するという作為に集中させられ，他の行動の自由を奪われている以上，この場合でも原則どおりで構わないと考えるものである。おそらく従来はこれが一般的な見解であり，問題となる時点で，不作為者にどのような義務づけを行うべきかのみならず，結果が発生した後で，不作為にとどまった無関係の者を本当に処罰するのかと問われれば，この見解に至るのはある意味自然なことである。

もう1つの考え方としては，不作為犯を限定的に解する根拠が自由侵害にあることから，命じられる作為に出る負担（自由侵害）が大きければ大きいほど，義務を限定するという，比例的な形での義務づけを考える方向であろう。そもそも保障人的地位・義務をどの範囲で認めるかは，法益保護を重視した社会連帯義務と，個人主義を前提とした自由保障をどのように調和させるかの問題だとすれば，大阪大の元ゼミ生Sさんが提言してくれたこの方向は，なかなか捨てがたい魅力を放っているように思われる。

II 保障人的地位・義務の発生根拠

1 形式的三分説とその問題点

本節でもまずは学生A・B・Cの議論をきいてみよう。

> **議論2**
> A：ところで君の本では不作為犯の成立要件はどうなってる？
> B：①保障人的地位・義務，②作為の可能性・容易性，③作為犯との同価値性ってなってる。①は，ⓐ法令，ⓑ契約・事務管理，ⓒ慣習・条理（特に先行行為）が根拠となって認められるみたい。法的な義務でなければならないって聞

いたような気もするけど，ⓒの慣習や条理が入るってことは，結局は社会常識みたいなもので決まるってことなのかな……。
A：伝統的見解のほうだね。じゃあ，うっかり車をぶつけて重傷を負わせた被害者を放置して逃げたら，先行行為があるから，みんな不作為の殺人罪で処罰されるってこと？
B：どうかな……。③のところで支配領域性とかを考慮して絞るみたいだけど，山の中の寂しい道で事故った場合なんか，ほかに助ける人もいないから，そうかもね。
A：でも判例だと，車の中に引き込んだとか何かプラスアルファの要素がないと，先行行為だけでは処罰しないと思うなあ。そもそも③で絞るのなら①はどういう意味があるのかなあ。実質的な作為義務の根拠づけを考える最近の有力説は，③を考慮しながら①の要件を最初から絞っているみたいだけど，そっちのほうが合理的なんじゃないかなあ。
C：Aさんのいってる判例の立場って，いったん助ける気になったほうが，重く処罰されるってこと？　一番悪いのは1回も助ける気を起こさなかった人だと思うわ。刑法学者だけじゃなくて裁判官もほんと何考えてるのかわからないわ。
A：多分だけど，そのまま放っておかれたら，もっといい人に助けてもらえる可能性があるのに，それを無くしてしまうほうが悪いってことかな。あと，中途半端なことはするな，やるなら最後までやりぬけ，ってこともあるんじゃないかな。

　伝統的には，Bさんのいうような形式的三分説がとられてきた。具体的な事案を分析する際の取っかかりポイントを示してくれるためか，学生の間ではなお人気が高い。この見解は，作為義務を法的なものにするためⓐⓑをまず挙げるが，これでは処罰すべき事案を網羅できないためⓒが追加されている。そのため，Bさん自身がすでに気づいているように，法的なものですらない義務によって刑法上の義務が基礎づけられることになっており，これには批判が強い。
　また，Aさんがいうように，この見解も，結局は③の要件で処罰範囲を限定しており，このことは，先行行為が認められるひき逃げの事案で，ひいたことだけを根拠に不作為犯での処罰を認める見解がないことからも明らかである。そうだとすれば，**処罰範囲を決めているのは③の要件なのであり，そこを詰めて考えることが決定的に重要であろう**。

2 実質的な作為義務論

そのような実質的な作為義務論の1つとしては，すでにIで紹介した排他的支配説のほか，「事実上の保護の引受け」に着目する見解がある。ひき逃げの事案で，病院に連れていってやるなどといって車内に引き込んだが，途中で気が変わって山の中に放置したような場合には，(1)救助を引き受けたことで法益の維持・存続を図る行為が開始されて，(2)運転を継続したことでその状態が継続され，(3)自車に収容したことで排他性が確保されたとして，不作為犯処罰が肯定される（堀内捷三『刑法総論』〔有斐閣，第2版，2004〕61頁以下）。それゆえ，「Xは，自動車を運転中，前方不注意により歩行者Aに衝突して重傷を負わせたが，このまま逃げればAは死ぬかもしれないが，捕まるよりはましだと考えてその場から逃走したため，Aは死亡した」というケースが不可罰となるのに対し，「Xは，自動車を運転中，前方不注意により歩行者Aに衝突して重傷を負わせた後，『病院に連れて行ってあげる』と偽って車内にAを乗せて人気の少ない林道に入ったところで，Aを放置し死亡させた」というケースには不作為犯での処罰が肯定されることになる。

この見解に対しては，Cさんのいうような批判が学説上も多いが，しかし，この見解は，Aさんが庇っているとおり，「仏心」を罰しているのではなく，**他人による救助の可能性を排除したこと**，あるいはまた，保護が引き受けられたことにより，**保護の継続に対する期待が刑法による要保護レベルに達し，その期待を侵害したこと**を罰しているのである。町中で捨て犬（猫でも可）を見たときは，このことを思い出してよく考えていただきたい。

III 作為可能性と結果回避可能性

1 作為可能性

不作為犯とは，要するに，結果回避のための作為義務を怠ったことで処罰されるのであるが，やれと言われてもやれないことはどうしようもない。議論2でBさんが挙げていた②の要件が，作為可能性の要件であり，**不可能なことは義務づけられない**ことに根拠がある（なお，作為の容易性は，論者によっては作為との同価値性の判断要素として位置づけられ，「簡単にできることをしなかった酷さ」

をカウントするものとされているようにも思われるが、これはここでの問題とは別の問題である)。義務づけられる作為が、池に飛び込んで泳いで救助することだとすると、泳げない場合に作為可能性が認められないこと、泳ぐこともでき気候も体調も問題なかった場合に作為可能性が認められることは明らかである。

問題は、設問(3)のケースである。「死ぬ気でやれ」といわれれば、不可能なことはほとんどないといってよいかもしれないが、刑罰の威嚇でもって強制してよい義務の前提としての作為は、やはり合理的に期待可能な範囲のものでなければならない。可能性の問題は期待可能性の観点によって規制されるのである。「作為の容易性」という要件で確保しようとされている内容の実質は、このようなものである。

不作為による幇助に関する裁判例であるが、暴力的な愛人の男性がわが子に暴力をふるうのを止めなかった妊娠中の母親に実力で暴行を阻止することが求められるかにつき、1審の釧路地判平成11・2・12判時1675号148頁は、却って同人が激しい暴行を受けて負傷していた相当の可能性があったこと、場合によっては胎児の健康にまで影響の及んだ可能性があったこと、実力による阻止が極めて困難な心理状態にあったことを指摘して、これを義務づけなかったのに対し、札幌高判平成12・3・16判時1711号170頁は、妊娠中は愛人が胎児への影響を慮って腹部以外に暴行を加えており、胎児の健康に影響の及んだ可能性は低く、愛人への愛情、肉体的執着から、母親としての立場より内縁関係を優先しただけだとして、実力による阻止までを義務づけている。

このように、わが子の生命を救助するためなら、一定の負傷を余儀なくされても、作為が義務づけられていることには注意しておいてよいだろう。

(3)のケースでは、客観的にみて、心臓マヒによる死の危険性が相当に見込まれるならば、作為を義務づけることは困難であろう(なお客観的にはそのような危険がないにもかかわらず行為者がそのように誤信した場合は、作為義務を基礎づける事実に関する錯誤として故意犯の成立が否定されることになろう)。

2 結果回避可能性

当該不作為が当該結果を惹起したものと認められるためには、まず、命じられた作為に出ていれば当該結果を確実に回避しえたという関係が必要であり、こ

のことが合理的な疑いを超えて証明されなければならない（最決平成元・12・15刑集43巻13号879頁）。

この「結果回避可能性」を，どの順序で論じるかは，論者により異なるから，各自の本で確認していただきたいが，大別すれば2つのグループに分かれる。

1つは，**結果が回避できないならそもそも回避を義務づけても仕方がないと考える**ものであり，確実な結果回避可能性を作為義務の前提要件として位置づける。これによれば，救助活動に出ていれば救命されたであろうことが確実であれば，殺人罪を念頭に置けば既遂犯の成立が認められるが，冒頭の設問(4)のケースでは作為義務が課せられないから，未遂犯すら成立しないことになる（たとえば西田・総論117頁以下）。

もう1つは，**作為義務はある程度の結果回避可能性があれば課してよいのではないかと考える**ものである。目の前の人が最終的に助かるかどうかは行為の時点では分からない。それなら法益保護のためにはある程度の結果回避が見込まれる以上，作為を義務づけてよいのではないかと考えるのである（たとえば葛原力三ほか『テキストブック刑法総論』〔有斐閣，2009〕68頁以下〔塩見淳〕）。しかし，結果回避が確実に可能でなければ，当該不作為が当該結果を引き起こしたものとはいえない。それゆえ，ある程度の可能性しかない場合には，実行行為（作為義務違反）と結果との因果関係が否定され，殺人罪であれば未遂となるのである。札幌地判平成15・11・27判タ1159号292頁が，結果回避可能性が確実ではなかったが「相当程度」あった事案につき，「因果関係を認めることについては，なお合理的な疑いが残る」として，保護責任者遺棄罪の成立にとどめているのは，このような見解から説明することが可能である。

なお，1つ目の見解からも，未遂犯と不能犯の区別に関する具体的危険説を適用すれば，2つ目の見解とほぼ同様の結論が導かれる（はずである）が，論理の運びが違うことには注意が必要である。

〔安田拓人〕

Exercise 何の罪に問われるか

次の事例におけるA～Gの罪責を検討してみよう。登場人物が多く若干の整理が必要であるが，ここまで読み進めてきた本書の読者には，刑法何条の何罪が問題となるかは一応わかってほしい。【答えは252頁】

Fとその従順な配下の者A～Eは，相互に意思連絡のうえ，X・Y・Zに対して次のような行為を行った。

(1) Aは，Xを拘束してAの自宅に連れ去り監禁し，その間にX宅に侵入して財物を奪うとともに，XをBに引き渡した。Bは，Cに対して，Xに強制労働をさせてはどうかとそそのかしてXを引き渡し，Cは，Xの解放を求めてきたXの親族に対し，Xの身柄が欲しいのであれば身の代金を支払えと要求した後，Xの監禁および強制労働を指示して，Dに引き渡した。DはXを監禁したまま，10年間にわたり無理やり働かせ搾取し続けた。

(2) Aは，Yを拘束してAの自宅に連れ去り監禁し，Yは，順次，BおよびCに引き渡された。CからYを引き受けたDは，Bの監視のもと，Yの首を絞めて殺害した。Yの殺害は，BがCに進言し，Cの指示に基づいて，Eの合図により実行された。

(3) Aが収集した情報に基づいて，BはCに対し，Zの財産を奪ってはどうかとそそのかした。CはZに対し，払えなければ体で払ってもらうと脅して，無理やりFへの現金の支払いをさせた。

FがA～Eと共に上のような組織的かつ計画的な行為を行ったのは，長らく組織のトップに君臨する絶対的権威者のGが，日頃からFに対して，Gの大切にしているものを害する者が現れたら二度と同じようなことが行えないよう徹底的に懲らしめるようにと言い含めていたところ，X・Y・ZはGの大切にしている「あるもの」を壊したからであった。

なお，A～Eの生活の面倒はFがみており，Fに必要な資金の大半は，Gが与えるなり貸すなりしている。

No.20　正当防衛と緊急避難

　次の事例は，正当防衛（36条1項）になるのか，それとも，緊急避難（37条1項本文）になるのか，それぞれのa)とb)を対比しながら考えてみよう。

　(1)　a)　雨上がりの夜道を歩いていた女子大生A_1子は，暴漢B_1に襲われ，性的な被害に遭いそうになったので，雨が上がったため閉じていた傘で必死に殴りつけた。ところが，傘が折れてしまい，相手が全く怯まなかったので，無我夢中で折れた傘でB_1を突いたところ，傘が心臓に突き刺さってB_1が死亡した。
　b)　雨上がりの夜道を歩いていた女子大生A_2子は，前方不注意で運転していたB_2の車にひかれそうになった。そこで，とっさに横の花屋C_2に飛び込んだところ，胡蝶蘭の鉢植えを割ってしまった。

　(2)　a)　(1)a)のA_1は，短距離の選手であったことから，隙をみて逃げれば逃げることができたが，体育会系のメンタリティーとして，逃げることを潔しとしなかったので，反撃に出ることにしたのであった。
　b)　(1)b)のA_2は，新体操の選手であったので，頭上にあったアーケードの鉄柱にジャンプして逆上がりすれば，B_2の車を避けることができた。ところが，練習で疲れていたので，跳び上がりたくなかったのであった。

　(3)　a)　雨上がりの夜道を歩いていた女子大生A_3子は，昨日近所の老人C_3のお茶の誘いを断ったことから，C_3に飼い犬D_3をけしかけられ，D_3にかみつかれそうになった。そこで，雨が上がったので閉じていた傘で，必死に殴りつけ，D_3に傷害を負わせた。
　b)　雨上がりの夜道を歩いていた女子大生A_4子は，近所の老人C_4の飼い犬D_4にかみつかれそうになった。そこで，雨が上がったので閉じていた

傘で必死に殴りつけ，D_4 に傷害を負わせた。C_4 は D_4 をきちんとロープで柵につないでいたが，A_4 の姿に興奮した D_4 が想定外の力でロープを引きちぎったことにより，このような結果になったものである。

 Hint

(1)では，防衛・避難行為によって害された利益とそれによって守られた利益をまずは見比べてみよう。(2)では，逃げること・跳び上がることによって正当な利益を守ることができたのではないか，その場合でも防衛・避難行為に出ることが許されるかを考えてみよう。(3)では，侵害者の行為が36条1項にいう「不正」な侵害といえるのかを考えてみよう。

解説

I 「不正・対・正」(正当防衛)か「正・対・正」(緊急避難)か

　本項では，正当防衛と緊急避難を，比較しながら，それぞれの制度の特徴をみていくことにしよう。正当防衛と緊急避難は，いずれも緊急権であり，防衛行為・避難行為が許されるための前提として，緊急状態がなければならないが，そこでの利益状況は大きく異なっており，それが法的効果や成立要件の違いとなって現れてくる。まずはその点から確認していこう。

　設問(1)(2)の a)では，A_1 による行為の被害者は B_1 である。B_1 は A_1 を襲った張本人だから，やっつけられてもやむをえない，自業自得だ，と考える人が多いだろう。この関係は，「不正・対・正」の関係である。これに対し，(1)(2)の b)では A_2 による行為の被害者は C_2 であるが，これは全く無関係の第三者が犠牲になっており，とんだとばっちりだと考える人が多いだろう。この関係は，「正・対・正」の関係である。

　a)の場合が，36条1項の正当防衛，b)の場合が，37条1項本文の緊急避難であることは，多くの皆さんがすでにご存じであろう。これらは，いずれも一般に違法性阻却事由だと考えられている。違法性阻却事由というものは，相対立する利益を調整するものであり，被害者の利益が優越する場合は，行為者の行為を違法とし，犯罪者になるのを覚悟で行為に及ぶか耐え忍ぶかを命じることになる。これに対し，行為者の利益が優越する場合は，行為者の行為を適法として，その行為に及んでもよいとし，それとの対応関係において，被害者の利益の法的保護を解除することになる。(1) a)の A_1 の行為が正当防衛として違法性が阻却されるということは，B_1 の生命保護をしないという結果になるのである。

　確かに，正当防衛は，不正な侵害者の負担で緊急事態を解決しようとするもので，その行為の正当性はわかりやすいが，緊急避難はどのような意味で違法性が阻却される(ことがある)行為なのだろうか。以下では，法的効果の違いを確認しながら，それと関わらせて，それぞれが正当とされる根拠を探ってみ

よう。

Ⅱ 正当防衛・緊急避難の違法性阻却の根拠と成立要件の違い
——法益の権衡と補充性——

1 正当防衛が「不正・対・正」の関係であり，緊急避難が「正・対・正」の関係であるという違いから，その成立要件にはいくつかの違いがあることも，すでにご存じであろう。

その１つは，37条１項本文の条文からも理解されるように，**緊急避難の場合には，避難行為によって「生じた害が避けようとした害の程度を超えなかった場合に限」って，不可罰となるのに対し，正当防衛には，そのような制限はない**という違いである。A_2の行為は，車にひかれて大けがをしないですむよう，高価な胡蝶蘭の鉢植えだとはいえ，他人の財産を侵害しただけであるから，守られた利益のほうが圧倒的に優越していようから問題ないが，横に飛びのく際に邪魔になった花屋の店員を突き飛ばして重傷を負わせたというような場合であれば，法益権衡の要件が満たされるかは微妙である。

これに対し，正当防衛の場合には，状況が全く異なる。A_1は，性的被害を回避するため，最終的にはB_1の生命を奪っているが，生命を侵害する正当防衛を限定的に捉えようとする論者でさえ，強姦の被害が見込まれる場合には生命侵害まで許容されるものと解している。刑罰の場合には，強姦犯人に死刑判決が科されて国家により生命を奪われることはないが，正当防衛の場合には，強姦に及ぼうとした者は，緊急権を防衛行為者に認めることとの関連において，その生命の国家による保護が否定されるのである。

こうした違いはなぜ生じるのだろうか。緊急避難の場合は，正当な利益どうしが対立しているので，同等以上の法益が助かるのであれば両方ともだめになるよりはましであり，積極的に違法だとするまでのことはないというのが，おそらく37条の示す価値判断であろう。では，自分に降りかかった危難は自ら甘受すべきではないのだろうか。無関係の第三者に侵害を転嫁してそこから逃れようとするのは正当なのだろうか。緊急避難を違法性阻却事由だと認めない見解や限定的にしか認めない見解は，そこを疑っているのである。そして，緊

急避難を違法性阻却事由とみる場合でも，これは，避難行為によって助かる人とそれにより害を被る人のどちらに軍配を上げるかの問題だとする単純な見方はほとんどみられない。緊急避難を違法性阻却事由と捉える見解の多くは，社会全体としてより大きな財が保全されたからとか，こういう場合には社会連帯義務がかかっているのだといった，個人の関係を超えた説明を行っている。

　他方，正当防衛の場合には，正の側に立つ防衛行為者が不正の侵害者に対して絶対的な優位に立っており，これが違法性阻却事由であることが疑問視されることはない。ここで，A_1が性的自由を守るために不正な侵害者の生命を奪うことも許されるのだとすると，性的自由に加えて何かプラスアルファの利益が守られたのでないと不正の侵害者の生命侵害を上回ることはないであろう。多くの見解は，そのプラスアルファとして，防衛行為者は自分の法益だけでなく，法秩序を守ったのだ，侵害者のやったことが違法であり，侵害者が歯向かおうとした法秩序がびくともしていないことを防衛行為によって示したのだ，だからその分の価値を認めて正当化してあげようと考えるのである（教科書などで「法確証の利益」と書かれているものの内容はこういうことである）。これは，防衛行為者にいわば法秩序の代理人として，悪をただす権限ないし義務を認め，これを峻厳な正当防衛の効果の説明に使おうとするものである。

　もっとも，このような見解は，利益衡量が前面に出る緊急避難の延長線上で，秤の正当化されるべき利益を乗せるほうの皿に，プラスアルファの利益を加算することによって説明しようとするものにとどまっている。そこで，正当防衛の緊急避難との違いが，緊急状態の原因が「不正」な侵害にあることを重視する見解は，不正な侵害に対して正当な権利を保護するために必要な限度で，言い換えれば，権利が権利として守られるべきであることに対応して，権利侵害を試みた者の権利が否定されてもやむをえないと考えていくことになる。ただ，こうした見解の中には，「不正な」侵害に及んだことにつき侵害者に帰責性を要求する方向に向かい，正当防衛の成立範囲を狭めてしまっているものもある（もう一歩先への１も参照）。

2　正当防衛と緊急避難の成立要件のもう１つの違いは，それしか他に方法がなかったという補充性が，緊急避難には必要であるのに対し，正当防衛の場合に

はそうではないと考えられていることである。37条1項本文にいう「やむを得ずにした行為」には，それしか他に方法がなかったという要件が盛り込まれるのに対し，36条1項にいう「やむを得ずにした行為」は，そうではないのである。

　これは，緊急避難は，「正・対・正」の関係であり，避難行為の犠牲になる利益も正当なものであるため，そのような犠牲になる法益と避難行為によって助かる法益とが，二者択一関係という宿命的な絆で結びあわされていなければならないということである。それゆえ，設問(2)b)のA_2は，跳び上がる（退避する）という方法により，危難を逃れることができたのだから，C_2との関係では，二者択一の関係が認められず，緊急避難は認められないことになる。こうした補充性の要件により，社会全体としても最小限のコストに抑えることができるし，そうした宿命的な絆で結ばれている限りで社会連帯義務が生じるのだという説明も可能となろう。

　これに対し，正当防衛の場合には，防衛行為の被害者は，不正な侵害者であるから，**防衛行為の必要性は，退避が可能であっても否定されない**。もっとも，このことは，**正当防衛の正当化根拠が法益保護のためだとすると，十分には理解できない**だろう。「逃げるが勝ち」ではないが，危険な侵害者からダッシュで逃げるのが法益保護にとって最高の戦略であることもありうるからである。そこで，学説の中には，正当防衛は，国家の代理人として悪を叩きのめすもので，権利であるどころか義務でもあるというところまでいう見解も出てくるのである。しかし，多くの見解は，そこまではいわないで，退避するのもしないのも自由だとしたうえで，退避可能だったのに防衛行為に及んだとしても正当だといえる理由を考えているのである。

　この点については，たとえば，退避を強いることは屈辱的であり，正の側にそのような負担をさせることは不当だというような説明がなされることもある。しかし，正当防衛を法益保護の制度だと考える見解からそうした説明をすることには，先ほど述べたように一貫しないものがある。また，このような説明にとどめる場合には，最終的な結果が不正な侵害者の死という重大な利益侵害になったときに，屈辱的な思いをさせないためにはやむをえないと割り切れるかは，かなり厳しいのではないかとも思われる。そうだとすれば，**正当防衛は，**

他者の権利を不正な行為により侵害しようとする企てに対し，権利が権利として擁護されるべきであることを示すために必要な限度で基礎づけられる権利であり，退避可能であることによってはこのような事情は変わらないうえ，権利である以上，それを行使するか否かは権利者にゆだねられているのだといったあたりが，退避義務が否定される根拠なのではないだろうか。

III 正当防衛における「不正」とは何か

さて，ここまで，正当防衛は「不正・対・正」の関係であり，緊急避難は「正・対・正」の関係であると説明してきたが，何をもって「不正」「正」というのかについてはペンディングにしてあった。もっとも，「正」のほうについては，これを正当な権利だといおうが法益だといおうが具体的な結論には実は影響がない。それゆえ，重要な問題なのは「不正」とは何を意味しているのかということである。この問題は，**対物防衛**の扱いとして議論されるのがパターン化しているが，それはこれが物的違法論と人的違法論の違いを最もよく反映するからである。以下具体的にみていこう。

設問(3)では，$A_3 \cdot A_4$ が，$C_3 \cdot C_4$ の飼い犬 $D_3 \cdot D_4$ に襲いかかられ，これを撃退する際に傷害を負わせたという点では，全く同じである。しかし，よくみると，A_3 が D_3 に襲われたのは C_3 がけしかけたからであるのに対し，A_4 が D_4 に襲われたのは，そうした事情によるものではない。この違いが結論に影響してくるのである。

Stage 1 No. 1・No. 2 で違法性に関する基本的な考え方の違いを学んだ際に，両者は実際の結論においてあまり違わなくなってきており，過度に対立関係を強調して理解するのは適切でないとしたところであるが，ここでの結論は両者で大きく異なる。

法益侵害という結果の悪さを重視する見解は，人に刺されたのでも犬にかまれたのでもけがさせられるというマイナスが生じる点では同じだと考えるので，端的に $D_3 \cdot D_4$ に襲われたことをもって不正な侵害だと捉える。

これに対し，規範に違反して法益を侵害しようとする人の行為の悪さを重視する見解からは，犬は規範に違反しないので，これに対して違法評価を下すこ

とはできないということになる。それゆえ，$D_3 \cdot D_4$ の挙動を捉えて不正な侵害だということはできず，背後にいる老人 $C_3 \cdot C_4$ の行為にまで遡ってみていく必要があることになる。

そうすると，C_3 は D_3 をけしかけているから，ここでは D_3 を道具として C_3 が不正な侵害を行ったことになる。これに対し，C_4 は D_4 をきちんと管理しており，過失すら認められないから，ここでは人による不正な侵害がなく，正当防衛は認められず，せいぜい緊急避難にしかならないことになる。緊急避難になると，それ以外に他に方法がなかったという補充性が要件となるから，逃げることができれば逃げなければならず，そばに電柱があれば上って侵害を回避しなければならない。また，危難にさらされた法益と避難行為によって侵害された法益の均衡も要件となるが，犬の生命より人の身体的安全（けがさせられない利益）の価値が低いことはありえないから，この点はここでは気にする必要はない。

このように考えると，どうも違法性の本質を人の行為の規範違反性に求めたのでは，犬に襲われた者の保護が弱まることになる。そこで，学説上は，36条にいう不正を，犯罪成立要件としての違法性とは別の意味に解し，「被侵害者の法益を侵害し，これに対して正当防衛が許されるかどうかという見地から問題とされるべき」概念だとし，犬による攻撃を不正な侵害だと捉える見解（大塚・総論383頁）がみられるほか，民法720条2項の規定により正当化された行為は刑法上も正当だと考えることにより，37条の緊急避難より広く正当化を認めようとする見解（井田・総論279頁以下）が主張されることになるが，本項の目的は違法性論に対する基本的対立が対物防衛の扱いにどう影響するかのアウトラインを示すものであるので，詳細の説明は省略することにする。

なお，この点はあまり説明されることは多くはないかもしれないが，不正な行為の解釈，ひいては，違法性に関する基本的な見解の違いは，正当防衛の正当化根拠にもつながっていく。結果無価値論的な物的違法論からは，人による侵害と物による侵害は質的に区別できないのだから，人による他者の権利侵害を理由とした防衛権の基礎づけや，不正な侵害に対して法秩序の妥当性を示す利益（法確証の利益）からの正当防衛の正当化は，やりにくいことであろう。それゆえ，最近の結果無価値論から正当防衛の正当化根拠を詳述した論者が，

正当防衛を緊急避難と同じ原理に基づくものと位置づけたうえで，あくまで防衛行為者側の利益として，「そこにとどまる利益」という侵害者の行為の法的性質と関わりなく論証可能な利益を加算していること（今井ほか・総論197頁以下［橋爪隆］）は，一貫したものだと思われる。他方で，こうした見方からは，その帰結として，正当防衛の緊急避難との質的な違いが捨象されてしまい，正当防衛が正当化される範囲はどんどん狭くなっていくのである。「動物や自然は不法を犯さない」というテーゼを認めるかどうかは，実は正当防衛が認められる範囲の広さに影響しうるのである。

もう一歩先へ　こんな場合も正当防衛／緊急避難？

1　Stage 1 としてはやや重いが，正当防衛の峻厳な効果を考えるヒントとして，さらに次の事例を考えてみよう。これは，従来，正当防衛に社会倫理的な観点からの制限がかかるとされてきた例である。

「雨上がりの夜道を歩いていた女子大生 A_5 子は，近所の5歳くらいの，ちょっと危ないところがあり，何をしでかすかわからないと評判の男の子 B_5 が，『お姉ちゃん殺す』と言いながら，ちょんまげのカツラをつけ，おもちゃの木刀を振るってきたので，木刀で殴られて顔に傷でもついたら大変だと思い，傘で一突きしたところ，B_5 の腹部に刺さり，B_5 は重傷を負った」。

つまり，幼い子供が戯れにおもちゃの木刀を振るってきたことを，不正な侵害と捉え，これに防衛行為を行うことが，国家の代理人として悪を叩きのめし，法秩序を確証することになるということ，あるいは，このような侵害を甘受させることは屈辱を強いるもので不当だということとは，必ずしもそぐわないのではないかという問題意識なのである。

では，なぜそういう感覚が生じるかというと，「子供のやることでしょ，悪いとわかってやっているわけでもないでしょ」ということ，つまりは，違法は違法かもしれないが有責な行動ではないのだから，それに峻厳な防衛行為を向けることには慎重であるべきではないかという価値判断が背景にあるのである。言い換えれば，峻厳な防衛行為が向けられてよい不正な侵害者とは，いわば帰責性が認められる者，正当防衛により一種のサンクションが科せられてしかるべき者だと考えられているのであろう。

しかしながら、このような考え方は、防衛行為者となる「正」の側の立場を弱めることになるから、そのような政策判断の当否が問題となりうる。子供はともかく、幻覚・妄想に支配された精神障害者に包丁で突きかかられた場合に、この者の行為が責任無能力状態でのものだから、正当防衛が制限されなければならないとするのは不当ではないだろうか。また、解釈論としても、このような考え方は、「有責な」不正な侵害を正当防衛の要件とすることになり、明文に反して正当化事由を狭めるもので、罪刑法定主義の観点から疑問が残らないだろうか。おそらくは、子供の戯れの場合には、おもちゃの木刀を取り上げるなど、防衛行為として緩やかなもので足りる場合が多いのであり、やむをえずにした行為の要件を事案に即した形で検討することにより、問題の多くが解消されるのではないだろうか。

2　もう1つ、併せて考えていただきたい事例を挙げておくが、これも Stage 1 にはちょっと重いので、以下の解説は、コラムのように読んでいただければ幸いである。

「K 大学を退学処分になり自暴自棄となった B_6 は、最後にせめて新聞の1面を飾って死のうと決意し、乗員・乗客250名が搭乗する航空機を乗っ取り、機長を脅迫して、少なくとも1000名が集まっている K 大学の時計台会館に向けて突っ込むよう指示・命令した。政府 A_6 は、自衛隊に同航空機の爆破を命じ、これが実行されたため乗員・乗客250名は全員死亡した」。

まず、これは正当防衛で考えるのか、それとも緊急避難で考えるのか。B_6 の行為が K 大学の1000名もの人に対する急迫不正の侵害であることは明らかだから、B_6 が自ら操縦する自己所有の一人乗り小型飛行機でこの行為に及んでいたのであれば、それを撃ち落とす行為は正当防衛となろう。

しかし、この航空機には無関係の乗員・乗客が乗っており、これら者を不正の侵害者の側にカウントすることはできない。確かに、この航空機は B_6 の不正な侵害の手段となっており、乗員・乗客もそこに包括されるという見方もありえなくはないだろうが、強制されての機長の操縦行為が不正な侵害の一部と評価される余地はあるものの、乗員・乗客はコックピットと隔絶された客室でなすすべもないのだから、「正」の側にとどまることは明らかである。

それゆえ、この状況では、そのまま放置して、いずれも「正」の側にある乗員・乗客250名と K 大学の1000名がどちらも死亡する結果を招くか、航空機を撃ち落として乗員・乗客（B_6 をも含む）を死亡させるかの二択になるのであり、緊急避難の法理により解決されるべきことになる。

もっとも、緊急避難として撃墜行為が正当化されるためには、生命を救うためと

はいえ無関係の者の生命を犠牲にすることが許されるのか，国家がこのような行為を避難行為として行うことができるのかといった理論的問題があるほか，実際問題としても，どの段階で危難の現在性や補充性が確実に満たされたものとして撃墜をなしうるのか，というシビアな問題が待ち構えている。

〔安田拓人〕

Stage 2

Sänger

No.1　Xは，高校生当時，成績が……

　X男は，高校生当時，成績，素行等が不良であったため中退し，その後は特に働きもせず，無為に過ごしていた。Xが20歳になっていた平成26年8月30日午前0時頃，Xは繁華街の路上で，たばこを吸いながら友人Bの到着を待っていたところ，通りかかったA男（30歳）に，「こんなところでたばこを吸うな」と注意された。Xは，「俺の勝手だろ，なめんじゃねーよ」等とAを罵倒し，さらに立ち上がって，火のついたたばこの吸い殻を，Aに向かって投げつけた。吸い殻は，Aの足下に落ちた。かつて空手部に所属していたAは激高し，「なめているのはどっちだ！」と叫ぶなり，Xの胴部に回し蹴りを食らわせ，Xは負傷して，路上に転倒した。Aは起き上がろうとするXに向かい「かかってこれるものなら，かかってこい」と叫び，さらにXに向かってくる気配を見せたため，Xは，Aから身を守ろうと身構え，Aに応戦し，暴行を加えた（第1暴行）。Aは転倒し，後頭部をアスファルトの路上に強打し，重傷を負ったが，なおも，ややふらつきながら立ち上がろうとした。このため，Xは，また強力な攻撃を受けることをおそれ，立ち上がろうとするAの頭部を思い切り踏みつけた（第2暴行）。Aは，脳挫傷によって死亡したが，それがアスファルトで強打したためか，Xが踏みつけたためかは，わからなかった。

⑴　本問とは異なり，Xの第1暴行がAからの攻撃への応戦ではなかった場合，被害者を転倒させ，その後，頭部を思い切り踏みつけて，被害者を死亡させたことには，何罪が成立するか。

⑵　Xの第1行為が，正当防衛にあたる可能性があることをふまえ，この場合，死亡の結果が，いずれの行為から生じたとすべきか考えよ。

⑶　Xの第1暴行に正当防衛が成立する可能性があるにしても，実際，この

事案で，Xについて犯罪の成立を否定したり，刑の減免が認められたりする事情はあるだろうか。自ら招いた侵害に対する防衛行為に関する，最決平成20・5・20刑集62巻6号1786頁との違いを考えること。

(4) 仮に，正当防衛が否定される事案ではない，と考えた場合には，防衛行為の相当性は，どのように判断されるか。また，罪名は最終的にどうなるか。

Stage 2　No.1　Xは，高校生当時，成績が……

解 説

I　はじめに

　法学部に入学された方は，これから試験を受けることが何度もあると思う。そうした試験では，多くの場合，事例が与えられて，それに対する解答（いわば，模擬判決）を書くことが求められる。なお，実際の判決では，有罪であれば刑が宣告されるが，量刑で考慮される事情は非常に雑多なので，（1，2時間で解答すべき）事例問題で，その点が問われることはまず考えられない。それゆえ，通常，事例問題では，「各人の罪責を論ぜよ」とされる。これは，具体的には，（ア）ある行為が何罪で有罪か，それとも無罪か，未遂・共犯といった構成要件の修正形式を適用する必要があるか，（イ）その行為について，違法性阻却事由，責任阻却事由，あるいは刑の減免が認められる余地があるか，（ウ）複数の行為について犯罪が成立する場合，その罪数関係はどうなるか，の検討が求められていることを意味している。

　本問では，(1)〜(4)の小問を付したが，これはいわばヒントである。試験問題では，通常このような誘導はなされず，自分の力でこのような整理をしたうえで論じなければならない。なお，本問では，構成要件該当性と違法性阻却事由とが問題となっているが，そのような場合には，まず前者を検討しなければならない，というのが鉄則である。阻却事由というのは，ある罪にあたりそうな行為を例外的に無罪とする制度であり，何罪の構成要件に該当するかを検討することなしに阻却事由を検討するのは，おかしいからである。

II　小問(1)について

　本問のXの第1暴行は一見正当防衛に該当しそうであるが，もし，仮に，これが正当防衛にならないとすれば，一連一体の暴行から，死の結果が生じたとして，いずれの行為が死因かを問わず，傷害致死罪一罪の構成要件に該当する。こうした理解は，本問のいわば前提であり，そこに第1暴行が正当防衛と

なる可能性があることがどのように影響するかが，問われているのである。

Ⅲ　小問(2)について

　刑法では「疑わしきは被告人の利益に」の原則が妥当するから，事例問題でも事実関係に不明な点があるとされている場合には，被告人に有利な，あるいは有利となる可能性がある事実を仮定したうえで論じなければならない。
　この事案では，死の結果が第1暴行によるのか第2暴行によるのかが不明とされている。仮に第1暴行によるのだとすれば，その行為だけみれば，正当防衛として違法性が阻却される「可能性がある」（この点について，実際に違法性が阻却されるかについては，後述する）のに対し，第2暴行によるのだとすれば，その行為は，Aのその時点の攻撃に比し，明らかに過剰であり，その行為が正当防衛となる余地は，およそない。
　そうだとすると，第1暴行から死の結果が生じたという認定のほうが，Xに有利になりうるので，ここでは，そのような仮定のもとで話を進めるべきである。

Ⅳ　小問(3)について

　Xは，Aに対して「なめんじゃねーよ」等といい，さらにたばこの吸い殻を投げつけている。これは，一種の挑発行為であり，その点を理由に，そもそも第1暴行が正当防衛にあたらない可能性がある。もし，このことを理由に正当防衛が否定されれば，Xの行為は，Ⅱでみたように，第1暴行から死の結果が生じたのであろうと，第2暴行から死の結果が生じたのであろうと，傷害致死罪となることに異論はない。
　しかし，問題は，そのように第1暴行について正当防衛を否定すべきか，である。この点について，前掲・最決平成20・5・20は，被告人が，被害者に対して手拳で殴打した後，逃走しようとしたところ，被害者がこれを追いかけて，背後からいわゆるラリアット（背中の上部または首付近を強打する行為）を食らわせたのに対し，護身用の警棒で応戦して被害者を負傷させた事案において，(ⅰ)

被害者の攻撃が，被告人の暴行に触発されたものであること，それが，(ii) 被告人の暴行直後，近接場所，一連一体の事態であったこと，(iii) 被害者の攻撃は被告人の暴行の程度を大きく超えるものではなかったことを指摘して，正当防衛の成立を否定した。

この判例の事案は，本件とはもちろん異なる。しかし，事実関係というのは，常に，さまざまであり，あらゆる事案は何らかの意味で共通し，何らかの意味で異なる。

そうした事案の相違を，法的観点からみて有意差があると評価するのか，それとも事案の相違は結論に影響しないと評価するのか，という仕分けをすることが，法律における「理論」の役割である。比喩的にいえば，ボールが飛んだ場所がやや異なっていても，なおフェアゾーンにとどまっているのか，もはやファウルなのかの線引きを示しているのが「理論」といってもよい（もちろん，その判断には，しばしば困難が伴うし，また法律学の理論は，その性質上，野球のファウルラインほど明確でないことが，しばしばある。これは，あくまで比喩にすぎない）。

そうした「理論」が，どのようなものであるべきかについては，現在の判例理論との関係で，2つに分けることができる。1つは，判例が，一般的な理論を示している場合であり，もう1つはそうした理論が示されておらず，あくまで事例判断にとどまっている場合である。

前者の典型例は，たとえば，いわゆる方法の錯誤における法定的符合説（抽象的法定符合説）である。こうした場合については，判例理論を，一定の理由づけとともに論証することが可能であり，また，仮に反対説（具体的符合説〔具体的法定符合説〕）に立つにしても，そうした判例理論への言及が欠かせない。

他方，後者においては，判例が一般理論を示していないのだから，少なくとも，一定の「判例を説明するための」理論に依拠せざるをえない。そうした理論を提供するのが学説であり，こうした場面では，これまで主張されている（判例の結論に反対しない）学説に依拠するのが無難である（もちろん，判例の結論に反対する学説であっても，それが首尾一貫したものであれば，判例と異なることを意識したうえで依拠することは差し支えない）。

上に述べた視点で，この問題に関する学説をみてみよう。もちろん，そこには多様なものがあるのだが，たとえば，以下のような見解が主張されている。

この見解は，まず，相互闘争の一環と評価できる場合には，正当防衛状況とはいえないとして，違法な行為によるそれと一体の事態としての侵害の招致（(i), (ii)）を要求したうえで，招致された侵害が被告人による先行行為の程度を大きく超えた事案については，反撃行為になお緊急行為性が認められるから，侵害招致行為と侵害との緩やかな均衡（(iii)）が必要となる，とする（山口・基本判例 73 頁）。

　仮に，判例理論を，このように「説明した」としよう。そういった考え方を前提とすれば，本件では，X が A にたばこの吸い殻を投げつけた行為は，確かに暴行ではあるが，非常に軽微であり，それと元空手部員である A による，空手技である回し蹴りとは，明らかに (iii) の要件を満たさない（A の行為が圧倒的に危険である）。そうだとすれば，この点については，前掲・最決平成 20・5・20 をふまえても，なお，正当防衛の余地があるというべきであろう（なお，この点については，さらに，橋爪隆・平成 20 年度重判解 174 頁も参照し，その学説に立った場合に，この事案がどう解決されるかも，考えてみてほしい）。

V　小問(4)について
——一連一体の行為と正当防衛・過剰防衛——

　以上のように考えると，X の第 1 暴行は，もしそれだけ取り出すことが可能であれば，正当防衛となる。しかし，そのように考えても，本問では，もう 1 つ検討しなければならない点がある。X の第 2 暴行が行われていた点である。

　この点に関する判例の立場は，構成要件のレベルで**第 1・第 2 暴行が一体**としてなされているのであれば，これら一連の行為が傷害致死罪の構成要件に該当すると評価し，そのうえで，全体について，防衛行為の相当性を問う，というものである。

　このような理解は，（特に第 1 暴行から重大な結果が発生した事案に関する）以下の 2 つの最高裁判例を解釈した結果である。その 1 つは，次のような事案である。被告人は，屋外喫煙所で被害者からいきなり呼び止められて，殴りかかられ，さらに被害者により灰皿を投げつけられたので，被告人はこれを避けながら，被害者の顔面を殴打したところ，被害者は頭部を床タイルに打ち付けて動

かなくなった（第1暴行）。それにもかかわらず，被告人は被害者の腹部を蹴る等の暴行を加えた（第2暴行）。死因は，第1暴行によるものであった。

この事案で最高裁は，第1暴行は正当防衛であるが，第2暴行について傷害罪（過剰防衛ではない）とした。「両暴行は，時間的，場所的には連続しているものの，被害者による侵害の継続性及び被告人の防衛の意思の有無という点で，明らかに性質を異にし，被告人……が抵抗不能の状態にある被害者に対して相当に激しい態様の第2暴行に及んでいることにもかんがみると，その間には断絶がある」というのである（最決平成20・6・25刑集62巻6号1859頁）。

もう1つの判例は，次のような事案を扱っている。拘置所に勾留されていた被告人は，同室となった被害者と口論になった。被害者が，被告人に対し，折りたたみ机を押し倒してきたため，被告人は，その机を被害者に向けて押し返し，その際被害者に傷害を負わせた。さらに被告人は，机が当たって押し倒され，反撃が困難となった被害者の顔面を手拳で数回殴打した（この時点では，傷害が生じたと認定されていない）。

最高裁は，こうした事実関係のもとでは，「被告人が被害者に対して加えた暴行は，急迫不正の侵害に対する一連一体のものであり，同一の防衛の意思に基づく1個の行為と認めることができるから，全体的に考察して1個の過剰防衛としての傷害罪の成立を認めるのが相当であり，〔本件傷害は違法性のない第1暴行によって生じたものであるという〕所論指摘の点は，有利な情状として考慮すれば足りる」と判断した（最決平成21・2・24刑集63巻2号1頁）。

では，本問は，いずれの事案に近いのだろうか？　結論から先にいえば後者であろう。というのも，第2暴行の時点で，Aは，ふらつきながらも立ち上がろうとしており，Xは「また強力な攻撃を受けることをおそれ」ていたものとされており，そうだとすれば，Xの行為は「同一の防衛の意思に基づく1個の行為」だと認められるからである。

そうすると，判例理論を前提とする限り，Xには傷害致死罪が成立し，36条2項により刑の任意的減免を受ける，ということになりそうである。

Ⅵ　ま　と　め

　以上のような考え方に従って答案を書いてみたとしよう。おおむね，以下のようになる。

　まず，Xは，Aに対して暴行・傷害の故意で，①暴行を加えて，同人を転倒させて重傷を負わせ，さらに②頭を踏みつけて負傷させ，その結果，同人を死亡させているので傷害致死罪の構成要件に該当する。①，②が時間的場所的に接着した暴行であるのみならず，②の時点でも，Aはなお起き上がろうとしており急迫不正の侵害が継続していたといえるし，Xは，なお防衛の動機に基づいて行動しており，それらは1個の意思決定に基づく一体の暴行行為によって死の結果を生じさせたとして，1個の傷害致死罪の構成要件に該当するというべきであろう。

　もちろん，本件では，①がAの暴行に対する対抗行為であることから，これらの行為が，正当防衛ないし過剰防衛にならないか，が問題となる。ここでは，まず，XがAからの暴行に先立って，たばこの吸い殻を投げつける等の挑発行為を行っているため，いわゆる**自招侵害**として正当防衛の成立が否定されないか，が検討されねばならない。

　近時の判例には，被害者の攻撃が，被告人の暴行に**触発**されたものであること，それが，被告人の暴行直後，近接場所，**一連一体の事態**であったこと，被害者の攻撃は，被告人の**暴行の程度を大きく超えるものではなかった**ことを指摘して，正当防衛の成立を否定したものがある。そしてこの判例は次のような観点から支持されるべきであろう。違法な行為により，それと一体の事態として侵害が招致される場合には，相互闘争の一環と評価され，正当防衛状況とはいえないが，招致された侵害が先行行為の程度を大きく超えた場合には，反撃行為になお緊急行為性が認められるから，正当防衛が否定されるためには侵害招致行為と侵害との緩やかな均衡が必要となる。

　本件では，XのAにたばこの吸い殻を投げつけた行為は，確かに暴行ではあるが非常に軽微であり，元空手部員であるAによる空手技である回し**蹴り**は，その程度を大きく超えるものであろう。そうだとすれば，この点を理由に

正当防衛が否定されるべきではない。

　ただし，さらに問題となるのは，XはAが倒れた後，なおも足でAの頭を踏みつけている点である。この時点でも，Aがなお起き上がろうとしており，急迫不正の侵害がなお継続していないわけではないとはいえ，Aによる反撃力は相当に弱まっていた。それゆえ，この時点の暴行は，防衛のためにやむをえないとはいえない。

　以上のことから，Xの①，②の行為は，Aの急迫不正の侵害に対する反撃行為であるとはいえ，やむをえずにした行為とはいえないため，過剰防衛となる。

　なお，この事案では，①，②いずれから死の結果が生じたかは不明であるが，以上のように，これらが1個の構成要件に該当するという評価を受ける以上，その違法性の有無も一体として判断されるべきであり，この点はXの罪責に影響しない。

　以上より，Xの①，②の行為につき，傷害致死罪が成立し，36条2項が適用される。

もう一歩先へ　判例理論の問題点も学んでおこう

　ここまで述べた点が検討されていれば，十分な合格答案である。しかし，より厳密に考えると，先にみたような理解で本当によいのか，疑問が生じなくもない。
　まず，判例理論の理解としても，前掲・最決平成21・2・24はあくまで，法定刑の下限が低い傷害罪の事案であり，罪名について暴行罪ではなく傷害罪としても，傷害を直接引き起こした行為が正当防衛であったことを「有利な情状として考慮すれば足り」たが，傷害「致死」罪であれば法定刑の下限も相当に重く（懲役3年である），このような事案についてまで判例の射程が及ぶわけではない，という解釈もありうるところである（松田俊哉・最判解〔平21〕12頁以下参照）。
　より根本的な疑問として，傷害致死の部分が正当防衛であるにもかかわらず（なお，正当防衛については，防衛行為が必要最小限度であれば，たとえそこから重大な結果が生じても，相当性が認められるというのが判例理論である〔最判昭和44・12・4刑集23巻12号1573頁。さらに，千葉地判昭和62・9・17判時1256号3頁も参照〕），なぜ罪名として傷害致死罪を認めてよいか，という問題がある。

「適法と評価できる行為までもあえて処罰の対象とすることについては、それをどう正当化しようとしても疑問を払拭することはできない」からである（山口厚「判批」刑事法ジャーナル18号〔2009〕84頁）。

このように考えるのであれば、Xには（傷害致死罪ではなく）傷害罪が成立して、（防衛行為と一連一体の行為として）過剰防衛となる。

これらの考え方のいずれが妥当かについては、この本の性質上立ち入らない。しかし、判例理論に反対する有力な学説が相当な根拠をもって主張されている場合には、判例理論を必ずそのような批判と併せて理解しておく必要がある。そのような議論の状況が存在することまで含めて、「現状」なのだから。

〔島田聡一郎〕

Answer 1　何の罪に問われるか

　A～Gに成立することになるのは，Xに対する住居侵入（130条），窃盗（235条），営利目的略取（225条），監禁（220条），身の代金要求（225条の2第2項），および，強盗（236条2項）もしくは恐喝（249条2項）または強要（223条1項）の各罪，Yに対する殺人罪（199条），そしてZに対する強盗罪（236条1項）または恐喝罪（249条1項）であり，すべて共同正犯と考えられる。

【もうひとつの答えは387頁】

No.2　Xは，夜間，人気のない……

以下の事案で，X，Y，Zの罪責はそれぞれどうなるか。

(1)　Xは，夜間，人気(ひとけ)のない路上で，AがB女に襲いかかっており，Bが悲鳴をあげているのを聞いた。正義感にかられたXは，「やめろ」と叫びながら，Aを後ろから羽交い絞めにしようとしたところ，Aは転倒し負傷した。実は，AとBは恋人同士であり，悲鳴も冗談であった。

(2)　(1)で，Xが，持っていたワインボトルで，Aの頭を思い切り殴打して，その結果，死亡させた場合はどうか。

(3)　YとZ女（いずれも50歳）は，いわゆる引きこもりである息子C（26歳）の家庭内暴力に悩んでいた。ある日，Cが些細なことを理由に，Zに暴力をふるったため，YはCを殴り倒し，なおも起き上がって反撃しようとするCをZとともに抑え込んだ。その際，ZはCの足を押さえ，YはCの上半身を押さえつけていたが，Yは，日ごろからCに対して怒りを感じていたこともあって，首筋を約1分間にわたり，両手で絞めつけた。Zは，反対側を向いていたこともあって，その点を認識していなかった。Yが，つい力を入れすぎてしまったため，Cの首の骨が折れ，Cは死亡した。

解説

I この問題がわかりにくい理由

　刑法総論の授業をきいて、構成要件論、因果関係論などでつまずきながらも、なんとか理解して、ようやく軌道に乗ってきた……と思っていたところ、誤想防衛、誤想過剰防衛といったあたりで、またわからなくなってしまったという人はいないだろうか？　ここでは、この問題について、普通の教科書と少し違った視点から嚙み砕いて解説したいと思う。

　多くの教科書には、あまり書かれていないのだが、私（島田）には、この問題がわかりにくい理由は2つあるように思われる。

　1つは、この問題は、構成要件、違法性阻却事由、責任阻却事由といった**犯罪論の体系全体**にかかわるが、そもそも犯罪論の体系についてさまざまな異なる理解があるため、この問題の解決にもさまざまな回答がありえ、いわば変数が多くなってしまっている点である。

　この点への処方箋は、まず通説的な体系（おそらく判例もそのような考えを前提としている）をふまえ、そこからの解決策をきっちり身につけることである。それを理解したうえで、異なる体系から、どのような相違が出てくるかを考えてみよう。

　もう1つの問題は、通説的な体系を前提としたとしても、ここでは**複数の論点**が問われるため、それらを、どのような順序で検討すべきかがわからなくなってしまう点である。

　以下、こうした点に注意しながら、解説してゆきたい。

II 考えの道筋

1 構成要件該当性

　現在の多数説は、構成要件該当事実の判断は、○○罪という犯罪が想定している形にあてはまるかどうか、という問題と位置づける。つまり、客観的には

「人を殺す」という同一の行為であっても、殺意がある殺人罪と、傷害の故意しかない傷害致死罪とでは、ひとまず、異なる構成要件に該当すると考える。そして、そのうえで、違法性阻却事由の有無、さらには、違法性阻却事由についての錯誤が、どのような意味をもつべきかを考えるのである。

このように考えるときは、設問(1)でも設問(2)でも、まず、Xが「防衛しよう」と思っていた事実は、少なくとも構成要件レベルでは括弧でくくって、XがAに対して、「仮に正当防衛状況の誤認がなければ、どのように評価される主観で行動したか」が問われることになる。そう考えれば、(1)のXは暴行の故意、(2)は、この事実関係だけではやや微妙なところがあるが、傷害の故意(これだけでは、まだ殺人罪の未必の故意を認めるのはやや困難であろう)となりそうである。

そうなると、(1)ではXは(暴行の結果的加重犯としての)傷害罪の、(2)ではXは傷害致死罪の、それぞれ構成要件に該当することになる。(3)については、Yがやや微妙なところではあるが、これだけで殺意を認めるのは難しいだろうから、Y・Zとも傷害致死罪の共同正犯の構成要件に該当しそうである。

2 違法性阻却事由

設問(1)と(2)では、客観的にみて、違法性阻却事由が欠けているのは明らかであろう。他方、設問(3)では、Cによる急迫不正の侵害は存在している。では、このような事情は、いったいどのような意味をもつのだろうか？

このあたりから、どういう順序で検討すべきかわからなくなる人も多いだろう。まず、正当防衛になれば、それで違法性が阻却されて無罪となることに異論はないので、その点を検討しよう(各人の教科書を復習してほしい。なお、Stage 2 No.1も改めて確認しよう)。

この判断がやや難しいのが(3)である。Zの行為は、それだけ取り出してみれば正当防衛であろう。他方Yについては、「怒りの感情」があったというだけでは防衛の意思は否定されないが、倒れて押さえつけられている人に対し、骨を折るほどの力を入れて首を絞めつけるのは、少なくとも客観的には過剰防衛といわざるをえない。ここで難しいのがZについて、どの範囲の事情を前提に、防衛行為の相当性を判断すべきかである。

この点について，もしかしたら「YとZの共謀は正当防衛の範囲内だから，Yの行為はZにとって共謀の射程を超える」として，Zについては，Zが行ったことのみを前提に相当性を判断すべきだ，と考えた人もいるかもしれない。ある意味，よく勉強されているのだが，そこで念頭に置かれている（であろう）最判平成6・12・6刑集48巻8号509頁は，共犯者の行為が**量的過剰**の事案であり，新たな共謀がない限り，被告人が関与していない第2行為について罪責を負わせることはできない，としたものである点に注意が必要である。本件のような**質的過剰**の事案では，新たな共謀の対象とすべきYの第2行為が存在しないのだから，そのように解することには疑問がある。現に，この平成6年判決の後に，本件と類似の事案で正当防衛の成立自体を否定した裁判例がある（東京地判平成14・11・21判時1823号156頁。すぐ後で，また出てくる）。

3　故意犯の成否

　上の2の検討で，単純な違法行為であるとか，客観的には過剰防衛（これも違法行為である。36条2項）であるとされた場合に，次に検討しなければならないのは，**故意の存否**である。あれ，さっき何罪の故意かは検討したはず……と思う人もいるかもしれないが，ここでの問題は，そうではなくて，**違法性阻却事由を基礎づける事実を認識していた場合**に，故意が否定されるか，否定されるとすると，その結論をどのように**整合的に説明するか**，ということが問われているのである。

(1)　行為者の認識と法的評価

　ここでは，3つの点に分けて説明しよう。第1に，ここで違法性阻却事由を基礎づける事実の認識といったのは，行為者の判断で「このくらいなら正当防衛だろう」と思ったのとは違う，という点である。故意と違法性の意識（あるいは事実の錯誤と違法性の錯誤）の区別のところで勉強したと思うが，故意が否定されうるのは，「行為者が認識していた事実を，法的知識が備わった人が判断した場合に，違法性阻却事由があると評価される場合」である。たとえば，設問(1)のXであれば，仮に，実際に夜道で，男性が女性に襲いかかっていた場合であれば，羽交い絞めにするくらいのことは，裁判官が判断したとしても，

正当防衛であろう。そうだとすれば，その認識は，違法性阻却事由を基礎づける事実の認識といえる。これに対し，設問(2)で，ワインボトルという，それなりの重量があり，ガラス製ゆえ，頭部に思い切りたたきつければ非常に危険である物を用いたが，「正当防衛なので，このくらいは許される」と思っていたとしても，それは，法的知識を前提にすれば，単に正当防衛という制度を誤解しているにすぎないから，多数説を前提としても，違法性阻却事由を基礎づける事実の認識があったとはいえない。

(2) **故意の否定**

第2に，結論としては，違法性阻却事由を基礎づける事実の認識があれば，故意が否定されるというのが多数説であり，判例もおそらくそのような考え方を前提としている（広島高判昭和35・6・9高刑集13巻5号399頁，東京高判昭和59・11・22高刑集37巻3号414頁など参照）。判例および多数説は，構成要件該当事実の認識が故意を基礎づけるのは，それが類型的に刑法上の違法性を基礎づける事実であるからであるところ，違法性阻却事由を基礎づける事実を認識している場合には，当該事案では，最終的には，**違法性を基礎づける事実の認識が欠ける以上，故意は否定される**とするのである。

(3) **体系的位置づけ**

第3に，こうした結論を，刑法体系論として，どのように説明すべきかについては，多数説からも議論がある。1つは，そのような場合には，いわば構成要件該当事実を「裏から」基礎づける事実を認識している以上，構成要件該当事実を「消極的に認識」していたとするものである（**消極的構成要件要素の理論**と呼ばれる。学説として，たとえば，井田・総論350頁）。これに対しては，類型的な事実である構成要件該当性と，実質的・個別的な問題である違法性阻却事由を一体化して判断するのはおかしいという批判もあるが，規範的構成要件要素の存在などを考えれば両者の差異は相対的なものであり，決定的な批判ではないだろう。

もう1つの理論構成は，先にみた構成要件該当事実の認識という意味での故意はひとまず肯定され，違法性阻却事由も存在しないが，その存在を誤信して

いる以上，構成要件的故意とは区別された，**責任要素としての故意が否定される**というものである（たとえば，大塚・総論458頁）。

　これは，これで理解できる見解ではあるのだが，違法性阻却事由を基礎づける事実の認識が認められ責任要素としての故意が否定される場合にも過失犯は成立しうるから，いったん責任まで検討したにもかかわらず，再び構成要件該当性に戻って過失犯の成立要件を検討しなければならない点に，若干の難があるという指摘もある。

　また別の見解は，その点を指摘して，構成要件のレベルで傷害致死罪，殺人罪などとしておきながらも，最終的に暴行，殺人の故意が以上のような理由に基づいて否定されるのであれば，構成要件レベルで故意を肯定することに実益などない，だから，それらの故意は，構成要件の段階では区別する必要などなく，構成要件該当性は「人を死亡させた」「人を負傷させた」などと理解し，責任の段階で，多数説のいう構成要件的故意と違法性阻却事由を基礎づける事実を認識していなかったことが認められて，故意犯が成立する，としている（山口・総論193頁以下）。

　注意してほしいのは，これらの学説は，実は結論が違うわけではなく，説明の仕方が違うにすぎない，ということである。要は，この場面では，正当防衛状況を基礎づける事実の認識があったかどうかを問題としたうえで，行為者の行為が故意犯なのか，過失犯なのかを検討すればよい。これらの議論には，あまり深入りする必要はない。

　そのように考えると，多数説（後述する厳格責任説以外の説）からは，設問(1)では，せいぜい過失傷害罪（重過失かどうか，あるいは，逆に無過失かどうかは，A，Bの状況が，一般人から見て，どのように見えたかといった，もう少し詳しい事情がわからないと判断しがたい）が成立するにとどまる。これに対し，設問(2)では，仮に急迫不正の侵害があったとしても，Xの行為は，そこで想定されたものに比しても過剰だから（誤想過剰防衛），傷害致死罪が成立する。

　設問(3)では，Yについては，その主観と客観に齟齬はないので，傷害致死罪の過剰防衛で問題ない。これに対して，Zは，Yの行為について認識を欠く。この事案では，急迫不正の侵害自体は存在している点で(1)や(2)と違うが，Z自身の認識している事実は相当な防衛行為であり，Yが過剰な行為に出ると思

っていない以上，故意を否定すべき点は同様である。前掲・東京地判平成 14・11・21 も，類似の事案で誤想防衛を認め，故意を否定している（さらに過失もないとして無罪としている）。

III 反対説

なお，以上のような学説とは異なる結論を導く学説があることも，確認しておきたい。その学説は，構成要件該当性についての認識を欠く場合と，違法性阻却事由を基礎づける事実を認識していた場合は，根本的に異なる（蚊をたたき殺すという認識での行為と，正当防衛であっても「人」を殺すという認識での行為とは全く異なる）という認識を基礎に，違法性阻却事由を基礎づける事実を認識していただけでは故意犯は否定されないという（厳格責任説。たとえば，福田・総論 211 頁，大谷・総論 291 頁以下）。しかし，これはあくまで少数説であり，判例も（最高裁として明言したものはないが）おそらくは，こうした考え方を否定していることには注意すべきである。

IV 36条2項の適用・準用

さて，故意犯が成立した場合であっても，過失犯が成立した場合であっても，さらに，それについて 36 条 2 項が適用されるかという点が問題となる。同条項が適用されれば刑の任意的減免が認められるから，その可否は，重要な問題である。

まず設問(3)における Y のように，現実に急迫不正の侵害が存在してそれを認識している場合に，36 条 2 項が適用されるのは，当然のことであろう。また，Z について仮に過失犯が成立すると考えるのであれば，そこでも，現実に 36 条 2 項の要件が満たされていた以上，それは，適用されると考えられている。

議論があるのは，**36 条 2 項が前提としている客観的状況が満たされていない場合**の扱いである。単純な**誤想防衛**の事案では，仮に故意は否定され，過失犯となるにしても，36 条 2 項が適用される余地はないとされている。その場合に

は，後述する36条2項の趣旨はあてはまらない（客観的な違法性の減少もないし，注意義務違反の点について，「行為者が突然の攻撃を受けたと思っている以上，やりすぎるのもやむを得ない」という意味での，責任減少も認められないからである）。

他方，行為者について，「やりすぎ」を基礎づける事実の認識があり，それゆえ故意犯が成立する場合もある。先に設問(2)でみたXの罪責がそれである。

この場合には，36条2項を適用ないし準用できるかが議論されている。判例においては，その理論構成は必ずしも明らかでないものの，36条2項を用いて減軽がなされたものがある。たとえば，被告人Xの長男Aが，包丁を構えたBから一方的に攻撃を受けていると誤信したXが，その侵害を排除するためBに対して猟銃を発射し，負傷させた事案で，殺人未遂罪の成立を認め，「原判決が……36条2項により処断したのは相当」としたもの（最決昭和41・7・7刑集20巻6号554頁），空手の有段者である英国人の被告人Xが，AがBに暴行を加えていると誤信し，さらにAがボクシングのファイティングポーズのような構えをしたため，自分も攻撃されると誤信して，空手技である回し蹴りをAの頭部に加え，これを死亡させた事案で，傷害致死罪を認め，「いわゆる誤想過剰防衛に当たるとして刑法36条2項により刑を減軽した原判断は，相当」とされたものもある（最決昭和62・3・26刑集41巻2号182頁）。

多くの学説は，36条2項の適用ないし準用の可否は，36条2項がなぜ刑の減免を認めているかによって決まるとする。この根拠論についても議論がある。学説においては，①客観的に正当防衛の状況が存在していたという点で，相手方の法益を保護する必要性が下がる（**違法性の減少**），②緊急状態では，狼狽，興奮等のため，ついつい行き過ぎてしまうのも人間心理として理解できる（**責任の減少**），③上の違法性の減少と責任の減少の双方が理由である，といった見解が主張されている。

そして，多くの学説は，①からは，こうした状況が認められない以上適用も準用もできない（町野朔「誤想防衛・過剰防衛」警察研究50巻9号〔1979〕52頁），②からは，36条2項を適用できる（西田・総論178頁），③からは，①はあてはまらないが，②があてはまる以上，準用が可能である（この中にも，準用の仕方について議論があるが，多くの見解は，減軽まではできるが免除はできないとする〔前田・総論320頁〕）。ただし，②，③からの帰結はよいとしても，①からは，

過剰防衛が違法性を減少させるのであれば、そのような認識であれば、違法減少を基礎づける事実の認識があったとして、38条2項を適用して、刑の減軽を認める余地はあるだろう。

V 数量的説明

さて、かなり込み入ってきたので、誤想過剰防衛についてもう少し違った方向から理解を深めたい人のために、数量的なイメージによる説明を試みることにしたい。数式が好きでない人は、読みとばしても失うものはない。なお、以下の記述では、客観的に違法減少がなくても、主観面で違法減少が認識されることにより責任が減少すれば、違法減少の場合と同じ法的効果を与えてよいという立場を前提にしている。

1 前提の計算式

いま、行為の犯罪性は、次のように求められるとしよう。

【行為の犯罪性】＝〔行為の客観的犯罪性〕×《故意・過失の不存在による限定》

そして、正当防衛等が関係する場面では、

〔行為の客観的犯罪性〕＝［法益侵害性］×〈正当防衛・過剰防衛による限定〉

である。上の第2の式を第1の式に代入すると、

【行為の犯罪性】＝［法益侵害性］×〈正当防衛・過剰防衛による限定〉
　　　　　　　×《故意・過失の不存在による限定》

である（以下、括弧の形には上記の意味を対応させる）。より具体的に説明すると、次のようになる。

生命侵害の法益侵害性を［100］としよう。これを基準として、正当防衛や過剰防衛が認められる場合の〔行為の客観的犯罪性〕は、次のように判断される。

第1に、生命侵害であっても正当防衛が成立する場合は、違法性が阻却され

るのであるから，〔行為の客観的犯罪性〕は〔0〕である。

　これに対して，第2に，正当防衛が成立せず過剰防衛が認められる生命侵害の〔客観的犯罪性〕は，〔1～80〕などとすることができる。すなわち，過剰防衛の法的効果は刑の裁量的減免であり，現に法律上の減軽がなされない場合であっても，減軽しうる行為であると評価されているという点で犯罪性は減少しているといえるから，犯罪性の上限はたとえば〔80〕とすることができる。また，刑が免除される場合も，犯罪性が極小であるだけで，犯罪の成立が否定されるわけではないから，犯罪性の下限はたとえば〔1〕とすることができる。

　そして，第3に，正当防衛も過剰防衛も認められない場合の〔客観的犯罪性〕は，〔100〕である。

　さて，次に，人の生命を侵害する〔行為の客観的犯罪性〕である〔100〕を基準にすると，故意犯と過失犯は，次のように判断される。

　第1に，主観面の原則形態である故意は，行為者が認識した〔行為の客観的犯罪性〕の量をそのまま最終的な犯罪性の量に引き写すものである。したがって，殺人罪の【犯罪性】は【100】である。

　これに対して，第2に，過失の場合は，故意犯よりも犯罪性が限縮する。過失致死罪の【犯罪性】を仮に【10】とすると，故意との比較で犯罪性は0.1倍になることになる。

　さらに，第3に，無過失の場合の【犯罪性】は【0】である。

　以上をまとめると，【行為の犯罪性】の判断においては，次のような計算がなされる。
■36条に関しては，
　　① 正当防衛の場合は，［客観的な行為の法益侵害性］に〈0〉を掛ける。
　　② 過剰防衛の場合は，［客観的な行為の法益侵害性］に〈0.01～0.8〉を掛ける。
　　③ いずれにも該当しない場合は，［客観的な行為の法益侵害性］に〈1〉を掛ける。
■故意・過失に関しては，
　　④ 故意の場合は，〔行為者の認識した行為の客観的犯罪性〕に《1》を掛

ける。
⑤ 過失の場合は，〔行為者の認識しえた行為の客観的犯罪性〕に《0.1》を掛ける。
⑥ 無過失の場合は，〔行為の客観的犯罪性〕に《0》を掛ける。

そして，正当防衛，過剰防衛，誤想防衛，誤想過剰防衛は，①〜③と④〜⑥の倍率の組合せの問題として整理される。以下，それぞれについて確認してみよう。

2　正当防衛の場合

通常の正当防衛による故意の殺人は，

$$[[100] \times \langle 0 \rangle] \times \langle\!\langle 1 \rangle\!\rangle = 【0】$$

である。

また，あまり一般的でないが，正当防衛による過失致死は，

$$[[100] \times \langle 0 \rangle] \times \langle\!\langle 0.1 \rangle\!\rangle = 【0】$$

である。いずれにせよ犯罪は成立しない。

3　過剰防衛の場合

通常の過剰防衛による故意の殺人は，

$$[[100] \times \langle 0.01〜0.8 \rangle] \times \langle\!\langle 1 \rangle\!\rangle = 【1〜80】$$

である。殺人罪が成立するが，36条2項が適用されて裁量的減免が認められる。

また，過失致死で過剰防衛が認められる場合は，

$$[[100] \times \langle 0.01〜0.8 \rangle] \times \langle\!\langle 0.1 \rangle\!\rangle = 【0.1〜8】$$

となり，過失致死罪が成立するが，36条2項が適用されて裁量的減免が認められる。

4 誤想防衛の場合

　誤想防衛は，実際には存在しない急迫不正の侵害が存在すると勘違いして，それに対する対抗行為を行う場合であって，誤想した侵害との関係で対抗行為が客観的に防衛行為としての相当性を有する場合である。誤想防衛による生命侵害は，客観的には，

$$[100] \times \langle 1 \rangle = (100)$$

である。しかし，行為者の主観をもみると，故意犯としては，

$$[[100] \times \langle 0 \rangle] \times \langle 1 \rangle = 【0】$$

であり（〔正当防衛〈0〉の成立する生命侵害［100］〕を認識している），殺人罪は成立しない。

　もっとも，急迫不正の侵害の不存在について認識が可能だった場合は，〔正当防衛でも過剰防衛でもない〈1〉生命侵害［100］〕に対する過失《0.1》があるのであるから，

$$[[100] \times \langle 1 \rangle] \times 《0.1》 = 【10】$$

となり，過失致死罪が成立する。

　これに対して，急迫不正の侵害の不存在について認識が不可能だった場合は，無過失《0》であり，

$$[[100] \times \langle 1 \rangle] \times 《0》 = 【0】$$

となって，不可罰である。

5 誤想過剰防衛の場合

　誤想過剰防衛は，実際には存在しない急迫不正の侵害が存在すると勘違いして，それに対する対抗行為を行う場合であって，誤想した侵害との関係で対抗行為が客観的に防衛行為としての相当性を有しない場合である。この場合も誤想防衛と同じく，客観的には，

$$[100] \times \langle 1 \rangle = [100]$$

である。しかし，行為者の主観をもみると，行為の犯罪性は結局，以下のようになる。

(1) 故意の誤想過剰防衛の場合

誤想過剰防衛のうち，誤想した侵害との関係で対抗行為が客観的に防衛行為としての相当性を有しないことの認識がある場合が，**故意の誤想過剰防衛**である。故意の誤想過剰防衛による故意の生命侵害（なお，理論的には，故意の誤想過剰防衛による過失の生命侵害もありうる）は，〔過剰防衛〈0.01～0.8〉の生命侵害 [100]〕に対する故意《1》があるのであるから，

$$[[100] \times \langle 0.01\text{～}0.8 \rangle] \times \langle\!\langle 1 \rangle\!\rangle = 【1\text{～}80】$$

となり，殺人罪が成立するが，犯罪性の上限【80】は通常の過剰防衛の場合と同じであるから，36条2項の適用を認めてよいという判断になる。

もっとも，この場合，実は急迫不正の侵害がない（過剰防衛でない）ということの認識可能性がある場合は，〔正当防衛も過剰防衛も成立しない〈1〉生命侵害 [100]〕に対する過失《0.1》が肯定され，

$$[[100] \times \langle 1 \rangle] \times \langle\!\langle 0.1 \rangle\!\rangle = 【10】$$

という過失致死罪が，上記の殺人罪の背後に潜んでいることになる。したがって，犯罪性の下限は【10】となり，結局，犯罪性の幅は【10～80】であって，36条2項の適用を認めてよいとしても，刑の免除（【1】の場合に認められるもの）は否定すべきであるということになる。

これに対して，実は急迫不正の侵害がない（過剰防衛でない）ということの認識可能性がないのであれば，そのような背後の過失致死罪は否定されるから，刑の免除まで肯定してよい。

(2) 過失の誤想過剰防衛の場合

誤想過剰防衛のうち，誤想した侵害との関係で対抗行為が客観的に防衛行為

としての相当性を有しないことの認識がないが、認識可能性はあるという場合が、**過失の誤想過剰防衛**である。過失の誤想過剰防衛による故意・過失の生命侵害は、〔過剰防衛〈0.01～0.8〉の生命侵害［100］〕に対する過失《0.1》があるのであるから、

$$[[100] \times \langle 0.01 \sim 0.8 \rangle] \times \langle 0.1 \rangle = [0.1 \sim 8]$$

となって、過失致死罪が成立するが、犯罪性の上限【8】は通常の過剰防衛の場合と同じであるから、36条2項の適用を認めてよいという判断になりそうである。

もっとも、この場合、実は急迫不正の侵害がない（過剰防衛でない）ということの認識可能性がある場合は、〔正当防衛も過剰防衛も成立しない〈1〉生命侵害［100］〕に対する過失《0.1》が肯定され、

$$[[100] \times \langle 1 \rangle] \times \langle 0.1 \rangle = [10]$$

という過失致死罪が成立することになる。したがって、その場合は、単に過失致死罪が成立して、36条2項の適用は排除される（免除だけでなく減軽の余地もない）。

以上のように考えると、**過剰性の認識可能性**はあるが、**過剰防衛でないことの認識可能性**はないという場合にのみ、36条2項の適用が肯定されることになると思われる（別の過失致死罪は存在しないのであるから、免除の余地も否定されない）。ここでは、過失（認識予見可能性）の対象が、**自らの行為の過剰性**と、**急迫不正の侵害の不存在**と、2つあることがポイントである。

〔島田聡一郎＝和田俊憲〕

No.3　Xは，路上で肩が触れた……

(1) Xは，路上で肩が触れたひ弱な大学生Aに「どこに目えつけとんのや」と因縁をつけ，一方的に手拳で何度も強く殴りつけたところ，AはXの見かけが暴力団員風であったこともあり，完全に畏怖してしまった。Xは，Aのつけている腕時計が高級ブランドのものだったので，

　a)「お詫びにそれもろとこか」と申し向けたところ，Aはこれを差し出した。

　b) これに手を伸ばしたところ，Aが隠そうとしたので，「まだわからんのか」と怒鳴りながら，さらに1発蹴り上げ，Aからこれを取り上げた。

Xに1項強盗罪は成立するか？

(2) Xは，路上で肩が触れたひ弱な大学生Aに「どこに目えつけとんのや」と因縁をつけ，一方的に手拳で何度も強く殴りつけたところ，Aは路上に頭部を強く打ち付け，死亡したが，Xは，Aのつけている腕時計が高級ブランドのものだったので，これを取り上げた。

Xには何罪が成立するか？

(3) Yは，車の中で語り合っていた交際中のB・C子に因縁をつけ，Bを殴り倒して失神させ，Bの財布を手に取り，免許証をみながら，「このあたり知ってるよ」等といった。Cもこれをみて完全に畏怖したが，住所を覚えられては後々大変だと思い，「返してください」と最後の勇気を振り絞って抗議したところ，

　a) Yは，「彼女も殴られたいのかな」ときつい声で申し向けたため，Cは抵抗を諦めたので，財布ごと持ってその場を離れた。

　b) Yは，「うるせえ女だな」といって，ロープでCをシートに縛りつけ，Cがなおも「返して返して」と強く抗議しているのを無視し，財布ごと持っ

てその場を離れた。
Yに1項強盗罪は成立するか？

Stage 2 No.3 Xは，路上で肩が触れた……

Hint

① 1項強盗罪は，どのようなプロセスをたどった場合に成立するのかをしっかり確認したうえ，各小問で故意がいつ生じているのかをまずみてみよう。
② 自らが死亡させた相手方との関係では，死後に財物奪取意思が生じても，その者を相手方とする財産犯を成立させる余地はあるか，考えてみよう。

解説

I 反抗抑圧後の財物領得意思

1 まずは故意がいつ認められるかを考えよう

(1) まず、設問(1)のXの罪責からみていこう。Xは、相当激しい暴行を加えており、Aがひ弱な大学生でXの見かけが暴力団員風であることも考えれば、この暴行は反抗を抑圧するに足りる程度のものだといえよう。そして、Aは、これにより完全に畏怖し、反抗を抑圧された状態に陥っており、Xは、その状態にあるAから、腕時計を奪い取っている。

1項強盗罪は、反抗を抑圧するに足りる程度の暴行を加え、反抗を抑圧された相手方から、財物を奪取すれば成立する。そうであれば、Xの行為は客観的には（外形的には）このとおりに行われているので1項強盗罪になるのだと考えた人はいないだろうか？

これは完全な誤りである。1項強盗罪は故意犯であるから、Xの行為に同罪が成立するためには、客観的に「反抗を抑圧するに足りる程度の暴行→反抗抑圧状態での財物奪取」をしているだけでは足りず、それが主観的にも「反抗を抑圧するに足りる程度の暴行→反抗抑圧状態での財物奪取」をするという意思に基づいてなされたのでなければならない。そのように考えなければ、うっかりぶつかってけがをさせた相手の顔をみたら、前から嫌いな人だったので、むしろ歓迎すべき結果だと思えば、それだけで傷害罪が成立することになってしまうであろう。

なるほど、犯罪論体系によっては、構成要件該当性の判断に故意・過失のような主観的要素を入れないものも存在している。この体系では、故意・過失はもっぱら責任要素となり、犯罪論の3段階目まで登場してこない。そうした体系で勉強していると、1項強盗罪になるかを考える際には、まずは、客観的に「反抗を抑圧するに足りる程度の暴行→反抗抑圧状態での財物奪取」があるかを考えるべきだとなってしまうかもしれない。しかし、どのような体系をとっても、最終的に犯罪が成立するためには、客観面と主観面が揃わないといけな

いのは同じである。そうした体系では，3段階目の責任論までいかないと，故意の問題を検討できないことにはなっているが，事実関係から問責対象の行為を切り取り，構成要件該当性を判断する際には，そこは知らないふりをして，故意が認められる時点から検討を始めるほうが，思考経済的に有利であろう。

とはいえ，構成要件に主観的要素を入れない体系をとる多くの論者によれば，故意とは，認識的要素からのみ成り立つものであり，犯罪事実（構成要件該当事実）の認識であると考えられている。そこで，もしかしたら，この定義を，時系列の問題をきちんと考えないで，辞書的意味で理解して適用し，Xは，「【既になされた反抗を抑圧するに足りる程度の暴行】を含めた犯罪事実の認識がある」のだから，Xには1項強盗の故意は問題なく認められるのだと考えた人もいるかもしれない。教科書の文言を，その問題が置かれたコンテクストを離れて，辞書的意味でとっている人は決してまれではない。ここでは，こうした誤解をしてしまう人は，思い切って「認識」の文字に修正液を塗り，「予見」と書き換えておけばよいだろう（が厳密には行為当時の事情については「認識」という言い方がふさわしいから，「認識・予見」と書き換えておくのがより厳密である）。そして，こうした誤解を避けるためには，「そもそも錯誤を論じるとき本来の故意をどの時点での認識・予見について考えていたかな」といった問いかけが自分の中で出てくるのが望ましいだろう。そうすれば，これは考えるまでもなく，行為を開始する時点でのものだとなるから，そこから推して考えれば，そうかそうか，**故意は行為の開始時点での（より厳密には開始直前の時点での）認識・予見の内容で考えていくのだ**ということがおのずと確認できるのである。

(2) 他方で，こうした誤解は，故意の定義に意思的要素を入れ，故意とは，構成要件実現の意欲・認容だとしたり，故意を構成要件の実現意思だと捉えたりする見解に依拠して学ばれている場合には絶対に生じないものと期待される。この伝統的見解は，構成要件的行為は，主観＝客観の全体構造をもつものであり，故意はこの行為の一部として主観的構成要件要素であるとしている（福田・総論85頁以下）。故意犯の実行行為は，実現意思に基づいてなされるものだと考える見解（井田・総論154頁以下など）に立てば，故意が行為の開始時に必要なことはすぐ理解できるはずである。

そうすると，Xは，Aに激しい暴行を加えているが，それは強盗ではなく暴

行・傷害の故意に基づいてのものであり，腕時計を奪取しようという意思は，Aの反抗を抑圧した後で生じている。繰返しになるが，Xの行為が1項強盗罪を成立させるためには，財物奪取意思が生じた後で，客観的に「反抗を抑圧する程度の暴行→反抗抑圧状態での財物奪取」がなされており，かつ，それが主観的にも「反抗を抑圧する程度の暴行→反抗抑圧状態での財物奪取」をするという意思に基づいてなされたのでなければならないのである。

2 反抗抑圧後に財物奪取意思が生じてからの暴行・脅迫

(1) まず最初に確認しておきたいのは，1項強盗罪の手段としての暴行・脅迫は，不作為では足りないのかという問題である。設問と異なり，Xが無言で財物を奪ったとしたらどうだろうか。自らが生じさせた反抗抑圧状態を積極的に利用したというだけでは根拠にならないことは明らかだとしても，すでに生じている反抗抑圧状態を「解消しないという不作為」を手段としたものだとみることはできないだろうか。たとえば，放火罪については，「放火して」という手段が規定されているにもかかわらず，すでに発生した火災に対して不作為にとどまったとしても，焼損結果を生じさせれば，不作為による放火罪が成立すると考えられているのとパラレルに捉えることは不可能なのだろうか。

結論からいえば，この対比は不可能であろう。放火罪は焼損結果を生じさせる結果犯で，放火行為はそうした結果を生じさせる危険性ある行為であるという側面だけが決定的であるのに対し，強盗罪では，とりわけ強度の暴行が手段であることによる人身犯的性格もその重要な不法内容をなしている。それゆえに，暴行等を行ったかどうかという違いを考慮外に置き，反抗抑圧状態での財物奪取だけで強盗罪の完全な不法を認めることはできないのである。

(2) そこで，判例・多数説は，**財物奪取意思が生じた後で，新たな暴行・脅迫が積極的に作為によりなされる必要がある**と考えている。もっとも，反抗を抑圧するに足りる暴行かどうかは，相手方がすでに抵抗困難な状態に陥り，畏怖しやすくなっているという具体的状況を考慮して判断されるべきであるから，「通常の強盗罪の場合に比し程度の弱いもので足りることが多い」とされている（東京高判昭和48・3・26高刑集26巻1号85頁）。これは結論的にそうなるということであり，反抗を抑圧するに足りる程度の暴行か否かという基準が下げら

れているわけではないことは理解しておきたい（もっとも，それ自体としてあまりに軽微な暴行・脅迫が手段であるときに，これが強盗罪の想定する枠内のものなのかという問題は残ろう。小さな子供をちょっと脅しておもちゃを奪ったときは，客観的にみて強盗の手段だと認められるだけのものがないとも思われよう。強盗には相手方の反抗を抑圧する程度〔100点とする〕の手段が用いられる必要があるが，相手が臆病〔80点〕なら手段が非常に弱くても〔20点〕トータルで反抗を抑圧する程度〔100点〕になるから強盗だと問題なくいえるかは，なかなか難しい問題であろう）。

(3) そうすると，設問(1)bの事案では，「まだわからんのか」と怒鳴りつけて脅迫するとともに，さらに1発蹴り上げるという暴行を加えているのであるから，新たな暴行・脅迫により反抗抑圧状態を維持・継続させたと評価でき，その状態で財物を奪取しているのだから，1項強盗の成立は問題なく肯定されよう（反抗抑圧後に財物奪取意思が生じてから相手方の顔面を数回殴打した事案に関する大阪高判平成元・3・3判タ712号248頁参照）。

これに対し，(1)aの事案では，「お詫びにそれもろとこか」と申し向けただけだから，これで反抗を抑圧するに足りる脅迫だといえるかは微妙であるが，相手方が畏怖しやすくなっており，「ささいな言動もまた被害者の反抗を抑圧するに足りる脅迫となりうる」（前掲・東京高判昭和48・3・26：加療1週間を要する傷害を負わせる程度の暴行を加え，その場にうずくまっている相手方が畏怖しているのに乗じ，「金はどこにあるのか」などといいながら懐中を探り，定期入れ在中の1万円および腕時計1個を強取したという事案につき，1項強盗罪の成立を肯定）のだから，ここでも1項強盗罪の成立が認められてよいであろう。この程度ではそれ自体として強盗の手段性が認められないのではという疑問を抱かれるかもしれないが，ここでは，当該脅迫が直前に強度の暴行を行った犯人によるものであることからすれば，その属性と相まって，それ自体として十分な脅迫なのだと捉えることはなお可能であろう。

(4) なお，裁判例の中には，先行する犯罪が女性を相手方とする性犯罪である場合に，その場を去らないこと自体が畏怖状態を継続させることだと評価して1項強盗罪の成立を認めるものがみられ，「新たな暴行・脅迫を不要とした事例」と位置づけられることもあるが，厳密には不正確であるように思われる。すなわち，性犯罪の被害にあって極度に畏怖した相手方との関係では，些細な

言動であっても脅迫だと捉えることが可能であるから、新たな暴行・脅迫を必要とみる立場からも説明可能なのである（新たな暴行・脅迫を不要だと明言する大判昭和19・11・24刑集23巻252頁の事案でも、実際には「金なら5000円出せ」と申し向けるなどしており、さらに強姦しようとしての暴行・脅迫もなされている）。

実際の事案で暴行・脅迫とみうる振る舞いが全くないのに強盗罪を認めた裁判例としては、強姦した相手方に入浴を命じ、相手方が浴室に行く際に落としていった装飾具を領得した事案に関する大阪高判昭和47・8・4高刑集25巻3号368頁があるくらいであり、例外的な存在にとどまる。そして、相手方が失神した（と誤信した）事案では、（新たな暴行・脅迫とみうる振る舞いが行われていないのは事案の性質上当然であるが）例外なく窃盗罪の成立しか認められていないこと（札幌高判平成7・6・29判時1551号142頁など）からすれば、判例は新たな暴行・脅迫を必要とする立場でほぼ一貫しているとみてよいであろう（なお、設問の(2)については、Ⅳでとり上げる「死者の占有」の問題があるので、そこでまとめて考えることにしよう）。

Ⅱ 財物確保のための暴行と1項強盗罪の成否

1 それぞれの強盗罪における暴行・脅迫の相手方

(1) 続いて、設問(3)のYの罪責をみてみよう。この事案では、財布の所有者・占有者であるBが暴行により失神させられた後、Yに手にした財布を領得する意思が生じている。そこで、反抗抑圧後に財物奪取意思が生じた場合の問題だと捉え、窃盗罪しか成立しないと考えた人もいるかもしれない。

しかし、そう考えるのはまだ早い。本問ではCが存在しているのであり、Cが財布の返却を求めていることの意味を考えなければならない。誰に対する暴行・脅迫でもって強盗罪が成立するかは、1項強盗・2項強盗・事後強盗でそれぞれ異なっている。Bの財布を奪って逃げているYを通りがかりのDが捕まえようとしてきたのを殴れば、事後強盗罪になることは明らかであるが、2項強盗罪になることはない。また、Yの暴行を通りがかりの主婦Eが見とがめたためEに対して暴行を加えてBの財布を奪っても、これでもって1項強盗罪が成立することはない。

ここで整理しておくと，事後強盗罪は窃盗の被害者でなくても，警察官など逮捕しようとしてきた追っ手などに対する暴行等によっても成立するが，財物の返還請求を免れたものとして成立する2項強盗罪の暴行等の相手方は，当該財物の所有者・占有者ないしこれらから取戻しを委託された者などに限られてくるのである。

(2) では，1項強盗罪を成立させうる暴行・脅迫は，誰を相手方とするものでなければならないのか。判例では，財物の強取について障害となる者に対するものであればよいとしており，強盗に入った家の幼い子に対して脅迫を行った事案につき1項強盗罪の成立を肯定している（大判大正元・9・6刑録18輯1211頁）。学説上は，そこにいるのが邪魔だというだけでは不十分だとして，財物の占有の保持に協力すべき立場にある者に限るべきだとの見解も有力である（中森・各論121頁，山口・各論219頁など）が，判例の立場によったとしても通りがかりの主婦Eに対する暴行で1項強盗罪が成立することはないと思われる。他方，本問のCはBの交際相手であるから，Bの占有の保持に協力すべき立場にあることは疑いない。それゆえCに対する暴行があれば，限定的な見解によっても1項強盗罪が成立しうることになる。

2 財物を手にしたが確保していない段階における暴行・脅迫

残る問題は，Yがすでに財布の占有を確保した状態にあるかである。1項強盗罪は，判例の立場によれば，すでに強盗犯人が財物を手にしていても，なお確保していなければ，成立を認める余地はある（最判昭和24・2・15刑集3巻2号164頁参照。もっとも，この判決の事案では，犯人が財物を取得後逃走しようとして戸外に出たところで脅迫がなされており，窃盗既遂後の財物取戻し防止での暴行等については事後強盗として扱われるべきではないかとの批判が強い）。本問では，Yは財布を手にしているとはいえ，Cが必死に取り返そうと試み争っている段階で脅迫がなされているから，この脅迫は占有を完全に移転するためのものであるといえるので，「窃盗既遂（＝占有移転）後の財物の確保のための暴行等」については事後強盗罪の問題だとする見解によったとしても，本問では1項強盗罪が成立すると考えられる（東京高判平成15・3・20判時1855号171頁）（なお，この脅迫は，Cがすでに交際相手Bが暴行により失神させられたことにより相当畏怖している状態で，暴行を加えた犯人により暴行を予告する内容の脅迫がなされているのだから，すでにみ

たとおり，これは反抗を抑圧するに足りる程度のものだといえよう）。

Ⅲ 身体的な反抗抑圧後の財物領得意思

1 反抗抑圧の2パターン

さて，ここまでは，反抗抑圧状態というものの内容の詳細を説明してこなかったので，ここで説明しておこう。ここでいう反抗とは，自らの意思に基づき財物を取り戻そうとすることを意味しており，反抗の抑圧には，暴行等により**(ア)恐怖心等で抵抗しようという意思を抑圧されるというパターン**と，**(イ)身体活動の自由を奪われて抵抗できなくなるというパターン**がある。(ア)のパターンの典型は，脅迫による恐怖心であるが，暴行によっても恐怖心はもたらされるから，暴行・脅迫いずれによっても(ア)のパターンはありうる。これに対し，(イ)のパターンは，手足を殴打されたり，目つぶしの硫酸をかけられたりして動けなくなるなどの場合が考えられる（死亡した場合や失神した場合は，(ア)・(イ)いずれとも整理可能である）。設問(3) b)の事案では，C子は，「返して返して」と強く抗議していることからみて，(ア)の意味では反抗を抑圧されていないが，ロープで車のシートに縛り付けられたことにより，身体の自由を奪われていることから，(イ)の意味で反抗を抑圧されたものといえよう。

2 身体的な反抗抑圧の場合の解決

このように反抗抑圧状態が(ア)のパターンによるのか(イ)のパターンによるのかは，通常の事案では特に重要性をもたないが，たとえばロープで相手方を緊縛した後で財物奪取意思が生じた事案を考える際には，このことを意識する必要がある。Ⅰで検討してきた，「暴行後に財物領得意思が生じた事案」に関する裁判例ないし学説の議論は，(ア)の事案を念頭に置いて構築されているものである。この事案では，恐怖心はだんだんと薄らいでいくものだという経験則を前提とすれば，さらなる暴行・脅迫は，恐怖心を維持・強化するものだということができるから，新たな暴行・脅迫がなされれば，通例，強盗罪の因果関係が満たされることになるのである。

では(イ)の事案ではどうか。このような事案に関する興味深い裁判例として，

近時，東京高判平成20・3・19判タ1274号342頁が登場している。同判決は，被害者の女性にわいせつな行為を行うために緊縛した状態で，財物奪取意思を生じ，携帯電話等を奪ったという事案につき，新たな暴行・脅迫必要説を前提としつつも，「本件のように被害者が緊縛された状態にあり，実質的には暴行・脅迫が継続していると認められる場合には，新たな暴行・脅迫がなくとも，これに乗じて財物を取得すれば，強盗罪が成立すると解すべきである」とし，1項強盗罪の成立を肯定している。

　ここでまず確認しておきたいのは，この事案は(ア)の事案ではないから，被害者女性が「覚えていなさい」と気丈に叫んでいたとしても反抗抑圧状態なのだということ，それゆえ，財物奪取意思を生じてから脅迫をして畏怖させたとしても全く無意味だということである。そうだとすれば緊縛の事案で，反抗抑圧状態を維持・強化するものとしての新たな暴行が考えられるとすれば，ロープが緩んできたので締め直すといった場合に限られるのではないだろうか。逆からいえば，こうした場合でない限り，その新たな暴行は反抗抑圧状態を惹起したといえず，強盗罪の因果関係が満たされないのである。

　もっとも，この事案の行為者がロープで緊縛するのではなく，たとえば手足を押さえ続けていたとすれば，財物奪取後には「押さえ続ける」という暴行により，押さえ続けないと反抗抑圧状態から元に戻る流れを押しとどめたということができる。手がロープに変わっただけで，強盗罪が成立しないというのは不自然ではないか，といったようなバランス論で考えれば，この東京高裁判決の結論は辛うじて説明できるのかもしれない。しかし，**緊縛状態がしっかり継続していたということを前提とする限りは，暴行は当初の緊縛状態の設定行為だけであり，新たな暴行はないといわざるをえないのではないだろうか。**前掲・東京高判平成20・3・19は，はからずも「乗じて」という表現を用いたが，先行事情の積極的利用でよいのなら，被害者が失神していたとしても強盗にしてよいことになるのではないだろうか。

Ⅳ 死者の占有
—— 被害者の死亡後に財物奪取意思が生じた場合 ——

1 財産犯は故意犯だけが処罰されるが，Ⅰ・Ⅲでみた「暴行後の財物領得意思」の事案がそうであったように，当初は領得意思に基づかないで暴行に及んだ行為者が，後から領得意思を生じて財物を奪う場合がある。理論上は，故意犯である以上，行為の開始時に故意がなければ当該故意犯が成立しないのは当然であり，「暴行後の財物領得意思」の事案では，判例上も，この理論的原則との整合性がとれる形で問題が解決されている。

2 では，設問(2)の場合はどうか。客観的にみれば，腕時計を奪った時点ではAは死亡しているのだから，死亡と同時に所有権が相続人に移転し，占有を離脱した物を領得したとみるのが無理のないところのように思われるが，判例はそう考えていない。

最判昭和41・4・8刑集20巻4号207頁は，当初財物を領得する意思なく被害者を殺害した後，領得の意思を生じて時計を奪取したという事案につき，「このような場合には，被害者が生前有していた財物の所持はその死亡直後においてもなお継続して保護するのが法の目的にかなうものというべきである。そうすると，被害者からその財物の占有を離脱させた自己の行為を利用して右財物を奪取した一連の被告人の行為は，これを全体的に考察して，他人の財物に対する所持を侵害したものというべきであるから，右奪取行為は，占有離脱物横領ではなく，窃盗罪を構成する」と判示しているのである。

この問題は「死者の占有」というタイトルのもとで論じられているが，死者は法的な権利主体たりえないから，本来的にはこのタイトルのように問題を捉えた時点で，占有離脱物横領罪だという結論が導かれるべきことになる。

3 では判例の結論は全く不当なのだろうか。判例の立場をあえて説明しようとすれば，それは**自らのもたらした不正な状態を理由に自らの罪責を否定・軽減することは是認できないとする**判断であろう。要するに「お前が殺したくせ

によくも死者から奪っただけだなどといえたものだな」という価値判断がなされているわけである。各論の問題に限ってみても，殺害後に被害者が生前住んでいた居宅に立ち入る場合には住居侵入罪の成立を認めてよいとされる場合（東京高判昭和57・1・21刑月14巻1=2号1頁），監禁罪における現実的自由侵害説の論者から，移動意思が生じないのが行為者の欺罔などによる場合は監禁罪の成立を認めてよいとされる場合，公務執行妨害罪における公務の時間的範囲ないし適法性の判断において，行為者側が中断ないし不正な対応を余儀なくさせた場合には公務執行妨害罪の成立を認めてよいとされる場合などは，実は同様の判断がなされているように思われる。これを一般的に述べれば，**行為者の行為により法益（ないしその要保護性）が喪失させられた場合には，当該行為者との関係においては，当該法益が存続しているものとして罪責の評価が行われるべきだという帰属ルール**が設けられていることになるのである。もっとも，判例にも，現住者を殺害してから放火した場合には，非現住建造物等放火罪しか成立しないとしたものもあり（大判大正6・4・13刑録23輯312頁），このような帰属ルールが，なぜ，一定の類型においてのみとられているのかは，必ずしも明らかではない。

では，こうした「死者の占有」の事案における帰属ルールが適用されるのは，前掲・最判昭和41・4・8のような殺意に基づいて死亡させた事案に限られ，本問のような傷害致死の事案には適用されないのだろうか。自動車運転上の過失により通行人を死亡させた事案ならばどうだろうか。大審院の判例には，暴行の故意で被害者を死亡させた後，領得意思を生じて財布を奪った事案について，「吾人ノ有スル道義的法律理念ト伝統的正義感情」をもって，最高裁昭和41年判決と同様の論理により，窃盗罪の成立を認めたものがある（大判昭和16・11・11刑集20巻598頁）が，少なくとも故意行為により相手方を死亡させた場合には，こうした帰属ルールを適用してよいとすることは，なお可能かもしれない。そうすると本問でも窃盗罪の成立が認められることになる。

他方，こうした帰属ルールを肯定したならば，強盗罪になってもよいのではないか。実際，学説上は，強盗罪にすべきだとする見解もある（藤木・各論302頁〔殺害の余勢をかってなされた場合に限定〕）。しかし，判例も，「暴行後の財物領得意思」の解決でみたように，故意犯で処罰されるためには当該犯行の開始

時に故意がなければならないという理論的原則はしっかり維持しているのである。そうすると、死亡した相手方に対して新たな暴行・脅迫をなしても強盗の因果性は満たされないから、仮に不作為ないし先行事情の積極的利用で足りるとしたとしても、故意が認められた後の段階で強盗行為を認めることはできないのであり、せいぜい窃盗罪の成立しか認められないことになるのである。

もう一歩先へ　承継的共犯の場合との比較

承継的共犯の場合には、先行者Aが暴行して反抗抑圧状態を作り出した後で、共謀して財物奪取に関与した後行者Bには、強盗罪を認める見解が多い。このBは、反抗抑圧状態での財物奪取しかしていないのに強盗になるのであれば、設問のXが新たな暴行等に及んでいなくても強盗になるはずだと考えた人はいないだろうか？

このような誘惑に駆られるのは、承継的共犯を認める根拠として、「先行者の行為等を自己の犯罪遂行の手段として積極的に利用したということ」（大阪高判昭和62・7・10高刑集40巻3号720頁）が挙げられるからである。しかし、こうした先行事情の積極的利用は、過去に他人が生じさせた事情につき刑事責任を負わせる根拠にはなりえず、このことは単独犯の場合と比較すれば明らかであるとされている（井田・総論471頁）のだから、この誘惑は悪魔のささやきであったということであろう。

もっとも、さらに粘る人は、Aの行為の結果が強取である場合、Bはこのような違法結果を左右しえた以上、強盗の責任を負うべきだとの見解（西田・総論367頁）を引き合いに出して、このように手段行為に関与していないことを考慮外に置く論理が認められている以上、反抗抑圧状態での財物奪取が故意に基づいて行われていれば足りるのではないかと主張するかもしれない。しかし、承継的共犯の場合には、Aについては、どこからどうみても強盗罪が成立することを当然の前提として、Bはその共犯たりうるということが決め手となっているように思われるから、そこでの衡量は、設問のXのように、暴行を強盗の故意で行っておらず、そもそも強盗罪になりうるのかが問題となっている場合には、直ちには妥当しないのである。

〔安田拓人〕

No.4　　　　　　　　Xは, スーパーで……

X，Y，Zの罪責を論じなさい。

(1) Xは，スーパーで紙パック入りの日本酒1本をバッグに入れて，レジを通らず店外に出ようとしたところで，ガードマンAに捕まりそうになった。Xは必死に逃げたが，Aも諦めずに追跡した。その結果，店から1km離れた路上で捕まりそうになったため，捕まってなるものかと思い，Aを殴打した。

(2) Yは，強盗目的でB宅に侵入し，くつろいでいたBに包丁を突きつけて「金を出せ」と要求した。反抗を抑圧されたBが用意した現金100万円を奪って外に出たところ，Bの電話により近所に住むBの長男Cが駆けつけ，「お前が強盗か」と言ってつかみかかってきた。Yは必死に逃げたが，B宅から1km離れた路上で捕まりそうになったため，捕まってなるものかと思い，Cを殴打し，負傷させた。

(3) Zは，強盗目的でD宅に侵入し，一人で留守番をしていたDの長女Eに包丁を突きつけて「金を出せ」と要求した。反抗を抑圧されたEが用意した現金100万円を奪って外に出たところ，Zが出て行ったことで落ち着きを取り戻したEがDのゴルフクラブを持って追いかけてきた。Zは，必死に逃げたが，D宅から1km離れた路上で捕まりそうになったため，いっそのこと口封じに姦淫してしまおうと考え，Eを激しく殴打して姦淫した。その際にあやまって首を強く締めすぎてEを死なせてしまった。

解説

I 「機会」が問題となる犯罪グループ

一定の犯罪に及び、そのことにより重い結果が生じた場合については結果的加重犯として重い罪が予定されていることが多い。また一定の犯罪に及んだ後、さらに別の故意行為に及んだ場合についても、重い罪が規定されていることがある。その典型が、設問(1)で問題となる事後強盗罪(238条)、設問(2)で問題となる強盗傷人罪(もしくは暴行につき故意ある強盗致傷罪〔240条〕)、設問(3)で問題となる強盗強姦罪(241条)である。

事後強盗罪は「窃盗の機会の継続中」に、強盗傷人罪(また強盗殺人罪)は「強盗の機会」に、それぞれ暴行等が、また、強盗強姦罪は「強盗の機会」に姦淫が行われた場合に成立する。ここでは「機会」というタームが共通して登場しており、一定の財産犯と後に行われた暴力的犯罪をセットにした重い犯罪として評価されるという限りでは、問題としての共通性が認められる(これがこの項目が設けられることとなった理由でもある)。

それでは、これらの「機会」概念は同じ内容をもつのだろうか。それに該当するかの判断は同じ基準でもって行われるものなのだろうか。それとも、各犯罪の不法内容・政策目的が異なることにより異なった内容が盛り込まれることになるのであろうか。以下検討していこう。

II 事後強盗罪における窃盗の機会の継続性

1 現実の追及行為がなされている場合の判断

まず、事後強盗罪が成立するためには、窃盗犯が法定の目的で行った暴行・脅迫が、窃盗の機会の継続中におけるものでなければならないことについては見解の一致がある(また財物を得てこれを取り返されることを防ぐ目的の場合でなければ窃盗が未遂でも事後強盗未遂にはなるというのが多数の見解である。詳しくは後述する)。「窃盗の機会の継続中」とは、確かに、強盗1罪として処理されるだけの

実体がなければならないという外枠ははめられるものの，時間がどれだけ経ったらだめ，あるいは，窃盗現場からどれだけ離れたらだめというように，一律の基準で決まるものではなく，**同罪が防止しようとしている不法内容によって決まるものである**。

　もともとの事後強盗罪（旧刑法382条）は，財物を得た窃盗犯人がこれを取り返されるのを防ぐために追っ手に暴行等を加える場面を想定したものである。すなわち，窃盗犯を捕まえて盗品を取り返そうとする追っ手と窃盗犯が接触する場面では，せっかく盗った財物を取り返されないで逃げようと必死の窃盗犯が，こうした目的で激しい暴行を加えることがありうると考えられたのである。そして，こうして窃盗にこれと一連の流れでなされた暴行が加われば，暴力的財産犯である強盗罪の不法内容が全体として実現されたものと評価され，強盗1罪として扱われることになるのである。

　もっとも，窃盗犯の気持ちとしては，財物を取り返されるのを防ごうというものもあろうが，捕まってなるものかというものもあろう。いずれが支配的かであるかによって強盗と扱われるかどうかが変わるのは適切でない。そこで，現行刑法は，逮捕を免れる目的，罪責を隠滅する目的の場合でもよいことになったのである。ところが，そうなると，財物を取得する前に家人に発見されて追いかけられるなどしている窃盗未遂犯についても，**本罪が想定している追っ手と窃盗犯の接触場面での激しい暴行等の危険性**は同様に認められるはずである（この点をクリアーに指摘するものとして嶋矢貴之「事後強盗罪における『窃盗の機会』の意義」争点177頁）。こうして事後強盗罪は，財物を得てこれを取り返される目的の場合を除き，窃盗未遂犯についても成立しうることとなるのである。

　このようにみれば，窃盗が未遂であれ既遂であれ，窃盗犯の目的がいずれであれ，本罪が想定しているのは窃盗犯が追っ手に追われている状況での暴行等であるといえようから，**「窃盗の機会の継続性」**は，「被害者等から容易に発見されて，財物を取り返され，あるいは逮捕され得る状況が継続していた」かによって**判断される**こととなり（最決平成14・2・14刑集56巻2号86頁），被害者側の追及からいったん逃げおおせたような場合には，窃盗の機会の継続性は否定されることになる（最判平成16・12・10刑集58巻9号1047頁）。

2 現実の追及行為がなされていない場合の判断

もっとも、この基準は、追っ手による現実の追及行為がなされている場合を念頭に置いたものだとも考えられるため、現実の追及行為がなされていない場合がどう判断されるかも気になるところである。たとえば、「被害者のマンションで財物を窃取後、被害者を口封じのため殺害することを決意し、被害者を睡眠薬で眠らせた後、まずは盗んだカードで遊興してから、さらに睡眠薬を追加して昏睡状態を継続させ、自動車で100km離れた山の中まで移動して殺害したが、その時点では窃盗後約40時間が経過していた」というような場合（名古屋高判平成15・7・8高検速報平成15年123頁）はどうだろうか。こうした場合でも、被害者が「意識を取り戻せば」追及行為がなされうる状況は継続していたのであり、**追及行為をなしえない状態を窃盗犯側が作出していた場合には、追及行為が潜在化させられていることでもって窃盗の機会の継続性が否定されるべきではない**から、事後強盗罪の成立が認められてよいように思われる（前掲・名古屋高判平成15・7・8も事後強盗罪の成立を肯定している）。ただし、このような判断が、罪責隠滅目的での殺害ないし記憶障害をもたらす傷害のような場合を超えて、どこまで可能なのかについては慎重な検討が必要であろう。

3 すでに捕まっている場合の判断

また、最高裁のいう基準では、窃盗行為の後逃げようとしたが、店員Aにカラーボールを投げつけられそうになったため、観念して、店内の事務所に出向き、15分後にやってきた近くの交番勤務の巡査Bに引き渡され、交番まで連れていかれて事情聴取を受けていた際に、Bの注意が散漫になった隙を逃さず、Bのみぞおちにパンチをくらわせて、逃走したというような場合（最決昭和34・6・12刑集13巻6号960頁など参照）にも、すっきりと結論が導かれるわけではない。しかし、最高裁の判断の基底にある価値判断を探れば、それは、**「当該窃盗犯が追っ手から逃れるための暴行等をなすという事態が生じうる対立的・危機的状況の継続性が認められるか」**ということであり、「被害者等から容易に発見されて、財物を取り返され、あるいは逮捕され得る状況が継続していた」かという基準は、実はそうした価値判断に合致する場合の1つを示すものにすぎないようにも思われる。そうだとすれば、こうした場合には、たとえば、

逮捕する側の実力・装備等が圧倒的であるがゆえに,「窃盗犯が逃走しうる可能性が実質的に消滅したか」という観点からの検討をなすことにより,そうした価値判断と整合的な結論を確保することが可能となろう。警察官に引き渡されたとしても犯人と警察官が1対1の状況では,必ずしもこうした対立的・危機的状況の収束は認められないとすれば,事後強盗罪の成立を認めた前掲・最決昭和34・6・12の判断は支持されてもよいであろう。

III 240条の罪における強盗の機会

1 逃走中の暴行・脅迫の扱い

続いて,240条の罪における強盗の機会の検討に移るが,その検討に入る前に,まず,設問(2)のYが窃盗犯であったとすれば,この暴行により事後強盗傷人(もしくは致傷)罪が問題なく成立することを確認しておいていただきたい。

ではYが強盗であるとどうなるのだろうか。学説上は,240条の罪が成立するのは死傷結果が強盗の手段たる暴行・脅迫から生じた場合に限られるべきだとする手段説もないわけではない。これによればYの暴行は逃走中に逮捕を免れるために行われたものだから,240条前段の強盗傷人(もしくは致傷)罪は成立せず,強盗罪と傷害罪が成立することになる。

しかし,これでは,窃盗犯と強盗犯とで,同じく逃走中に追っ手を殴って負傷させた場合に窃盗犯のほうが重く処罰されることになってしまい,結論としていかにもアンバランスであろう。そこで,判例は,「強盗の機会」という概念を用いて,まずは強盗既遂後の段階における殺傷等についてまで,言い換えれば,実質的には「窃盗の機会の継続中」におけるのと同様の範囲まで240条の罪の成立を拡張しているのである。

2 強盗遂行中に生じた致死傷の扱い

もっとも,バランス論として問題になるのはここまでだともいいうる。そこで,学説上有力な見解は,240条の罪が成立するのは「強盗の手段たる暴行・脅迫と事後強盗類似の状況における暴行・脅迫に限定されるべき」だとしてい

る（西田・各論186頁，山口・各論236頁）。しかし，そうすると，強盗犯が被害者宅に侵入し，ピストルを突きつけて家人の反抗を抑圧したうえ，食器棚の後ろに現金入り封筒が隠してあると聞き出し，食器棚を引き倒したところ倒れた棚で家人を負傷させたような場合には，強盗致傷罪にならないことになりうるが，このような傷害結果は，強盗の遂行過程から生じたものであり，かつ，強盗に内在的な危険が実現したものと評価することは十分に可能であるようにも思われる。強盗罪は，暴力的財産犯（が少なくとも中核となる犯罪）であり，**強盗遂行の過程においてその実現・完成のためにさまざまな形態で物理力が行使され，その結果として人身的被害が生じうることを考慮し，こうした死傷結果が生じた場合を広く加重処罰すべきだとすれば，判例の立場に至ることは可能である。**

　他方，判例のいう「強盗の機会」概念を文字どおり解せば，当該強盗とは無関係に，その機会を利用して私怨を晴らすため被害者を殺害する場合が含まれるようにも思われる。この場合が除外されるべきだとすれば，「**全体としての強盗行為から生じたことを要件とすべき**」だとの見解（中森・各論130頁）が，より適切な線引きを行っているものと評価されよう。なお，**この解釈は，**近時の，**強制わいせつ致傷罪をめぐる最決平成20・1・22刑集62巻1号1頁の考え方とも整合的**である。同罪は結果的加重犯の形態をとるから，240条におけるような機会説をとることは不可能であるが，調査官解説によれば，同決定は，強制わいせつ等の致死傷罪は，強制わいせつ罪が被害者に対する直接的な身体接触が想定され，被害者の生命・身体を侵襲する危険性が高いことから，その危険性の実現として死傷結果が生じた場合を結果的加重犯として重く処罰するものだとの理解から，**基本犯には「随伴」行為までが含まれる**としたうえ，**逃げ切るまでが一連の犯罪事象**だとして，逃走中の暴行による負傷につき強制わいせつ致傷罪の成立を肯定している（三浦透・最判解〔平20〕13頁以下）。そして，この事案では，同じ機会に行われた被害者の長男に対する傷害については強制わいせつ致死傷罪ではなく傷害罪として起訴されたこともあってそのまま同罪で処理されているが，この考え方からすれば，強制わいせつ犯人が追っ手に対して暴行を加えて負傷させた場合を強制わいせつ致死傷罪の対象から除外する理論的根拠は必ずしもないことになろう。

3 見解の対立と実際の帰結の違い

(1) もっとも、見解の対立の華々しさに目を奪われて、実際の帰結が本当に違ってくるのかの確認を怠ってはならない。機会説の問題点として挙げられる私怨を晴らす目的での殺害であっても、**その者を殺せばたいてい目撃者を消すことになり、客観的には犯跡隠蔽に寄与するであろう**。最判平成18・6・27裁判集刑289号481頁は、密入国した中国人が同居者の一部から暴行等を受けたことに対する仕返し目的で、自己の真意を隠したまま共犯者7名に強盗をもちかけ、同居ら6名に対する強盗に及んだ後、共犯者を先に帰し、単独で、縛られて身動きのとれない被害者のうち3名を殺害し、2名に傷害を負わせたという事案であるが、このような観点から強盗の機会におけるものと認めることも可能である。それゆえ、**強盗の機会におけるものでありながら、どのような場合が「全体としての強盗行為から生じていない」ことになるのかは、必ずしも明らかではない**。仲間割れした共犯者を殺害する場合がこれにあたるのだという見方もありえようが、この場合は、**本罪が被害者側を保護する罪であることから共犯者は本罪の客体である「人」ではないと解釈する**ことによって240条の罪の成立を否定することも十分に可能である。

(2) また、手段説をとったからといって、手段たる暴行等から直接生じた死傷結果についてしか240条の罪は成立しないという結論になるかというと、これも必然的ではなく、自己の故意行為が介在した場合における結果の帰属が認められるかという問題に関する一般的な理解との整合性を確認しておく必要があろう。つまり、強盗犯人の手段以外の行為から死傷結果が生じた場合は、原因行為の性質として議論されることが多いのだが、**仮に手段説をとったとしても、死傷結果を法的因果関係の認められる限りで手段たる暴行等に帰属できない理由は必ずしも明らかではない**。そして、強盗犯が、逃走中に追っ手に対して暴行を加えて死傷させることは、決して異常不相当な経過だとは思われないし、強盗の危険が現実化したものだともいえるはずであろう（先ほど挙げた食器棚引倒しによる家人の負傷についても同様の結論になるはずである）。

(3) 確かに、最高裁判例には、過失により被害者を誤射して瀕死の重傷を負わせた後、故意に被害者を射殺したという事案につき、第1の行為に業務上過失傷害罪、第2の行為に殺人罪の成立を認めた原判決の結論を是認し、第1の

行為への死亡結果の帰属を否定したものもある（最決昭和53・3・22刑集32巻2号381頁）が，このような場合には相当／法的因果関係は否定されない（遡及禁止論をとる見解からも行為者自身の複数行為が問題となる場合には「誰に」正犯的に帰属すべきかが問題とならないため遡及禁止は働かないものとされる〔島田聡一郎「実行行為という概念について」刑法雑誌45巻2号（2006）226頁以下〕）以上，この判例の結論は死亡結果の二重評価を避けるという罪数論の観点から，第1行為への死亡結果の帰責が否定されたのだとの理解も有力である（樋口亮介・百選Ⅰ〔第6版〕23頁）。これに従えば，240条の罪の成否が問題となる局面では，死傷結果の二重評価は，むしろ，軽い罪となるべき逃走時の行為への結果帰属を否定することにより回避されるべきこととなろうから，やはり結果的加重犯としての240条の罪の成立を否定することにはならないであろう。

Ⅳ 強盗強姦罪における強盗の機会

1 同じく強盗犯による「強盗の機会」における行為につき別の重い罪の成立が認められる場合として強盗強姦罪がある。もしここでの「強盗の機会」が，Ⅲでみた「強盗の機会」と同じなのであれば，設問(3)のZには強盗強姦罪（同致死罪）が成立することになろう。

しかし，強盗強姦罪における「強盗の機会」の意味は全く異なるところがある。すなわち，**強盗強姦罪は，強盗犯が強盗遂行のために作出した相手方女性の反抗抑圧状態を利用して行われた姦淫を重く処罰するものであり，この反抗抑圧状態が継続している限りにおいてしか成立しないものと解されているのである。**

下級審裁判例には，強取した被害者女性の車で約15km離れたモーテルに移動し，強盗終了後2時間20分ほど経過した時点で，新たに強姦の犯意を生じて暴行を加えて姦淫に及んだ事案について，「奪取後の現場を離れた後においては，強盗犯人の身分を失い，したがって強盗の余勢をかって行われた強姦とも認め難い」として強盗強姦罪の成立を否定したものがある（佐賀地判昭和54・5・8刑月11巻5号435頁）。その一方で，強取した被害者女性の車内で，強盗終了後約2時間10分ほど経過した時点で姦淫した事案について，被害者にアイスピックを突きつけたり手足や身体をロープで縛り猿ぐつわをはめたりす

るなどして，被害者の反抗を抑圧するに足りる程度の暴行・脅迫が継続していた状態において，強取された車内でなされた姦淫行為だから「強盗の機会」におけるものだとして強盗強姦罪の成立を認めたもの（前橋地桐生支判昭和56・3・31判時1012号137頁）もある。これらの裁判例をみても，**同罪における「強盗の機会」該当性判断にとっては，強盗による反抗抑圧状態が維持・継続されているかが決定的**だと考えられる。

2 学説上は，強盗強姦罪が設けられた理由を，羞恥感情を利用した捜査機関への届出の妨害の抑止に求める見解も有力である（大塚・各論235頁，佐久間修『刑法各論』〔成文堂，第2版，2012〕210頁）が，この根拠からはZについて強盗強姦罪・同致死罪の成立を否定する理由はなさそうである。これに対し，強盗強姦罪における「強盗の機会」概念の実質が，強盗による反抗抑圧状態の維持・継続に求められるのだとすれば，それを説明可能な強盗強姦罪の重罰根拠は，強盗犯により反抗抑圧状態に置かれた女性の性的自由が侵害されやすい状況を考慮した，性的自由の刑法的保護の強化に求められるべきであろう。

そうだとすれば，相手方も，財産上の被害者には必ずしも限られないが，論理必然的に，「当該強盗の影響下にあって，身体・自由が拘束されているような女子」（内田文昭『刑法各論』〔青林書院，第3版，1997〕298頁）に限られるべきこととなるのである。

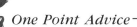
One Point Advice

　本項での結論は，要するに，各犯罪の不法内容あるいは政策目的をきちんと見極め，そこから理論的に説明可能な形で，当該犯罪の成立要件が確定されるべきだという，当たり前のことにすぎないのだが，教科書ではとりわけマイナー犯罪については，そうした不法内容あるいは政策目的がしっかりと論じられていない場合がある。そうした場合でも，よく知っている（あるいは詳しく説明されている）犯罪のそれとどこが同じなのか，どこが違うのかを比較・検討しながら考えていけば，一歩進んだ理解に到達できるはずである。本項を手がかりに，さらに考えを深めていっていただければ幸いである。

〔安田拓人〕

No.5　Xは，九州に一人旅をし……

(1)　Xは，九州に一人旅をし，海沿いの高級旅館Aにチェックインしたが，夕食に入った割烹で美人女将に勧められるままに高いものばかり注文してしまい，所持金が少なくなったので，宿泊代の支払はごまかそうと考え，翌朝，支払をせずに帰ろうとしたところ，これを不審に思ったフロント係Bに「どちらまで」と尋ねられたので，「ちょっと海岸まで散歩してきます」と申し向けたところ，A旅館の客にはよくあることだったので，Bは，「行ってらっしゃいませ」と声をかけて送り出し，Xはまんまと逃走した。

(2)　その後，Xは，近くの大手カーディーラーC社のD営業所に入ると，営業担当のEに，そのメーカーの代表的車種Fの名前を告げ，営業所近くの第3中学校出身のGと名乗り，地元アクセントで試乗を申し込んだところ，EはFのうちの1台F_1を見せた。Xは，運転席の足下にパールのイヤリングを見つけ，「これもいただきやな」と心の中でつぶやきながら，「この車でお願いします」と返事した。このイヤリングは，D営業所の女性社員Hが前日落としたものであり，D営業所の社員は誰もこのイヤリングがF_1の車内にあることに気づいていなかった。C社では，試乗希望者がいれば，免許証のコピーをとり，身元を確認してから鍵を渡すことが規則となっていたが，営業成績の悪かったEは，買ってくれそうな客には手続を省いて鍵を渡していた。もっとも，C社では乗り逃げを恐れて，ガソリンはごくわずかしか入れておらず，どこまで行くつもりか尋ねるなど，乗り逃げしないかを慎重に見極めることにしていたが，Xは，直接は知らないものの，地元の人のようであり，逃げられても第3中学校出身の知り合いをたどれば追及できると判断し，そのような対応もしないまま鍵を渡した。Xは，エンジンを始動させ，営業所を出ると，ガソリンを補充して，高速道路に向かった。

(3) ところが、Xは、珍しく早起きしたため眠気に襲われたので、インターチェンジ近くのホテルIで休息をとることにしたが、料金は支払うつもりはなかった。Iは、利用客が従業員と顔を合わせる必要がないシステムをとっており、利用客はフロントのパネルで部屋を選び、自動で交付される鍵を受け取ると、そのまま部屋に入室してよく、料金の支払はエアーシューターを介して行うことになっていた。また、利用客が入館すると、フロント横の従業員室にあるチャイムが1人ずつ鳴ることから、単身利用はそこで断ることになっていた。また、利用客が部屋に入退室すると、その状況が直ちに従業員室のモニター画面に表示されることになっていた。Xが入館し、203号室に11時50分に入った際には、1人勤務の従業員Jは、昼ご飯の弁当を買いに行っていて留守であったが、12時30分に戻った際に、203号室が利用中になっているのを確認した。Xが1時間ほど眠ったところで、Eの通報により、この種のホテルの駐車場等を捜査していた警察官により、被害届のあった車が発見され、Jの案内により203号室に踏み込まれ、Xは逮捕された。

Xの罪責を論じなさい。

解 説

I 処分行為の要件の意義

本問には，詐欺罪の成立要件のうち，理論的な理解も，具体的事案に即した検討もなかなか難しい，処分行為に関わる問題点をできるだけ盛り込んでいる。

詐欺罪は，欺罔行為により相手方を錯誤に陥れ，錯誤に基づく処分行為をさせ，財物もしくは利益を交付させる罪であり，処分行為を中核概念とする犯罪である。そして，この**処分行為が認められるか否かは，客体が財物の場合には，詐欺罪になるか窃盗罪になるかの分かれ目**となり，**客体が利益の場合には，詐欺罪になるか不可罰の利益窃盗になるかの分かれ目となるポイント**である。言い換えれば，処分行為が認められるか否かは，客体が財物であれば罪名が違うだけで可罰性はいずれにせよ肯定されるから，実際上の意義は大きくないともいえようが，客体が利益の場合には，処分行為が認められず2項詐欺罪が成立しないと，利益窃盗として不可罰となるため，実際上も大きな意義が認められるのである。

II 人に対する欺罔と機械に対する欺罔

さて，処分行為は，当然のことながら，人でないとできない。設問(3)では，Xは，ホテルの機械に対し，自らが支払意思・能力があるかのように偽り，機械により認められて客室の不正利用を始めているが，この利益は人による処分行為によって得られたものではないから，利益窃盗にとどまる。もっとも，ホテルIでは，自動チェックインシステムの背後にいる従業員が，客の入館時におけるチャイムの鳴動により入室を管理しているのであり，そこに人に対する欺罔と処分行為を認めることができる（なお，本問では，Xが単独での利用であることが判明すれば利用を断られていたであろうが，この点は入館時に不在であったJにはチェックは不可能であったから，黙認されたものとして扱っていくことになろう）。Xが，この種のホテルにおいては客の気恥ずかしさに配慮して直接対面せずに

チェックインを認めているだけであり，機械の背後に従業員がいることを認識している限りで，ボタンを押す行為が人（本問ではJ）に対する欺罔となり，詐欺未遂は成立している。

他方，この欺罔内容が相手方であるJに到達するのは，Jが戻ってきて，203号室の利用状況を確認した時点以降である。この時点で，表示を確認することにより欺罔され錯誤に陥ったJが，客室利用の利益をXに提供するという処分行為を行ったものとして，2項詐欺罪が既遂に達することになるが，その時点までのXの客室の利用は，利益窃盗として不可罰になる。なお，ここでの欺罔は，不作為によるものではないことを確認しておいていただきたい。宿泊や飲食の申込みには，通常，「後で料金を支払う」旨の意思表示が（言わなくても）伴っていると考えられるため，その意思がないのにそのことを告げずに申込みをすれば，通常伴っているはずの支払意思の存在を積極的に仮装したものだということになるのである（取込み詐欺に関する事案であるが最決昭和43・6・6刑集22巻6号434頁。無銭飲食については戦前のものだが大判大正9・5・8刑録26輯348頁に詳細な理由づけがみられる）。これを推断的欺罔という。

それゆえ，この種のホテルのチェックインシステムが完全に自動化されるようになれば，支払意思・能力なくチェックインし，ホテルを利用する行為は，利益窃盗で不可罰とならざるをえないし，利用客がそのように誤信していれば，Iのようなホテルを利用した場合でも，故意が否定されることになる。

III 処分行為の要件
―― 具体的処分意思の要否 ――

1 問題の確認

処分行為の要件として，移転する財物や利益につき認識している必要があるかという問題は，処分行為に関する最も難しい問題である。教科書では，こうした認識のない処分行為が「無意識的処分行為」として説明されることもあるが，移転対象に関する何らの認識も認められなければ詐欺罪にはならないのであるから，「無意識」というのは具体的に移転する財物や利益に関することだということを確認しておいていただきたい。

本問での問題状況をまず確認しておくと，設問(1)では，Bは外出を許可した際,「Xが逃走してしまい，事実上支払ってもらえなくなる」とは思っていないことが，また，(2)では，Eは，F_1の車内にHのイヤリングが落ちていることを知らずに，試乗させていることが，それぞれ問題となるのである。

2　判例の状況

　この問題に関する判例の状況をみると，2項詐欺に関する判例には，処分する利益の内容につき具体的な処分意思が及んでいることを処分行為の要件としているものと思われるものがある。最決昭和30・7・7刑集9巻9号1856頁は，知人を見送るといって店先に出たまま逃走し，宿泊・飲食料金の支払を事実上免れたという事案につき,「詐欺罪で得た財産上不法の利益が，債務の支払を免れたことであるとするには，相手方たる債権者を欺罔して債務免除の意思表示をなさしめることを要する」と判示しているが，債務免除の意思表示をするためにはその前提として免除対象となる債務内容の認識が必要となるはずだからである。もっとも他方において，大判昭和9・3・29刑集13巻335頁，福井地判昭和56・8・31判時1022号144頁など，そうした具体的な処分意思を内容とする処分行為を認めがたいにもかかわらず詐欺罪の成立を認めたものもある。前者は，電気計量器を操作して料金支払を免れたという事案，後者は，実際に高速道路に入ったインターチェンジより近くのインターチェンジの通行券を提示して本来支払うべき料金の支払を免れたという事案であるが，いずれも相手方は本来請求すべき金額を認識していないのだから，それにもかかわらず詐欺罪の成立を認めるためには，具体的な処分意思を内容とする処分行為を不要とする立場が前提とならざるをえないのである。

　このようにみると，判例の立場については統一的な理解は必ずしも容易ではない。しかし，前掲・最決昭和30・7・7においては，相手方は玄関先に出ることを認めただけなので，事案の特性上具体的処分意思不要説が問題とする「利益移転の外形的事実の認識」はありえないから，せいぜい考えられる処分行為は「債務免除の意思表示」という法律行為だということになるところ，これには免除する債務の内容の具体的認識を当然の論理的前提とせざるをえなかったにすぎないと理解すれば，この決定により具体的処分意思不要説は排除されていな

いと考えることは可能である（島田教授のご教示による）。そして，前掲・大判昭和9・3・29と福井地判昭和56・8・31が具体的な処分意思を内容とする処分行為を不要とする立場が前提とならざるをえないのだとすれば，判例の立場は，具体的な処分意思を不要とするものだと考えるほうがよさそうである。

さて，前掲・大判昭和9・3・29や前掲・福井地判昭和56・8・31の事案では，相手方は具体的に免除することとなる債務内容を認識していないが，他方で移転対象に関する何らの認識も認められなくてよいわけではない。そこで必要とされるのが，「利益移転の外形的事実の認識」である。これは，簡単にいえば，「自らの支配領域（店・駅・高速道路など）からの退出許可」，あるいは，「今月分の料金確定」など，**それにより最終的に利益を相手方に交付する結果をもたらすべき外形的事実（外箱だと考えればわかりやすい）はわかっているが，それによりもたらされる，「本来の料金を請求できなくなる」という具体的な利益移転**（箱の中身だと考えればわかりやすい）**まではわかっていないという状態**であり，これを内容とする処分行為があればよいとされるのである。これによれば，設問(1)では，店先までの外出許可があったにすぎない前掲・最決昭和30・7・7の事案におけるのとは異なり，Bは「海岸まで」，すなわち，旅館側のコントロールが及ばないところまで出かけることを認めてしまっているから，「利益移転の外形的事実の認識」はあったことになろう。

これに対し，1項詐欺に関して，この点が争われた裁判例は見当たらないが，古物商が骨董品の壺の価値を偽って不当に安く売らせたような場合には，おそらく1項詐欺罪になるであろう。この場合は，壺を相手方に交付することはわかっているのだとみれば，具体的処分意思必要説でも説明可能であるが，ここでの詐欺の実質は具体的に処分した壺の価値を認識させずに処分させたことだとする場合には，具体的処分意思不要説が前提となろう。また，1万円札が挟まっている書籍を，そのことに気づかせないで100円で売却させた場合でも，書籍を交付することはわかっていると説明すれば，具体的処分意思必要説からも詐欺罪の成立が認められるが，1万円札を認識させずに処分させたことが重要だとする場合には，具体的処分意思不要説が前提となろう。この説明に設問(2)の具体的事実をあてはめれば，F_1車が書籍，イヤリングは1万円札ということになろうか。一度，自分で結論を考えてみてほしい。

もっとも，財物につき客体の価値ではなく存在そのものを認識させなかった場合には，詐欺罪の成否にかかわらず，当該財物につき窃盗の成立要件が満たされていることを否定することは困難であるから，先ほどの例では1万円札，本問ではイヤリングについて窃盗罪の成立を認めることは可能である。それゆえ，処分行為に具体的処分意思を要求するか否かにかかわらず，客体が財物の場合には，窃盗罪と詐欺罪の競合は避けられず，処分行為が詐欺罪と窃盗罪の区別基準となるという説明は成り立たない可能性がある。

Ⅳ　占有の移転と占有の弛緩

　設問(2)で処分行為があったといえるかについては，さらに，Eが車の**占有をXに移転したのか**，それとも，**占有を弛緩させただけなのか**の検討が必要である。前者であれば詐欺罪であるが，後者であれば，占有はなおE（C社側）に残っており，その占有を侵害したものとして窃盗罪になる。

　下級審では，顧客を装い古物商V方で上衣を見せてくれるよう依頼し，Vが渡した上衣に手を通し，ちょっと小便に行ってくると申し向け，これを着たまま表へ出て逃走した事案につき，「Vが右のように上衣を被告人に交付したのは，被告人に一時見せるために過ぎないのであって，その際は未だVの上衣に対する事実上の支配は失われていない」として窃盗罪の成立を認めたもの（広島高判昭和30・9・6高刑集8巻8号1021頁），店員が注文した商品を販売ケースの上に置いて商品の数の確認を求めた際，今若い衆が外で待っているからこれを先に渡してくる，お金は今払うからと虚言を用い，商品を持ったまま店外に出て逃走した事案につき詐欺罪の成立を認めたもの（東京高判平成12・8・29判時1741号160頁）などがある。こうした事案では，**犯人が店外に出てしまえば，財物の支配は犯人側に移転したといわざるをえないので，店員の側が財物の店外持出しを認めたかが決定的**であろう。

　C社としては，ガソリンを少ししか入れないなど一応の乗り逃げ防止策を講じてはいるが，ガソリンはガソリンスタンドで容易に給油できるから，実は防止策として実効性はない。営業マンが同乗していないこと，本問では身元確認もなされていないことからすれば，営業所から乗り出された時点で，C社側の

支配はおろか追及も困難になるから，事実上の支配の移転が認められ，処分行為に基づく財物の交付があったものと認められるであろう（東京地八王子支判平成3・8・28判タ768号249頁）。

もう一歩先へ　サービスの騙取と利得罪の成否

　本問におけるホテルIの利用行為に関する詐欺罪の成否を考えた際には，通常対価の支払を伴うような労務やサービスを取得することは利得にあたると考える判例・多数説の立場を前提にして，欺罔行為や処分行為の問題を中心に解説を行った。
　これに対し，学説上有力な見解は，ホテルの利用・宿泊などのサービスを受けることをもって，財産上の利益を得たといいうるかを疑問視している。こうした見解は，2項犯罪の成立要件として1項犯罪と同様の財産移転を要求し，労務やサービスの場合にはそれの移転を観念できないことを理由に，利得を否定しようとする。被害者が失ったものと行為者が得たものが同じでなければならないというのがその理由である。
　もっとも，このような見解の中でも，ホテル利用の場合は，被害者が他の客にサービスを提供する機会を失った結果，行為者がサービスを不正に享受しているのだから，利益が実質的に移転していると考える見解も登場している（今井ほか・各論188頁［橋爪隆］）。

〔安田拓人〕

No.6　Xは，バカラ賭博にはまって……

(1)　Xは，バカラ賭博にはまってしまい，自己名義の自動車運転免許証を使って，消費者金融業者から次々と借金を重ねたところ，この免許証ではもはやどこも貸してくれるところがなくなってしまった。

Xは，途方にくれてとぼとぼ歩いていたが，突如，友人Aが，「困ったことがあったら俺の名前を出していいぞ。金に困ったんなら俺の名前で50万くらいなら借りていいぞ」と言ってくれていたのを思い出し，「ああ言ってくれてのだからちょっと名前を借りておこう」と考え，自己名義の免許証（B県公安委員会発行）に，Aの本籍・住所・氏名・生年月日を印字した紙片を重ねセロハンテープで貼り付けたものを作成し，消費者金融業者C社のローンカードを取得しようと決意し，インターネットカフェに入った。

Xは，パソコンを立ち上げると，C社のサイトにアクセスし，Aの氏名・住所・生年月日などの個人情報を入力して，インターネット経由で申込み手続を行い，その際，携帯電話の本人確認書類送付アプリで，撮影した免許証の写真を送信したところ，これを受信したC社の係員Dは，カラープリンターでプリントアウトして，審査手続を進めた。なお，入力された個人情報を含む申込み内容は，C社ではペーパーレス化した処理がなされており，取得された情報も電磁的記録として保管されるにとどまっている。

この改ざんされた免許証は，直接肉眼で見ると改ざんの跡が容易に判別できたが，Dおよび決裁権限者である係長Eが見た限りでは，プリントアウトされた本人確認書類の免許証には偽造の跡などは認められず，その他の書類にも不備がなかったため，Aにローンカード1枚が簡易書留郵便で郵送され，AはXのところにこれを持参し，「これお前が作ったのか。あんまり使うなよ」と言いながら，手渡した。Xは，これを持参して，最寄りのF銀行G支店のATM（現金自動預払機）で現金50万円を引き出した。

Stage 2　No.6　Xは，バカラ賭博にはまって……

(2)　50万円を手にしたXは，「これでまたバカラができるぞ！」と喜び，免許停止処分中であったことを忘れて，スクーターに乗ってカジノに出かける途中で検問にかかり，免許証の提示を求められたが，免許停止処分中であるうえ，免許証の改ざんが発覚するのを恐れ，「免許証は家に忘れました」と答え，Aの氏名等をかたり，機動隊員Hが作成した交通事件原票の供述書欄に，Aの名前を署名し，求められるままに指印を押捺した。

Xの罪責を論じなさい。

解説

I　詐欺罪と偽造罪の役割分担

　偽造罪と詐欺罪の間では牽連犯が認められることからもわかるように，偽造は詐欺の手段として行われることが多い。設問(1)では免許証の偽造がローンカードを詐取するための手段となっている。しかし，それなら偽造の実質は詐欺の予備でしかないことになるが，偽造は財産犯と異なる独自の役割を担っている。設問(2)で行われている偽造は，決してこれを手段にして財産を得ようとしてのものではないことは明らかである。では，偽造罪は何を保護しているのだろうか。ここで「？？？」となってしまった人は，Stage 1 No. 13 に戻って，和田先生の名講義をもう一度読み直してみよう。

II　免許証改ざん行為について

　なるほどとなったら Stage 2 である。では，設問(1)の免許証を改ざんした行為は，どのように扱われるのだろうか。

　1　(1)　まず問題になるのは，偽造を論じる対象が，免許証そのものなのか，それとも，プリントアウトされたものなのかである。
　プリントアウトされたものだとすると，コピーの文書性と同様の議論になる。コピーの文書性に関して，判例は，「公文書偽造罪の客体となる文書は……たとえ原本の写であっても，原本と同一の意識内容を保有し，証明文書としてこれと同様の社会的機能と信用性を有するものと認められる限り，これに含まれる」と解している（最判昭和51・4・30刑集30巻3号453頁）。そして，比較的最近では，ファクシミリ（FAX）についても同様の判断が下されている（広島高岡山支判平成8・5・22高刑集49巻2号246頁）。
　この判例の見解の実質的根拠は，①原本の名義人は，内容を改ざんしない限り，複写物についても自らが名義人となることを認めているので，改ざんのない複

写物の名義人は原本の名義人であるが，②内容が改ざんされた場合には，原本の名義人が名義人となることを認めたものではないため，複写物の名義人は原本の名義人ではなくなるから，これを勝手に用いたことになり，偽造罪が成立するというものであろう。このロジックは判決文としては書かれていないし，教科書類にも明確には書かれていないが，この問題を理解するためのコアな内容なので，ぜひとも押さえておいていただきたい。

そして，本問での本人確認書類送付アプリによる免許証画像の送信は，まさに原本を提示したのと同様の証明文書としての社会的機能と信用性があるからこそ，これによる代替が認められているのだとすれば，プリントアウトされたものについて公文書偽造罪の成立を検討することは可能となろう。

(2) 他方，学説上支配的な見解は，コピーは誰にでもできるのだから①はフィクションであり，**複写物の名義人は複写した人であるが，この人の名前は表示されていないため，名義人のない文書となり，偽造罪での保護に値しない**と考えている。そうだとすれば，プリントアウトされたものについて公文書偽造罪の成立を検討することは不可能であろう。

そうすると，免許証そのものについて検討するしかないが，ここでネックとなるのは，直接肉眼で見ると改ざんの跡が容易に判別できるようなレベルでしかなく，「一般人からみて真正に作成されたものと誤信させるに足りる外観」になっていないことであろう。確かに，設問(2)で検問にかかったときに警官にこの免許証を見せたら即改ざんを見抜かれて，警察署に連行されることは間違いないのであり，だからこそXも提示しなかったのである。

(3) もっとも，この事例では，アプリ送信を経由して相手方のモニターに表示され，あるいは，プリントアウトされたものに基づいて審査が行われているのだから，「ここでの使われ方」との関係では，偽造の程度に達しているといってよいのではないか。裁判例には，このことを認めたものも散見され，本問に類似した，金融会社の自動契約受付機のイメージスキャナーに読み取らせ，回線で接続された係員前のディスプレイに表示させたという事案につき，電子機器を通しての提示・使用も含め，運転免許証について通常想定されるさまざまな使用形態を考えると，偽造のレベルに達しているとした例もある（大阪地判平成8・7・8判タ960号293頁，札幌高判平成17・5・17高検速報平成17年343頁）。

これに従うなら，本問の行為についても，Xが撮影した（改ざん）免許証の写真の画像がそのまま表示されあるいはプリントアウトされるのだから，**この行使の仕方との関係では偽造罪の成立が認められてよい**ということになろう。もっとも，そのように考える場合には，原本を改ざんしただけで偽造罪の成立を認めるべきではなく，スキャナーにセットしてはじめて偽造罪になるのだと考えるのが一貫していよう（東京高判平成20・7・18判タ1306号311頁）。

2 ここで，「本問って，Aの事前のOKがあって，その名前を使って改ざんしたんだから『名義人の承諾』の問題だね」「そういえば判例があって，文書の性質とかによっては承諾があっても偽造になるっていう話だったかな……」と考えた人はいないだろうか。もしいたら，残念ながらまたStage 1に逆戻りである。

運転免許証の名義人は，この場合には「B県公安委員会」で，だからこそ免許証は公文書なのである。それゆえ，氏名などの記載は文書の「内容」にすぎない。そうすると，偽造なのか変造なのかが問題となるが，この区別は改ざんされたのが文書の本質的部分か否かによって区別されるのであり，氏名などは明らかに免許証の本質的部分だから，偽造罪の成立を考えるのが妥当であろう。

III 交通事件原票への記載行為について

じゃあ設問(2)も同じですね，と考えた人は，またもトラップにかかっている。青切符を切られたことのない皆さんのために一言解説すると，交通事件原票は縦24cm横12cmほどの縦長の書類で，上のほうには違反者を捕まえた警官の名前が記され，その下に違反内容が書き込まれる。一番下に縦1cm横9cmほどの供述書欄があり，「私が上記違反をしたことは相違ありません。事情は次のとおりであります」などの文言が予め印刷されている。交通事件原票は，違反者を捕まえた警官名義の公文書であるが，その供述書欄だけは，違反者名義の私文書として独立して捉えられることになるのである。そして，この私文書の偽造があったかというところで，「名義人の承諾」の問題が登場するのである。

この先は変数が多く，1つの文章で説明を流していくのはなかなか難しいが，まず，作成者を事実説で考えるか観念説で考えるかにより，名義人の承諾があった場合の説明が異なることを確認しておきたい（観念説の定義自体すでに多岐にわたるが，ここでは観念説という名の見解をとる以上絶対こうなるという最大公約数だけを書いているので，定義はあえてしない）。社長Ｐの指示で秘書Ｑが文書を作成した場合でみると，次のようにまとめることができる。

> 【名義人の承諾があった場合】
> 　　事実説：名義人Ｐ≠作成者Ｑ　しかし承諾があるので不可罰
> 　　**観念説：名義人＝作成者＝Ｐ**　だから偽造にならない（①）
> 【名義人の承諾がなかった場合】
> 　　事実説：名義人Ｐ≠作成者Ｑ　だから偽造になる
> 　　**観念説：名義人Ｐ≠作成者Ｑ**　だから偽造になる（②）

　以上のようになるのである。観念説の教科書で勉強していても，設問のような場合に，ついつい実際に手を動かしたＸを作成者と考えがちだが，「名義人の同意があった場合の作成者はＡであること」はしっかりと理解しておきたいところである。観念説からは，**名義人＝文書の表示内容に責任を負うとみられる人，作成者＝文書の表示内容に責任を負う人**である。そして，社長Ｐの指示で作成された文書の場合には，作成者は社長Ｐであり，文書の記載内容からみて，社長Ｐが責任を負うとみられるから名義人も社長Ｐなので，これらは一致し，偽造罪の成立が否定されるという論理の運びになるのである。これが「名義人の承諾」というときのコアイメージである。
　他方，判例上，交通事件原票の供述書，運転免許申請書，大学入試答案などについては，当該文書に名前を表示された者の依頼により当該文書を作成した場合であっても，偽造罪の成立が肯定されている。この結論を観念説の立場から説明するものとしては，大別すれば2つの流れがある。

> 【パターン1】（たとえば中森・各論217頁以下参照）
> 　作成者の概念につき文書の内容に責任を負う人という内容まで盛り込む。
> 　　「作成者とは文書の表示内容に責任を負う人であるが，コアイメージの場合には，同意を与えた人が文書の表示内容に責任を負う（①）」のに対し，一定の文書の場

> 合には，同意を与えた人が表示内容に責任を負うことができない。そこで作成者は実際に手を動かした人になるから，文書の記載からすると責任を負ってくれそうな人（名義人）とは一致せず，名義人≠作成者となって，偽造罪が成立する（②）。
>
> 【パターン2】（たとえば西田・各論374頁以下参照）
> 　作成者の概念につき文書の内容に責任を負う人という内容までは盛り込まず，誰の意思に基づいて文書が作成されたのかというところまでしか盛り込まない。
> 　そうするとPがQに文書作成を承諾した場合，観念説の立場からすれば，名義人＝作成者＝Pとなって，一見偽造罪が成立しそうであるが，そうではない。
> 　ここでの名義人は，Pではなく，「一定の属性をもったP」，本問では「警察官Hにより違反者と認定されたA」である。そうするとこれは実際には存在しない架空の人だから，作成者P（本問ではA）とは一致せず，偽造罪が成立する。

　もっとも，【パターン1】の説明は，名義人に文書の内容に関する責任を転嫁できるか，本問でいえば交通反則の違反点数などを転嫁できるかという内容面の判断を正面から行うものになっており，文書の成立に関する真正さを問題とする形式主義の前提とやや合わないところがある（林・各論359頁以下も参照）。

　他方，【パターン2】の説明は，名義人を「一定の属性をもったP」だと考えるのだから，これを一貫するなら，その（実在しない）名義人による承諾はありえないことになるため，作成者は実際に手を動かした人Q（本問ではX）になり，上述の②の場合として整理されるべきであるようにも思われる。また，この説明は，「肩書の冒用」を有形偽造の説明として一般化するところがあるが，肩書の冒用は原則として不可罰とされてきた類型であるため，方法論としての妥当性も問題となりうる。

IV　詐欺罪について

1　設問(1)でローンカードを騙し取ったことについては詐欺罪の成否が問題となり，一見何も難しいところはないように思われるかもしれないが，いくつか確認しておきたいところが含まれている。

　まず簡単に確認しておきたいのは，C社（のE）に交付させたローンカード

が，詐欺罪の客体としての財物にあたるのかである。このカードには，識別情報は含まれていても，預金債権に関する記録のような財産的記録は含まれておらず，鍵のようなものではないかと考える余地もあるが，そうだとしても，鍵としての財物性は否定できないし，C社からみればこれを交付すれば財産的損害につながるものであり，不正目的をもった者に交付しないことにつき利益が認められる。そして，こうしたカードは，ATMで財産を引き出す資格を与えるものだという意味では，財産的な利益が化体されているから，財物性を否定することは無理であろう。判例でも，ローンカードは，カード所持人が暗証番号を正しく入力したときに貸付金相当額の現金を自動的に交付する機能をもつ重要な財物だとして，その騙取につき1項詐欺罪の成立が認められている（最決平成14・2・8刑集56巻2号71頁）。

もっとも，本問と異なり，ローンカードでC社のATMから現金を引き出したような場合，とりわけカード発行直後にカードの交付を受けた支店のATMで現金を引き出したような場合には，先行するローンカードの取得を詐欺罪，後続する貸し付けられた現金の取得を窃盗罪として評価するのは必ずしも自然ではなく，ローンカードの取得は貸付金を騙取するための手段だとみて，現金の騙取として包括して評価する解決策も十分ありえよう（未公刊の裁判例ながら相当数の下級審判決がこのような解決を行っている。これら裁判例も含め平木正洋・最判解〔平14〕43頁以下参照）。

とはいえ，少なくとも本問のように別の銀行支店で現金を引き出した場合には，別の法益侵害があったとみるほかはないであろうし，そうでなくても，ローンカードを取得してから相当の期間がたってから現金を引き出した場合，間隔をあけて必要に応じ現金を引き出した場合などは，カード取得から現金引出しまでを一個の流れと捉え，現金を詐取したものとして詐欺1罪の成立にとどめるのはなかなか困難であろう。前掲の最決平成14・2・8は，カード発行直後にカードの交付を受けた支店のATMで現金を引き出したという，最も一個の流れだといいやすい事案について，カードに関する詐欺罪と現金に関する窃盗罪の成立を両方肯定している。

2　1のように考えれば，Xには，C社のDを介してEを欺罔し，ローンカ

ードを交付させたことにより，1項詐欺罪が成立することとなるが，Xの直接の相手方は機械ないしシステムであるため，仮にXが機械に入力すればコンピュータシステムにより機械的に審査がなされ，全自動でローンカードの発行・郵送までが行われるのだと誤解していたような場合は，詐欺の故意が認められないことになる。機械は錯誤に陥らないため（より正確にいえば機械は処分行為をなしえないため），機械に対して欺罔手段を用いて財物を取得した場合には窃盗罪の問題となるのである。それゆえ，そうした場合については，窃盗の故意で詐欺を犯したものとして，抽象的事実の錯誤の問題の解決が必要になる。

本問では，Xは，運転免許証の画像の送信が求められていることから，C社の担当者が入力内容を審査して，ローンカード発行の可否を判断していることを知っているはずなので，詐欺罪の成立を十分に認めることができよう。こうした例としては，さらに，従業員と対面しないシステムをとっているホテルを料金の支払意思・能力なく利用する場合がある（東京高判平成15・1・29判時1838号155頁。Stage 2 No.5も参照）。他方，セルフで給油するガソリンスタンドで，給油・料金計算・精算がすべて機械により行われるものの，「呼出し」ボタンを押せば店舗から店員が出て対応するシステムになっていたといったような場合であれば，そもそも客観的に機械の背後の人を欺いたものといえるのか，いえるとして故意が認められるのかが，相当難しい問題として現れてくることになろう。

最後に，詐欺がいつ既遂に達するかであるが，簡易書留は本人が受領印を押して受け取るから，その時点で既遂となるが，レターパックライトで配達されたような場合は，ポストに投函された時点で既遂が認められてよいであろう。

V 1つの考え方

以上の説明は，偽造罪を考える際のポイントをざっくりと説明することに重点を置いたので，成立要件に即してどうなるのかがみえにくかったかもしれない。そこで，あくまで1つの考え方にすぎないが，検討の道筋を示しておこう。

まず，運転免許証を改ざんして写真データを送信しカラープリンターでプリントアウトさせる行為については，コピーの文書性を肯定する判例を前提とす

れば，プリントアウトしたものについて偽造罪の成否を検討することになる。

運転免許証はB県公安委員会を名義人とする運転免許証という公文書であり，本籍・住所・氏名・生年月日の記載は免許証の本質的部分だから，公文書変造罪ではなく公文書偽造罪の成否を考えることになる。

判例理論に従えば，原本名義人は改ざんしなければ複写物が原本名義人作成文書として流通することを認めているが，改ざんしての複写物作成を許容していないから，改ざんした場合は，複写物作成者であるXが原本名義人たるB県公安委員会の名義を冒用したものとして，偽造罪が成立することになる。また，同行使罪も成立する。

次に，こうした改ざん免許証を利用した申込みにより，C社係員Dを介してEを欺いてローンカードを交付させた行為については，ローンカードがカードローンを利用できるという財産上の利益が化体したものとしての財物性が認められること，最終的にはATMからの現金引出しが目的であっても，少なくとも本問のように別の金融機関で引き出した場合には被害者が別になること等からすれば，ローンカードの交付を受けたことにつき1項詐欺罪の成立を肯定するのが自然であり，公文書偽造・同行使罪とこの詐欺罪とは牽連犯の関係になる。

また，F銀行G支店で現金50万円を引き出した行為については，別途窃盗罪の成立が認められ，ローンカードの騙取によるものとは別個独立の新たな法益侵害が生じているから，判例の立場によればローンカード騙取につき成立する詐欺罪とここで成立する窃盗罪とは併合罪の関係になる。

最後に，交通事件原票の供述書欄という私文書にAの名前で署名した行為については，名義人の承諾があるものの，判例・多数説を前提とすれば，当該文書の性質上，名義人と作成者の不一致が生じているものとして，私文書偽造・同行使罪の成立が肯定されることになる。

One Point Advice

皆さんは，刑法上の争点につき，問題の所在を把握したうえで勉強を進めているだろうか。＊＊という問題では判例は＋＋と考え，有力な反対説が××と考えているということを，教科書どおり記憶するだけの学習では，理解は深ま

っていかないだろう。教科書を読む際にも，ここではいったい何が争われているのか，それぞれの見解が何を根拠に何をいおうとしており，それぞれの見解の実質的な違いは何なのか，こういったことを「ひとりで」突っ込みを入れながら読むようにしていただきたい。

　問題の所在を把握する1つの方法は，原則に従ってすぱっと割り切るとどうなるかを確認し，それで結論の落ち着きがよいかという形で，問題を眺めてみることであろう。自招防衛や原因において自由な行為の問題は，こうした思考方法がとられる典型例であるが，罪刑法定主義が支配する刑法の世界ならではの問題も，各論の領域を中心に相当の数に上っている。

　この項目で扱った，名義人の承諾がある場合でも当該文書の性質等を考慮して私文書偽造罪の成立を認めるかの問題や，前項で扱った，具体的な処分意思がなくても詐欺罪（2項詐欺罪）の成立を認めるかといった問題は，私文書の無形偽造，利益窃盗が（基本的に）処罰されていないところで，「あるもの」（私文書偽造罪，詐欺罪）を広げて当罰的な事案に何とか対応できないかという問題だと理解すると，なぜこんな議論をやっているのかがみえやすくなるかもしれない。

　それぞれの問題の背景にある，いわば「裏側の事情」にも思いをいたすと，理解はぐっと深まるであろう。

	公文書	私文書
有形偽造	○	○
無形偽造	○	× （ただし診断書など）

	財　物	利　益
詐　欺	○	○
窃　盗	○	× （ただし電子計算機使用詐欺など）

〔安田拓人〕

No.7　Xは，自己所有の土地をAに……

　不動産が，どのような財産犯において客体となりうるかを整理したうえで，次の事例を検討せよ。

　(1)　Xは，自己所有の土地をAに売却した。X・A間での所有権移転時期は代金の半額が支払われた時点，所有権移転登記は残額の支払と同時履行とされていた。Aが代金の半額を支払ったのち，所有権移転登記前に，Xは同じ土地を事情を知らないBにも売却し，X・B間で所有権移転登記をした。

　(2)　Yは，自己所有の土地をCに売却した。Y・C間では，所有権は，代金の8割の支払時に移転し，その後，Yは直ちに所有権移転登記をするとされていた。しかし，Cが代金の8割を支払ったことを確認したYは，その直後，所有権移転登記をせずに，Dから借金し，同じ土地に抵当権を設定し，これを1番抵当権として登記した。

　(3)　Zは，Eから借金し，自己所有の土地に抵当権を設定した。そして，Zは，これを登記する前に，Fからも借金し，同じ土地に抵当権を設定し，F名義の1番抵当権として登記した。

　X，Y，Zそれぞれについて，どのような罪が成立するか。

解　説

I　はじめに
――不動産に対する財産犯――

1　不動産侵奪罪

　不動産に対する財産犯として，すぐ思いつくのは，その名を冠する不動産侵奪罪（235条の2）であろう。これは，戦後横行していた不動産の不法占拠に対応するため，昭和35年の刑法改正で追加された条文だが，その前提として，不動産は窃盗罪の客体にはならないという理解があった。当時の学説においては，不動産も窃盗罪の客体に含まれるというものも少なくなかったが，同罪の客体は，「可動性」と「管理可能性」を備えていなければならないとする大審院の判例（大判明治36・5・21刑録9輯874頁。この判例は，刑法を勉強した人であれば誰でもみたことがある〔はずの〕，いわゆる電気窃盗事件である）もあって，実務的には，不動産に対する窃盗は起訴されてこなかった。

　このように，235条の2は，不動産に対する窃盗類似の行為を処罰する趣旨で規定された。窃盗は，被害者の事実上の占有を排除して，自己が事実上の占有を設定する行為だから，不動産侵奪罪も，基本的には，被害者の不動産への事実上の占有を排除して，そこに自己が事実上の占有を設定する行為ということになる。

　もっとも，事実上の占有といっても，動産の場合でもそうであったように，一定の規範化，観念化は不可欠である。たとえば，数日自宅を空けていても，その家にある財物に対する占有が認められることに異論はないし，組織においては，事実上物を手元においている人の占有は否定され，そうではない上位者に占有が肯定されることもある。不動産の場合には，この点がより強く表に出る。一般に，現実に居住，利用していない，いわゆる空き家，空き地であっても，その所有者が占有していると理解されているのである（これについて，詳しくは Stage 1 No. 16）。

　とはいえ，不動産侵奪罪が成立するためには，少なくとも，行為者が自己の

事実上の占有を設定しなければならないから，移転登記をするなど不動産に対する法律上の支配を設定したにすぎない場合には，同罪は成立しないという結論には，異論がない。

2　強盗罪，詐欺罪，恐喝罪

窃盗罪以外の財産犯において，不動産を客体に含めるべきか否かは，必ずしも十分な議論がなされていない。不動産は「窃取」の対象にはならないにしても，詐取，喝取の対象にはなるという考え方はありうる。また強取は，窃取を前提としてはいるのだが，財産上の利益も客体とされているので，不動産に対する支配を得たことが財産上の利益と構成できるのであれば，2項強盗罪にあたるという解釈の余地はある。

3　盗品関与罪，毀棄罪

盗品関与罪と毀棄罪には，いわゆる2項犯罪は存在しない（256条2項は「2項犯罪」ではない）。不動産のうち建造物は，毀棄罪の中の建造物損壊罪（260条）で処罰されていることが明らかである。土地については，「他人の物」として，器物損壊罪（261条）の対象になるとされており（最決昭和35・12・27刑集14巻14号2229頁），特に異論はない。

盗品関与罪については，不動産は，その所在が移転しないため，同罪の保護法益である追求権の行使が困難になることはない，としてその客体に含めることを疑問視する学説もあるが（林・各論308頁），犯罪行為によって所有権移転登記を得た不動産の登記を，さらに移転したような場合には，追求権行使も困難となるから，同罪の客体に含まれるとするのが一般的な見解である（山口・各論340頁など）。

4　横領罪，背任罪

不動産を客体とする犯罪の成否が難しい問題を多く生じさせるのは，横領罪と背任罪である。これについては，各設問の行為者の罪責を検討しながらみていこう。

Ⅱ Xの罪責

1 横領罪の要件

横領罪における「他人の物」に不動産が含まれることについては，判例・学説上，ほぼ異論がない。ただし，不動産に対する**事実行為による横領**を認めた判例はなく，横領が認められたのは，設問(1)，そして(2)もそうであるように，**法律的処分**による場合のみである（事実行為による侵害は不動産侵奪罪を構成する）。

不動産の二重譲渡については，一般に，委託物横領罪（252条）が成立するとされている。判例も，古くから，不動産の二重譲渡について，同罪を認めている（大判明治44・2・3刑録17輯32頁。最高裁になっても，最判昭和30・12・26刑集9巻14号3053頁）。

同罪の成立要件は，まず，条文から読み取ることができるものとして，①他人の物，②自己の占有，③横領である。さらに，占有離脱物横領罪（254条）を超える不法内容を基礎づけるために，②'自己の占有が委託信任関係に基づいていることが必要とされている。

それは，こういうことである。横領罪の保護法益は，**所有権者が財物に対して有している利益**だが，そのような利益がどれだけ保護に値するかは，以下の2つの場面で大きく異なる。つまり，**人に預けておいた物**であれば，普通は，きちんと返してくれることが期待されるから，所有者の利益はそれだけ保護に値する。他方で，**無くしてしまった物**であれば，所有者の期待はせいぜい「戻ってくれば儲けもの」という程度にすぎない。前者が委託物横領罪，後者が占有離脱物横領罪である。その2つを分けるのは，確かに多くの場合は，行為者が占有していたか否かであるが，行為者が占有していた場合でも，「預けられて」はいない場合もある。そのような場合は，重罰を科す根拠に欠ける。それゆえ，「所有者から（あるいは，所有者から財産管理を委託された者等から）物の管理を信頼して委託された」という事実も必要なのである。もっとも，所有者が**きちんと返してもらうことを期待してよい場合**であれば重罰の根拠はあることになるから，具体的な依頼行為までは不要である。

では，①，②，②'，③の要件は，どのような観点から，どのような場合に

満たされるのだろうか。

2 第1譲受人Aに対する委託物横領罪の成否

まず、①については、現在の民法学において、所有権の移転時期は、基本的に、**契約に示された当事者の意思**によって決まるとされている。横領罪の成否を判断するにあたっても、そのような当事者の意思は重要なので、それに従うべきであろう（山口・各論 298 頁参照）。設問(1)では、そうした観点からすれば、土地はすでにAの物になっていたといえよう。

なお、当事者が契約において所有権移転時期を定めていない場合には、特定物の所有権は契約締結時に移転するというのが民事判例（民 176 条。最判昭和 33・6・20 民集 12 巻 10 号 1585 頁）である。刑法学説では、それと同じように考える見解もあるが、所有権の移転時期を遅らせる民事の有力学説をふまえ（西田・各論 238 頁以下）、あるいは刑事責任を問うだけの違法性を欠くとして（藤木英雄『総合判例研究叢書刑法⑾』〔有斐閣，1958〕61 頁以下）、**代金の大部分**が支払われてはじめて所有権が移転するという見解も有力である。

②については、登記名義人であったという事実が「自己の占有」を基礎づけるといえるかが問題である。横領罪における「自己の占有」の概念は、窃盗罪の場合のような侵害の対象ではなく、行為者にとって**実行行為をなしうる地位**であるとされている。そして「横領」には、法律的な処分も含まれる以上、そうした法律的処分をなしうる地位として、「法律的な支配」も含まれるとされている。登記名義人であり、不動産を自由に処分できる地位にあることが、「自己の占有」(252 条)を基礎づけるというのは、このような意味である。

②'については、**売買契約**により、不動産を引き渡し、その所有権を買主に確定的に取得させるべきであるという事情に基づいて肯定されるというのが、一般的な理解である（山口・各論 293 頁）。

③については、設問(1)のように、移転登記までした事案では、それが認められることに異論はない。議論があるのは、それ以前のどの時点で横領を認めることができるかである。古い判例には、横領罪における「横領」を、**不法領得の意思を発現する一切の行為**と定義するものがある（たとえば、大判大正 6・7・14 刑録 23 輯 886 頁）。この定義を形式的にあてはめれば、XがBに対して売却

の意思表示をした時点で，意思の発現があるとして，横領罪が認められることになるだろう。

しかし，学説の多くは，そのような意思の発現だけで横領行為とするのは，主観的にすぎて，実質的な被害が生じなくても処罰を肯定することになるため，適切でないと考えている。そして，第2譲受人が対抗要件を備えることによって第1譲受人が「確定的に」所有権を喪失した段階で，横領を認めるべきことを説く見解が，有力に主張されている（たとえば，西田・各論239頁）。

しかし，動産に対する横領においては，所有権が確定的に失われなくとも，既遂となることに異論はない。また，第2譲受人がいわゆる背信的悪意者の場合には，第1譲受人は所有権を確定的に失うわけではない。しかし，そのことによって横領罪の成立が否定されるとは考えられていない。この意味で，横領罪は，不法領得の意思を実現して，所有権者による財物の利用可能性を**危険にさらす行為**と考えるべきであり，被害者の所有権を民法上，確定的に失わせることまで要求することはできないように思われる（山口厚編『クローズアップ刑法各論』〔成文堂，2007〕211頁〔和田俊憲〕参照）。なお，判例においては，順位保全効しかなく，それだけでは対抗力を有しない（虚偽の抵当権設定の）仮登記がなされた場合に，横領罪を認めたものもある（最決平成21・3・26刑集63巻3号291頁）。

3 第2譲受人Bに対する詐欺罪の成否

この場合，第2譲受人に対して（売却代金を交付させたという意味で）詐欺罪が成立するかも問題となるが，Xに第2譲受人Bに対して移転登記する意思がある場合には，特段の事情がない限り，詐欺罪は成立しないというべきだろう。Bとしては，土地所有権を得るために代金を支払っているのであり，それは行為当時においては実現されるはずだったのだから，XはBを詐欺罪の意味では欺いていないからである（教室設例だが，もし，さらにその後，Xが翻意して結局Aに移転登記した場合には，Bの土地に対する横領罪が成立するということになろう）。

もっとも，第2譲受人の関心が，単に土地が手に入ればよいというにとどまらない特段の事情がある場合は，別である。裁判例には（厳密には三重譲渡の第

3 譲受人に対する詐欺)，買手にとって，当該不動産の売買が利殖目的ではなく，もっぱら自己・家族の居住目的であり，紛争の余地ある売買を嫌忌するのも理由のないことではなく，さらに買手と第1譲受人とが華僑仲間で，自己の勤務先の得意先でもあり，紛争が生じれば，自己の勤務先と第1譲受人との間の信頼関係が損なわれ，勤務先の地位にも影響しかねない事態も予想されたこと，買手が後日，自ら解除を申し出たこと，といった事情を考慮して詐欺罪を認めたものがある（東京高判昭和48・11・20高刑集26巻5号548頁）。

本問とは異なり，Bが**悪意**の場合，Bに横領罪の共犯が成立するかが議論されている。多数説は，民事の判例が，民法177条の第三者には悪意者も含まれるとしており，刑事の判例にも，単純悪意者につき「代物弁済という民法上の原因によって本件不動産所有権を適法に取得した」として横領罪の共犯を否定したものがあること（最判昭和31・6・26刑集10巻6号874頁）を考慮して，民法177条で保護されない，いわゆる**背信的悪意者**の場合に限って，横領罪の共犯を認める（たとえば，西田・各論239頁以下）。こうした見解は，おそらく民法上適法な所有権取得であれば，法令行為（35条）として，刑法上も違法性がないという前提に基づいているのであろう。

しかし，民法上違法な行為でも可罰的違法性が欠ける場合もある。それゆえ，民法上違法であることを超えて，あくまで刑法上，**経済取引として許されない**場合に限って処罰するという見解もありうる。第2譲受人に横領罪の共犯（共同正犯）を認めた福岡高判昭和47・11・22刑月4巻11号1803頁は，「単に二重譲渡であることを知りつつこれを買い受けることは，民法177条の法意に照らし経済取引上許された行為であって刑法上も違法性を有しない」としながらも，被告人の所為につき「もはや経済取引上許容されうる範囲手段を逸脱した，刑法上違法な行為」としている（傍点筆者）。

III Yの罪責

1 設問(1)と，どこが異なるか？

設問(2)をみて，設問(1)との違いがわかっただろうか？ そう，第2の行為が，「譲渡」ではなく「抵当権設定」だという点である。

こうした問題を学生に聞いてみると、時々、「えっと、二重譲渡が横領で……抵当権設定は、たしか、背任では」と答える人がいるが、そんな結論だけ覚えるような勉強をしてはならない。そのような勉強の仕方では、法解釈の能力は伸びないままである。

ここで大切なのは、横領罪・背任罪の成立要件をきちんと理解し、それぞれのどの要件が問題となっているかを検討することである。

IVで、また詳しくみるが、いわゆる二重抵当といわれている設問(3)の場合、土地は誰の物だろうか？ 抵当権が設定されても、それだけで所有権は失われない以上、それはなおZの物である。このため、「他人の物」を客体とする横領罪は成立しえず、そのため背任罪の成否が問題となるのであった。

しかし、設問(2)では、II 2でみたように、所有権は、当事者間ではすでにCに移転しているから、他人の物と、委託信任関係に基づく自己の占有は、満たされている。

2　抵当権設定行為と横領

そうである以上、ここで問題なのは、抵当権を設定し登記を了する行為が、「領得行為」といえるかどうかである。学説の中には、横領行為は、被害者の所有権を確定的に失わせる行為でなければならない、という前提のもと、抵当権を設定しても、いまだCの所有権が失われない以上、背任罪を認めるべきだとするものもある（たとえば、浅田和茂・平成15年度重判解168頁）。

このような意味での背任罪説は、上の1でみたような「誤り」ではない。しかし、それが解釈として「適切」か否かは別問題である。先にみたように、従前から異論なく横領行為とされてきた行為の中には、被害者の所有権を確定的に失わせるわけではない行為が多く含まれている。IIでみたように、所有権者による財物の利用を可罰的な程度に危険にさらす行為であれば、横領行為になるというべきであろう。

そのように考えるとき、抵当権を設定し、これを登記するに至れば、横領行為といって差し支えないように思われる。というのも、Yが債務不履行に陥れば、Dはいつでも抵当権を実行でき、その場合には、Cの土地は競売にかけられて、その所有権は失われてしまうからである（もちろん、抵当権消滅請求〔民

378条~387条〕は可能だが，本来，**全く負担のない所有権**を取得したはずであったCが，そのような負担を甘受しなければならないいわれはない）。

以上より，この場合も，Yに委託物横領罪が成立するというべきであろう。判例も，そのように解している（前掲・最決平成21・3・26においてもそのような解釈が前提とされている）。

ちなみに，刑法の授業をきいた人は，近時の数少ない，刑事における判例変更として，いわゆる**横領後の横領**についての最高裁大法廷判決（最大判平成15・4・23刑集57巻4号467頁）を記憶していることだろう。あのような判例が登場したのも，確定的に被害者の所有権を失わせる行為でなくとも横領罪になる，という前提があるからである。まさにそれゆえ，横領罪が成立したのちにも，**所有者の利益をより一層害する行為が行われる余地が残り**，そのような行為をした者を，どのように扱うべきか，が議論されたのである（そして，判例は，その場合に第2の行為についても横領罪が成立することを明言した）。

IV Zの罪責

1 二重抵当と背任罪の主体

さて，ここまで，不動産が財産犯の客体になるかという議論をふまえたうえで，二重譲渡について詳しく議論してきた。それでは，設問(3)はどうだろうか。

背任罪は，他の財産犯とは異なり，個々の財物・財産上の利益の侵害を必要としない，いわゆる**全体財産に対する罪**である。不動産所有権はもちろん，不動産に対するほかの物権，さらには債権であっても，客体に含まれることに異論はない。

設問(3)での問題点は，Zが，背任罪の主体，つまり「他人のためその事務を処理する者」にあたるか否かである。注意してほしいのは，この文言は，横領罪にいう「他人の物の占有者」とは異なるので，当然，解釈も異なりうるということである。学説においては，二重譲渡を横領，設問(3)のような二重抵当は背任とする見解が多いが，それは決して当然のことではないという点は，強く意識しておく必要がある。

さて，背任罪の主体をめぐっては，学説において，古くから，背任罪の「本質」論と関連し，激しい議論があった。日本の学説においては，ドイツの議論から影響を受けて，**代理権の濫用を必要とする権限濫用説**と，**委託者からの信任に違反**することで足りるとする背信説が対立してきた。

　前者からは，抵当権者の登記設定に協力する義務のような，裁量の余地がない義務は，本罪の義務にあたらないことになる。

　たしかに，背任罪の典型例である，銀行の役員による不良貸付などは，代理権濫用という観点から容易に説明可能である。その意味で，権限濫用説は，少なくとも背任罪の中核的部分を説明しうるものではある。

　しかし，本人と行為者との間に保護すべき信任関係が認められるのは，そうした場合に限られない。行為者が事実行為によって本人に損害を加える場合の中にも，信任関係を保護する必要性が高い場合もある。そこで，現在では，権限濫用説は，その処罰範囲が狭すぎるとして支持されていない。とはいえ，権限濫用説を支持しない学説の中にも，契約の当事者が，契約上自らが負担すべき義務を懈怠する場合を処罰範囲から除くべく，背任罪の成立範囲を「本人がなしうる事務を本人に代わって行う」場合に限る見解も主張されている（山口・各論322頁）。このように考えれば，二重抵当はやはり背任罪にあたらない。

　しかし，判例は，設問(3)類似の事案で，背任罪を肯定している。ZがEに，登記に必要な書類を交付した後，Fに1番抵当権の登記をした事案で，最判昭和31・12・7刑集10巻12号1592頁は，抵当権設定者の「抵当権者に協力する任務」は，「主として他人である抵当権者のために負う」として背任罪を認めている（さらに，最決昭和38・7・9刑集17巻6号608頁〔農地売却後，知事の許可を受ける前の，別人への抵当権設定について，背任罪を肯定した〕）。

　また，比較的最近，株式質権設定者が株券を質権者に交付したのち，裁判所を欺いて株券を失効させた行為について，質権設定者は株式の担保価値を保全すべき任務を負い，それは他人である質権者のために負うものであるとして，背任罪の成立を認めた判例もある（最決平成15・3・18刑集57巻3号356頁）。

　二重抵当については，その当罰性は疑いがないところであると思われる。背任罪が存在しなかった旧刑法においてすら，「他人の動産不動産を冒認して販売交換し又は抵当典物と為したる者は詐欺取財を以て論ず」「自己の不動産と

雖も已に抵当典物と為したるを欺隠して他人に売与し又は重ねて抵当典物と為したる者亦同じ」(旧刑法393条1項・2項)とされ，二重抵当は，この2項で処罰されると解釈されていた(大審院が，かつて第2抵当権者が事情を知らない場合の二重抵当に詐欺罪を適用していたのは，この条文の影響によるのかもしれない〔大判大正元・11・28刑録18輯1431頁〕)。この条文が，典型的な二重抵当をも包含していたかについては，「欺隠」の意義と関連して議論があったが，判例は，これを肯定していた(大判明治35・11・27刑録8輯126頁)。そして，現行刑法でこの条文が削除されたのも，第2の買主等が登記で確認すればよく，それを怠った場合に保護する必要はない(辻泰城ほか編『現行刑法対照改正刑法草案同説明書』〔国文社，1891〕181頁以下)，という，本来の被害者であるはずの第1の権利者への配慮を欠く不適切な理由によるものであった。

もっとも，そのように考えたとしても，たとえば，売買契約における一方当事者による**単純な債務不履行**などは背任罪を構成しないことには，学説上，ほぼ一致がある。そこで，その両者を，どのような基準で区別すべきかが議論されており，さまざまな見解が主張されている。たとえば，「財産の実質的処分権限が買主等に移転した以後は，形式的処分権限(処分能力)を持つ売主等は，その財産を買主等のために保全する義務を負」うとする見解(香城敏麿「背任罪の成立要件」阿部純二ほか編『刑法基本講座第5巻財産犯論』〔法学書院，1993〕253頁)などが主張されている。

2 その他の要件

主体の点が肯定されるのであれば，二重抵当をはじめとする，特定物についての担保権等(所有権ではない権利)の侵害について，背任罪を認めることはそれほど難しいことではない。

先にみたような観点から義務を認める以上，本人の権利を侵害することが「その任務に背く行為」といえることは明らかである。また，「自己若しくは第三者の利益を図り又は本人に損害を加える目的」も容易に認めることができる。

やや議論があるのが，財産上の損害を，どの時点で，どのような理由に基づいて認めるべきかである。ここにいう財産上の損害は，一般に「経済的見地から本人の財産状態を評価して行う」とされている(たとえば，最決昭和58・5・

24 刑集 37 巻 4 号 437 頁)。そのように考えたうえで，物件の担保価値が十分で，2 番抵当権であっても弁済を受けられる場合には，経済的にみれば損害はないという議論もありうるが，多くの学説はそのように個別的な判断はせず，F 名義の 1 番抵当権が登記された時点で，E の**抵当権の順位が下落**させられた点を，「損害」としている。

3 第 2 の抵当権者 F に対する詐欺罪

F が事情を知らない場合に，Z には F に対する詐欺罪が成立するだろうか。大審院の判例には，第 2 の抵当権者に対し，第 1 の抵当権者が存在することを告知すべき義務があり，それを怠って第 2 の抵当権が第 1 順位で登記され，その結果第 1 の抵当権者に損害を加えたとして，詐欺罪を認めたものがある（前掲・大判大正元・11・28）。しかし，このような構成に対しては批判が多い。そもそも第 2 の抵当権者は損害を被る可能性はない以上，その者に対して告知する義務は認められない，あるいは，第 2 の抵当権者には第 1 の抵当権者の財産を処分する権限はない以上，前者をだまして後者に損害を加えたという，いわゆる**三角詐欺**とすることはできないなどというのである（三角詐欺の概念については，各人の教科書を参照されたい）。

もちろん，先に二重譲渡のところでみたような特別な人的関係が E・F 間にある場合は，F 自身が Z に融資した点について，詐欺罪を認めることが不可能ではないかもしれないが，そうした事態はあまり考えられない。

なお，F が E に抵当権が設定されていることを知っていた場合に背任罪の共犯が成立するかも問題となるが，少なくとも先にみた横領罪の場合と同様の限定はすべきであろう。

One Point Advice

不動産を客体とした財産犯について理解を深めるためには，佐伯仁志「不動産を客体とする財産犯」法教 368 号（2011）108 頁以下を読まれることを，ぜひお勧めしたい。

〔島田聡一郎〕

No.8　Xは，Yの自宅に放火し……

(1)　Xは，Yの自宅に放火しようと考え，新聞紙にライターで着火しようとした。しかし，ちょうどそのとき巡回中の警察官に発見されたため，Xは目的を果たせなかった。後の鑑定により，Xが使用したライターはガスが完全に無くなったもので，着火できない状態であることが判明した。

　Xには現住建造物放火未遂が成立するだろうか。

(2)　Xは，Yの自宅に放火しようと考え，新聞紙にライターで着火しようとした。しかし，ちょうどそのとき帰宅したYに発見され，突き飛ばされて傷害を負ったので，Xは目的を果たせなかった。後の鑑定により，Xが使用したライターはガスが完全に無くなったもので，着火できない状態であることが判明した。

　Yには傷害罪の構成要件該当性が肯定されるが，正当防衛は認められるだろうか。

(3)　Xは，Yの自宅に放火しようと考え，新聞紙にライターで着火しようとした。しかし，そのときふと，かつて見た火災現場の風景を思い出したので，怖くなって止めた。立ち去ろうとしたXは，ちょうど帰宅したYに発見され取り押さえられた。Xは放火しようとしていたことを自白したが，後の鑑定により，Xが使用したライターはガスが完全に無くなったもので，着火できない状態であることが判明した。

　Xに現住建造物放火未遂が成立するとした場合，中止犯の成立は認められるだろうか。

(4)　Xは，夏祭りで賑わう公園で，中央部に設置された木製の舞台にガソリンをかけて放火した。舞台は十数メートルの炎を上げて十数分間にわたり激し

く燃焼したが，駆けつけた消防隊により消火された。公園内にいた市民は，全員冷静に避難して無事だった。後の鑑定により，公園内の樹木・設備や周囲の建造物・自動車等に対して延焼する可能性はなかったことが判明した。

　Ｘには建造物等以外放火罪が成立するだろうか。

Stage 2　No. 8　Xは，Yの自宅に放火し……

Hint

　(1)では，未遂犯（不能犯）における危険判断の具体的な方法を確認しよう。具体的危険説および（修正された）客観的危険説からは，それぞれどのように判断されるだろうか。
　(2)では，正当防衛の前提としての危険が認められるかを検討しよう。そして，正当防衛の前提としての危険と，(1)で扱った未遂犯を基礎づける危険とを比較して，未遂犯における危険とは何を意味するのかを考えてみよう。
　(3)では，既遂に達する可能性が具体的に存在しない場合でも中止犯の余地を認めてよいかどうかを考えよう。それは中止減免の根拠とどのように関係しているだろうか。
　(4)では，放火罪の条文を見たうえで，「公共の危険」の判断方法を確認しよう。これはどのような理由で要求される要件だろうか。

解 説

I 危険な「危険」
──危険の3要素──

「危険」というのは危険な概念であるといわれる。日常生活でも使われるような簡単な言葉であるが、そうであるがゆえに多様な意味を指してしまう用語でもある。

たとえば、友人から「実は昨日、危険な目にあった」と聞いたら、どう思うだろうか。交通事故に遭いそうになったのか、誘拐されそうになったのか、何か生命や身体に危害を被りかねない状況を想像するのが普通であろう。これに対して、「そんな危険な取引はやめたほうがよい」と言われるのはどのような場面だろうか。映画のワンシーンであれば、死亡したり傷害を負いかねないような闇の組織との取引ということもあろうが、日常的な文脈でありうるのは、経済的損失を被る可能性が高い冒険的な取引が語られる場面であろう。

「危険」というのは、ⓐ何らかの損害について、ⓑ発生する可能性があることを指すが、ⓐ**損害の大きさ**に重点が置かれると、生命・身体について「危険な目にあう」という使い方になり、また、ⓑ**可能性の高さ**に注目すると「危険な取引」といった用語法になる。もちろん、前者の使い方は同時に損害の可能性の高さをも含意することが多いから、これらの2要素は相互排他的なものではない。

さらに、テーブルの上から花瓶が落ちそうなのを見て「危ない！」と叫ぶ場面を考えてみよう。この場合は、ⓑ損害が生じる可能性が高いことだけでなく、ⓒ**損害が時間的に切迫している**ことも表現されている。そして、椅子から幼児が落ちそうなのを見て「危ない！」と叫ぶ場合であれば、ⓐ身体的利益について、ⓑ損害が生じる可能性が高く、しかも、ⓒ損害が切迫していることがすべて表現されていることになろう。

犯罪論では、総論・各論を問わず「危険」という用語がよく登場する。たとえば、犯罪の分類における侵害犯と「危険犯」、危険犯の下位分類としての

「具体的危険犯」と「抽象的危険犯」，不能犯の判断基準に関する「具体的危険説」と「客観的危険説」，未遂の根拠としての「具体的危険」・「抽象的危険」・「客観的危険」・「実質的危険」，公共危険罪における「公共の危険」，危険運転致死傷罪における「交通の危険」，因果関係における「危険の実現」，中止犯における「危険の消滅」，被害者による「危険の引受け」等々。

　これらのうち条文に登場するのは「公共の危険」（放火罪・失火罪，出水罪・過失出水罪）と「交通の危険」（危険運転致死傷罪〔自動車運転致死傷2条〕）だけであり，ほかはすべて講学上の用語であるが，いずれにおいても上にみた危険の3要素のうちどれがポイントとなっているか，そしてその具体的な内容は何かを見極める必要がある（ところで，「危険な概念」という表現でポイントとなっているのはどの要素だろうか。扱いを誤った途端に学者生命が絶たれるというのであればⓐ生命とⓒ切迫性ということになりうるが，通常は主にⓑ損害〔誤った理解に至る等〕の可能性の高さを指していると思われる）。

Ⅱ　実行の着手と不能犯

1　実行の着手と不能犯の判断における危険の要素

　既遂に至る危険を処罰根拠とする未遂犯を題材に，問題となる危険の要素を整理しよう。一般的な基本書では，未遂犯の章は，実行の着手，不能犯，そして中止犯の3項目からなっている。中止犯は未遂犯が成立したことを前提に事後的行為を検討するものであるから後でみることにして，未遂犯の成否を扱う実行の着手と不能犯は，それぞれ危険の3要素のうちいずれを問題とするものだろうか。

　容易に思いつくのは次のような整理であろう。すなわち，既遂の時間的切迫性（前述のⓒ）を扱うのが実行の着手，既遂の実質的可能性（前述のⓑ）を扱うのが不能犯，という整理である。大まかにみた場合はそのような整理が間違いというわけではない。しかし，近年は，実行の着手の判断においても，時間的切迫性だけではなく，既遂に達する可能性が考慮されるようになっている。すなわち，時間的には切迫していなくても既遂に達するまでの間に障害がないと予想されるような場合は，既遂の可能性が高いものとしてより早い時点で実

行の着手が肯定される。そして，個別の事案における実行の着手の判断では，既遂までの間にどのような障害が予想されるかの分析が重視されるようになってきているのである。

実行の着手の判断についての詳細はStage 2 No. 9で扱っているのでそちらに譲るとして，ここでは，いわゆるクロロホルム事件最高裁決定（最決平成16・3・22刑集58巻3号187頁）が，殺人罪の実行の着手を肯定するにあたって，第1行為に成功すればそれ以降の殺害計画を遂行するうえで障害となるような特段の事情が存しなかったこと，に言及していることを思い出そう。

2 実行の着手と不能犯の関係

さて，実行の着手で判断されるのは既遂の時間的切迫性と既遂の実質的可能性であり，そして不能犯でも既遂の実質的可能性が判断されるとなると，実行の着手の判断と不能犯の判断とはどのような関係に立っているのであろうか。

注目すべきは次の点である。すなわち，実行の着手の判断で考慮される既遂の実質的可能性は，当該事案において因果の経過により既遂に達する可能性が肯定されることを前提に，その可能性がどの程度のものであるかを問題にしているという点である。換言すれば，既遂の可能性の高さを考慮するような実行の着手の判断は，**不能犯ではないことを前提にしている**のである。クロロホルム事件でいえば，被害者を失神させることに成功したとき，被害者を海中に転落させて死亡させるうえで障害となるような事情（被害者による抵抗等）が存するかどうかという問題は，仮にそのような障害があったとしても，被害者を死亡させる可能性が，不能犯となるほど低いわけではないことが前提となっている。当該事案において一定程度以上の既遂の可能性があることを前提に，どの程度の障害があるかを，実行の着手における判断資料にしているのである。

そうすると，実行の着手と不能犯の関係は，従来，一般的に説明されてきたものとは違うことになる。

従来は，未遂犯の成否の判断は，まず実行の着手が認められるかを検討し，それが肯定されても，実質的にみて未遂犯の処罰根拠を満たさないような場合は不能犯として処罰範囲から排除する，という直列2段階の枠組で説明されるのが一般的であった。実行の着手と不能犯の関係について，「形式的に実行の

着手が認められるような場合であっても、より実質的にみて未遂犯が否定される場合が不能犯である」といった説明がなされるのは、基本的にそのような判断枠組を前提としたものである。ここでは、実行の着手の判断はどのような場合でも同一の内容をもっていることが前提であり、また、**不能犯論は未遂の処罰範囲を限定する論理**であった。

これに対して、上で述べたような実行の着手の判断は、時間的な展開によって既遂に達しうることが前提になっており、不能犯ではないことが前提となっている。そうすると、未遂犯の判断は、事案を2つの類型に分けてなされることになる。第1は、当該事案において時間的な因果の展開により既遂に達しうる類型であり（以下では、「現実的危険の類型」と呼ぼう）、第2は、当該事案における時間的な因果の展開によっては既遂に達しえないが、何らかの意味で危険が肯定されうる類型である（こちらは「仮定的危険の類型」と呼ぶことにする）。

実行の着手の立ち入った判断が求められるのは、第1の現実的危険の類型である。この類型では、時間的な切迫性や既遂までの間の障害などを考慮して、未遂の段階に達したといえるかが判断される。これに対して、第2の仮定的危険の類型では、当該事案における時間的な因果の展開によって既遂に達しえないにもかかわらず未遂犯として処罰してよいかが判断される。ここでは、どのような意味で危険が肯定できるかが問題となる。これはまさに不能犯の問題である。

第1の類型が未遂犯の本丸であることを考えると、不能犯は、処罰限定の論理というよりも、当該事案における時間的な因果の展開によって既遂に達しえない場合に、いかなる範囲に未遂処罰を拡張することが許されるか、という**処罰拡張の方向性をもった問題**であることになる。そして、やや細かい話になるが、第2の仮定的危険の類型でも、論理的には不能犯の判断に先立って実行の着手の判断がなされているはずであるが、それは第1の現実的危険の類型でなされるような、既遂の実質的危険まで考慮した実質的な判断ではなく、単に時間的な切迫性が認められるかといった形式的な判断にとどまるものとなる。したがって、第1の現実的危険の類型と、第2の仮定的危険の類型とでは、実行の着手の判断の中身が異なることになり（第1類型では実質的、第2類型では形式的）、そして、2つの類型における未遂犯の判断——不能犯ではないことを前

提に実質的に実行の着手を判断する第1類型か，それとも，形式的に実行の着手を肯定したうえで，実質的な不能犯の判断を行う第2類型か——は，具体的な事案ごとにどちらか一方だけが適用される並列的なものとなっているということができる。

III 不能犯論における客観的危険説と具体的危険説

未遂犯を，第1の現実的危険の類型と，第2の仮定的危険の類型とに分け，第2の仮定的危険の類型がいかなる範囲で認められるかが不能犯の問題であるとしたとき，不能犯論における諸見解は次のように整理される。

1 純粋な客観的危険説と修正された客観的危険説

まず，純粋な客観的危険説は，第2の仮定的危険の類型による未遂処罰を認めない見解である。第1の現実的危険の類型，すなわち，当該事案において，実行の着手が認められる時点以降，時間的な因果経過によって既遂に達しうる場合，に未遂犯を限定するのが純粋な客観的危険説である。たとえば，殺意をもって空の拳銃の引き金を引いた場合は，因果経過によって既遂に達する可能性がないから，殺人未遂は認められない。これは，**当該事案において当該行為が既遂に達しえた**という危険を未遂の処罰根拠にするものであり，十分な結果無価値によって処罰を基礎づけようとする見解であるということができる。

当該事案において当該行為が既遂に達しえたという危険は，客観的危険説に共通の未遂犯処罰根拠であり，修正された客観的危険説も同じである。しかし，修正された客観的危険説は，空の拳銃で撃とうとした場合でも，弾が入っていた可能性があるのであれば殺人未遂を認める。これは，行為者が行った「当該行為」をどのように捉えるかが，純粋な客観的危険説とは異なることによる。修正された客観的危険説は，当該行為の前提状況等が実際とは異なっていた可能性を考慮する点で，修正が加わった客観的危険説である。空拳銃の例でいえば，危険を問題とする「当該行為」は「そのときそこで拳銃の引き金を引く行為」であり，当該事案において時間を遡ってみたときに，その拳銃に弾が入れられていた可能性があるのであれば，「当該行為」から既遂に達した可能性が

肯定できるとするのである。処罰範囲を適切に拡張するべく，現実とは異なるありえた別の世界を視野に入れてはいるものの，あくまで「当該行為」からの既遂の可能性を問題としている点で客観的危険説であり，十分な結果無価値による処罰の基礎づけを目指している点も同様である。

設問(1)については，純粋な客観的危険説からは，因果経過により既遂（Y宅の独立燃焼）に達する可能性はないので建造物放火未遂は否定される。修正された客観的危険説からは，時間的に遡って，Xがガスの入ったライターを手にしていた可能性があるかどうかを判断すべきことになるが，本設問に挙げられた事実関係からは明らかでない。売店でライターを購入したが不良品だったというような場合は問題なく危険は肯定されるであろう。家にある唯一のライターを持ち出したという場合でも，当該ライターの使用状況が違っていればガスは残っていたといえるのであれば，危険は肯定されそうである。

2　具体的危険説の2種類

通説ないし多数説とされる具体的危険説は，(i)行為時に一般人が認識可能であった事情および行為者が特に認識していた客観的事情を判断資料に，(ii)一般人が既遂の危険を感じるかを判断する。このうち，「行為者が特に認識していた客観的事情」を判断資料にする部分は，前述の第1の現実的危険の類型に対応するものということができる。そうすると，第2の仮定的危険の類型として具体的危険説で特に処罰範囲を拡張する意味があるのは，「客観的には認められないが一般人は認識したであろう事情」を判断資料にする部分である。

それを判断資料にして一般人が危険を感じるときに未遂犯を肯定する場合，未遂犯の処罰根拠をどこに求めるかによって，結果無価値型と行為無価値型の2つの異なる見解に分かれる。

結果無価値型は，一般人の安心感・社会の平穏に法益性を求め，それを侵害するのが未遂犯であるとする。これは，危険ではなく，危険感で未遂を基礎づけるものである。これに対して，行為無価値型は，規範に違反したことにより未遂が基礎づけられるとするものである。その中でも，近年有力に主張されているのは，規範は，それにより人々の行為を統制して一般予防を図り，もって法益を保護する点に目的があるとする見解である。これによると，刑法規範に

より禁止対象とされるのは，繰り返されると将来法益が害される危険がある行為であるということになる。未遂犯で処罰される行為も，**同様の行為が繰り返されると将来に向けて危険だといえるような，抽象化された当該類型の行為**，ということになる。

いずれにせよ具体的危険説によるとき，設問(1)では，一般人は着火可能なライターであると認識するであろうから，それを判断資料にすると，着火しようとするXの行為には一般人は放火既遂の危険を感じるといえ，建造物放火未遂が肯定できる。

3　補足とまとめ

行為無価値を問題としているのに法益侵害の危険が登場したことに違和感を覚える向きもあるかもしれないので，補足をしておこう。法益という用語は，2つの異なる場面で登場する。ひとつは，「刑法の目的は法益の保護にある」という場合の法益である。これは**将来の法益**を問題にしている。この意味での法益保護は，行為無価値論と結果無価値論の立場の違いを超えた刑法の目的である。もうひとつは，「法益侵害を理由に処罰する」という場合の法益である。これは，当該事案において当該行為が法益を侵害したことを問題とするもので，**過去の法益**に言及している。結果無価値論は，違法性を肯定するためにはそのような法益侵害・危殆化が必要であるとするのに対して，行為無価値論は不要だとする。

客観的危険説と結果無価値型の具体的危険説は，未遂犯においても，当該行為が当該事案において何らかの法益侵害・危殆化をなしたといえなければ，違法性が肯定できず処罰できないと考えている。これに対して，行為無価値型の具体的危険説はそのようには考えておらず，中でも上で触れた有力説は，当該行為が当該事案において法益侵害・危殆化をなしたといえなくても，将来に向けた法益保護目的との関係で合理的な処罰はありうると考えている。

このような違いはあるが，いまいちど確認したいのは，これらはすべて，第2の仮定的危険の類型をめぐる議論だということである。第1の現実的危険の類型について未遂犯を認めることには一致があり，不能犯論ではそれを超えていかなる範囲に未遂犯を拡張すべきかが争われているのである。

Ⅳ　正当防衛の前提としての危険

　設問(2)に移るが，ここまでくれば本項の目的はほとんど達成されたといってよい。上で確認したとおり，未遂犯は，第1の現実的危険の類型と，第2の仮定的危険の類型に分けられた。第1の類型は，時間的な因果の経過により既遂に達する危険が認められる類型であり，第2の類型は，因果経過による危険は肯定できないが，行為の前提状況が異なったり同様の行為が将来繰り返されたりすることにより，法益侵害の危険が認められる類型であった。

　この分類に対応させると，正当防衛が認められるのは，第1の**現実的危険が肯定される場合に限られる**。すなわち，急迫不正の侵害とは，時間的な因果の経過により自己または他人の権利が侵害される可能性が切迫している状況をいう（なお，時間的な切迫の程度については，未遂における実行の着手よりもひとつ手前の段階で足りるとされている）。正当防衛は，まさに当該事案において権利を防衛するための制度であるから，因果経過により権利が害される可能性がないのに，前提状況が異なったり同様の状況が将来繰り返されたりすれば危険だという理由で防衛行為を認める必要はないのである。

　設問(2)に即していえば，Y宅は，時間的な因果経過により侵害される可能性がないから，急迫不正の侵害は認められず，したがって，Yの傷害行為は正当防衛により正当化されない。

　それではYがかわいそうだと思うかもしれないが，正当防衛が否定されたからといって直ちに傷害罪で処罰されるわけではない。Yは誤想防衛で責任（故意）が阻却される。なお，誤想防衛については，Stage 2 No.2で詳しく取り上げている。

Ⅴ　中止犯の前提としての危険

　中止犯の前提としての危険については見解が分かれている。中止減免を，当該事案における法益保護・既遂回避のための制度だと考えるのであれば，中止犯の前提としての危険は，当該事案において時間的な因果経過により既遂に達

する可能性でなければならない。これは，中止犯の成立要件に照らせば，中止行為と結果不発生との間に因果関係を要求する見解である。

多数説は，結果不発生との間に因果関係は不要とする。中止減免の根拠について責任減少説をとれば，中止行為それ自体に十分な責任非難の減少が表れているだけで足りるということになる。政策説をとったとしても，中止行為の奨励が将来の同様の状況における法益保護・既遂回避に役立つという点に減免根拠を求めるのであれば，同様に結果不発生との間の因果関係は不要だと解することになろう。

以上のうちいずれの立場に立つかにより，設問(3)でXに中止犯を認めるかどうかの結論が変わってくる。中止減免を**当該事案における既遂回避のための制度**であると考える場合にのみ，Xの中止犯は否定されることになる。未遂犯が成立するのに初めから中止犯の余地が否定されるのはおかしいと感じるかもしれないが，それは同様の行為を行っていれば同じように非難が減ずるはずであるという責任減少説の感覚である。

Ⅵ 放火罪における「公共の危険」

1 「公共の危険」に関する限定説と非限定説

さて，「危険」というのは，ⓐ何らかの損害について，ⓑ発生する可能性があることをいい，場合によってはⓒ損害が切迫していることを指す，としたうえで，ここまでⓑ損害発生の可能性とⓒ切迫性に着目して話を進めてきた。最後にみるのは放火罪における公共の危険で，ここではⓐいかなる損害に対する危険が問題か，がポイントとなる。

条文を確認しよう。「公共の危険」が要件とされるのは，109条2項の自己所有に係る非現住建造物等放火罪と，110条1項および2項の建造物等以外放火罪である。ここで「公共の危険」の意味を明確にするためには，公共の危険が現実化した状況はどのようなものであるかを明らかにすることが有用である。危険の対象，すなわちゴールは何かということである。

公共の危険を限定しようとする少数説は，直後に規定された延焼罪（111条）を参照する。公共の危険が現実化した場合を捕捉しているのが延焼罪だと解す

るのである。延焼罪のうち111条1項は，108条および109条1項の物件への延焼を要件としている。すなわち，現住建造物と，他人所有の非現住建造物である。そこから，公共の危険とは，現住建造物や他人所有の非現住建造物に対する延焼可能性のことであると考える。

　古い判例にこのような見解と親和性の高いものがあったこともあって，公共の危険をめぐる議論は，何に対する延焼可能性によって公共の危険を肯定するか，という次元（「延焼ゴール構成」と呼んでおこう）で繰り広げられることが多い。しかし，放火罪の保護法益は不特定または多数の人の生命・身体・財産である（財産を含めるかどうかは議論がある）というところから考えれば，公共の危険が現実化した状況とは，**不特定または多数人の生命・身体等が現に害される事態**だと解するのが自然であろう（こちらは「死亡・傷害ゴール構成」である）。

　上で挙げた，公共の危険を建造物への延焼可能性に限定する見解を，死亡・傷害ゴール構成で再構成すると，次のようになる。すなわち，108条や109条1項の物件への延焼可能性が肯定できるとき，それらの物件が独立燃焼する危険も肯定できる。それらが独立燃焼すれば，燃焼が継続してさらに周囲に延焼するなどし，不特定または多数人の生命・身体等が害される事態に至る可能性も肯定できる。というのも，108条や109条1項では建造物の独立燃焼で既遂が肯定されるが，放火罪の既遂ということは，保護法益である不特定または多数の人の生命・身体等に対する（抽象的）危険が独立燃焼により肯定されるということだからである。こうして，何段階かの間接的な可能性ではあるが，108条や109条1項の物件への延焼可能性が肯定できれば，法益侵害の危険も肯定できるという理屈である。

　これに対して，多くの見解はより広く公共の危険を認めている。それは，**不特定または多数人の生命・身体等が害される事態というゴールに至るルートは，建造物の燃焼を介したルートに限られない**からである。建造物以外の物，たとえば，自動車であっても，それが人通りの多いところで激しく燃焼すれば，不特定または多数人の生命・身体等が害される危険は肯定できる。そうすると，何かに放火し，そこから自動車に延焼する可能性があるにすぎない場合であっても，公共の危険は認められうると考えることができる。

　以上で挙げた少数説と多数説の2つの見解を，①限定説と②非限定説として

整理すると，次のようになる。①限定説は，延焼ゴール構成をとれば延焼対象を建造物に限定する見解であり，死亡・傷害ゴール構成で説明すれば，死亡・傷害に至るルートを建造物延焼を経由するルートに限定する見解である。②非限定説は，延焼ゴール構成をとれば延焼対象を建造物以外の物件に広げる見解であり，死亡・傷害ゴール構成で説明すれば，死亡・傷害に至るルートを建造物以外の物件延焼を経由するルートに広げる見解である。そして，とりわけ非限定説においては，ある物件への延焼の危険が認められるという場合に，延焼ゴール構成によって当該物件を単に延焼の対象として位置づけているのか，それとも，死亡・傷害ゴール構成によって当該物件を保護法益である不特定者の財産として扱っているのかが混乱しやすいので，注意が必要である（*One Point Advice*参照）。

2　延焼可能性必要説と不要説

さて，ここまでは何らかの延焼可能性があることを前提としていたが，非限定説の考え方をさらに先に進めれば，他の物件に延焼する可能性が一切認められなくても，放火した客体自体が激しく燃焼することで不特定または多数人の生命・身体等が害される可能性が認められる場合には，公共の危険を肯定してよいことになる。

そこまで進むかどうかは，放火罪に共通の要素として「燃え広がる」ということを要求するかどうかにかかっている。放火罪を，単に「火力による不特定・多数人の生命・身体等の危殆化」とみるか，それとも「火が燃え広がることによる不特定・多数人の生命・身体等の危殆化」と性質づけるかである。これは最早，危険の問題ではなく，放火罪の各論的な解釈論である。

設問(4)では，放火の客体から他の物への延焼可能性は認められていない。しかし，放火された舞台は相当程度の規模で燃焼している。延焼可能性必要説からは建造物等以外放火罪は認められないが，不要説からは同罪を肯定する余地がある。周囲の市民はたまたま無事だったが，身体的損害を被った可能性は十分に認められるであろう。ここでは具体的な高い可能性は不要であると考えられる。建造物への延焼可能性が具体的に認められる場合は，そこから先，不特定または多数の人の生命・身体等に害が生じる可能性は108条等で認められ

ていることに照らすと，放火の直接の客体のみが燃焼するときも，少なくとも建造物に延焼した場合と同程度の規模の火力に達する可能性がある場合は，公共の危険を認めてよいと思われる。

One Point Advice

　放火罪の公共の危険に関する近年の最高裁判例（最決平成15・4・14刑集57巻4号445頁）を確認しておこう。これは混乱を招きやすい判例である。
　市街地の駐車場に停車中の他人所有の自動車に放火し，付近の2台の自動車等に延焼の危険が及んだという事案で，「[刑法]110条1項にいう『公共の危険』は，必ずしも同法108条及び109条1項に規定する建造物等に対する延焼の危険のみに限られるものではなく，不特定又は多数の人の生命，身体又は前記建造物等以外の財産に対する危険も含まれる」として，公共の危険が肯定され，110条1項の建造物等以外放火罪の成立が認められた。この決定は，本文で述べた「延焼ゴール構成」と「死亡・傷害ゴール構成」とが混在したものとなっており，そこが混乱の元である。
　本件とは異なり108条・109条1項の建造物への延焼可能性により公共の危険が肯定される場合は，その建造物は保護法益としての「財産」として位置づけられるわけではなく，「不特定または多数人」の物である必要もないはずである（自己所有の現住建造物でもよい）。特定少数人の所有する建造物であっても，それに延焼すれば，そこから先に，不特定または多数人の生命・身体・財産に対する侵害の可能性が認められるのであり，それが公共の危険を基礎づける。
　そうであれば，延焼の危険が認められる対象が建造物以外の物である場合も同様であろう。その物件自体が保護法益としての「不特定または多数人の財産」である必要はない。その物件自体が「不特定または多数人の財産」でない場合も，その物件に延焼した先に，不特定または多数人の生命・身体・財産に対する侵害の可能性が認められれば，公共の危険を肯定することができる。換言すれば，建造物以外の物件に延焼の危険が及んだ場合は，当該物件を「不特定者の財産」と位置づけて公共の危険を肯定する直接的方法と，当該物件への延焼も含めて火力が大規模になることでさらに他の不特定・多数人の生命・身体・財産への危険が認められることに基づき公共の危険を肯定する間接的方法と，2つがありうる。
　上の最高裁決定は，付近の2台の自動車を「不特定者の財産」と位置づけて，それに対する延焼可能性により公共の危険を直接肯定したとみるのがおそらく

多数の理解である。しかし，市街地であることに重要性がありそうであることなどを考えると，2台の自動車への延焼は，そこから先の不特定多数人の生命・身体・財産の侵害へのルートの通過点とみることもできる。その場合，2台の自動車は，保護法益として不特定者の物である必要はなくなり，それへの延焼可能性が，火力が十分な規模になりえたことの証拠として位置づけられるという理解になる。

〔和田俊憲〕

No.9　Xは，かねてより好意を……

(1)　Xは，かねてより好意をよせていたA女に対する強姦を企て，次のような計画を立てた。帰宅途中のAの背後から自動車で軽く衝突し，介抱するように装って車内に連れ込み，数km離れた山中に運んだうえで，車内で強いて姦淫するという計画である。そして，その計画どおり姦淫に至るまでを実行したが，自動車で衝突する際，Aに打撲傷を負わせた。

　Xに強姦致傷罪は成立するか。

(2)　Yは，かねてより好意をよせていたB女に対する強姦を企て，次のような計画を立てた。帰宅途中のBを誘って言葉巧みに自動車内に連れ込み，数km離れた山中に運んだうえで，車内で強いて姦淫するという計画である。そして，自動車内に連れ込むところまでは計画どおり実行したが，山中に向けて運転中に事故を起こし，Bに打撲傷を負わせたので，それ以降の計画は中止した。

　Yに強姦（未遂）致傷罪は成立するか。

解説

I 既遂犯でなぜ実行の着手の有無が問題となるのか

　本項では実行の着手の判断方法について検討する。設問で問われているのは，強姦致傷罪の成否である。とりわけ設問(1)では強姦既遂致傷罪の成否が問われているのに，なぜ実行の着手の問題なのかを確認しておこう。

　強姦致傷罪を定めた 181 条 2 項は次のように規定している。「第 177 条若しくは第 178 条第 2 項の罪又はこれらの罪の未遂罪を犯し，よって女子を死傷させた者は，無期又は 5 年以上の懲役に処する」。これは，強姦罪・強姦未遂罪の結果的加重犯である。

　一般に，結果的加重犯の死傷結果は，基本犯から生じたものでなければならない。言い換えると，死傷結果の原因となった行為は，**少なくとも基本犯の遂行過程に含まれるものでなければならない**。そして，**犯罪は実行の着手から始まるものと解されている**（殺人罪は殺人の実行の着手から始まる。殺人未遂罪も殺人罪である。これに対して，殺人予備罪は殺人罪とは別の犯罪である）。

　これを強制わいせつ致死傷罪や強姦致死傷罪にあてはめれば次のようになる。判例によれば，死傷結果は，わいせつ行為や姦淫行為それ自体およびその手段としての暴行・脅迫に限らず，わいせつ行為や姦淫行為に随伴する行為から生ずれば足りるとされる（強制わいせつ致傷罪について，最決平成 20・1・22 刑集 62 巻 1 号 1 頁）。しかし，随伴行為というものでも実行の着手前のものは原因行為としての適格がない。実行の着手前の行為から死傷結果が生じた場合は，強制わいせつ罪・強姦罪と傷害・傷害致死罪との併合罪にとどまることになる（強制わいせつ致死傷罪や強姦致死傷罪のほうが，無期懲役の余地があるので，重い）。そこで，強制わいせつ・強姦が既遂の場合も，加重結果の原因行為が実行の着手後のものといえるかを判断する必要があるのである。「基本犯の遂行過程」の始点が実行の着手に求められることが上のように解する根拠なので，181 条 2 項の文言に「これらの罪の未遂罪」が含まれていることとは関係ないことに注意が必要である。つまり，強姦未遂致死傷罪の場合は，最終的に実行の着手

の段階に達していることと、加重結果の原因行為が実行の着手後のものであることの、両方が必要である（同様に、監禁罪は未遂犯処罰がなく、監禁致死傷罪の基本犯は監禁既遂に限られるが、原因行為は監禁既遂後のものである必要はなく、監禁の「実行の着手」後のものであれば足りると考えられる）。

このように、既遂の成否において実行の着手の有無が問われる場面はほかにもある。たとえば、事後強盗致死傷である。窃盗に際して、被害者に発見された行為者が被害者を死傷させたような場合に、窃盗の実行の着手の有無が問題となる。被害者に暴行を加えた時点ですでに窃盗の実行の着手が認められて窃盗未遂が成立していたといえれば、逮捕免脱目的での暴行は事後強盗罪の少なくとも未遂を構成して、死傷結果も合わせれば強盗致死傷罪の既遂（240条）が成立する。窃盗未遂が不成立なら、死傷結果について傷害致死罪・傷害罪が成立するにとどまる。窃盗未遂の成否が強盗致死傷罪既遂の前提として問題となるのである。

ある犯罪の既遂の成否において、その犯罪自体の未遂の成否が問題となる場合もある。これについてはStage 3 No.2に譲ろう。

II 実行の着手の判断要素
——実質的要素——

実行の着手は、その犯罪に未遂犯処罰規定がある場合、未遂犯の成立時点を画するものである。そして、未遂犯の処罰根拠が既遂の具体的危険の惹起に求められるようになったことから、未遂の成立時点を判断する際に危険の発生の有無を考慮するという視点が広く受け入れられている。

もっとも、危険の内実を何に求めるかをめぐってはさまざまな見解がある。

1 確実性

一番わかりやすいのは、**既遂に達する確率の高さ**である。確実性、あるいは、自動性と表現されるものである。

設問(1)について検討すると、自動車で衝突した時点で、被害者は物理的に逃げられないと評価できれば、その時点ですでに姦淫に達する確実性が認めら

れることになろう（なお，軽く衝突したのみであり，殺意は認められないことが前提である）。設問(2)についても，自動車内に連れ込まれたことで逃げる可能性がなくなったと評価すれば，その時点で確実性が肯定できる。いずれの場合も，行為者が姦淫の計画・意思を有していることも確実性を基礎づける事情である。そして，行為者の意思を考慮事情とする場合は，現にその後計画どおりに実行したという事実が，当初の時点における確実性を基礎づける証拠として用いられる可能性もあるであろう。

さて，閉鎖的な空間に閉じ込められても，姦淫行為に対する抵抗がなされることによって姦淫が既遂に達しないということも考えられる。被害者がだまされているにすぎない場合は，だまされたことに気づいた時点で抵抗することも予想され，そうすると確実性は否定される方向にも傾く。これに対して，反抗を著しく困難にする暴行・脅迫が加えられた場合には，抵抗の可能性が大きく減少するから，確実性は肯定される方向に傾くといえよう。そのような事情を考慮するのだとすると，設問(1)と(2)は区別されることになる。

ただし，暴行が加えられた設問(1)においても，行為者は介抱するように装っているのであり，被害者は，乗車した時点ではまだ，その先で行為者に危害を加えられる可能性があることを認識していない。つまり，当初の暴行が有する反抗を困難にする力は，（打撲傷により身体的に抵抗が困難になっていない限りは）潜在的なものにとどまっている。したがって，設問(1)では，被害者が真実に気づいたときにはじめて，事前に加えられた暴行が脅迫として働き，反抗意思が生じることを困難にさせるという理屈になろう。

2　切迫性

確実性とは別に，既遂の切迫性を危険の要素とする考え方も広くとられている。**可能性が高くても，時間的に切迫するまでは危険でない**と考えるのである。これは，不能犯における具体的危険説と整合性が高い発想であると思われる。客観的には可能性が高くてもそれだけでは具体的危険はなく，切迫してはじめて一般人は「危ない」と感じるのである。

もっとも，「危ない」と感じられるのは，時間的に切迫している場合には限られないであろう。行為者が被害者に接近すれば，結果発生はまだ時間的に先

であることが見込まれても,危なさは感じられるようにも思われる。未遂犯の処罰根拠を「法益の安全に対する公衆の信頼」に求める立場からは,被害者が支配する領域に働きかけた時点で未遂犯の成立を認めるべきだとの主張がなされている(塩見淳「実行の着手について(3)・完」法学論叢121巻6号〔1987〕18頁〔ただし,構成要件行為の直前行為の開始を実行の着手としつつ,それを限定する要素として挙げられている〕)。逆に,客観的危険を処罰根拠とする場合であっても,既遂に達するまでにはさらに人の自由意思に基づく行為が予定されているような場合には,ある程度時間的に切迫しないと,本当に確実なのかどうか判断できないということも考えられる。前にふれたとおり,現に既遂に達した事案では,認定上の問題として,早い時点での実行の着手が認められやすいようにも思われる。

本問では,行為者の実行意思や被害者による抵抗可能性・逃走可能性に基づいて姦淫に至る可能性を評価し,その確実性だけで強姦未遂を認めてよいか,さらに時間的切迫性等をも考慮すべきか,といったことを判断する必要があるのである。

3 判 例

判例では,女性を姦淫目的でダンプカーの運転席に引きずり込み,約5.8km離れた護岸工事現場に移動して運転席内で姦淫したが,引きずり込む際の暴行から傷害を負わせた事案で,引きずり込もうとした時点で強姦に至る客観的な危険性が明らかに認められるとして,実行の着手が肯定されている(最決昭和45・7・28刑集24巻7号585頁)。ここでは,ダンプカーの車内自体が姦淫に適した場所であることや,男性2人がかりで被害者1人に暴行を加えており,車内には十分なスペースがあって車内への引きずり込みは容易であることが指摘できる。

これに対して,すでに3名が乗車している定員4名の軽四輪乗用車に引きずり込もうとした事案では,空間的に困難な引きずり込みにしては暴行の強さが不十分であったことが指摘され(京都地判昭和43・11・26判時543号91頁),また,マンションのエントランスホール内で暴行が加えられた事案では,連れ込もうとした自動車までの距離が長いことなどが指摘されて(広島高判平成16・

3・23高刑集57巻1号13頁)，実行の着手が否定されている。

本問では問題とならないが，判例では，第三者の存在が障害として働きうる事案が少なくない。たとえば，ホテルへの連れ込みの事案では，運転手とほかの同乗者2名のいるタクシー内で暴行を加えた時点では，まだ実行の着手は認められないとしたものがあり（大阪地判昭和61・3・11判タ615号125頁)，その一方で，ホテルの敷地内で裏口の自動扉から5mの場所での暴行に着手を認めたもの（東京高判昭和57・9・21判タ489号130頁）がある。後者では，従業員らが顧客の男女関係に口出ししないであろうラブホテルであることが指摘されており，障害の有無が事案に即して具体的に判断されている。

III　実行の着手の判断要素
　　　——形式的要素——

設問(1)と(2)で大きく異なるのは，手段が暴行か欺罔かである。これが危険の実質判断に影響を及ぼす可能性があることは上にみたとおりである。そのこととは別に，形式上，暴行か欺罔かの違いが意味をもつ可能性もある。

たとえば，放火罪の未遂を判断する際には，通常は着火行為の有無によって判断し，着火行為がなくても引火のおそれが高いような例外的な場合，たとえばガソリンを撒くような場合にのみ，着火行為よりも前の時点で未遂を認める，といった判断がなされる。また，詐欺罪においても，相手を欺罔する行為があれば通常は詐欺未遂である。相手が錯誤に陥る可能性が低いような場合は欺罔行為性が否定されるけれども，欺罔行為性が肯定される場合は，未遂の成立時期は欺罔行為の時点に求めるのが一般的であろう。それ以上具体的な危険判断は行われず，財産移転の切迫性なども問題にされていないと思われる。

このように，**構成要件上，行為態様が限定されているような犯罪類型**においては，そのような態様の行為が外形上行われるということ自体が，未遂を認めるうえでは極めて重要な意味をもっているのである。未遂犯を既遂の危険のみで基礎づけるという実質的な判断によると，危険には相当の幅があることから，判断者によって結論が大きくぶれる可能性が否定できず，法的安定性を欠くという指摘もあり，上のような形式的な制約を課すことには合理的な理由がある。

そうすると，暴行・脅迫を行為態様として定めている強姦罪においても，姦淫の実質的な危険性とは別に，暴行・脅迫が加えられていればその時点で未遂が肯定されやすくなり，逆に暴行・脅迫がない場合には未遂が肯定されにくいということになりうる。「強姦罪においては，少なくとも暴行・脅迫への着手が必要であるから，いかに強姦という結果に至る客観的危険性が高度であっても，被害者を欺罔して自動車内に引き入れたとすれば，暴行行為が存在しない時点で強姦罪の着手を肯定することはできない」（西田・総論305頁）という見解は，そのような形式的な理解を徹底したものである（これに反対する見解として，佐伯・楽しみ方346頁以下）。

なお，設問(2)で強姦未遂が否定される場合，行為者は被害者が下車を求めても応じない意思であるから，乗車させた時点から監禁罪が成立する。強姦罪と，その手段である逮捕・監禁罪は法条競合と解されるので，強姦罪・強姦未遂罪が成立する場合は，別途，逮捕・監禁罪は成立しない。

Ⅳ　基本犯と死傷結果とのつながり

実行の着手を肯定したとしても，基本犯と死傷結果との間にどのようなつながりを要求するかという問題がある。

見解の違いによらずに強姦致傷罪が成立するのは，強姦の手段行為である暴行または目的行為である姦淫行為から，直接的に傷害結果が生じた場合である。設問(1)はこのような場合に該当するので，強姦致傷罪が成立する。また，逃走しようとした被害者が無理な逃走手段を選んだり転倒したりして負傷した場合にも強姦致傷罪を認めるのが一般的である。その場合も，強姦の手段である脅迫から傷害結果が生じたものと構成することができる（脅迫は言葉によるものに限られないので，強姦の恐怖を与える状況を設定すること自体が脅迫である）。

判例は，前に触れたように，加重結果を発生させる原因行為を，強姦罪や強制わいせつ罪に「随伴する行為」へ拡張している。そして，随伴行為性を認める要素として，①時間的接着性，②場所の同一性および③行為の目的関連性を挙げる高裁判例がある（東京高判平成12・2・21東高刑時報51巻1～12号20頁）。このうち要素①と②は，犯行終了後の行為から加重結果が生じた場合を念頭

においたものであり，設問(2)のように実行の着手と既遂の間が問題となる事案では，当然に満たされることになろう。そして，姦淫に適した場所に被害者を移動させる行為は，まさに姦淫を目的とした行為であり，要素③も認められる。そうすると，判例で示されているような考え方をとると，設問(2)では，(実行の着手を認めるのであれば)強姦未遂致傷罪が成立することになりそうである。

　しかし，それでは処罰が過剰であり，むしろ同罪は否定すべきだという価値判断も，妥当なものであると思われる。その感覚を支えるのは，本件では，Yによる運転中の事故は強姦罪の遂行過程に含まれているものの，自動車運転の危険は，類型的には強姦罪と関係がないということであろう。強姦罪と過失致死傷罪の併合罪ではなく，強姦致死傷罪という，より重い類型があえて用意されているのは，強姦罪が有する類型的な危険性が加重結果に実現した場合を捕捉するためであると解すれば（より限定的ではあるが，井田・総論227頁以下参照），姦淫行為や手段としての暴行・脅迫，さらに，行為者が逃亡する際に被害者に加える暴行などは原因行為に含めうるとしても，移動中の過失行為までは含まないという説明が成り立つ。判例で挙げられる「随伴する行為」も，そのような純粋な過失行為まで積極的に含める趣旨であるとはいえないと思われる。少なくとも，判例が用いる表現を文字どおり適用し，得られた結論が当然のものであると考えるのは，避けるべきであろう。

〔和田俊憲〕

No.10 大槌郵便局事件最高裁判決は……

大槌郵便局事件最高裁判決（最判昭和58・4・8刑集37巻3号215頁）は，次のように判示している。

「刑法130条前段にいう『侵入シ』とは，他人の看守する建造物等に管理権者の意思に反して立ち入ることをいうと解すべきであるから，管理権者が予め立入り拒否の意思を積極的に明示していない場合であつても，該建造物の性質，使用目的，管理状況，管理権者の態度，立入りの目的などからみて，現に行われた立入り行為を管理権者が容認していないと合理的に判断されるときは，他に犯罪の成立を阻却すべき事情が認められない以上，同条の罪の成立を免れないというべきである。」

これに照らして，次に掲げる立入行為には建造物侵入罪・住居侵入罪の成立が肯定されるか，検討してみよう。

(1) 万引き目的でのコンビニへの立入り
(2) 痴漢・盗撮目的での駅構内への立入り
(3) 「立読みお断り」と掲示されているコンビニへの立読み目的での立入り
(4) 「ビラ配布お断り」と掲示されているマンション共用部分へのビラ配布目的での立入り

Hint

それぞれの立入行為について，判例で挙げられた要素ごとに検討を加えよう。「容認していないと合理的に判断される」とはどのような意味であろうか。建造物侵入罪と住居侵入罪とでは何か違いはあるだろうか。

解 説

I 「意思に反する」ということ

1 大槌郵便局事件

大槌郵便局は，明治6年に近代郵便制度が全国展開したときに開業した歴史ある郵便局である。三陸海岸沿いの岩手県大槌町にあり，東日本大震災で津波と火災の被害に遭ったため，1 km ほど内陸に移転して再開している。その被災した局舎の，さらに1代前の局舎を舞台にしたのが，いわゆる大槌郵便局事件である。

事案は，釜石郵便局員である被告人らが，所属する全逓信労働組合の春季闘争の一環として「大巾賃上げ」「スト権奪還」などと記載されたビラ約1000枚を貼り付ける目的で，大槌郵便局の局舎内（管理権者は同郵便局長）に，夜間，許可なく立ち入ったというもので，建造物侵入罪の成否が争われた。

第1審から上告審まで，同罪の「侵入」を判断する際に，**管理権者の意思にどの程度重い位置づけを与えるかについて**，それぞれ異なる判断が示された。

2 第1審判決

まず第1審は，「侵入」とは，建造物の事実上の平穏を害する立入りをいうとする平穏侵害説をとり（保護法益としても平穏説が明示されている），管理権者の意思に反することは，**平穏侵害を判断する際のひとつの判断要素にすぎない**とした。そして，本件の立入り行為は，管理権者である局長の意思には反するものの，局長の立入り拒否の意思は内心に留保されてさほど強くなく，また，ビラ貼りを超える暴行目的はなかったこと，立入りを宿直員が黙認していたこと，執務の妨害にもなっていないことなどを指摘し，「侵入」には該当しないとして無罪判決を言い渡した。

ここでは，管理権者の意思に反するだけで「侵入」に該当するのは，拒否の意思が明示されていた場合に限られる，とするのに近い考え方がとられたということもできよう。「明示」というのは，たとえば「ビラ貼り目的での立入り

禁止」と記載した看板を立てるといったことである。

3 控訴審判決

控訴審判決は、1審判決における管理権者の意思のそのような取り扱い方を否定した。すなわち、1審と同じく（保護法益の平穏説を示したうえで）「侵入」とは平穏を害する立入りをいうとしつつも、**管理権者の意思に反すれば原則として平穏を害する立入りといえる**としたのである。その限りで、管理権者の意思をより重いものとして扱っている。

しかし、本件では局長が事前に、ビラ貼り目的をもった組合員の来訪と立入りが予想される旨の情報を得ており、少なくともそのように拒否しうる立入りが予想された場合には、立入り拒否の意思は、明示されてはいなくても、表示されている必要があるとした。「表示」というのは、出入り口の施錠を確認するなど、立入り拒否の意思を有することが表れる具体的な行為を行うことである。そのように行動に表れた意思のみが保護に値するものであり、表示された意思に反した立入りであってはじめて、平穏を害し、「侵入」に該当するという理解がとられたのである。

そして本件では、局長の拒否の意思は表示されていなかったと判断され、結論としては無罪が維持された。

4 最高裁判決

最高裁は、次の2点において、管理権者の意思の扱いをより重いものにすべきだとして、控訴審判決を否定した。

第1に、「侵入」の定義である。これは「他人の看守する建造物等に管理権者の意思に反して立ち入ること」をいうものとし、意思侵害説をとって平穏侵害説を否定した。すなわち、控訴審判決と対比すれば、**管理権者の意思に反すると判断される場合は例外なく**「侵入」に該当するものとした（これは、保護法益についての新住居権説と親和的ではあるが、保護法益の平穏説から侵入行為の意思侵害説をとることも可能である。本判決は、保護法益の理解に関しては何も判示していない。また、「例外なく」といっても、意思に反する程度が極めて小さい場合は、可罰的違法性を欠くという判断はありうる）。

第2に，管理権者の意思は，積極的に明示されている必要もなければ，具体的な行動によって表示されている必要もないとし，「該建造物の性質，使用目的，管理状況，管理権者の態度，立入りの目的などからみて，現に行われた立入り行為を管理権者が容認していないと合理的に判断される」のであれば，その管理権者の拒否の意思は保護に値するものとされ，そのような立入りは「侵入」に該当するとした。ここでは，「管理権者が自ら具体的行為によって外界に明示または表示した意思」と，「管理権者の具体的行為に限られないさまざまな資料に基づいて第三者が合理的に判断した意思」とが対置されて，後者が選択されたのである。

5 意思の判断資料

最高裁判決が挙げた，①管理権者が予め立入り拒否の意思を積極的に明示していることは，管理権者の意思の直接証拠である。これに対して，②建造物の性質と③建造物の使用目的は，管理権者の意思を推認する客観的な情況証拠である。また，④建造物の管理状況と⑤管理権者の態度も，同じく情況証拠ではあるが，具体的な立入りとの関係で，管理権者の意思内容をより強く推認させるものでありうる。なお，⑥行為者の立入りの目的については，同判決の調査官解説では，一定の目的をもった者だけに対して立入りを許諾することがありうるために挙げられたものと解説されている。

以上の資料を列挙したあとに「など」が付されているところに表れているように，判断資料はこれらに限定されるわけではない。もっとも，これらが事案の違いを問わず典型的に用いられうる資料であることはたしかであろう。

このような資料を総合的に評価して，当該立入りが管理権者の意思に反するかどうかを判断することが求められる。総合的な評価の問題であり，また，ある意味で程度問題でもあるので，明確な基準が示せないところが難しさの根源である。

最高裁は，上記の判断方法に基づけば本件の立入りは「侵入」に該当するはずであるとして，控訴審判決を破棄し，事件を控訴審に差し戻した。差戻後の控訴審は建造物侵入罪の成立を肯定したが（仙台高判昭和61・2・3判タ593号133頁），そこでの判断内容をみると，管理権者の意思に反するかどうかの評価

はとても難しいものであることがよくわかる。

Ⅱ　個別的検討

以上に基づいて，設問を個別に検討していこう。

1　万引き目的でのコンビニへの立入り
① 通常，コンビニの入口には「万引きお断り」などとは書かれていない。
② コンビニは私的な建造物であり，
③ 営利目的の建造物である。
④ 通常，入口でチェックされることなく，誰でも自由に立ち入ることができる。
⑤ 多発する万引への対応に苦慮した店長が，何か特別な対応をしていたような場合を除き，管理権者の態度は問題とならない。
⑥ 行為者の立入目的については，大槌郵便局事件では前述のとおりの適法な目的が念頭に置かれていたものと考えられるが，今日では，行為者が違法目的を有する場合に，立ち入った後にどのような違法行為を行う意思であるかが問題とされることになる。万引目的は，コンビニの営利目的に真っ向から反するものである一方で，強盗目的等に比較すれば平穏な目的であるともいえる。

万引目的の立入りが管理権者の意思に反するかといえば，それ自体としては当然に反するといえよう。「万引きお断り」の表示がないのは，あまりに当然のことだからであり，あえて明示する必要がないということは，それだけ大きくコンビニの利益を害する行為であることの証である。

しかし，なるべく多くの利用客が入店するように，誰でも自由に立ち入れるようにして営業しているのであり，万引目的での立入りがありうることは織り込み済みであるともいえる。その意味では，容認されているともいえるのである（これは万引が容認されているという意味ではない。容認の対象はあくまで，万引目的での立入りである）。

学説上は，万引目的での立入りには建造物侵入罪の成立を認めるべきではな

いと考えるのが多数であると思われる。判例でも，単なる万引目的での立入りに建造物侵入罪を認めたものは見あたらない。これに対して，強盗目的の場合は建造物侵入罪が認められている。また，窃盗目的でも，いわゆる体感器を用いてパチスロ機からメダルを窃取する目的でパチンコ店に立ち入った事案で建造物侵入罪が肯定されたものがある（最決平成 19・4・13 刑集 61 巻 3 号 340 頁参照）。

　ここでは，もっぱら違法目的で使用する道具を所持しているという点が重要である。立ち入ったうえで窃盗等が現に実行された場合は，窃盗罪等で処罰すれば十分であるともいえ，建造物侵入罪が登場する必要があるのは，違法目的で立ち入ったものの内部での犯罪には着手しなかったような場合や，内部での違法行為が犯罪を構成しないような場合である。そして，内部での犯罪に着手しなかった場合は，違法目的で使用する道具を所持していない限り，違法目的を有していたことの証明が困難なのである。そのことは，立ち入ったうえで窃盗等が現に実行された場合にも妥当する。道具を有している場合でないと，立入りの時点（建造物侵入罪の成否が問題となる時点）ですでに違法目的を有していたと立証することは難しい。

2　痴漢・盗撮目的での駅構内への立入り

① 駅の掲示板には，痴漢がいかに重大犯罪であるかを啓蒙するポスターが散見されるが，駅の入口に「痴漢の入場・乗車お断り」と書かれているのは見たことがない。

②③ 駅は，営利目的の建造物ではあるが，コンビニに比べれば公共性の高い建造物である。したがって，管理権者が誰を立ち入らせるかについて恣意的に判断する余地は小さく，しかし逆に，公共性に反する行為に対しては厳格に対応することが求められる。

④ 通常，入口でチェックされることなく，誰でも自由に立ち入ることができる点や，

⑤ 多発する痴漢・盗撮への対応に苦慮した駅長が，何か特別な対応をしていたような場合を除き，管理権者の態度は問題とならない点は，コンビニの場合と同様である。

⑥ 痴漢・盗撮目的は，鉄道会社ではなく，他の利用客の利益侵害に向けられたものである。鉄道会社が公共性の高い企業であることを前提とすると，他の利用客の利益を守ることは鉄道会社にとって重要な事柄であり，それは管理権者である駅長にとっても同様である。しかし，営利企業としての性格との関係では，他の利用客からの不満を招く点で間接的な影響を与えるのみであるともいえる。

痴漢・盗撮を現認されて退去を求められたのに応じなかった場合に，建造物不退去罪が成立することは明らかである。しかし，そのような目的で駅構内に立ち入った時点で建造物侵入罪が認められるかというと，結論としては微妙であると思われる。そこでは，誰でも自由に立ち入れるという点が重要であろう。立入りの物理的な自由度はコンビニと同じであるが，通常コンビニは積極的な利用目的をもって立ち入られることを予定しているのに対して，駅構内は，単なる散歩目的などで立ち入ることも想定されているといえ，その意味では公園などに性質が近く，立入りの自由度はコンビニよりも高いと考えられる。

3 「立読みお断り」と掲示されているコンビニへの立読み目的での立入り

① 「立読みお断り」という掲示は，一見，立読み目的での立入りに対して拒否する意思を明示するものであるといえそうである。しかし，それがどれだけ本気かが問われなければならない。
② コンビニは私的な，
③ 営利目的の建造物であり，
④ 通常，入口でチェックされることなく，誰でも自由に立ち入ることができる。
⑤ 現に立ち読みをしている客がいても放置されていることが多いように見受けられ，これは「お断り」の意思がさほど厳格でないことを示す管理権者の態度である。
⑥ 立読み客の存在は店内での防犯効果があるとの指摘もある。それ自体が営利目的に積極的に反する万引目的と比較すると，必ずしも建造物侵入罪を肯定する方向に強く働く事情とはいえない。

立入りを容認しても特に重大な利益侵害があるわけではないことを重視して，結論としては，店主の意思には反しないものとし，建造物侵入罪は否定するのが妥当であると思われる。

4 「ビラ配布お断り」と掲示されているマンション共用部分へのビラ配布目的での立入り

① 「ビラ配布お断り」という掲示についても，ビラ配布目的での立入りに対して拒否する意思がどれだけ本気かが問われなければならない。

②③ マンションの共用部分は，居住者全員を住居権者とする住居にあたると解するか，管理組合を管理権者とする看守された邸宅と解するかはともかく，少なくとも建造物であるコンビニよりもプライベート度の高い，住居用の領域である。したがって，恣意的な立入り拒否が認められる。

④ 入口でチェックされることなく，誰でも自由に立ち入ることができるマンションであったとしても，それは物理的にそうであるというだけで，建物の性質上，一般的には，具体的な用事もないのに立ち入るような場所ではなく，その意味で，心理的には立入りに対する障壁が存在する建物であるといえる。

⑤ 判例には，ビラ配布目的での立入りの事案で邸宅侵入罪を認めるに際して，管理権者がたびたび被害届を出していたことを指摘して法益侵害性が小さくないことを示すものがある（最判平成20・4・11刑集62巻5号1217頁）。

⑥ ビラ配布目的は，内部で財産権等を侵害することを目的とはしていない点で穏やかなものであるが，住居や邸宅については，居住者等の生活の平穏も守るべき重要な利益である。それは必ずしも平穏が保護法益であるという意味ではなく，平穏侵害につながりうる立入りは，意思侵害と評価されやすいということである。その点が，建造物侵入罪とは異なる。

私生活の平穏を害するものに対する敏感さが増す時代になると，意思侵害と評価される行為の範囲も拡大することになる。政治ビラの配布目的でマンション共用部分に立ち入った行為について住居侵入罪を認めた判例として最判平成21・11・30刑集63巻9号1765頁があるが，一昔前だったら問題視されなか

ったかもしれない事案である。

　このようにして，総合評価は難しく，いずれについてもはっきりとした結論を示すことはできないのであるが，そこにグレーゾーンを設けず白黒はっきりつけるのが法の特徴であり（刑法であれば，犯罪が成立するかしないかの二択である），難しい総合考慮と白黒の結論とをつなぐ技術が評価されるのが法律家の世界である。

One Point Advice

　「被害者の意思に反する」という要素には注意が必要である。個人的法益に対する罪は原則として「被害者の意思に反する」ことを要件としているが，そこで犯罪の成立を認める際には，本当に被害者の個人的法益の保護が目的となっているか，個人を守るといいながらこっそり別の政策目的が紛れ込んでいないかを吟味する必要がある。

　たとえば，建造物侵入罪については，銀行のATM利用客のカードの暗証番号等を盗撮する目的で，行員が常駐しない銀行支店出張所に立ち入った行為について，最決平成19・7・2刑集61巻5号379頁が同罪の成立を認めている。カメラを設置したATMの隣のATMを盗撮の作業のために占拠し続けた行為には偽計業務妨害罪が肯定されているのであるが，同決定は，建造物侵入罪の成立を認めるに際しては，盗撮目的のみを挙げ偽計業務妨害目的であることに言及していない。すなわち，立入り目的である建造物内部で予定された行為は犯罪を構成する必要がないことが最高裁によってはじめて明らかにされたと解される（大槌郵便局事件判決は，目的であったビラ貼りが軽犯罪法違反となりうるものであった）。

　その意味で，建造物侵入罪が，可罰的な行為の予備罪としてではなく，処罰が用意されていない行為の代替処罰の機能を果たした一例であるということができる。そのような盗撮への対応には，銀行の利益や支店長の意思を守るということの先に，預金の安全とそれに対する社会的信頼といった利益の保護が見え隠れする。社会的利益の保護のために，支店長の意思が利用されているのではないか。

　同様のことは，詐欺罪の財産的損害でも問題となる。被害者の重要な錯誤に向けられた欺罔行為の有無を判断するにあたって（Stage 1 No.15参照），社会政策として重要な事項であるから被害者にとっても重要なのだといいだすと，

被害者個人の意思の保護という形式をとることで，詐欺罪が国家・社会的利益の保護のために利用されることになる。

　意思侵害を重視することは，個人を尊重しているようにみえて，実は，国家・社会のために個人が利用されるという点で個人を軽視することにもつながりうるのである。そのような構造には敏感でありたい。

〔和田俊憲〕

No.11　Xは，上司に嫌気がさし……

(1)　Xは，上司に嫌気がさしたのでA社を退職することにしたが，ただやめるだけでは損だと思い，最後にA社の新商品開発に係わる社外秘の機密資料をデジタルカメラで盗撮して，A社を後にした。

(2)　手にした機密情報の売却相手として，A社のライバル会社に勤める旧友のYが適していると考えたXは，とりあえず事情は伏せたままYを旅行に誘った。行き先は，珍しい蝶の生息地としても知られる自然豊かな海辺の温泉街である。蝶の採集を趣味とするYは，Xの予想どおり二つ返事で誘いに乗った。
　温泉街に着いたXとYは，さっそく隣接する丘で蝶の採集に勤しみ，Yの三角ケースは蝶で一杯になった。その後，宿に戻ったところで，Xが機密情報の話を切り出したところ，Yは，大した利益にならないとしてこれをけんもほろろに断った。そしてYは，それよりもおいしい話があると言ってXの協力を求め，地元漁師のBらが共同漁業権に基づき翌日にも漁を予定していた海面で，夜陰に乗じてウニを根こそぎ捕った。トラックの荷台に設置された巨大なケースにYが大量のウニを入れているのを見て，Xは，Yがこの旅行に乗り気であったこととトラックでやってきたことの本当の理由がわかったのだった。なお，付近のウニが根こそぎ捕られたため，翌日のBらのウニ漁は空振りに終わった。

(3)　期待していた金が手に入らなくなったうえ，逆にYの儲け話に協力させられたXは，Yを少し困らせたいと思い，また，数多くの美しい蝶がピンで刺されて標本化されるのは忍びないという思いもあり，翌朝Yが起きる前にYが採った蝶を三角ケースから大空に逃がした。

(4) 少々清々しい気持ちで朝風呂に入っていたXは，露天風呂の裏手の崖の上から女湯の露天風呂の一角が見えそうであることに，偶然気がついた。そこで新たな儲け口を思いついたXは，Yに見張りを頼み，崖上に上り，デジタルカメラを用いて女湯露天風呂に入浴中のCらを動画で盗撮した。

旅行から戻ったXは，撮影したデータを編集して「露天風呂盗撮動画」を作り，インターネット上のデジタル動画販売サイトにおいてこれを多数人に販売した。

XおよびYには，刑法典に規定されているうちどの犯罪の成立を認めることができるか。

Stage 2　No.11　Xは，上司に嫌気がさし……

Hint

　(1)〜(4)の中で，それぞれ回避されるべき結果がどこにあるか，誰のどのような利益が害されているかをまず考えてみよう。

解説

I はじめに

　この問題をみて，検討すべき犯罪類型がすべて直ちにわかったとしたら，それは刑法各論の勉強が相当進んでいる証拠である。本問は，そうではない人を対象に，一見何罪が問題となっているかわからないような，典型的でない事例について，考えてもらうものである。一方では，何らかの適用可能な犯罪類型をさがす力が問われるとともに，他方では，罪刑法定主義との関係で適用可能性の限界を超えないかを検討することが求められる。とりわけ前者は検察官に求められる力である。
　では，段落ごとに簡潔にみていこう。

II 段落(1)について

　営業秘密の盗撮行為が問題となっている。情報は有体物でないので，財物性が肯定できず，窃盗罪（235条）は成立しない。判例でも，情報を盗む行為について窃盗罪を認めるものはあるが，その場合は必ず情報が記録された有体物（紙やフロッピーディスクなど）が客体とされている。実質は情報の窃盗であっても，紙やフロッピーディスクの窃盗という形式が維持される。客体が有体物である限りは，そこに記録された情報がその財産的価値を基礎づけることになるが（コピー用紙としては価値が低くても，機密情報が記載されたコピー用紙としては価値が高い），だからといって，有体物性のない情報それ自体が単独で「財物」となるわけではない。
　ちなみにこれは，「利益窃盗は不可罰である」という魅惑的なフレーズとは別の問題である。情報は，通常，2項犯罪の「財産上の利益」にもあたらないからである。情報を盗む行為は，利益窃盗ですらないのである。財産上の利益にあたるのであれば，窃盗はともかく，詐欺等にはなりうることになるが，被害者をだまして機密情報を見せてもらっても，通常は2項詐欺にはならない。暴

行・脅迫を加えて銀行のキャッシュカードの暗証番号を聞き出した行為に2項強盗を認めた判例があるが（東京高判平成21・11・16判時2103号158頁）、これは情報が一般的にそれのみで財産上の利益にあたることを示したものではない。

さて、本問では事実関係の詳細がわからず判断できないが、Xの地位によっては、背任罪（247条）を検討する余地はありうる。もっとも、A社に財産上の損害が生じていなければ、せいぜい未遂止まりである。

以上の内容は、重要な機密情報を盗む行為に対する処罰として不十分であると感じられるかもしれない。しかし、本問ではその検討を求めてはいないものの、特別法にも目を向けると、不正競争防止法が営業秘密侵害罪を規定しており（同法21条1項）、Xの盗撮行為はこれにあたりうる。刑法典は数々の重要な犯罪類型を規定しているが、特別法も含めた国法上の処罰規定の総体からすれば、そのごく一部を担うものにすぎないのである。刑法典に隣接する特別法については基本書でも記述されていることが多く、それは刑法典の処罰範囲の限界を理解するうえで重要であるので、意識してみよう。

Ⅲ 段落(2)について

ウニの密漁行為は、漁業法違反の罪にはなっても、財産犯は成立しない。なぜなら、捕獲前の魚介類については所有権および占有が認められず、密漁してもそれに対する侵害が認められないからである。漁業権は一定の範囲の海面等において排他的に漁業を営む権利にすぎず、そこに生息する魚介類に対する所有権や占有とは異なるものである。所有権と占有は、漁業権に基づき実際に獲ってはじめて認められる。

漁業法といっても馴染みはないかもしれないが、実は刑法各論の教科書にも登場する。漁業法違反の行為により取得した海草について盗品等関与罪の盗品性が認められなかった判例（大判大正11・11・3刑集1巻622頁）を、その理由も合わせて思い出してみよう。

さて、財産犯は不成立としても、夜陰に紛れたウニの密漁行為には偽計業務妨害罪（233条）が成立しうる。裁判例には、深夜にしじみ畜養場で鋤簾等を使って密漁した事案について、密かに行っている点に偽計を認め、被害者が密

漁を理由にしじみの採捕を断念した点にしじみ畜養・採捕業務の妨害を認めて，偽計業務妨害罪にあたるとしたものがある（青森地弘前支判平成 11・3・30 判時 1694 号 157 頁）。

　批判は強いものの，判例において「偽計」は，他人の意思に働きかける欺罔等の要素がなくても，被害者の不知を利用して非公然のうちに行われる行為が広くこれにあたるものとされている。また，「業務妨害」は，業務行為自体が妨害されず，ただ業務の成果が上がらないような場合にも認められている。たとえば，「本日休業」という貼り紙を他人の店先に勝手に貼ったところ，店主が何も知らずに店内で客を待ち続けたような場合である。妨害行為を排除したり，妨害行為によって生じた影響を取り除いたりして，被害者が正常な状態に回復するために特別の負担を現に強いられた場合だけでなく，特段の対応が必要な状態が生じた時点で，そのこと自体が「業務妨害」にあたるとされているのである。

　これは，監禁罪の保護法益についての現実的自由説と可能的自由説の対立と対照させるとわかりやすいかもしれない。現実的自由説は，被害者が現実に移動する意思を有し，それが現実に侵害された場合にはじめて監禁罪を認めるべきであるとするのに対して，可能的自由説は，移動する選択肢が奪われること自体が移動する自由の侵害であると考えている。これに照らすと，判例における業務妨害のイメージは可能的自由説に対応するものである。妨害行為により業務が混乱したり予定外の対応を強いられたりして，その間，予定していた業務が現に行えなくなったということではなく，**特段の対応が必要な客観的状況が生じたこと自体が，業務妨害**だとするのである。業務妨害罪は危険犯だとするのが一般的であるが，それは現実的な意思侵害を基準とする場合である。可能的自由説のような意味で「自由」という語を用いるのであれば，業務妨害罪も業務活動の自由に対する侵害犯だということになろう。

　業務妨害罪は，ほかの犯罪類型の処罰範囲からは漏れる多様な不正行為を処罰対象に含められるとても便利な犯罪類型であり，裏を返せば，処罰範囲が広範になりすぎるとても危険な犯罪類型でもある。

Ⅳ 段落(3)について

　他人のペットを解き放って戻ってこないようにする行為は，動物傷害罪（261条後段）にあたる。他人の所有物の効用を侵害し所有権を侵害するからである。客体が一般的な物の場合は器物損壊罪（261条前段）であるが，動物の場合は「損壊した」という表現がそぐわないので，特に動物傷害罪と呼ばれ，狭義の器物損壊罪とは区別されている。

　条文上は，「他人の物を……傷害した」にあたることになる。判例には，養魚池から他人が所有する鯉を流出させる行為に動物傷害罪を認めたものがある（大判明治44・2・27刑録17輯197頁）。261条の「損壊」や「傷害」は，他人の所有物の効用を害する行為を指すとする通説的理解を前提とすると，そのような結論になるのは自然なことである。しかし，このような解釈は，「傷害」という用語の日常的な意味に照らすと，罪刑法定主義上，疑問があると指摘され，学説によっては禁止された類推解釈にあたるとするものも少数ながら存在する。

　改めて確認するまでもないが，刑法では，拡張解釈は認められるが類推解釈は禁止されている。類推解釈は，本問でいえば，蝶の解放は本来は処罰対象ではないが，蝶の傷害と実質的に同等であるから処罰するとするものである。これが許されないのは，国会により立法された当初の処罰対象には含まれないということを認めつつ，裁判所が事後的に解釈により処罰対象に含める論理だからである。裁判所による立法である点で法律主義に反し，処罰が行為後に定められる点で事後法の禁止に反する。法律主義は国民の代表が処罰対象を定めるべきとするものであり，事後法の禁止は不意打ち的な処罰を回避する趣旨であり，いずれも罪刑法定主義の要請である。

　これに対して，「傷害」の概念を拡張的に画定したうえで，その中には初めから「解放」が含まれているとするのが許容される拡張解釈の論理である。これが許されるのは，国会による立法時から処罰対象であったことを裁判所が解釈によって発見・確認する論理だからである。

　許される拡張解釈の域にとどまるためには，(i)言葉の意味としてありうる範囲内でその用語を拡張的に定義づけたうえで，(ii)具体的な事件がそれに該

当するという論法をとることが重要である。(i)との関係では，その言葉の意味としてありえない解釈では立法時から処罰対象だったということはできないうえ，国民もそれが処罰対象になることを事前に予測できず，罪刑法定主義に反する類推解釈となってしまうからである。また，(ii)との関係では，本来的な処罰対象を基準にして，それに近いから処罰するという論法では，本来は処罰対象でないが実質的に同等であるから処罰するという類推解釈の論理に近づいてしまうのに対し，用語の定義づけを行ったうえでそれに含まれるという論理を用いれば，そのような類推解釈への接近が回避できるからである。

本問ではどうであろう。「傷害」を初めから「解放」を含むように定義づけるのは**無理**であるように感じるが，どうであろうか。学説も，判例実務が完全にそのような解釈で固まってしまっているために，いまさら憲法違反だといってもしょうがないという諦めをもっているように思われる。前に挙げた鯉の流出行為に動物傷害罪を認めた判例は明治時代のものであるから，罪刑法定主義が厳格化された日本国憲法の制定によって判例としての価値が失われたと解する余地はありえそうであるが，一般的にはそのようには考えられていない。

なお，以上はすべて，蝶が「動物」にあたり，また，Yが採集した蝶に対して所有権を有することが前提である。

V　段落(4)について

わが国の刑法には一般的なプライバシー侵害罪がないので，露天風呂の盗撮行為を処罰するのは，基本的には軽犯罪法の「のぞきの罪」(1条23号)のみである。これはのぞいただけで盗撮に至らなくても処罰できる反面，法定刑が軽いため，悪質な盗撮行為には刑法上の犯罪を認めることが期待される。わいせつ物にあたればわいせつ物頒布罪や頒布目的所持罪（175条）で処断できるが，わいせつ物の程度には至らない場合でも処罰の必要性はある。

裁判例には，露天風呂で入浴中に盗撮された女性3名の顔がわかる裸体の映像を用いて編集したビデオテープ約3160巻を，全国の多数の書店，ビデオ販売店等の店頭に陳列させて不特定かつ多数が閲覧できる状態に置いた事案で，名誉毀損罪を認めたものがある（東京地判平成14・3・14裁判所ウェブサイト

〔LEX/DB 28075486〕)。そこでは，被害者らは実際には知らぬ間に盗撮されたのであるが，「実際に盗撮の方法で撮影されたものか，一見しただけでは明らかではなく，事情を知らない者が見れば，撮影されている女性が，不特定多数の者に販売されるビデオテープに録画されることを承知の上，自ら進んで裸体をさらしているのではないかという印象を与えかねないものになっている」点が指摘されている。自らすすんで不特定・多数人の性的欲望の対象となることを求めている人物であると理解される点で，**被害者の社会的評価を下げうる事実の摘示**といえるというのである。

逆に，見た者が「やらせ」であるとは感じないような映像である場合は，単なるプライバシー侵害にすぎず，名誉毀損罪を認めることはできない。「名誉を毀損した」といえるためには，あくまで，被害者の社会的評価を下げるような事実の摘示である必要がある（この点についてさらに深く勉強したい人には，山口厚編『クローズアップ刑法各論』〔成文堂，2007〕123頁以下〔島田聡一郎〕をお薦めする）。

One Point Advice

　本問で登場した，業務妨害罪，器物損壊罪，名誉毀損罪は，いずれも法定刑の上限が懲役3年である。これくらいの重さの犯罪は，少々無理してでも処罰が必要な行為に適用するということが行われやすい。そこでは処罰のぎりぎりの限界が追究されるから，刑法各論の解釈論を勉強する際の題材としては有効性が高いと思われる。

　懲役3年でいえば，ほかにも建造物侵入罪（130条）が，対応する犯罪類型が用意されていない違法行為に対する処罰を実質的に代替して行う機能を有しているようにみえることがある。銀行のATMコーナーに盗撮目的で立ち入った行為に建造物侵入罪の成立を認めた最決平成19・7・2刑集61巻5号379頁参照。この点については，Stage 2 No. 10も参照。

　懲役3年を制して，刑法典第2編を制しよう。

〔和田俊憲〕

Stage 3

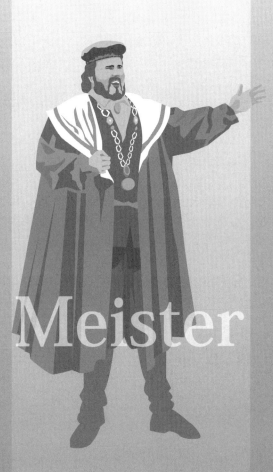

(1)　平成26年12月10日（水曜）午後1時ごろ，金に困っていたX・Y・Zは，X宅に集まり，近所の裕福そうにみえるA宅に侵入し，金品を窃取することを企てた。その際Xは，Aは通常，土曜日には妻Bとともに趣味のゴルフに行き，日曜の午後まで帰ってこないことを知っていたため，Y・Zに土曜日の夜に忍び込めばA宅には誰もいないだろうと伝えた。そこで，X・Y・Zは，3日後の深夜1時にA宅前で集まって，盗みに入ることを合意した。

　同月14日午前1時ごろ，Yは，Xからそのような話を聞かされていたものの，内心で「ゴルフに行かないときもあるだろうから，見つかったときのことも考えないと……」と思い，X・Zには無断で，バタフライナイフ（刃渡り10cmではあるが，先端は鋭利）をポケットに忍ばせてA宅前に到着し，その2，3分後Xも到着した。Zは計画には加わっていたものの，次第に怖くなり，その場には赴かなかった。

　A宅は洋館で，建物の周りには庭があり，外周は生垣で囲まれていたため，門扉からでないと邸内に入ることができないが，木の隙間から家の様子をうかがうことはできる状況であった。

　X・Yは，A宅前の路上でA宅の様子をうかがいながら20分ほどZを待ったが，Zが来なかったので，臆病なZが怖気づいたのだろう，ここは2人でやらざるをえないと考え，Yが門扉を開けて庭に侵入したうえで，玄関ドアをピッキングし，Xがその間，門扉の前で見張りを務めるという計画を立てた。

　Yがピッキングをしていた午前1時30分ごろ，防犯のため地域を巡回していたパトカーが通りかかったため，Xは捕まるのが怖くなって逃げ出した。その様子を見たYは，ちょうど鍵が開いたので，「見つかったら，まずい」と思い，A宅に飛び込んだ。

(2)　Yは1人になってしまったが，ここまで来たらやるほかないと考え，A

宅の1階居間を物色したところ，食卓のテーブル上に財布があり，中に現金3万円とA名義のクレジットカードが入っていたので，これをポケットに入れた。

　当日は，Bが風邪をひいていたため，Yの侵入当時，A・Bとも自宅の2階のBの寝室にいた。Aは1階で物音がしたため，様子をみるために下りて行ったところ，Yを見つけ，「泥棒！」と叫んで，背後からYの頭を殴りつけた。Yは驚いたが，とっさにバタフライナイフを振り回し，Aと距離を取り，ナイフをちらつかせながら，「金目の物を出せ，出さなければどうなるかわかっているな」と申し向けた。しかし，Aは空手の心得もあり，Yが意外に弱そうだったので，回し蹴りを食らわせ，Yが転倒した隙にナイフも奪い取った。Yが驚いて逃走したところ，Aは，「泥棒待て」と叫びながら，追いかけてきた（この時点で午前1時50分ごろであった）。そこへ，X・Yのことがやはり心配になり，また分け前もほしくなってA宅付近にやってきたZが通りかかった。Yは，Zに「しくじった，助けてくれ！」と叫び，ZはAの形相を見て怖くなったものの，Aに足払いをかけて転倒させ，Y・Zの2人でAを路上に押さえ込んだ。ZはAの足を押さえていたが，その間，Zの気づかないうちに，Yは，Aの首筋を両手で4分ほど思い切り絞め続け，Aは死亡した。

　X・Y・Zの罪責を論じなさい。

Stage 3 No. 1

解 説

I　はじめに

　ここから3問，さまざまな問題点が絡み合った応用問題を扱うこととする。当然のことだが，現実に起きる刑事事件においては，総論，各論の区別なく，いろいろな事象が絡み合うので，そうした場合に対応できるように，やや複雑な事例から問題点を的確にピックアップし，それを解決できる能力を問うことにする。

　こうした事例問題の場合，しばしば，これまであまり考えたことがない問題点が含まれていることがある。しかし，そのような場合にも，これまで学んできたことの中に，似たような問題点が必ずあるはずだから，そのような意識で，似た問題点を思い出し，それと今回の事案とで，どのような点が違うのかを考えてみることが有益である。

　また，共犯の問題の場合，事象すべてに関与した者がいる場合（今回はそうである）には，まずその者の罪責から検討してゆくことが望ましい。なぜなら，その者についてどのような犯罪が成立するか（あるいは無罪となるか）が，いわば客観的に起きた事象であり，それを前提に他の関与者がどの範囲でかかわっているか，その主観的事情はどうかといった検討をしてゆくのが，わかりやすく，かつ重複なく書きやすいからである。

　もっとも，この事案もそうだが，複数人が共同実行している部分については，それらの者の罪責をまとめたほうがわかりやすい場合もある。そうした場合には，その部分について分けて論じてもよいだろう。

II　Yの住居等侵入罪・強盗罪

　そこでまず，最初から最後まで事象すべてに関与したYについて検討してゆこう。YがA宅の敷地に侵入した時点で，住居等侵入罪（130条）が成立する。ここで注意してほしいのは，住居の囲繞地については，それを住居とする

か（西田・各論100頁，山口・各論122頁など学説上は多数）邸宅とするかについては議論があるが，いずれにしても判例・多数説からは住居内に立ち入らなくとも住居等侵入罪は既遂となるとされている点である。だから，「ピッキングしてA宅内に入った行為は」などと書いてはいけない（なお，判例は集合住宅の共用部分を邸宅とし，その囲繞地も邸宅としている〔最判平成20・4・11刑集62巻5号1217頁〕が，個人の住居の囲繞地につきどのように考えているかは明らかでない）。

次に現金とカードをポケットに入れた時点で窃盗既遂（235条）となる（占有取得時期についてはStage 1 No.16参照）。この後の行為については，窃盗既遂後の行為だが，さらに金目の物を求めようとする行為であるから，238条の事後強盗罪ではなく，236条の強盗罪となるというのが，一般的な考え方である。なお，Aの反抗は抑圧されてはいないが，それはたまたまAが豪胆だったからであり，見知らぬ侵入者が鋭利なナイフを突きつけて脅す行為は，少なくとも1項強盗の未遂にあたるというべきであろう（これを，強盗「既遂」となるために，被害者が現実に反抗抑圧されることが必要か，という問題点と混同してはいけない）。

こうして，Yについては，ここまでで，住居等侵入罪のほか，窃盗罪（既遂）と1項強盗の未遂罪が成立する。財産犯部分についての罪数関係については議論がありうる。1項強盗未遂の包括一罪とする見解と，財物奪取が既遂に達している事実を示す必要があると考えて両罪共に認める見解がありえよう（裁判例の中には，こうした場合に1項強盗の既遂を認めるものもある〔広島高松江支判昭和32・5・27裁特4巻10号263頁〕が，これは，当該暴行がすでに取得した財物の返還を免れる目的でなされたのであれば〔事後〕強盗既遂になることとのバランス論でしか説明できない結論であろう）。

Ⅲ　Y・ZによるA殺害

その後，Yは逃走中にZとともにAに暴行を加え，Yの暴行によって，Aが死亡している。これは強盗が逃走中の暴行であり，判例は，「強盗の機会」（詳しくはStage 2 No.4）になされた暴行から死の結果が生じれば，240条後段の罪が成立するとしているから（最判昭和24・5・28刑集3巻6号873頁），Yに

240条後段の罪が成立する。

なお，240条後段は殺意がある場合（強盗殺人罪）と，そうでない場合（強盗致死罪）とに分かれるが，4分間両手で首を絞め続けていたのであれば，殺意を認めることは十分可能であろう。なお，Yは暴行・脅迫に基づく財物の奪取には成功しておらず，強盗としては未遂であるが，生命のほうが財産より貴重な法益であるため，240条後段の罪は既遂となるというのが，判例（大判大正11・12・22刑集1巻815頁），多数説（たとえば，西田・各論187頁）である。

以上より，Yには住居等侵入罪および強盗殺人罪が成立し，両者は牽連犯となる（窃盗既遂は，強盗殺人罪で包括的に評価されると考えた場合。そうでない場合には，住居等侵入罪と窃盗罪，強盗殺人罪が，住居等侵入罪をかすがいとして全体が一罪となる〔詳しくは，Stage 1 No. 7〕）。

IV　Xの罪責について

次に，Xについて検討する。まず，彼について住居等侵入罪の共同正犯が成立することには，ほぼ異論がないだろう（住居等侵入罪を自らの手で実行行為を行わない限り正犯とならないという自手犯だと考えれば別だが，そのように考える見解は一般的ではない）。

それでは，Yについて認められる窃盗罪や強盗殺人罪について，Xがどのような罪責を負うだろうか。このような問題を出すと，よく「共犯の錯誤の問題ですか，それとも共謀の射程の話なのでしょうか？」と質問されることがある。

後者は，まだ比較的新しい議論であり，その位置づけについても必ずしも一致をみないが，現在の有力な見解は，これは実行分担者の行為が事前の共謀の内容と一致しない場合に，共犯としての因果性・客観的帰属が否定されるのはどのような場合かという議論であると位置づけ，それが満たされた場合に，事前の共謀の内容にとどまった者の故意がどの範囲にまで及ぶのか，が前者の錯誤の問題であるとする（たとえば，橋爪隆「共謀の射程と共犯の錯誤」法教359号〔2010〕20頁）。たとえば，甲・乙が丙を傷つけようと共謀のうえ，丙に暴行を加えたが，その場で，乙が丙に対して殺意を抱き，同人を殺害した場合は（甲の行為と乙の行為・結果との間に，共犯の因果性・客観的帰属が認められることは明らかだから）錯誤の

問題となり，甲には傷害「致死」罪の共同正犯が成立する（最決昭和54・4・13刑集33巻3号179頁）。これに対し，甲・乙が丙を傷めつけようと共謀のうえ，両名で丙に傷害を加え，その場は収まったが，数日後乙と丙とが口論になり，乙が殺意をもって丙を刺殺した事案では，乙の行為は甲との共謀内容とは別個独立の原因に基づいてなされたものだから，甲・乙の当初の共謀の射程外だと評価され，甲の罪責は傷害罪にとどまることとなる（東京高判昭和60・9・30判タ620号214頁参照）。

本件について，まずXは，Yの住居等侵入の時点まで関与していることは明らかだから，その点については共犯が成立することは確かである。他方，Yによる強盗（さらには殺人）については，Xに故意がないことは明らかだろう。

問題は窃盗についてである。この点についてはXに故意は認められるが，因果性が肯定されるか否かが問題である（詳しくはStage 1 No. 6）。これを肯定する方向に働く事情として，XがYに対してA宅の状況を教え，それゆえにYが犯行を決意した点およびXはYが住居に入る直前に一方的に立ち去ったにすぎない点を指摘することができる。他方，YはXが逃走したのを目撃し，もはやXの支援が得られないと認識したにもかかわらず，窃盗を実行した点を捉え，YはXの援助を頼みとせず，あくまでYの独断で行ったものと考えれば，Xは，それに対し因果的影響力を及ぼしていないから，その点の罪責を負わないとするのも十分ありうる考え方である（なお，Stage 1 No.6で言及した最決平成21・6・30刑集63巻5号475頁は，被害者宅への侵入口を確保した「後」の離脱であり，本件とは異なる）。この点については，判例上はまだ明らかでなく，自分の考え方を，一定の理由とともに示すことができれば十分である。

このようにして，Xには住居等侵入罪（および解釈によっては，窃盗罪）の共犯が成立しうる。その関与の態様からみれば，共犯の中でも，共同正犯というべきであろう。そして，その場合，罪数については，自己がすべてを行った場合と同様に扱われるというのが判例（最決昭和53・2・16刑集32巻1号47頁参照）なので，窃盗罪の成立を認めた場合には両罪は牽連犯となる。

V Zの罪責

　最もややこしいのは，Zの罪責である。まず，Zは，Ⅳでみたような枠組を前提としたとしても，かなり早い段階で離脱しており，住居侵入・窃盗について，いったんは共犯関係が解消されているというべきであろう（東京高判昭和25・9・14高刑集3巻3号407頁，福岡高判昭和28・1・12高刑集6巻1号1頁参照。なお，前掲・最決平成21・6・30も，被告人側が，これらの裁判例を引用したのを「事案を異にする」として排斥しているのであり，これらの裁判例の結論を否定しているわけではないことには注意してほしい）。

　しかし，Zはその後Yを助け，Aに暴行を加えている。これは，客観的には強盗（240条）でない者が，被害者の死を惹起する暴行に加功したものと評価することができる。そして，Zの認識していた事実を前提とすれば，その暴行は反抗を抑圧するものではあるが，殺意までは認められないとされるであろう（Yが4分にわたり首を両手で絞めていた事実を，Zは認識していない可能性がある。単に押さえつけていただけと思っていたのかもしれない）。

　Zの主観について，さらに付言すれば，この事実関係からは，ZはYが「強盗」であるという認識もなく「窃盗」であると認識していた可能性のほうが，むしろ高いであろう。

　こうした場合には，客観的に実現された事実について成立しうる犯罪とZの主観に照らせば成立しうる犯罪とをそれぞれ検討し，それが一致しうる範囲が何かを検討すべきである。

　すなわち，Zの行為は，客観的には「強盗犯人ではない者が，強盗犯人による被害者殺害行為を共同実行した」と評価されるが，その主観をみれば，「窃盗犯人ではない者が，窃盗犯人による（被害者の反抗を抑圧しうる）暴行に関与した（ところ，結果的に被害者が死亡した）」というものである。

　まず，主観面を前提としたときに解決が必要となる問題については，比較的多く論じられているところであろう。すなわち，238条において，窃盗犯人でない者が，先行者が窃盗であることを知って加功した場合に，どのように考えるべきか，という事後強盗罪の共犯の問題である。具体的には，[A-1] 窃盗を65条1

項の身分として，途中からの関与者に，事後強盗（致死）罪を認める見解（裁判例として，たとえば，大阪高判昭和62・7・17判時1253号141頁。学説として，たとえば，前田・各論200頁），〔A-2〕事後強盗罪を，暴行罪，脅迫罪を窃盗という身分によって加重する類型と理解して，65条2項を適用し，事後的関与者に，暴行罪（あるいはその結果的加重犯）を認める見解（新潟地判昭和42・12・5下刑集9巻12号1548頁，東京地判昭和60・3・19判時1172号155頁。学説として，たとえば大谷・各論242頁以下），〔B〕窃盗を実行行為とみて承継的共同正犯の問題とする学説，その中でも〔B-1〕承継を肯定する学説と，〔B-2〕否定する学説（山口・各論233頁）とがある。このいずれが採用されるべきかは，承継的共犯に関する一般理論（Stage 1 No. 6）次第である。

他方，客観的事実，つまり強盗の身分がない者が，それを有する者の傷害（致死）行為に加功した場合については，あまり議論がない。とはいえ，〔A-1〕のように，強盗も65条1項の身分であるとする学説（井田良『新論点シリーズ刑法各論』〔弘文堂，第2版，2013〕121頁）や，〔B〕のように，それ自体として犯罪を構成する行為がすでに行われた場合には，一般に承継的共犯の問題として扱うべきだとの学説も主張されているところである（論理的には，〔A-2〕もありうるのだろうが，現実には主張されていない。それは，おそらく，強盗殺人を当初から唆した者や，当初からそれを手助けした者について，強盗殺人罪の教唆，幇助を否定するという結論が適切でないからであろう）。

このような検討を踏まえた結果として，もしZについて，客観的にも主観的にも，強盗致死罪（強盗殺人罪は無理であろう）の成立が認められるのであれば，これがYと共同正犯となる。前述のように，Zには住居等侵入罪は成立しないであろうから，Zについて成立するのは，同罪の共同正犯のみとなる。

これに対し，65条2項説や承継的共同正犯否定説からすれば，Zについては，（強盗の部分が承継されないため）傷害致死罪が成立し，行為共同説によれば，Yとの罪名の異なる共同正犯になり，部分的犯罪共同説によれば，傷害致死罪の限度で罪名を同じくする共同正犯とされることとなろう。

〔島田聡一郎〕

No.2

　Xは，とある事情により，旧友の大学教授Aを殺害する必要に迫られた。Aは，毎日日が沈む頃に大学の研究室にやってきて，夜通し1人で研究活動を行い，始発電車で帰宅する生活を送っていた。Xは，研究室でAを殺害するのが最も確実な方法であると考え，そのようにすることにしたものの，そのためにはクリアすべき問題があった。Aの大学は，誰でも自由に出入りできる昼間の時間帯とは異なり，毎日午後7時から翌朝午前7時までは，各建物への出入口が1か所に制限されて守衛により人の出入りが厳しくチェックされ，出入りした人物とその時刻が記録されるのである。そのため，Aが研究室にいる時間帯には，Xが自らの訪問記録を残さずにAの研究室のある建物に出入りすることはできず，Aの殺害に成功してもすぐに足がついてしまうと考えられたのである。

　要するに，直接の殺害行為は午前7時から午後7時までの昼の時間帯に実行する必要があり，そのためには，通常であれば始発電車で帰ってしまうAを何らかの方法で午前7時以降まで研究室に滞在させ続ける必要があった。そこで，Xは，次のような殺害計画を立てた。

① 午後8時頃に研究室を訪問し（立入記録が残る），Aに睡眠薬入りのコーヒーをだまして飲ませて眠らせる。

② 研究室の並びにある薬品庫から麻酔作用のあるジエチルエーテルを取り出し，研究室の床にこれを大量に撒き気化させてAが吸入し続けるようにし，翌朝まで長時間にわたって意識消失状態が確実に維持されるようにする。

③ 研究室を施錠し，いったん大学構内から出て（退出記録が残る），帰宅する。

④ 翌朝午前7時すぎに再び研究室に戻り（自由に立ち入れる時間帯なので記録は残らない），電気ストーブに毛布を掛け，Aの過失による事故のように

見せかけて火災を発生させ，麻酔薬で意識を失っているAを焼死させる。

　Xは，ある日，このうち①〜③を計画どおりに進めることに成功したが，翌朝，大学に向かうと，研究室のある建物はすでに火災で半焼し，Aも焼死していた。Xは，ジエチルエーテルは安全性の高い麻酔薬にすぎないと認識していたが，それは実はガソリン並みの高い引火性をも有する物質であり，前の晩，Xが研究室から立ち去った後，午後9時頃に，研究室内に置かれた冷蔵庫のサーモスタットで生じた火花から，気化して室内に充満していたジエチルエーテルに引火して爆発が生じ，火災になったのであった。

　Xの罪責を論じなさい（特別法違反の点は除く）。

解　説

I　はじめに

　本問でまず確かなことは，(i) X が A を殺害しようとして，現に A は死亡したということと，(ii) X が A の研究室で火災を発生させようとして，現に火災が生じたということである。

　そして，成立する犯罪については，⑦ 人を殺そうとしてその人が死亡したのであるから殺人罪が成立する，あるいは，建造物を燃やそうとして燃やしたのであるから現在建造物放火罪が成立する，という結論と，④ 計画とは異なる形であやまって死亡結果を発生させてしまったのであるから（重）過失致死罪が成立するにとどまる，あるいは，計画とは異なる形であやまって火災を発生させてしまったのであるから（重）失火罪が成立するにとどまる，という結論とがありそうである。

　ここでは，行為者が構成要件の実現のために必要であると考えていたすべての行為を終える前の時点での行為について構成要件が実現している。これは，**早すぎた構成要件実現**と呼ばれる問題である。

　一般に，犯罪の成否を検討する際には，大きく分けて次の2つの方法がある（この2つの違いについては，すでに暴行罪との関係でもふれたところである。Stage 1 No. 17 参照）。

　第1は，まず発生した法益侵害結果（あるいは法益侵害の危険）に着目し，その結果（あるいは危険）を生じさせたといえる行為を特定したうえで，その行為について行為者に故意責任が肯定できるかどうかを検討するという方法である。「客観先行型」と呼んでおこう。

　第2は，まず行為者の計画に着目し，いかなる犯罪の故意が肯定できるかを判断したうえで，その故意に基づく実行行為を特定し，その実行行為から結果が生じたといえるかを検討する方法である。これは「主観先行型」と呼ぶことにする。

　上の(i)と(ii)についてそれぞれ，⑦と④のいずれが妥当かを，客観先行型

II　Aの死亡結果について
　——客観先行型からの分析——

1　問題の所在
　Aの死亡結果について客観先行型で分析すると、次のようになる。
　Aの死亡結果の直接の原因となったのは気化したジエチルエーテルの爆発による火災であり、それを引き起こしたのはXが研究室内にジエチルエーテルを撒いた行為である。
　では、その行為についてXに故意責任は肯定できるか。Xは、ジエチルエーテルを撒く時点で、その行為から直接にAの死亡結果を発生させるつもりはないが、Aの死亡結果を発生させるという目的は有しており、電気ストーブに毛布を掛けるという翌朝の行為によってAの死亡結果を発生させるつもりでいる。Xのそのような主観面を殺人の故意と評価できるかがここでの問題である。

2　最終行為の認識
　いかなる立場からも、「これが結果を発生させるための最終行為である」という認識がある場合には故意が肯定される。問題は「最終行為」の範囲である。
　たとえば、拳銃を用いて被害者を射殺する場合を考えてみよう。被害者を殺害しようと思って引き金を引き、弾が発射されて被害者に当たり被害者が死亡すれば、当然に殺人罪は肯定される。行為者は、弾を発射するためには引き金を10 mm引く必要があると思っていたところ、実際には8 mm引いただけで発射されたという場合であっても、結論は変わらない。引き金を「8 mm引く行為」と「さらに2 mm引く行為」とに分解し、行為者は「さらに2 mm引く行為」が結果発生のための最終行為であると考えており、「8 mm引く行為」については最終行為という認識がないから、「8 mm引く行為」から結果が発生してもその時点で行為者に殺人の故意はない、したがって殺人罪は成立しない、などとは決していわない。ここでは、何mm引くかは問題とせずに、「引

き金を引く行為」が最終行為と考えられており，そのような最終行為を行う認識があれば，故意としては十分であるとされているのである。

これは，次のような場合であっても同様であると考えられている（佐伯・楽しみ方279頁参照）。被害者をダイナマイトで爆殺しようとして，手元にあるリモコンスイッチの青ボタンを押してロックを解除し，次いで赤ボタンを押して爆発させようと思ったところ，実はすでにロックは解除されており，しかも青ボタンが爆発用のボタンであり，青ボタンを押した時点で被害者を爆死させたという場合も，殺人罪は肯定される。行為者が予定していた「赤ボタンを押す行為」のみが最終行為であると考えるのであれば，「青ボタンを押す行為」は最終行為ではないから，青ボタンを押す時点では最終行為を行う認識のない行為者に殺人の故意は肯定できないことになりうるが，そのようには考えられていない。「青ボタンを押し，さらに赤ボタンを押す行為」の全体が最終行為であると考えられ，したがって「青ボタンを押す」という認識があれば最終行為を行う認識は肯定できるので，故意は認められるのである。

これに対して，被害者を殺害するための爆弾を製造中に，あやまって爆発事故を起こし，たまたま近くにいた被害者を死亡させたとしても，殺人罪は否定されるとするのが一般的にとられる結論であろう。殺害目的で被害者宅に自動車で向かう途中，交通事故を起こし，たまたま現場にいた被害者を死亡させたような場合も同様である。そこにおける爆弾の製造行為や自動車の運転行為は，殺害のための「最終行為」の一部とはいえず，その時点での行為者の認識は故意とは評価されない。これらの場合はぜいぜい，殺人予備罪と（自動車運転／重）過失致死罪とが成立するにとどまると解される。

3　最終行為の範囲

以上のようにして，行為者の計画において，ミクロに観察すれば複数の行為が予定されている場合に，どのような範囲にまで「最終行為」を引き延ばしてよいか，その限界が問われることになる。「最終行為」は，自然的に観察すれば複数の行為から構成されることになるから，それは，**結果発生のための「一連の行為」**と表現されることが多い（そしてその場合，「一連の行為」を構成する個別行為は，時間順に「第1行為」「第2行為」と呼ばれるのが一般的である）。

それを開始する認識があれば故意が肯定される「一連の行為」の範囲の画定基準としては、いろいろな見解が主張されている。(a)相当程度厳格に最終行為に限定する見解、(b)実質的にみて結果発生のための最後の意思決定があるといえるのはいつかを確定したうえで、その時点以降を「一連の行為」とみる見解、(c)結果発生のためになすべきことの大半を終えたという認識をもったのはいつかを確定したうえで、その時点以降を「一連の行為」とみる見解、(d)行為者の計画を前提に実行の着手時期を確定したうえで、その時点以降を「一連の行為」とみる見解、などである。

本問では、夜の8時過ぎにジエチルエーテルを撒いた後（これを「第1行為」とする）、いったん帰宅したうえで、翌朝改めて研究室に向かう予定なのであるから、電気ストーブに毛布を掛ける行為（これを「第2行為」とする）は新たな意思決定に基づく行為と評価すべきであろう。第2行為が第1行為から時間的に離れており、第1行為の終了後、第2行為までの間に、犯行とは無関係の活動を行ったり睡眠したりするような場合は、第1行為のための意思決定は、第2行為までカバーできないものと解するのが自然である。

そうだとすると、第1行為の時点で、なすべきことの大半を終えたという認識も認めるべきではないであろう。

では、第1行為の時点で殺人の実行の着手は肯定できるであろうか。この点は、主観先行型の分析と併せて検討しよう。

Ⅲ Aの死亡結果について
―― 主観先行型からの分析 ――

1 基本的な判断枠組

主観先行型の分析方法を好む立場からは、**既遂犯は実行行為から結果が発生したものであるという基本的枠組がとられやすい**。犯意・行為計画に基づき行為者が実行行為の開始ないし実行の着手に至ったら、そこから先は行為者の認識とは異なる形で結果が発生しても故意既遂犯が成立するという理解がなされ、第1行為（の開始）の時点で実行の着手が肯定できる場合は故意既遂犯が成立し、実行の着手が否定される場合は予備罪および結果についての過失犯が成立

するにとどまるということになる。

　ここでは，早すぎた構成要件実現における故意既遂犯の成否は実行の着手の肯否によって判断される構造となっており，そこから，早すぎた構成要件実現は実行の着手の問題として位置づけられるという見方になる。しかし，実行の着手の判断の前提として行為者の故意が考慮されている点に注意が必要である。

2　クロロホルム事件判例

　このことをいわゆるクロロホルム事件最高裁決定（最決平成16・3・22刑集58巻3号187頁）を題材にみてみよう。同決定は，第1行為としてクロロホルムを吸引させ失神させた被害者を，第2行為として自動車ごと海中に転落させ溺死させようとしたが，実際は第1行為で被害者が死亡してしまった事実を前提に，第1行為を開始した時点で殺人罪の実行の着手があったことを認める。その際，①第1行為が第2行為を確実かつ容易に行うために必要不可欠であることや，②第1行為に成功すればそれ以降の殺害計画を遂行するうえで障害となるような特段の事情が存しなかったこと，③第1行為と第2行為の間に時間的・場所的近接性があることといった事実関係を挙げている。しかし，クロロホルムを吸引させる行為がそれ自体として客観的には人を直接中毒死に至らしめる危険性の相当高い行為であったことを認めつつ，その事実を実行の着手を判断する際の判断資料には含めていない。それは，クロロホルムの吸引行為それ自体によって直接被害者が死亡する可能性を行為者が認識していなかったからであると考えられる。

　同決定は，客観的危険性に基づいて実行の着手を認めるのではなく，客観的危険性のうち行為者が認識していた部分に基づいて実行の着手を認めている。これは，行為者の故意に基づいて危険性判断を行っているというのとは異なる。危険性が肯定され，かつ，故意が認められる場合に，実行の着手を肯定しているのである。すなわち，危険性と故意の両方を相互独立に実行の着手の要素としているのである。客観的に人を死なせるだけではなく，故意がある場合にはじめて「人を殺した」に該当するとするのと同様，客観的に危険であるだけでなくその認識もある場合にはじめて「犯罪の実行に着手した」に該当すると解するのである（これに対して行為計画は，通常は計画どおりに実行されるものである

という意味で，危険性を基礎づける要素とされている）。換言すれば，**故意の実行の着手**を判断しているのであり，結局，客観的な実行の着手に対する認識の有無を問題としていることになる。既遂犯が成立するための故意の内容として，実行の着手の認識が必要であるという理解に帰着する。

これは，もしそれが十分条件でもあるとしているなら，Ⅱ3で客観先行型の分析方法から展開された最後の見解(d)と同内容である。実行の着手の認識があれば「一連の行為」の認識があるから，故意が肯定でき，客観面と併せて既遂が肯定できる，というのか，行為者の認識を前提に実行の着手が肯定できれば実行行為が認められるから，そこからの結果発生と併せて既遂が肯定できる，というのかの違いがあるだけである。

3 本問の検討

では，本問では，第1行為の時点で殺人の実行の着手は肯定できるであろうか。クロロホルム事件判例の挙げている判断要素に照らして検討してみよう。

まず，ジエチルエーテルを大量に撒くことによってはじめて，被害者Aの意識消失状態が維持でき，電気ストーブに毛布を掛けて火災を生じさせる行為が確実かつ容易に行えるようになるのであるから，「第1行為が第2行為を確実かつ容易に行うために必要不可欠であること」は肯定できる（2で述べた①）。次に，電気ストーブに毛布を掛けて火災を生じさせる行為自体の障害になりうるのは，被害者Aによる阻止行為であるが，ジエチルエーテルを大量に撒くことができれば，被害者Aの意識消失状態が維持でき，そのような阻止行為も排除できるし，火災が生じてもAの死亡に至らないといえるような事情は存しないから，「第1行為に成功すればそれ以降の殺害計画を遂行する上で障害となるような特段の事情が存しなかったこと」も肯定できよう（②）。そして，第1行為と第2行為は同じ場所におけるものであるので，最後に検討すべきは両者間の時間的近接性である（③）。第2行為が第1行為から12時間近く後に予定されている本問では，時間的近接性は否定されそうでもある。しかし，たとえば，詐欺罪においては，欺罔行為から1週間後に財物を取得することも典型的にありうるが，その場合でも欺罔行為時に詐欺の実行の着手は肯定されている。そうすると，時間的近接性がないことそれ自体は，実行の着手を肯定

する際には，必ずしも決定的ではないかもしれない。この点は，放火罪の実行の着手を検討する中で，再び扱おう。

以上のように考えると，本問において，ジエチルエーテルを撒く行為は，火災を生じさせる行為に密接な行為であり，かつ，ジエチルエーテルを撒く行為の開始時点において，殺人に至る客観的な危険性が肯定できるから，殺人の実行の着手が認められるということになりうる。

そうだとすると，Xの計画に反して，そこから直接Aの死亡結果が発生しても，殺人既遂が肯定されることになる。

Ⅳ 研究室建物の焼損結果について

1 放火罪の実行の着手

建造物放火罪の既遂は建造物の「焼損」の時点で認められ，「焼損」は建造物の独立燃焼を意味するとされる。Aの研究室のある建物が半焼したのであれば，独立燃焼しているはずなので，焼損結果は肯定できる。

Ⅱで述べた客観先行型の分析視角に立ち，(b)実質的にみて結果発生のための最後の意思決定があるといえるのはいつかを確定したうえで，その時点以降を「一連の行為」とみる見解や，(c)結果発生のためになすべきことの大半を終えたという認識をもったのはいつかを確定したうえで，その時点以降を「一連の行為」とみる見解からは，ここでの放火罪の故意の肯否は，前述の殺人罪の故意の肯否と同じ結論に至るはずである。本問では，火災によってAを殺害しようとしており，殺人の既遂惹起のための行為と放火の既遂惹起のための行為は同一であるため，行為者の主観面における「一連の行為」の判断は，殺人罪か放火罪かで異なるものになる理由がないからである。殺人の故意が否定されるのであれば，放火の故意も否定され，放火予備罪と（重）失火罪が成立するにとどまると解される。

これに対して，実行の着手を基準とする見解からは，違った結論になりうる。すなわち，ジエチルエーテルを撒いた時点で殺人の実行の着手を肯定し，最終的に殺人既遂を肯定する立場からも，放火罪については同じ時点での実行の着手を否定し，したがって最終的に既遂を否定する余地があると思われる。放火

罪は，単に焼損結果を発生させる犯罪ではなく，「放火して」焼損する犯罪であり，「放火」とは「火を放つ」行為であり，火をおこすか，少なくとも火をつけるための媒介物を設置する認識がなければ，故意の実行の着手を肯定することはできないと考えられるからである。ここでは，単に既遂惹起の実質的な危険で実行の着手を認めるのではなく，行為態様による形式的な制約がかかっているということができる。実行の着手時期が，実質的判断と形式的判断の兼ね合いで判断されるということは Stage 2 No.8 でみたとおりである。

2　殺人の実行の着手と被害者領域への侵入

　この観点は，前述の殺人の実行の着手の判断においても意味をもつものである。殺人罪は，放火罪とは異なり，行為態様の限定がない犯罪である。とにかく死亡結果を発生させれば殺人罪は成立する。そうすると，実行の着手の判断において，実質的な危険の発生が重要な意味をもち，行為態様に着目した限定はないことになりそうである。

　もっとも，殺人罪は事実上，被害者の身体に対する物理的・生理的攻撃によってのみ実行可能である。すなわち，殺人の実行行為は，**身体に対する侵襲**という態様に事実上限定される。そうすると，殺人の実行の着手は，被害者の身体への侵襲が現にあるかそれが切迫するまでは肯定されず，逆に，身体への攻撃がなされれば，死亡結果発生の危険が時間的に切迫していなくても，実行の着手は肯定しやすくなる。

　このことにより，直接の殺害行為でなく，その準備段階の行為であっても，たとえばクロロホルムをかがせて意識を失わせる行為のような，身体に対する攻撃を要素とする行為が行われれば，殺人の実行の着手が肯定されうるのである。

　本問でも，第2行為が時間的に離れた時点に予定されていても，第1行為が睡眠薬を飲ませたり麻酔ガスを吸入させたりする行為であることが，その時点での殺人の実行の着手を肯定する要素となる。その意味で，時間的近接性は，重要性が相対化されることになる。

　こうして，XにはAに対する殺人罪および放火予備罪・失火罪が成立し，

殺人罪と失火罪が観念的競合，それと放火予備罪が併合罪の関係に立つ，というのがひとつの結論である。殺人既遂を否定する場合は，XにはAに対する殺人未遂罪・重過失致死罪および放火予備罪・失火罪が成立し，殺人未遂罪と重過失致死罪と失火罪が観念的競合，それと放火予備罪が併合罪となる。

〔和田俊憲〕

Answer 2　何の罪に問われるか

　ところで，A～Gがそれぞれ，A：警察，B：検察官，C：裁判官・裁判所，D：刑務官・刑務所，E：法務大臣，F：国，G：国民であったらどうであろうか。A～Gの各行為は，被疑者から被告人を経て受刑者へと地位を変えていくX・Y・Zに対する刑事手続（逮捕・勾留，捜索・差押え，保釈，公訴提起，求刑等）や刑罰（罰金・懲役・死刑）を表しているにすぎなくなる。その場合はもちろんA～Gに犯罪は成立しない。

　単なる犯罪組織による住居侵入，強窃盗，略取，監禁，殺人等と，法定された刑事手続の中で行われるそれらとの違いは，「正義を標榜できるか否か」という点にしかない。われわれ国民はこの「犯行」に大ボスとして絶対的に関与しており，刑法と刑事訴訟法を廃止しない限り共犯関係を解消する余地はない。ある行為について犯罪の成立を肯定する際には，「この処罰は正しいことである」と胸を張って主張しきれるかどうか，ひとりで学びながらも常に省察し続ける必要があろう。

No.3

(1) 芸能プロダクションとしてモデルの派遣を業としているA社では，B銀行C支店に開設している会社名義の当座預金から，従業員の給与はもとより，モデルの報酬も，各自の指定する口座に振り込む形で支払っていた。モデルに対する給与の支払は，人事・労務担当課長のXが，振り込まれるべき者の氏名，口座情報，振込額を電子データとして，毎月15日までにB銀行本店電算センターに送付し，同行において，毎月25日に，それぞれの口座に振込手続を行う形でなされていた。

(2) Xには，会社の定めた日額報酬（能力等☆3つランクは3万円，☆2つランクは2万円，☆1つランクは1万円）を積算した月あたりの総報酬額500万円を上限として，応募者の能力等をランクづけしたうえで派遣候補者リストに登録し，派遣したモデルに対する報酬の振込みをB銀行に指示する権限が会社から与えられており，会社に対してはモデルのランクごとの派遣のべ日数および支払総額を報告すればよいことになっていた。この総額は，月ごとに変動するが，おおむね400万円程度であり，上限である500万円に達したことはなかった。

(3) Xは高卒後40年間まじめに勤務したが，大卒のより若い従業員が取締役に就任したのを契機に会社に対する失望感を覚え，平成25年11月分より，愛人であるホステスD子を☆1つランクのモデルとして，1月あたり5日間派遣したものとする架空の派遣実績に基づき，B銀行に指示してDの口座に月々5万円を振り込ませ，これをDから受け取ってDとの遊興に使っていた。

(4) 暴力団員Yは，平成26年2月上旬のある日，自身の愛人である，Dの同僚E子からこのことを聞きつけ，これをネタにXを強請ろうと考え，喫茶店にXを呼び出し，「会社の金をネコババしとるやろ。ばらされたくないんな

ら俺の口座に毎月10万円振り込め」と強く命じたところ，Xは，Yのまさしく暴力団員といういでたちに畏怖し，また，こんなことが発覚してあと少しでもらえる退職金をふいにしてなるものかと考え，Yの要求を受諾することとし，要求された送金を平成26年4月分から実施することでYと合意した。

(5) この金額を捻出するため，Xは，2月下旬に，採用面接にやってきたF子（客観的には採用不可もしくは☆1つランク）が，志望理由書に「生活に困っています。採用していただけるなら何でもします」と書いていたのに目をつけ，Fに対し，☆3つランクの査定として毎月10日分は派遣先を確保してあげるが，そのかわり，月10万円をXにキックバックするようもちかけたところ，能力等に自信がなく，まさか☆3つランクで採用されるとは全く期待していなかったFは舞い上がり，Xの申出を即答で承諾した。

(6) そこで，Xは，平成26年3月より，Fを各種イベント等に毎月10日間派遣し，翌月に，B銀行に指示して，毎月30万円の報酬をFに振り込ませ，Fから現金で受け取ったキックバック分の10万円を，最寄りのATM（現金自動預払機）からYの口座に振り込むこととなった。なお，このYの指定した口座は，もっぱら喝取金・騙取金の受取口座にするため，Gから買い取ったH銀行I支店にあるG名義の口座であった。

(7) Yは，インターネットバンキングで，Xからの入金が始まったことを満足そうに確認すると，「出し子」としてアルバイトで使っているZにキャッシュカードを渡し，当座の遊ぶ金として30万円を引き下ろすとともに，暴力団幹部Jへの上納金として100万円をJの口座に振り込んでくるよう指示したところ，Zは，言われたとおりに，H銀行I支店に出向き，ATMを操作して30万円を引き出すとともに，Jと自分の氏名の読み方が同じであることを奇貨として，振替送金先として自らの口座を指定して100万円を送金し，Yにキャッシュカードを返却し，利用明細書を渡したうえで，姿をくらませた。

X，Y，Zの罪責を論じなさい。

解説

I　XのDに対する振込みと財産犯の成否

(1)　XのDに対する振込みにつき，A社に対する背信的要素をともなう財産犯が成立しうることはすぐに理解できようが，では何罪の成立を考えればよいのか。ここでは横領罪と背任罪の成立可能性が問題となろうが，一般的な理解によれば，両罪は法条競合の関係にあり，重い横領罪が成立する場合には背任罪は成立しないものと考えられているから，まずは横領罪の成否を先に検討していくことにしよう（基本である252条の単純横領罪と247条の背任罪の法定刑を比べると上限は同じだが，下限は罰金刑のある背任罪のほうが軽い。また加重類型として253条の業務上横領罪と会社法960条の特別背任罪の法定刑を比べると，上限が同じで下限は罰金刑のある後者が軽いことは同様だが，後者につき懲役と罰金を併科しうることが問題となりうるが，任意的併科刑は刑の軽重の判断に影響しないものとされているため，やはりこちらでも横領罪のほうが重いことになるのである）。

(2)　まず問題となるのは，XがA社の金銭を（業務上）占有する者といえるかである。A社から総額500万円相当の複数の美術品を預かっていた人が，そのうちの10万円の絵画を売り払って代金を着服した場合に横領罪が成立するのは当然であるが，それなら，500万円の入ったカバンを預かっていた人が，そのうちの10万円を使い込んでしまった場合にも，同じでなければアンバランスであろう。民法上は，金銭の所有と占有は一致するものとされるが，その理由は，金銭がきわめて流通性の高い交換・決済手段なので，取引の安全のために占有と同時に所有権の移転を認める必要があることに求められる。他方，刑法上は，預けた人と預かった人の2者間での静的な権利関係の保護が重要なので，そうした考慮は不要である。こうして預かった金銭を着服した場合にも，依然として所有権は預けた人にあるから横領罪が成立するというのが判例（最判昭和26・5・25刑集5巻6号1186頁）・通説となっている。

これに対し，本問におけるように，委託者名義の預金につき，振込送金を行う権限を与えられている場合には，現金を預かった場合と異なり，所有権が受

託者側に移転するかという問題は生じえない（もっとも，金銭を預け入れた時点で，銀行側に所有権が移っているのではないかという問題はなお残るが，この場合でも，銀行の金銭に関する所有権と，債権をもつ委任者の委託信任関係の双方が相まって，横領罪の成立要件が満たされると解することができよう）。

問題は，A社の預金につき毎月500万円を上限として報酬支払として振り込む権限が与えられているだけのXに，横領罪にいう占有が認められるかである。まず，前提として，横領罪にいう占有と，奪取罪（窃盗罪など）における占有とでは，犯罪の性質の違いに応じて重点が異なるものと考えられている。すなわち，後者では，財物に対する事実上の支配，すなわち，他者が手出ししないよう排他的に支配することを内容とする事実上の占有が問題となるのに対し，前者では，**自己のものとして処分できる可能性を内容とする，法律上の占有**があればよいとされ，登記済不動産であれば，登記名義を有する者は，当該不動産を事実上占有しているかにかかわらず，当該不動産を売り飛ばせる以上，横領罪を犯せる立場だと考えられているのである。

(3) これを前提として預金についてみると，預金の場合でも，**預金者は引き出したり，振込送金をしたりして，当該預金（に対応する金銭）を処分できる**ので，たとえば，他者から預かった金銭を自己名義の預金の形で保管中に，これを費消すれば，横領罪の成立が肯定されるとするのが，判例・多数説となっている。横領罪の成否という点からみれば，銀行の貸金庫で保管しているか，銀行の預金として保管しているかで，結論が変わるのは不自然であるから，この結論自体は妥当であろう。これに反対する見解は，預金は債権にすぎず，銀行には総預金額に対応する現金が用意されているわけではないのだから，金銭という物に対する占有は認められないとするが，**銀行は金融危機においても経済システムの根幹をなすインフラとして手厚く保護されるのが通例であり，これに対応して，その預金も安全確実なものとして，預金額に相当する現金の処分可能性が肯定されるべきなのである**（より詳しい説明は島田教授によるStage 1 No.16を参照）。

自己名義の預金につき，このことを認めるのであれば，本問におけるように，委託者名義の預金に関する処分権を与えられているXについても，同様に処分権の範囲内でのA社の預金に対応する現金に対する法律上の支配が肯定されてよいことになろう。

そうだとすれば，XがDにA社の預金から月々5万円を振り込んでいるのは，ここでDが果たしているXのための受取人としての役割からみて，Xが自らの懐に入れているものと評価されるべきであるから，Xには横領罪（Xは会社の預金を業務上保管しているから業務上横領罪）が成立することになる。

(4) これに対し，横領と背任の区別を，権限逸脱か権限濫用かにより判断する見解によれば，Xの行為は，A社から与えられた月あたりの総報酬額の範囲内でのことで，権限濫用にとどまり，背任だとみる余地もあるかもしれない。しかし，Ⅱでみる，実際に派遣したモデルの報酬を水増ししてキックバックさせるような場合はともかく，モデルとして稼働していないDに対する「報酬」の支払は，およそA社から与えられた権限を逸脱した行為だとみるのが，より自然であろうと思われる。

Ⅱ　XがFを不正採用し報酬をキックバックさせた行為と財産犯の成否

(1) では，XがFを不当に高くランクづけして採用し，これに応じてFにA社から不当に多く支払われた報酬をキックバックさせた行為も，Ⅰでみたのと同様に業務上横領罪となるのだろうか。ここでも，横領罪が成立するかを優先的に検討していこう。物の他人性，（法律上の）占有などについてはⅠでみたので繰り返さない。

まず，領得行為説からすれば，**領得の有無が問題であるが，これは，当該財産がいったん行為者の財産に帰属したかどうかによって決せられることになる。**Xは，Fからキックバックを受けており，毎月10万円相当額については，Fを経由して自ら領得しているのであって，Dを経由する場合と全く同じだとの評価も成り立ちうる。この点を重視するならば，業務上横領罪の成立を認めるという結論もありえよう。しかし他方で，Dへの支払が，Xへの支払と同視しうるのに対し，Fは，あくまで自らが実際に稼働した報酬としての支払をA社から受けているのだから，ここでは，その全額がいったんFに帰属し，そのうえで，Fが採用・派遣のお礼をXに行っているのだとみるのがより自然ではないだろうか。このようにみるときは，Fへの振込みについては横領罪の成立は否定され，せいぜい背任罪しか成立しないことになる。

(2) 次に，横領と背任の区別を権限逸脱か濫用かにより行う見解からは，Xは，一定水準以上の能力等の持ち主をモデルとして登録したうえ派遣し，派遣実績に応じた報酬をA社の預金から振り込む権限をA社から与えられているところ，Fについて問題となるのは，報酬をキックバックさせる意図のもとに，☆1つ以下のランクであったFを☆3つランクと不当に高く評価し，不当に高い報酬をA社に支払わせたということであるから，まさしく権限の濫用だと評価されることになる。すなわち，**権限の濫用とは，当該不正な行為から不正な要素を捨象した場合に，一般的権限の範囲内に入るものかにより判断されるが，Xの行為から，Fを不当に高く評価したという要素をカットすれば，まさしくこれは一般的権限の範囲内に収まるのである**。こうみれば，Fに対するXの一連の振る舞いは，A社に対する任務違背により，報酬の差額に相当する財産的損害を与えたものとして，背任罪の成立が肯定されることになろう。

Ⅲ Zによる預金引出し等について

(1) 銀行預金を不正に引き下ろす場合には，銀行支店長による金銭の事実上の占有を侵害したものとして，窓口であれば詐欺罪が，ATMであれば窃盗罪が成立するが，口座名義人から依頼されたとおりにATMで現金を引き出した者に，窃盗罪が成立することはありえない（正当な預金者ないしその代理人も，この銀行側の現金に対する現実的支配を失わせていることは間違いないが，それが正当な預金の引出しである限りで，銀行の意思に反せず，法益侵害がない〔その結果として構成要件該当性が否定される〕のである）。

もっとも，本問では，Yが用いているのが①自己名義の口座ではなくG名義の口座であること，また，②この口座が詐欺・恐喝により得られた資金の受領のために利用されているものであることから，自己名義の口座からの正当な預金の引出し，あるいは，名義人からの正当な授権に基づく引出しと同じように考えてよいかが問題となろう。

①の点については，本人確認法（金融機関等による顧客等の本人確認等に関する法律）により，銀行による本人確認が強化されている今日においては，仮にGに口座開設当初には他人への譲渡意思がなく正当に開設された口座だったとし

ても，それをYが利用することは違法であり，銀行側にはそうした口座からの出金を拒絶する利益があるのではないかが問題となろう。東京高判平成18・10・10東高刑時報57巻1〜12号53頁は，金融機関による本人確認の強化により，なりすまし目的での通帳等の受交付が処罰されるようになったことを前提として，こうした者による預金の払出しは，「当然のこととして金員の占有者である銀行の意思に反するものである」として，窃盗罪の成立を認めており，本問でも同様に解することはできよう。確かに，この場合には，口座名義人であるGは，入金の原因いかんにかかわらず，入金額相当の預金債権を取得しており，その者から払出権限を与えられた者が払出しをしても，不可罰となるのではないかが問題となりうるが，東京高裁は，窃盗罪の成否はこれとは別個の問題であると解している。

(2) 次に，本問とは異なり，①の点に問題のない事案だったとしても，②の問題は残る。最判平成8・4・26民集50巻5号1267頁は，誤振込みの事案に関して，振込依頼人と受取人との間に振込みの原因となる法律関係が存在しなくても，受取人は振込先銀行に対し振込金額相当の普通預金債権を取得するものとしていたが，他方で，最判平成20・10・10民集62巻9号2361頁は，「受取人の普通預金口座への振込みを依頼した振込依頼人と受取人との間に振込みの原因となる法律関係が存在しない場合において，受取人が当該振込みに係る預金の払戻しを請求することについては，払戻しを受けることが当該振込みに係る金員を不正に取得するための行為であって，詐欺罪等の犯行の一環を成す場合であるなど，これを認めることが著しく正義に反するような特段の事情があるときは，権利の濫用に当たる」との判断を示している。そうすると，本問におけるように口座を喝取金・騙取金の受取りに用い，それを引き出そうとすることは，権利の濫用で，引出しは正当化されないから，本問での引出行為には窃盗罪が成立することとなろう（なお，誤振込預金の払戻しの事案は，同判決が「受取人が振込依頼人に対して不当利得返還義務を負担しているというだけでは，権利の濫用に当たるということはできない」としているところからみて，なお正当な預金債権者による払戻しだと考えられる）。これを銀行側からみれば，預金規定上，口座が法令や公序良俗に反する行為に利用され，あるいは，利用されるおそれがあるときは取引を停止することができることとなっており，また，平成19

年に成立した振込め詐欺被害者救済法（犯罪利用預金口座等に係る資金による被害回復分配金の支払等に関する法律）では，「犯罪利用預金口座等」である疑いがあると認められる場合には，銀行側には取引停止等の措置を講じ，被害者に分配金の支払を行うことが義務づけられている。このことからすれば，銀行側には喝取金・騙取金の支払を拒む利益があるとみることはできよう（東京高判平成25・9・4判時2218号134頁参照）。これは，誤振込預金の払戻しの事案に関する最決平成15・3・12刑集57巻3号322頁が，前掲・最判平成8・4・26が示したような民事の権利関係との抵触を回避しつつ，被害者側に刑法上保護に値する利益が肯定できる限りで，詐欺罪の成立を肯定したのと同様の論理であるが，誤振込預金の払戻しの場合に比べ，銀行側の利益とその侵害を基礎づけることは格段に容易である。

　いずれにせよ，この場合には，被害者はあくまで銀行であり，銀行は確かにATM内の現金を現実的に支配しているから，窃盗罪をはじめとする占有移転罪の成立は，それ自体としては疑問の余地はない。もっとも，次のⅣでみるように，Yと被害者との関係では，喝取金が振り込まれた時点で1項恐喝が既遂に達しているとしながら，さらに預金を引き出せば窃盗だというのは，評価として整合していないのではないかと思われるかもしれない。この問題が生じるのは，犯罪利用口座の預金につき銀行側が事情を知れば支払に応じない可能性があるため，「事実上は自由に引き出せる」（ア）が「法的にはできない」（イ）という微妙なゾーンにかかっているためである。1項恐喝が成立すると考えるのは（ア）の事情を重視してのことであるのに対し，引き出せば銀行を被害者とする窃盗（ないし詐欺）だと考えるのは（イ）の事情を重視してのことであると説明できよう。

Ⅳ　Yの恐喝行為について

　Yは，Xを恐喝して，月々10万円を，Yの指定するG名義の口座に振り込ませ，Xからの入金を確認してにんまりしている。この時点では，Yは，現金を手に入れることにつき，少なくとも1項恐喝の未遂が成立することは間違いないが，他方で，預金債権を得ているから，すでに財産上の利益を得たものとして，2項恐喝罪の既遂を認めることも可能であろう。学説上は，財物の取得

を目的とした欺罔行為により交付の約束を得ただけの場合につき，約束を得たことを捉えて2項詐欺の既遂とすること（最決昭和43・10・24刑集22巻10号946頁参照）に消極的なスタンスをとり，財物と利益を区別する現行法のもとでは，交付の約束に独立の財産的価値が認められる場合に限り，利得罪の成立を肯定してよいとする見解も有力である（中森・各論142頁，山口・各論248頁など）が，本問では預金債権を取得しており，これに独立の財産的価値が認められることは当然であろう。

では，本問で預金額に対応する現金を取得したものとして，1項恐喝罪の既遂を認めることはできないのだろうか。

判例の立場は，騙取金・喝取金が犯人の口座に振り込まれ，犯人が預金債権を取得した時点で，当該預金（に対応する現金）を自由に処分できる状態を獲得したものとして，1項犯罪の既遂を認めるのが一般的である（最決平成15・12・9刑集57巻11号1088頁。そのため預金封鎖措置がとられている場合など，当該預金を自由に処分できない場合は1項犯罪の未遂となる。浦和地判平成4・4・24判時1437号151頁）。預金債権が取得できれば，すでに現金を手にしたのと同じようなものだとみて，これもありかなと思われる読者も多いであろう（山口・各論296頁は，「どちらの解決も可能である」とされながらも，「預金による金銭の占有は横領罪固有の占有概念に由来するものと解する限り，2項詐欺・恐喝の成立を肯定するにとどまることになろう」とされている）。

もっとも，この結論を理論上説明することは，実は簡単ではない。わが国では，1項詐欺・1項恐喝罪もまた，財物の占有を移転させる罪だと理解されており，**銀行振込みの形で，喝取金等の支払が行われた場合に，いかなる意味で，こうした占有の移転を観念できるか**が難しい問題として残るのである。このことを可能な限りで検討してみよう。

まず，受け取る側＝犯人側についてみると，被害者側から振込みが行われた段階では，犯人は預金債権を取得しただけであり，財産上の利益を得ただけにすぎないともみうるが，判例の立場は，預金に対応する金額を自由に処分できる立場を得たこと，すなわち，法律上の占有を得たことを重視するものであろう。確かに，現在では，高額な支払等で送金が必要になった場合など，現金よりは預金口座からの振込みを利用したほうが便利であるから，決済手段として

も優れており，保管という点でも，預金しておいたほうが安全確実なのであるから，現金を手にしたかにより，当罰性評価が左右されるべきではないという限りでは，判例の結論にも理解できるものがあろう。

　問題は，このような結論が，**客体が財物か利益かで1項・2項を分けている現行刑法と整合的**かどうかである。すなわち，1項の恐喝罪は「財物を交付させた」と，はっきりと規定しているが，「財物を交付させた」とは「財物の占有を処分行為により移転させた」ということだから，財物（ここでは現金）をまだ手にしていない段階で，そういえるかは相当に苦しいであろう。他方，物の獲得が目指されている場合でも，物の性質により，その管理形態はおのずと異なる。とりわけ多額で（当面必要のない）金銭の場合には，銀行預金として預けておくのが，当該金銭の管理法として一般的であろう。そうだとすれば，**金銭の性質上当然ありうる管理形態の1つである預金債権の状態に到達した以上，それが自由に引き出せない状態にあるなどの例外的事情がない限り，1項の既遂としてよいのだとの考え方**は不可能ではないかもしれない。

　他方，送金した側＝被害者側からみると，本問では，現金での振込みが行われているので，途中，銀行への入金→銀行間の振込み→銀行からの出金というプロセスを経て，金銭の財物としての同一性は失われているものの，一定の金額の現金に対する事実上の支配の移転を観念することはなお可能であろう。

　なお，本問におけるのとは異なり，恐喝等の被害者が，α銀行β支店にある自己名義の口座から犯人側の口座に振込みを行った場合は，仕向銀行となるα銀行は振込依頼人である被害者Pに対し振込資金と振込手数料の請求権をもつ。この債権とPがα銀行に対してもつ預金債権が相殺されることになる。この相殺の実質的な意義は，Pの口座からPへの払戻しとPによるα銀行への振込資金等の預入れが「目に見えない」形で行われたということだと刑法上考えることが可能だとすれば，こうした場合でも，ATM等から現金で送金した場合と同様の扱いを行うことが可能となろう。

　こうした見方に対しては，実際にはPは1度も現金を手にしていないのだから，被害者が失ったのは預金による占有という法律上の占有にとどまるのではないかとの疑問が生じうるが，ここでも，犯人側についてと同様に考えれば，金銭の保管の一形態としての預金による占有が失われたものと捉えることは，

なお不可能ではないかもしれない。もっとも、このようにいいうるかは1個の問題であるから、次のVで再度検討してみよう。

V Zによる自己名義口座への不正送金について

IVでみたような、預金債権を取得した時点で1項犯罪の既遂を認める構成は、それ自体としては、成り立ちうるかもしれないが、この論理を推せば、Zによる自己名義口座への不正送金もまた、IIIでみたように、払戻しが権利濫用にあたり、銀行側には支払に応じない利益があるとすれば、この資金の移転が銀行支店長の意思に反するものだとして、窃盗罪を構成すると考えることになろう（さらにYから預金払出しを依頼されてキャッシュカードと暗証番号を託されている中で100万円を自己名義の口座に振り替えたことから、横領罪の成立も別途考えられる。この場合の金銭の所有者がYなのか銀行なのかは難しい問題だが、横領罪との関係ではYのものだとみることになろう。もっとも犯罪により取得した預金にかかるYとZとの委託信任関係は刑法上の保護に値しないから、せいぜい成立するのは占有離脱物横領罪だということになろう。金銭の所有者がYだとみる場合には、銀行を被害者とする電子計算機使用罪とは保護法益が異なるため、観念的競合となろう）。

しかし、この結論は、昭和62年に電子計算機使用詐欺罪ができたときの議論の前提と異なるものである。そこでは、他人のキャッシュカードを不正利用してATMから自己の預金口座に送金を行った場合には、財物の占有の移転がないため、窃盗罪が成立しないことが前提とされていたからである（西田・各論214頁以下など参照）。

そこで、ここで問題となるのは246条の2の電子計算機使用詐欺罪の成否である。同条にいう「虚偽の情報」とは、本罪が詐欺罪の補充規定であることからすれば、人が事務処理をしていたならば欺罔行為にあたるような行為がなされたか、言い換えれば、利益を交付する主体の意思に反する処分といえるかという観点から判断されるべきである（橋爪隆「電子計算機使用詐欺罪」争点194頁）。そうすると、Zによる暗証番号の入力等は、IIIでみたような事情からすれば、まさに「虚偽」の情報となり、これを与えることにより、預金債権を取得したという不実の電磁的記録を作出したものとして、本罪の対象となるので

ある。

　翻ってみると，この前提を崩すことになるⅣでみたような解釈を行うことは控えるほうがよさそうである。財産犯の領域では，刑法の目からみて当罰性に違いがなければ，「同じものは同じように」という正義原則に従い，同じ処罰が確保されるべきだという要請が強く働き，それが，金銭の委託，預金による占有，二重抵当と背任などの解釈において現れているといってもよいだろう。しかし，これが可能なのは，現行法の財産犯体系と整合的である限りにおいてであり，Ⅳでみたような解決は，この要請の前に後退を余儀なくされるのではないだろうか。そうだとすれば，預金による占有という考え方は，少なくとも占有移転罪における被害者側の占有については認めないほうがよさそうだという結論になるが，読者の皆さんはどう思われるであろうか。

〔安田拓人〕

あとがき

　本書の刊行に向けた作業も山場を迎えたころ，京都で開かれた編集会議のあとに瀬戸内の小豆島を訪れる機会があった。「ひとり」をテーマにした自由律俳句の達士として，「咳をしても一人」「淋しい寝る本がない」などの秀句を遺している尾崎放哉が，晩年を過ごした島である。

　放哉の墓は，小高い丘の斜面につくられた墓地の最上部近くに，ぽつんと立っている。ほかの墓は，放哉の墓のある一角を避けるようにしている。それは，放哉が生前，放縦な暮らしぶりから島の人々に疎まれていたことの現れであると同時に，放哉の追究した「ひとり」というテーマが，その人生を越えて尊重され実現している証ともいえそうである。

　放哉には「墓のうらに廻る」という句もあるので，遠慮なく墓石の後ろに回ってみた。そこから見渡した景色を伝える力はもちあわせていないが，海は見えないのにそこが島であると分かるようなこじんまりと凝縮した風景は，ひとりで見て初めて得られる眺めがあることを感じさせてくれるものだった。

　刑法の学習でも，ひとりでじっくり考える時を経てこそ見えるようになる景色があるはずである。その景色の見え方は，結果として眺める人それぞれのものであってよいと思う。むしろ，完全に同じになるのは不自然である。本書の共著者の間でも脳裏に描かれている刑法の景色が同じでないことは，本書の内容に滲み出ていよう。しかし，脳内に結ぶ像は多少違っても，同じ景色を実際に自分の目で見ることが重要である。ほかの人がカメラで切り撮った写真だけを見て旅行した気分になるのではなく，自ら旅して自らの瞳に風景を映す必要がある。そうして得た数々の印象こそが，人生の糧になるというものであろう。

　法律の学習の場合，どうしたら実物の景色を目にすることができるのだろうか。重要なのは，直接見る対象が何であるかではなく，どのような姿勢で見るかであると思う。基本書でもほかの教材でも，単に文面を追っているだけであれば，その筆者が撮った風景写真を見ているのと同じである。しかし，その内容を自ら能動的に理解しようとした途端に，目の前の景色は実物に切り替わり，

本ではなく法や法学を見ていることになる。そしてさらに，学習が進んでそれまで意識的にもっていた疑問が解けたとき，その景色は，写真では再現できない鮮やかさをもって脳裏に焼き付く。つまり，その人は，写真集の読者を越えて，真の旅人になるのである。

　本書が，安田拓人さんの「はしがき」にあるように，読者のよき「伴侶」であろうとしながら，つまり「君をひとりにはしないよ」と言いながら，『ひとりで学ぶ刑法』と題されているのは，決して背理ではない。「ひとりで学ぶ」というのは，他者とのつながりを断った孤独な状態を指すのではなく，上でみたような，自ら能動的に理解しようとする意思的な姿勢を意味するからである。そのことは，タイトルが『ひとりでに学べる刑法』ではないことを考えれば，一層明らかであろう。

　本書は，刑法の風景写真集としては，類書になく印象鮮やかなものを目指して作られている。しかし，その奥にある刑法の魅力的な風景の実物を見てもらえるかどうかは，最終的には，本書を使いながら刑法の世界を自ら旅しようという，読者のみなさんの意思にかかっているのである。

　共著者のひとりである島田聡一郎さんが事故に遭われたのは，日課である朝のジョギング中であったと聞いている。走る瞳に映っていたのはどんな景色だったのだろう。例年よりも早くやってきた桜の次の季節に，早朝からくっきりと晴れわたっていた東京の街並みだろうか。それとも，いったんは完成させた体系のその先に延びる，薄霞のなかに輝く新たな正犯・共犯論への道だっただろうか。

　本書の私の担当部分について島田さんから受けていた指摘のうちのいくつかは，力不足ゆえ対応しきれずに残されている。本書が運よく読者に恵まれ，ほかの事情も許して版を重ねることになったら，そのときには対話を反映させて，また純粋に3人の共著だと主張しようと思っている。

　　2015年10月

　　　　　　　　　　　　　　　　　　　　　　　　　　　和田俊憲

事項索引

あ

新たな暴行・脅迫 …………………272
意思侵害説（住居侵入罪における）……347
意思説（故意における）…………125
意思の抑圧 ……………………………52
委託信任関係 ……………………312
一部実行全部責任 ………………49
一連一体の行為（防衛行為）………250
一連の行為（結果発生のための）……380
囲繞地 …………………………370
違法性 ……………………………………6
　　──の意識 ………………………256
　　──の錯誤 ……………115, 256
違法な債務の免脱 ………………162
違法は客観・責任は主観 ………20
違法類型 …………………………………8
意味の認識（故意における）……114
因果関係 …………………………61
　　──の錯誤 ……………………104
　　教唆の── ……………………61
　　相当── ………………………31
　　幇助の── ……………………61
因果性
　　──の遮断 ……………………63
　　共犯の── …………………60, 373
　　心理的── ………………………61, 63
　　物理的── ………………………61, 63
因果性遮断説（共犯からの離脱）……64
因果的共犯論 ……………………60
疑わしきは被告人の利益に ………245
延焼可能性（公共の危険）………333
横領
　　──と背任の区別 ……………393
　　横領後の── …………………317
　　事実行為による── …………312
　　法律的処分による── ……312, 313
大槌郵便局事件 …………………346

か

概括的故意 ………………………102
拡張解釈 …………………………361
科刑上一罪 ………………………75
過失犯 ……………………………32
過失併存説（段階的過失における）……95
過剰防衛 …………………………255
かすがい現象（罪数論における）……79
肩書の冒用 ………………………304
可能的自由説（監禁罪における）……360
仮登記 ……………………………314
間接正犯 …………………………49
観念説（文書の名義人）…………302
観念的競合（罪数論における）…76, 130, 138
偽　　計 …………………………360
危険（性）………………33, 34, 199, 324
　　──の実現 ……………………62, 63
　　──の創出 ……………………62, 63
危険犯 ……………………………324
規範的構成要件要素 ……………257
規範の保護目的論（因果関係における）……91
客観的危険説（未遂犯と不能犯の区別）
　　………………………………13, 137
客観的帰属論 ……………………31
旧過失論 …………………………85, 100
急迫不正の侵害 …………………255
教唆の因果関係 …………………61
脅　　迫 …………………………204
共　　犯 …………………………374
　　──からの離脱 ………………64, 70
　　──関係の解消 ………………70, 374
　　──の因果性 …………………60, 373
　　事後強盗罪の── ……………374
共　　謀 …………………………55
　　──の射程 ……………………372
共謀関係の解消 …………………64
共謀共同正犯 ……………………53
強　　要 …………………………205

403

…………………………398	誤振込預金の払戻し……………394
…………………………34, 230	個別財産に対する罪……………170
占有…………………390	混合的包括一罪……………………83
体的危険…………339	
具体的危険説（未遂犯と不能犯の区別）	**さ**
…………………………13, 137, 226	
具体的事実の錯誤……………123	罪刑法定主義……………………361
具体的処分意思の要否…………293	財産上の損害（背任罪における）…319
具体的符合説（具体的法定符合説）…101, 123	財産上の利益……………………169
クロロホルム事件………………382	財産の損害（詐欺罪における）…160, 166
形式的個別財産説（詐欺罪における）……173	罪数論………………………………74
形式的三分説（不作為犯における）………223	財物の確保のための暴行………275
継続犯………………………………38	作為可能性……………………224
刑法の二次規範性………………162	錯誤
結果回避可能性……61, 89, 90, 226	——〔具体的符合説（具体的法定符合説）〕
結果回避義務……………93, 100	…………………………101, 123
結果的加重犯……………196, 338	——〔法定的符合説（抽象的法定符合説）〕
結果無価値論………………………18	…………………………101, 124
厳格責任説…………………11, 12, 259	違法性の——……………………256
権限逸脱か濫用か（横領と背任の区別）…392	因果関係の——…………………104
現実的自由説……………………360	具体的事実の——………………123
建造物の他人性…………………162	事実の——………………………256
権利行使と詐欺・恐喝…………159	抽象的事実の——…111, 127, 136, 256, 306
権利者排除意思……………………21	被害者の——……………………172
牽連犯………………………78, 300	作成名義人………………………146
故意………………………256, 379	三角詐欺…………………………320
責任要素としての——…………258	事後強盗罪の共犯………………374
行為共同説（共犯の成立要件）…375	自己物取戻し………………………33
行為の社会的相当性………………27	事実上の占有……………………310
行為無価値論………………………18	事実上の保護の引受け…………224
——（行為無価値一元論）………19	事実説（文書の名義人）………302
——（二元的行為無価値論）……19	事実的支配………………………178
公共の危険………………………332	事実の錯誤………………………256
構成要件……………………………4	事実の摘示………………………363
——の実質的重なり合い………112	死者の占有………………………274
早すぎた——実現………………378	自手犯……………………………372
構成要件的故意・過失……………8	自招侵害…………………………249
構成要件的同価値性（不作為犯における）	実行の着手…………325, 338, 381
…………………………219	実質的個別財産説（詐欺罪における）
公訴時効……………………………38	…………………………171, 173
強盗の機会………………………285	質的過剰…………………………256
誤想過剰防衛……………………258	社会的相当性………………………32
誤想防衛……………………………6	修正された客観的危険説………328
コピーの文書性……………150, 300	従属性原理…………………………51

重要な役割説（共同正犯における）………57
主観説（共同正犯における）…………57
主観的違法要素 ……………………………21
主観的正当化要素 ……………………139
純粋な客観的危険説（未遂犯と不能犯の区別）
　…………………………………………328
消極的構成要件要素の理論 ……12, 257
承継的共犯（論）…………………66, 375
条件関係 ……………………………………61
証拠犯罪 ………………………………145
状態犯 ……………………………………38
所持説（占有説）（窃盗罪の保護法益）…155
処罰拡張事由 ……………………………51
処分行為 ………………………………292
所有権の移転時期 ……………………313
自力救済 ………………………………161
新過失論 ……………………………85, 100
新住居権説（住居侵入罪における）…347
新・新過失論 ……………………………87
身体的接触の要否 …………………198, 207
信頼の原則 ………………………………89
心理的因果性 ……………………………61, 63
制限従属性説 ……………………………52
性的自由 ………………………………212
正当防衛………………………………230, 331
責任共犯論 ………………………………60
責任要素としての故意 ………………258
責任類型 ……………………………………8
窃盗罪（奪取罪）の保護法益 ………155
窃盗の機会の継続性 …………………282
先行行為 ………………………………223
先行事情の積極的利用 ………………280
全体財産に対する罪 …………161, 170, 317
占　有 …………………………………178
　――の移転 ………………………………296
　――の有無 ………………………………178
　――の外観 ………………………………179
　――の帰属 ………………………………178
　――の弛緩 ………………………………296
　金銭の―― ……………………………390
　事実上の―― …………………………310
　死者の―― ……………………………274
　不動産の―― …………………………187
　預金による―― …………………186, 397

占有意思 ………………………………179
相当因果関係 ……………………………31
相当因果関係説 …………………………31
相当性
　因果経過の―― ………………………62
　避難行為の―― ………………………34
　防衛行為の―― ……………………34, 255
即成犯 ……………………………………38

た

対物防衛 ………………………………234
代理権の濫用 …………………………318
他人のための事務処理者 ……………317
単純悪意者 ……………………………315
単純一罪 ………………………………75
単純数罪 ………………………………75
単純な債務不履行 ……………………319
中止犯 …………………………………331
抽象的事実の錯誤 ……111, 127, 136, 256, 306
直近過失説（段階的過失における）…95
追求権 …………………………………311
電気窃盗事件 …………………………310
登記名義人 ……………………………313
同時傷害の特例 ………………………70
図利加害目的 …………………………319

な

2項詐欺 ………………………………169
二重抵当 ………………………………317
認識ある過失 …………………………116
　未必の故意と――の区別 ……………116
認識説（故意における）………………125
任務違背行為 …………………………319
練馬事件判決 ……………………………54

は

背信説（背任罪における）……………318
背信的悪意者 …………………………314, 315
排他的支配説（不作為犯における）…221
早すぎた構成要件実現 ………………378
反抗抑圧後の財物領得意思 …………270

………………………………	4
……錯誤 ……………………	172
……者の同意 ………………	172
引受過失 ……………………	94
封緘物 ………………………	184
物理的因果性 ……………	61, 63
不動産に対する財産犯 ……	310
不動産の占有 ………………	187
不能犯 ……………………	129, 325
部分的犯罪共同説（共犯の成立要件）…	66, 375
不法領得の意思 …………	21, 313, 314
平穏侵害説（住居侵入罪における）……	346
平穏説（住居侵入罪における）………	346
併合罪 ………………………	75
防衛行為	
——と一連一体の行為 ………	250
——の相当性 ………………	34, 255
防衛の意思 …………………	255
法益権衡の要件（緊急避難における）…	231
法益状態の不良変更 ………	218
法確証の利益（正当防衛における）…	232
包括一罪 …………………	82, 138, 139
謀議行為 ……………………	55
暴　行 ………………………	195
幇　助 ………………………	61
——の因果関係 …………	61
法条競合 ……………………	75, 390
法定的符合説（抽象的法定符合説）…	101, 124
法律的支配 ………………	178, 311, 313
法令行為 ……………………	315
補充性の要件（緊急避難における）…	233

保障人 ………………………	219
本権説（窃盗罪の保護法益）…………	156

ま

未遂犯 ………………………	136
未必の故意 …………………	129
——と認識ある過失の区別 ………	116
名義人の承諾 ………………	302
目的不達成論（詐欺罪における）……	173

や

優越的利益 …………………	25
有形偽造 ……………………	148
有責性 ………………………	6
許された危険 ……………	35, 90
預金による占有 …………	186, 397
予見可能性 ………………	89, 100
因果経過の基本的部分の—— ………	103

ら

濫用のおそれある支配力 …………	185
利益移転の外形的事実の認識（詐欺罪における） ………………………	295
利益窃盗 ……………………	358
量的過剰 ……………………	256
領得行為 ……………………	316
領得行為説（横領罪における）………	392
類推解釈 ……………………	361

判 例 索 引

*［ ］で括られたものは『刑法判例百選Ⅰ・Ⅱ』（有斐閣，第7版，2014）の項目番号を，
〈 〉で括られたものは『判例刑法 総論・各論』（有斐閣，第6版，2013）の項目番号を示す。

大判明治35・11・27刑録8輯10巻126頁 ··319
大判明治36・5・21刑録9輯874頁〈総10〉 ···310
大判明治42・6・28刑録15輯877頁 ···147
大判明治43・6・17刑録16輯1220頁〈各265〉 ··78
大判明治44・2・3刑録17輯32頁 ··312
大判明治44・2・27刑録17輯197頁〈各433〉 ···361
大判明治44・5・23刑録17輯953頁 ···79
大判明治44・7・6刑録17輯1388頁 ···79
大判大正元・9・6刑録18輯1211頁 ···275
大判大正元・10・8刑録18輯1231頁〈各362〉 ··186
大判大正元・11・28刑録18輯26巻1431頁 ·······································319, 320
大連判大正2・12・23刑録19輯1502頁〈各291〉 ·······························159, 160
大判大正3・3・6新聞929号28頁〈各195〉 ··184
大判大正6・4・13刑録23輯312頁〈各449〉 ··279
大判大正6・7・14刑録23輯17巻886頁 ···313
大判大正7・9・25刑録24輯1219頁〈各211〉 ··156
大判大正7・11・19刑録24輯1365頁〈各198〉 ···184
大判大正8・4・4刑録25輯382頁〈各182〉 ···180
大判大正9・5・8刑録26輯348頁 ···293
大判大正11・11・3刑集1巻622頁 ···359
大判大正11・12・22刑集1巻815頁 ··372
大判大正12・4・9刑集2巻330頁 ···185
大判大正12・7・3刑集2巻624頁〈各205〉 ···185
大判大正13・6・10刑集3巻473頁〈各187〉 ··181
大判大正14・1・22刑集3巻921頁 ··56
大判大正15・10・8刑集5巻440頁 ··180
大決昭和3・12・21刑集7巻772頁〈各329〉 ···171
大判昭和5・5・26刑集9巻342頁〈各292〉 ··159
大判昭和7・4・21刑集11巻342頁 ··187
大判昭和9・3・29刑集13巻335頁〈各319〉 ·····································294, 295
大判昭和13・11・18刑集17巻839頁〈総371〉 ··67
大判昭和16・11・11刑集20巻598頁〈各190〉 ··279
大判昭和19・11・24刑集23巻252頁 ··274
最判昭和23・3・16刑集2巻3号227頁［Ⅰ-41]〈総181〉 ·························116
最判昭和23・10・23刑集2巻11号1386頁〈総195〉 ··································112
最判昭和24・2・8刑集3巻2号75頁〈各251〉 ··208

・2・8 刑集 3 巻 2 号 83 頁〈各 216〉	158
昭和 24・2・15 刑集 3 巻 2 号 164 頁〈各 258〉	275
昭和 24・5・10 刑集 3 巻 6 号 711 頁	212
最判昭和 24・5・28 刑集 3 巻 6 号 873 頁［Ⅱ-44］〈各 285〉	371
最判昭和 24・12・20 刑集 3 巻 12 号 2036 頁〈各 87〉	213
最大判昭和 24・12・21 刑集 3 巻 12 号 2048 頁〈総 421〉	78
最判昭和 25・6・6 刑集 4 巻 6 号 928 頁	184
最判昭和 25・7・11 刑集 4 巻 7 号 1261 頁［Ⅰ-89］〈総 304・351〉	63
東京高判昭和 25・9・14 高刑集 3 巻 3 号 407 頁〈総 386〉	65, 374
最判昭和 26・5・25 刑集 5 巻 6 号 1186 頁［Ⅱ-63］〈各 354〉	390
福岡高判昭和 28・1・12 高刑集 6 巻 1 号 1 頁〈総 387〉	65, 374
大阪高判昭和 29・5・4 高刑集 7 巻 4 号 591 頁〈各 208〉	185
最決昭和 29・5・27 刑集 8 巻 5 号 741 頁［Ⅰ-105］〈総 429〉	80
最判昭和 29・8・20 刑集 8 巻 8 号 1277 頁〈各 40〉	200
東京高判昭和 29・10・7 東高刑時報 5 巻 9 号 380 頁〈各 253〉	211
最判昭和 30・4・8 刑集 9 巻 4 号 827 頁［Ⅱ-56］〈各 304〉	169
最決昭和 30・7・7 刑集 9 巻 9 号 1856 頁［Ⅱ-52］〈各 311〉	294, 295
広島高判昭和 30・9・6 高刑集 8 巻 8 号 1021 頁	296
最判昭和 30・10・14 刑集 9 巻 11 号 2173 頁［Ⅱ-60］〈各 293〉	161
名古屋高判昭和 30・12・13 裁特 2 巻 24 号 1276 頁〈各 345〉	162
最判昭和 30・12・26 刑集 9 巻 14 号 3053 頁〈各 359〉	187, 312
最決昭和 31・1・19 刑集 10 巻 1 号 67 頁〈各 200〉	184
最判昭和 31・6・26 刑集 10 巻 6 号 874 頁〈各 363・各 367〉	315
東京高判昭和 31・10・30 高民集 9 巻 10 号 626 頁	156
最判昭和 31・12・7 刑集 10 巻 12 号 1592 頁［Ⅱ-69］〈各 388〉	318
最決昭和 32・1・24 刑集 11 巻 1 号 270 頁〈各 188〉	181
最大判昭和 32・3・13 刑集 11 巻 3 号 997 頁［Ⅰ-47］〈総 214〉	115
最決昭和 32・4・25 刑集 11 巻 4 号 1427 頁	184
広島高松江支判昭和 32・5・27 裁特 4 巻 10 号 263 頁	371
最判昭和 32・7・16 刑集 11 巻 7 号 1829 頁〈各 186〉	180
最判昭和 32・11・8 刑集 11 巻 12 号 3061 頁〈各 179〉	179, 182, 183
最決昭和 32・12・19 刑集 11 巻 13 号 3316 頁	187
最大判昭和 33・5・28 刑集 12 巻 8 号 1718 頁［Ⅰ-75］〈総 313〉	54
最判昭和 33・6・20 民集 12 巻 10 号 1585 頁	313
最決昭和 34・6・12 刑集 13 巻 6 号 960 頁	284, 285
最判昭和 34・8・28 刑集 13 巻 10 号 2906 頁〈各 217〉	155, 156
最決昭和 34・9・28 刑集 13 巻 11 号 2993 頁［Ⅱ-48］〈各 330〉	171
広島高判昭和 35・6・9 高刑集 13 巻 5 号 399 頁	257
最決昭和 35・12・27 刑集 14 巻 14 号 2229 頁〈各 435〉	311
広島高判昭和 36・7・10 高刑集 14 巻 5 号 310 頁［Ⅰ-67］〈総 290〉	137
最決昭和 38・4・18 刑集 17 巻 3 号 248 頁〈各 88〉	214
最決昭和 38・7・9 刑集 17 巻 6 号 608 頁〈各 389・405〉	318
最決昭和 39・1・28 刑集 18 巻 1 号 31 頁［Ⅱ-4］〈各 42〉	198
最判昭和 40・3・4 民集 19 巻 2 号 197 頁	156

判例索引

東京高判昭和 40・6・25 高刑集 18 巻 3 号 238 頁〈各 89〉·······················214
大阪高判昭和 40・12・17 高刑集 18 巻 7 号 877 頁································190, 191
最判昭和 41・4・8 刑集 20 巻 4 号 207 頁［Ⅱ-29]〈各 191〉······················278, 279
最決昭和 41・7・7 刑集 20 巻 6 号 554 頁〈総 160〉·····························260
新潟地判昭和 42・12・5 下刑集 9 巻 12 号 1548 頁〈各 281〉···················375
最決昭和 43・6・6 刑集 22 巻 6 号 434 頁··293
最決昭和 43・10・24 刑集 22 巻 10 号 946 頁〈各 307〉························396
京都地判昭和 43・11・26 判時 543 号 91 頁〈総 275〉··························341
最判昭和 44・12・4 刑集 23 巻 12 号 1573 頁〈総 149〉························34, 250
福岡高判昭和 45・5・16 判時 621 号 106 頁······································118
広島高判昭和 45・5・28 判タ 255 号 275 頁〈各 207〉··························185
最決昭和 45・7・28 刑集 24 巻 7 号 585 頁［Ⅰ-63]〈総 274〉····················341
最決昭和 45・9・4 刑集 24 巻 10 号 1319 頁［Ⅱ-92]〈各 497〉··················147
大阪高判昭和 46・10・6 刑月 3 巻 10 号 1306 頁································187, 188
大阪高判昭和 47・8・4 高刑集 25 巻 3 号 368 頁································274
福岡高判昭和 47・11・22 刑月 4 巻 11 号 1803 頁［Ⅱ-64]·······················315
東京高判昭和 48・3・26 高刑集 26 巻 1 号 85 頁〈各 260〉·····················272, 273
最判昭和 48・5・22 刑集 27 巻 5 号 1077 頁······································97
東京高判昭和 48・11・20 高刑集 26 巻 5 号 548 頁〈各 365〉···················315
徳島地判昭和 48・11・28 刑月 5 巻 11 号 1473 頁〈総 224〉····················103
最決昭和 50・6・12 刑集 29 巻 6 号 365 頁［Ⅱ-75]〈各 421〉····················45
名古屋地判昭和 50・7・4 判時 806 号 71 頁·····································156
札幌高判昭和 51・3・18 高刑集 29 巻 1 号 78 頁［Ⅰ-51]〈総 225・234〉·······103
最判昭和 51・4・30 刑集 30 巻 3 号 453 頁［Ⅱ-87]〈各 479〉···················150, 300
松江地判昭和 51・11・2 刑月 8 巻 11=12 号 495 頁〈総 388〉··················65
最判昭和 53・2・16 刑集 32 巻 1 号 47 頁〈総 426〉······························373
最決昭和 53・3・22 刑集 32 巻 2 号 381 頁［Ⅰ-14]〈総 54・405〉···············287
東京高判昭和 53・3・29 高刑集 31 巻 1 号 48 頁·································191
最決昭和 53・5・31 刑集 32 巻 3 号 457 頁［Ⅰ-18]〈総 89〉····················13, 23, 32
最判昭和 53・7・28 刑集 32 巻 5 号 1068 頁［Ⅰ-42]〈総 191〉··················127
最決昭和 54・3・27 刑集 33 巻 2 号 140 頁〈総 193〉·························109, 112, 114
最決昭和 54・4・13 刑集 33 巻 3 号 179 頁［Ⅰ-90]〈総 354〉···················373
佐賀地判昭和 54・5・8 刑月 11 巻 5 号 435 頁····································288
大阪高判昭和 54・7・10 判時 974 号 135 頁······································118
東京地判昭和 54・8・10 判時 943 号 122 頁······································200
最決昭和 55・11・13 刑集 34 巻 6 号 396 頁［Ⅰ-22]〈総 117・各 55〉··········23
前橋地桐生支判昭 56・3・31 判時 1012 号 137 頁······························289
福井地判昭和 56・8・31 判時 1022 号 144 頁〈各 318〉························294, 295
最決昭和 57・7・16 刑集 36 巻 6 号 695 頁［Ⅰ-77]〈総 316〉···················54
東京高判昭和 57・8・6 判時 1083 号 150 頁〈各 202〉··························137
東京高判昭和 57・9・21 判タ 489 号 130 頁〈総 276〉··························342
福岡高判昭和 58・2・28 判時 1083 号 156 頁〈各 189〉·······················180
最判昭和 58・4・8 刑集 37 巻 3 号 215 頁［Ⅱ-16]〈各 113〉····················345
最決昭和 58・5・24 刑集 37 巻 4 号 437 頁［Ⅱ-71]〈各 400〉···················319

409

・9・27 刑集 37 巻 7 号 1078 頁 ……………………………………………78
・59・7・3 刑集 38 巻 8 号 2783 頁〈総 256〉……………………………111
地判昭和 59・8・30 判時 1152 号 182 頁［Ⅰ-78］〈総 322〉……………57
東京高判昭和 59・11・22 高刑集 37 巻 3 号 414 頁 ………………………257
東京地判昭和 60・3・19 判時 1172 号 155 頁〈各 282〉…………………375
東京高判昭和 60・9・30 判タ 620 号 214 頁 ………………………………373
仙台高判昭和 61・2・3 判タ 593 号 133 頁 …………………………………348
大阪地判昭和 61・3・11 判タ 615 号 125 頁 ………………………………342
最決昭和 61・6・9 刑集 40 巻 4 号 269 頁［Ⅰ-43］〈総 194〉…………111
最決昭和 61・7・18 刑集 40 巻 5 号 438 頁［Ⅱ-77］〈各 429〉………162
最決昭和 61・11・18 刑集 40 巻 7 号 523 頁［Ⅱ-39］〈総 259〉………84
最決昭和 62・3・26 刑集 41 巻 2 号 182 頁［Ⅰ-29］〈総 161〉………260
最決昭和 62・4・10 刑集 41 巻 3 号 221 頁〈各 185〉……………………180
大阪高判昭和 62・7・10 高刑集 40 巻 3 号 720 頁〈総 378〉………68, 280
大阪高判昭和 62・7・17 判時 1253 号 141 頁［Ⅰ-93］〈各 283〉……375
千葉地判昭和 62・9・17 判時 1256 号 3 頁〈総 152〉……………………250
最決昭和 63・1・19 刑集 42 巻 1 号 1 頁［Ⅱ-9］〈各 17・32〉………97
最決昭和 63・2・29 刑集 42 巻 2 号 314 頁［Ⅱ-3］〈各 21〉…………43
大阪高判平成元・3・3 判タ 712 号 248 頁 ……………………………66, 273
最決平成元・3・14 刑集 43 巻 3 号 262 頁［Ⅰ-52］〈総 240〉………101
福岡高宮崎支判平成元・3・24 高刑集 42 巻 2 号 103 頁［Ⅱ-2]〈総 114〉……214
最決平成元・6・26 刑集 43 巻 6 号 567 頁［Ⅰ-95]〈総 389〉…………64
最決平成元・7・7 刑集 43 巻 7 号 607 頁［Ⅱ-26］〈各 219〉……33, 155, 157
最決平成元・12・15 刑集 43 巻 13 号 879 頁　［Ⅰ-4］〈総 66・各 33〉……226
最決平成 2・2・9 判時 1341 号 157 頁［Ⅰ-40]〈総 187〉………………110
東京高判平成 2・2・21 判タ 733 号 232 頁［Ⅰ-86]〈総 311〉…………62
最決平成 2・11・16 刑集 44 巻 8 号 744 頁〈総 248〉……………………103
東京高判平成 3・4・1 判時 1400 号 128 頁〈各 180〉……………………183
東京地八王子支判平成 3・8・28 判タ 768 号 249 頁〈各 310〉…………297
浦和地判平成 4・4・24 判時 1437 号 151 頁 ……………………………396
大阪地判平成 4・9・22 判タ 828 号 281 頁〈各 252〉……………………210
東京高判平成 4・10・28 判タ 823 号 252 頁［Ⅱ-34]〈各 209〉………185
最判平成 6・12・6 刑集 48 巻 8 号 509 頁, Ⅰ-96]〈総 393〉…………256
名古屋地判平成 7・6・6 判時 1541 号 144 頁 ……………………………139
札幌高判平成 7・6・29 判時 1551 号 142 頁〈各 261〉……………………274
東京地判平成 7・10・9 判時 1598 号 155 頁 ……………………………68
最判平成 8・4・26 民集 50 巻 5 号 1267 頁 ………………………394, 395
広島高岡山支判平成 8・5・22 高刑集 49 巻 2 号 246 頁〈各 481〉……300
大阪地判平成 8・7・8 判タ 960 号 293 頁［Ⅱ-89］〈各 485〉…………301
大阪地判平成 9・8・20 判タ 995 号 286 頁〈総 379〉……………………70
釧路地判平成 11・2・12 判時 1675 号 148 頁〈総 397〉…………………225
青森地弘前支判平成 11・3・30 判時 1694 号 157 頁 ……………………360
最決平成 11・12・9 刑集 53 巻 9 号 1117 頁［Ⅱ-36］〈各 248〉……188, 189
東京地判平成 12・2・17 刑集 57 巻 10 号 1041 頁 ………………………77

判 例 索 引

東京高判平成 12・2・21 東高刑時報 51 巻 1〜12 号 20 頁 ……………………………… 343
札幌高判平成 12・3・16 判時 1711 号 170 頁［Ⅰ-83]〈総 396〉………………………… 225
東京高判平成 12・8・29 判時 1741 号 160 頁 …………………………………………… 296
最判平成 12・12・15 刑集 54 巻 9 号 923 頁〈各 245〉……………………………… 190, 191
最決平成 12・12・20 刑集 54 巻 9 号 1095 頁［Ⅰ-53]〈総 238〉………………………… 104
東京地判平成 13・3・28 判時 1763 号 17 頁［Ⅰ-55]〈総 241〉………………………… 103
最判平成 13・7・19 刑集 55 巻 5 号 371 頁［Ⅱ-49]〈各 344〉……………………… 161, 168
最決平成 13・10・25 刑集 55 巻 6 号 519 頁〈総 344〉……………………………………… 52
最決平成 14・2・8 刑集 56 巻 2 号 71 頁〈各 302〉……………………………………… 305
最決平成 14・2・14 刑集 56 巻 2 号 86 頁〈各 278〉…………………………………… 283
東京地判平成 14・3・14 裁判所ウェブサイト（LEX/DB28075486）…………………… 362
名古屋高判平成 14・8・29 判時 1831 号 158 頁〈総 391〉………………………………… 70
最決平成 14・10・21 刑集 56 巻 8 号 670 頁〈各 341〉…………………………………… 174
東京地判平成 14・11・21 判時 1823 号 156 頁〈総 159〉…………………………… 256, 259
最判平成 15・1・24 判時 1806 号 157 頁［Ⅰ-7]〈総 42〉…………………………… 86, 95
東京高判平成 15・1・29 判時 1838 号 155 頁〈各 314〉………………………………… 306
大津地判平成 15・1・31 判タ 1134 号 311 頁〈各 271〉………………………………… 162
最決平成 15・3・12 刑集 57 巻 3 号 322 頁［Ⅱ-51]〈各 303〉………………………… 395
最決平成 15・3・18 刑集 57 巻 3 号 356 頁〈各 390〉…………………………………… 318
東京高判平成 15・3・20 判時 1855 号 171 頁 …………………………………………… 275
最決平成 15・4・14 刑集 57 巻 4 号 445 頁［Ⅱ-84]〈各 462〉………………………… 335
最大判平成 15・4・23 刑集 57 巻 4 号 467 頁［Ⅱ-68]〈各 368〉……………………… 317
最決平成 15・5・1 刑集 57 巻 5 号 507 頁［Ⅰ-76]〈総 314〉……………………… 54, 55, 56
名古屋高判平成 15・7・8 高検速報平成 15 年 123 頁 …………………………………… 284
最決平成 15・7・16 刑集 57 巻 7 号 950 頁［Ⅰ-13]〈総 51〉…………………………… 208
最決平成 15・11・4 刑集 57 巻 10 号 1031 頁 ……………………………………………… 77
札幌地判平成 15・11・27 判タ 1159 号 292 頁〈各 34〉………………………………… 226
最決平成 15・12・9 刑集 57 巻 11 号 1088 頁〈各 324〉………………………………… 396
最決平成 16・1・20 刑集 58 巻 1 号 1 頁［Ⅰ-73]〈各 10〉…………………………… 52, 214
最決平成 16・3・22 刑集 58 巻 3 号 187 頁［Ⅰ-64]〈総 267〉……………………… 326, 382
広島高判平成 16・3・23 高刑集 57 巻 1 号 13 頁 ………………………………………… 341
最決平成 16・8・25 刑集 58 巻 6 号 515 頁［Ⅱ-28]〈各 181〉……………………… 182, 183
最判平成 16・12・10 刑集 58 巻 9 号 1047 頁［Ⅱ-42]〈各 279〉……………………… 283
大阪高判平成 16・12・21 判タ 1183 号 333 頁 …………………………………………… 187
大阪地判平成 17・2・9 判時 1896 号 157 頁 …………………………………………… 93, 94
最決平成 17・3・29 刑集 59 巻 2 号 54 頁［Ⅱ-6]〈各 50〉…………………………… 200
最判平成 17・4・14 刑集 59 巻 3 号 283 頁［Ⅰ-102]〈総 424〉………………………… 79
札幌高判平成 17・5・17 高検速報平成 17 年 343 頁 …………………………………… 301
大阪地判平成 18・4・10 判タ 1221 号 317 頁 ……………………………………………… 84
最判平成 18・6・27 裁判集刑 289 号 481 頁 ……………………………………………… 287
東京高判平成 18・10・10 東高刑時報 57 巻 1〜12 号 63 頁 …………………………… 394
最決平成 18・11・21 刑集 60 巻 9 号 770 頁 ……………………………………………… 61
大津地判平成 19・1・26 裁判所ウェブサイト（LEX/DB28135324）…………………… 94
札幌地判平成 19・3・1 裁判所ウェブサイト（LEX/DB28135165）…………………… 175

| 最判平成 | 19・4・13 刑集 61 巻 3 号 340 頁〈各 203〉……………………………………350
| 最決平成 19・7・2 刑集 61 巻 5 号 379 頁［Ⅱ-18]〈各 121・150〉……………353, 363
| 最決平成 19・11・14 刑集 61 巻 8 号 757 頁 ……………………………………55
| 最決平成 20・1・22 刑集 62 巻 1 号 1 頁［Ⅱ-15]〈各 105〉……………………286, 338
| 東京高判平成 20・3・19 判タ 1274 号 342 頁［Ⅱ-41]〈各 264〉………………277
| 最判平成 20・4・11 刑集 62 巻 5 号 1217 頁〈各 108・114〉…………………352, 371
| 最決平成 20・5・20 刑集 62 巻 6 号 1786 頁［Ⅰ-26]〈総 139〉…………242, 245, 247
| 神戸地判平成 20・5・28 裁判所ウェブサイト（LEX/DB25421253）……………174
| 最決平成 20・6・25 刑集 62 巻 6 号 1859 頁［Ⅰ-27]〈総 155〉…………………248
| 東京高判平成 20・7・18 判タ 1306 号 311 頁 ………………………………302
| 最判平成 20・10・10 民集 62 巻 9 号 2361 頁 …………………………………394
| 最決平成 21・2・24 刑集 63 巻 2 号 1 頁〈総 156〉……………………………248, 250
| 最決平成 21・3・26 刑集 63 巻 3 号 291 頁〈各 366〉…………………………314, 317
| 最決平成 21・6・30 刑集 63 巻 5 号 475 頁［Ⅰ-94]〈総 392〉……………64, 373, 374
| 最決平成 21・7・7 刑集 63 巻 6 号 507 頁 ……………………………………79
| 最決平成 21・7・21 刑集 63 巻 6 号 762 頁 …………………………………50
| 最決平成 21・9・15 刑集 63 巻 7 号 783 頁 …………………………………161
| 東京高判平成 21・11・16 判時 2103 号 158 頁〈各 272〉………………………359
| 最決平成 21・11・30 刑集 63 巻 9 号 1765 頁［Ⅱ-17]〈各 115〉………………352
| 東京高判平成 21・12・22 判タ 1333 号 282 頁〈各 210〉………………………185
| 最決平成 22・3・17 刑集 64 巻 2 号 111 頁［Ⅰ-101]〈総 415〉…………………82
| 最決平成 22・7・29 刑集 64 巻 5 号 829 頁［Ⅱ-50]〈各 343〉…………………173
| 静岡地沼津支判平成 23・12・5（LEX/DB25480380）…………………………75
| 最決平成 24・11・6 刑集 66 巻 11 号 1281 頁［Ⅰ-82]〈総 377〉………………68, 71
| 東京高判平成 24・12・13 高刑集 65 巻 2 号 21 頁 ……………………………174
| 札幌地判平成 24・12・14 判タ 1390 号 368 頁 ………………………………132
| 東京高判平成 25・9・4 判時 2218 号 134 頁 …………………………………395
| 最判平成 26・3・28 刑集 68 巻 3 号 582 頁 …………………………………175
| 最決平成 26・3・28 刑集 68 巻 3 号 646 頁 …………………………………175
| 最決平成 26・4・7 刑集 68 巻 4 号 715 頁 …………………………………175

ひとりで学ぶ刑法
Do it Yourself! Exercise of Criminal Law

2015年12月20日 初版第1刷発行

著者	安　田　拓　人
	島　田　聡　一　郎
	和　田　俊　憲
発行者	江　草　貞　治
発行所	株式会社 有　斐　閣

郵便番号 101-0051
東京都千代田区神田神保町 2-17
電話 (03) 3264-1314 〔編集〕
　　 (03) 3265-6811 〔営業〕
http://www.yuhikaku.co.jp/

印刷・大日本法令印刷株式会社／製本・株式会社アトラス製本
© 2015, Takuto Yasuda, Taro Shimada, Toshinori Wada.
Printed in Japan
落丁・乱丁本はお取替えいたします。

★定価はカバーに表示してあります。
ISBN 978-4-641-13900-8

JCOPY　本書の無断複写（コピー）は、著作権法上での例外を除き、禁じられています。複写される場合は、そのつど事前に、(社)出版者著作権管理機構（電話03-3513-6969, FAX03-3513-6979, e-mail: info@jcopy.or.jp）の許諾を得てください。